사주명리학 총론

공주대학교 정신과학연구소 · 편저
공주대학교 동양학과 · 교열

명문당

간행사

정신과학연구소장·동양학과 주임교수 정 종 호

　1990년도 초엽 공주사범대학의 종합대학화가 본격적으로 진행되는 시점에서「제도권에서 배제된 동양학적 분야들의 재조명과 교육시장 개방대비 학문적 경쟁력 강화 및 지방대학의 특성화」라는 기치 하에 몇몇 뜻있는 교수들의 비공식 모임인〈초자연현상 연구회〉가 결성되고, 이를 발판으로 그 후 1996년 국내 최초로〈정신과학연구소〉가 제도권 내에 공식 출범되면서 그 하나의 결실이 2003년도 대학원 석사과정〈역리학과(易理學科)〉의 탄생, 그리고 2010년〈동양학과(東洋學科)〉로의 확대 개칭 및 박사과정 신설로 이어지게 되었다.
　그간 본 연구소는 동양적 신비영역(?)이라 볼 수 있는 다양한 미개척 분야에 대한 접근상의 어려움과 일부 기존 제도권 및 이해관계집단으로부터의 비판과 저항, 그리고 행정적·재정적 난관 등으로 인해 매년 논문집을 발행하는 데는 역부족이었다. 특히 2003년도부터 심기일전하여 시도한 **현학적인 대학논문집의 특집화와 대중화**(제9집〈역리편 총론〉, 제10집〈기공편〉, 제11집〈천문편〉제12집〈지리편〉)는 그 목표와 의도만큼 결실을 맺어 주지 못하였다고 본다. 이번 호(제13집「인사편에 해당하는」《사주명리학 총론》)도 발간의 뿌듯함보다는 걱정과 우려가 더 앞서지만

학문적 체계화의 개척단계라고 아쉬움 속에 자위하면서 독자 제현의 질정(叱正)과 조언을 바란다.

끝으로 출판계의 어려운 사정 속에서도 고심 끝에 출판을 결심해 주신 **명문당** 사장님과 임직원 여러분, 특히 우리 대학원 동양학과에 상당량의 소장도서를 기증하시면서 명문당과 연줄을 맺어주신 김동규 선생님과 깊은 관심 속에 출판 결정을 주도하신 **명문당** 배인준 전무님, 그리고 바쁜 와중에도 집필 요청에 기꺼이 응해 주신 여러 필자님들께도 지면을 빌어 다시 한번 감사의 말씀을 드린다.

2010. 3. 공주 계룡산 자락에서

추천사

翠山 金 東 奎

　추천의 글을 부탁받고 함자만 들어도 명성 높은 교수님들의 글까지 함께 있는 서적에 토를 달아 운운하는 것이 맞지 않으므로 차제에 학교에 대한 축하 말씀과 아울러 기대를 걸어보는 부탁말씀의 글이라는 생각으로 방향을 바꾸기로 하였다.
　명문 국립대학교에서 동양철학분야의 전 과정을 포괄하여 책임 있는 학문을 연구하고 있다는 것은 참으로 올바른 선택이다. 근래에 오면서 몇 군데 대학교에서 동양학문을 부분적으로는 채택하고 있으나 다양한 분야의 학문을 연구하여야 함에는 연계성이 떨어져 인재를 길러내는 전문교육에는 미흡할 것이라는 생각이 들었기 때문이다.
　우리 모두가 주지하는 바와 같이 동양철학은 우리의 인류생활에 밀착하여 실질적으로도 도움을 주고받는 실학(實學)으로서 깊이 있게 자리 잡고 전해 왔으며, 앞으로도 영원히 함께 하여야 할 학문인 것이다. 그럼에도 지금까지 이 분야는 미신시 되어 제도권 밖에 내쳐짐으로써 음적(陰的)으로 검증 없이 사사(師事)되어 왔고, 또한 속히 이루고자 하는 욕심 때문에 깊이가 모자라 겉치레만 화려한 것은 그렇다 하더라도 학문의 오해(誤解)・오류(誤謬)로 인한 피해나 부작용이 많았던 것 또한 사실이다. 그러므로 오랜 세월 동안 성현들의 검증과 수정을 철저히 받고 전해진 《주역(周易)》을 제외하고는 각 분야마다 많은 수정과 손질이 불가피한 실정이다.

이제 대방가(大方家) 교수님들의 가르침을 받을 수 있는 길이 이곳에서 열렸으므로 많은 인재들을 길러내어 나라와 생민(生民)을 위하여 바른말을 해주고, 쇠약한 자〔衰者〕에게는 용기를 주며, 넘어진 자〔伏者〕는 일으켜 세워주는 새로운 동양적 인간학문의 전당으로 발전하기를 크게 기대하여도 좋을 듯싶다. 이를테면 "바른말을 해주는 것이 학자로서 학문을 가장 바르게 사용할 줄 아는 실학자(實學者)다."라고 한 박지원 선생의 말씀처럼 진정한 학문은 공리공론(空理空論)에 그치지 않고 인간 실생활에 유용한 실천 학문이어야 한다고 본다.

앞으로 공주대학교가 국가 학문의 중심에 서서 실학의 전당으로 무궁히 발전하고 번영하기를 기원하면서 이만 추천문으로 가름하고자 한다.

2010년 3월

차 례

간행사 / 정신과학연구소장 정종호
추천사 / 翠山 金東奎

제1편 기본이론
제1장 철학적 기초 / 김진희 · 9
제2장 격국론 / 장태상 · 33
제3장 용신론 / 서준원 · 57
제4장 신살론 / 김성태 · 95

제2편 심층이론
제5장 이허중 명리학의 특성과 내용 / 신경수 · 117
제6장 서자평 명리학의 특성과 내용 / 김영희 · 141
제7장 유백온 명리학의 특성과 내용 / 이시윤 · 165
제8장 여씨 명리학의 특성과 내용 / 유경진 · 193
제9장 맹파 명리학의 특성과 내용 / 박영창 · 223
제10장 투파 명리학의 특성과 내용 / 윤명국 · 255
제11장 기문 명리학의 특성과 내용 / 류래웅 · 289
제12장 용신 결정의 방법과 사례분석 / 박영창 · 309
제13장 조선시대 명과학의 실태 분석 / 구중회 · 341

제3편 연구동향과 향후과제
제14장 국내 연구동향 / 조규문 · 365
제15장 역학연구와 그 현대적 동향 / 김연재 · 385
제16장 현대명리학의 과제와 희망 / 정종호 · 409

제1편 기본이론

제1장 철학적 기초 / 김진희
제2장 격국론 / 장태상
제3장 용신론 / 서준원
제4장 신살론 / 김성태

제1장 철학적 기초

김진희
－공주대학교 역리학석사 · 교육학박사(한문교육학)－

차 례

1. 머리말
2. 사주명리학의 바탕사상—천인합일
   1) 천인합일의 이해 · 11
   2) 하늘이 준 명(天命) · 13
   3) 지명(知命)과 추길피흉 · 17
3. 사주명리학의 원론—음양오행
   1) 천도변화의 법칙 · 19
   2) 음양오행의 특성 · 22
   3) 사주명리학의 음양오행 · 26
4. 맺는 말 · 29

1. 머리말

「역(易)」은 천지만물이 생성 변화하는 이치를 담고 있다. 그리고 이 역의 이치를 탐구하는 것을 「역학(易學)」이라고 한다. 그런데 역학은 탐구의 중점을 어디에 두느냐에 따라서 세 분야로 구분할 수 있다. 하나는 인륜도덕과 형이상학적인 면을 탐구하는 「의리역학(義理易學)」이다. 다른 하나는 역의 괘효상(卦爻象)과 이것이 내포하고 있는 수(數)를 통해 역의 이치를 이해하려는 「상수역학(象數易學)」이다. 끝으로 이 두 분야를 바탕으로 사람의 실생활에 역의 이치를 응용하는 「응용역학(應用易學)」이다.

사람의 목숨과 천지자연의 이치를 따져 인간의 삶에서 길함을 좇고 흉함을 피하려는 것에 관심을 두는 「명리학(命理學)」은 당연히 응용역학에 속한다고 하겠다. 이렇게 보면 명리학은 천지자연의 이치를 빌어서 사람의 명(命)에 관한 정보를 얻고자 하는 학문이라고 볼 수 있는 것이다. 또 명리학은 역의 의리학적 사상과 상수학적 원리를 바탕으로 하고 있음도 미루어 짐작할 수 있다.

따라서 여기서는 명리학의 기초를 사상(思想)과 원론(原論) 부분으로 나누어 간략하게 정리해 보고자 한다. 사상 부분에서는 천인합일(天人合一)과 천명(天命), 즉 하늘이 준 명, 지명(知命)과 추길피흉(趨吉避凶)을 파악한다. 원론 부분에서는 천지변화 법칙의 코드라고 할 수 있는 음양오행의 특성과 명리학에서의 응용에 관해 알아본다. 특히 사람이 태어난 연·월·일·시로 그 사람의 명을 분석·예측하는 사주명리학(四柱命理學)을 중심으로 살펴본다.

2. 사주명리학의 바탕사상—천인합일

1) 천인합일의 이해

앞서 머리말에서 명리학은 천지자연의 이치를 빌어서 사람의 명에 관한 정보를 얻고자 하는 학문으로 정리했다. 이는 사람의 명과 천지자연의 생성 변화하는 원리가 맥을 같이한다는 것을 말하는 것이다. 다시 말해 명리학은 천지자연과 사람이 별개가 아니고 하나라는 천인합일사상을 바탕에 깔고 있는 것이다.

전통적으로 동양에서는 자연과 인간이 서로 공존 공생하는 화해적 통일체라는 생각이 지배적이다. 《주역周易》에서는 "무릇 대인은 천지와 그 덕이 합하며, 일월과 그 밝음이 합하며, 사시와 그 질서가 합하며, 귀신과 그 길흉이 합한다."[1]고 하여 사람과 천지자연이 덕과 밝음과 질서와 길흉을 모두 합일할 수 있음을 보여주고 있다.

또 이처럼 하늘과 사람이 하나로 될 수 있다면 하늘과 사람이 서로 교통할 수 있다는 말도 된다. 즉 천인감응(天人感應)이 가능하다는 것이다. 그런데 실상은 천인합일과 천인감응이 혼동하여 쓰이는 경우가 많지만, 엄밀하게 말하면 천인합일이 천지자연과 인간의 화해와 통일을 말하는 것이라면, 천인감응은 하늘과 인간이 합일하는 과정에서 일어나는 상호교감을 말하는 것이라고 하겠다. 즉 천인감응은 천인합일에 포함되는 개념이라고 할 수 있다.

---

1) 《易經》〈乾卦 文言傳〉 "夫大人者 與天地合其德 與日月合其明 與四時合其序 與鬼神合其吉凶."

이와 같이 천인감응을 포함하는 천인합일사상에서 우리는 두 가지 중요한 내용을 파악할 수 있다. 하나는 천지자연과 인간은 서로 공존 공생의 관계라는 것, 또 다른 하나는 사람은 천지자연이 낳은 것이라는 점이다.

《주역》에서는 "천지의 큰 덕은 만물을 낳는 것."[2]이라고 하고, 또 "천지가 있은 뒤에 만물이 생겨난다."[3]고 하여 천지가 교감하여 만물을 낳는 것을 밝히고 있다. 그런데 사람은 만물에 속하므로 천지로부터 생명을 부여받았음을 알 수 있다. 이 때문에 전통적으로 천지자연을 대우주(大宇宙)라고 하고, 만물의 영장인 사람을 소우주(小宇宙)라고 한다.

따라서 소우주인 사람은 대우주인 천지자연의 영향을 받지 않을 수 없다. 그리고 대우주는 자신이 낳은 소우주와 상호 감응하므로 또한 소우주로부터 영향을 받을 것이다. 그러므로 천인은 서로 화해하는 통일체라는 것이다.

이러한 천인합일사상은 고대로부터 동양의 정치·사회·문화 등 여러 면에 영향을 미쳤다. 예컨대 정치적으로는 백성을 다스리는 왕을 천자(天子)라고 불렀다. 그리고 天과 天子는 감응하기 때문에 하늘은 천자가 잘하면 길조를 보내고, 잘못하면 흉조를 보내 질책을 한다고 믿었다. 따라서 왕은 하늘인 백성의 마음을 잘 헤아려 선정을 베풀어야 하는 것이다.

또 사회적으로는 만물이 시작하고, 성장하고, 이루고, 완성하는 천지의 4덕인 元·亨·利·貞[4]을 본받아 仁·義·禮·智를

---

2) 〈繫辭傳〉 상 1장 "天地大德曰生"
3) 〈序卦傳〉 "有天地然後 萬物生焉."
4) 《주역》 건·곤괘 단사(彖辭)는 元·亨·利·貞(곤괘는 牝馬之貞)을 말함. 정이(程頤)는 〈정전〉에서 "원은 만물의 시작이고(元者 萬物之始), 형은 만물의 성장이고(亨者 萬物之長), 이는 만물의 이룸이고(利者 萬

사람이 지켜야 할 4덕으로 삼았다. 즉 사람이 지켜야 할 인륜도덕은 천지자연의 법칙을 본받아 천도에 어그러짐이 없도록 하고자 했다.

무엇보다도 한의학의 고전인 《황제내경(黃帝內經)》에서는 인간을 대우주와 동일한 것으로 보고 이론을 전개하고 있다. 대표적으로 천지자연의 생성과 운행은 오행(五行)의 기운에 의한 것이기 때문에 사람도 이 오행의 기운에 영향을 받는다고 보고 병의 원인을 찾고 이에 대한 예방과 치료방법을 제시하고 있다. 특히 천인합일사상을 토대로 한 한의학의 이론은 2천여 년 이상 임상실험을 거쳤으며, 현재 그 과학성을 인정받고 있다는 점에서 응용역학에 시사하는 바가 크다고 할 수 있다.

물론 응용역학도 이런 천인합일과 천인감응 사상을 토대로 천지자연의 운행법칙을 통해 인간의 삶의 문제를 바람직하게 해결하려고 하는 것이다.

2) 하늘이 준 명(天命)

사람의 명은 일반적으로 목숨 내지 생명이라는 의미로 이해된다. 그러나 구체적으로 보면 사람이 하늘로부터 부여받은 본체로서의 성품(性稟) 내지는 성명(性命)과 시간의 변화에 따른 명의 실상을 말하는 운명(運命)으로 구분할 수 있다.

그런데 하늘 또는 천지로 불리는 우주는 시간과 공간으로 구성되어 있다.5) 대우주가 시간과 공간으로 이루어졌다면 소우주

物之遂), 정은 만물의 완성이다(貞者 萬物之成)."라고 주석한다.
5) 전통적으로 동양의 우주관은 시간과 공간의 짜임으로 본다. 옛 문헌에는 "하늘과 땅 그리고 동서남북의 방향을 일컬어 '우'라고 하고, 옛것은 가고 새로운 것이 오는 것을 '주'라고 한다(天地四方曰宇 往古來今曰宙)." —朱海雷 撰, 《尸子》下卷 (中國 上海古籍出版社, 2006), 47쪽.

인 사람도 시간과 공간으로 파악될 수 있을 것이다. 즉 대우주로부터 받은 사람의 명은 공간성의 성명과 시간성의 운명으로 구분이 가능하다.

① 성명

성과 명은 실상은 같은 말이다. 《중용(中庸)》에는 "하늘이 (사람에게) 명한 것을 성이라고 한다."[6]고 밝히고 있다. 이 대목을 정자(程子)는 "하늘에 있는 것은 명이라고 하고, 사람에게 있는 것은 성이라고 한다. ……하늘이 부여한 것이 명이고, 만물이 (하늘로부터) 부여받아 나에게 있는 것이 성이다."[7]라고 부연한다. 또 주자(朱子)는 "천지만물은 본래 나와 일체다. 나의 마음이 바르고 천지의 마음 또한 바르다. 나의 기가 순하고 천지의 기 또한 순하다."[8]라고 하여 천명과 본성의 일치함을 밝히고 있다.

그런데 성명은 철학적인 면과 물리학적 면으로 각각 접근해 볼 수 있다. 유가(儒家)에서는 천명을 인간에 내재한 인간의 본성으로 이해한다. 하늘과 사람은 하나이기 때문에 하늘로부터 받은 명, 즉 성은 당연히 사람이 가지고 있는 본성이 되는 것이다. 따라서 사람의 마음은 쉬지 않고 만물을 낳아서 기르는 천지자연의 마음과 같을 수밖에 없다. 그래서 사람은 천지자연의 이러한 속성을 윤리도덕의 전범으로 삼아야 한다고 하는 것이다. 이

또는 "옛날부터 지금까지를 '주'라 하고 사방 상하를 '우'라고 한다(往古今來謂之宙 四方上下謂之宇)." ―劉安 撰 / 吳廣平 劉文生 譯, 《白話淮南子》(岳麓書社, 1998), 284쪽.―등의 내용이 보인다.

6) 《중용》 제1장 "天命之謂性"
7) 《성리대전》(보경문화사, 1988), 권29 498쪽. "程子曰在天曰命 在人曰性… 天所賦爲命 物所受爲性."
8) 《중용》 제1장 〈朱子章句〉 "盖天地萬物 本吾一體 吾之心正 則天地之心亦正矣 吾之氣順 則天地之氣亦順矣."

렇게 사람이 부여받은 명을 본성 또는 마음으로 파악하는 것은 명을 사상 내지는 철학적으로 이해하는 것이다.

그리고 한편으로는 성명을 물리적으로 보는 측면도 있다. 생명과 관련된 문제가 바로 그렇다. 인간의 생명과 육체도 하늘로부터 부여받은 것이다. 그래서 《황제내경》은 사람이 건강하게 살아갈 수 있는 문제에 관심을 기울이고 있다. 말하자면 성명은 정신적인 것과 육체적인 것으로 구분해 볼 수 있는 것이다.

② 운명

성명은 사람이 하늘로부터 부여받은 실체라고 할 수 있다. 실체는 공간을 필요로 한다. 즉 공간성을 갖는다고 볼 수 있다. 그런데 앞서 살핀 바와 같이 시간과 공간의 결합체인 우주에서 공간적인 실체만으로는 전체를 파악할 수 없다. 따라서 시간의 변화에 따른 실상을 파악할 수 있는 기제(機制)가 필요하다. 이 시간의 변화에 따라 나타나는 명의 실상을 운명이라고 할 수 있다. 성명이 공간성을 갖는다면 운명은 시간적인 측면에서 명을 파악하는 것이다.

그러면 운명은 어떻게 파악이 가능한가? 사람의 운명을 이해하려면 먼저 대우주의 시간적인 측면을 알아야 한다. 우주라는 실체는 끊임없이 변화한다. 그리고 이 우주의 무한한 변화는 시간과 연계되어 있다. 이를테면 하루는 24시간으로 구성되며, 1년은 4계절 12달이 되고, 한 계절은 3개월로 파악된다. 다시 말해 우주는 하루, 한 달, 4계절, 12달, 1년이라는 시간과 함께 변화가 이어진다.

그런데 우주의 시간은 주기성을 갖는다. 하루 가운데 낮과 밤이 있고, 태양이 지구를 한 바퀴 도는 1년 중에는 4계절이 있으며, 연년이 똑같은 것 같지만 오행의 차례가 있어 10년 단위 또는 12년 단위, 그리고 60년 단위로 오행(五行)의 기(氣)가 반복된다. 다시 말해 하늘에서는 오행의 기운이 각각 음양으로 나뉘어 10간이라는 주기율을 가지며, 땅에서는 육기(六氣)라는 오행의 기가 역시 음양으로 구분돼 12지지라는 주기율을 갖는다. 그리고 10간과 12지지가 상호 결합해 60갑자를 이루어 오행의 기운이 반복 순환한다.9) 전통적으로 동양에서는 간지로 우주변화의 시간을 파악하는데, 이를 간지기법(干支紀法)이라고 부른다. 물론 여기에는 기시(紀時)·기일(紀日)·기월(紀月)·기년(紀年)이 모두 포함된다.

물론 소우주인 사람도 시간의 변화에 따라 명의 실상이 달라진다. 그런데 사람에게서는 주기율을 갖는 시간이 우주로부터 받은 소우주 자체의 시간과 우주의 시간 두 가지로 구분된다. 소우주 자체적으로 타고난 시간은 명리학에서는 대운(大運)이라고 하며, 10년 단위의 12주기성을 갖는다. 그리고 대우주의 1년 주기성 시간은 세운(歲運)이라고 한다.10) 사람의 명은 이 두 가지 모두의 영향을 받는다고 본다.

따라서 사주명리학에서는 생년·월·일·시를 나타내는 간지 8자로 구성되는 격국(格局)은 명의 실체라고 볼 수 있고, 이 명이

---

9) 우주의 변화에 따른 시간과 그 주기성, 그리고 이것을 파악할 수 있는 기제 즉, 간지 등에 관한 내용은 한동석의 《우주변화의 원리》(행림출판, 1993), 《황제내경》〈소문〉의 '운기칠편', 중국에서 출간된 常秉義 저 《周易與中醫》(中國友誼出版公司, 2004)와 《周易與曆法》(中央編譯出版社, 2009), 權依經·李民聽, 《五運六氣詳解與應用》(甘肅科學技術出版社, 2008) 등을 참고 바람.

10) 명리학에서 대운이 왜 10년 단위의 12주기성을 나타내는지에 관하여는 졸고,〈자평사주학의 이론적 근거와 구성체계에 관한 연구〉(공주대학원 역리학과 석사논문, 2006), 참조.

언제 어떠한 실상을 보일는지 알기 위해서는 대운과 세운을 파악함으로써 가능한 것이다.

3) 지명(知命)과 추길피흉

사람이 타고난 성명과 운명을 안다면 길함은 좇아서 더욱 길하도록 하고, 흉함은 피할 수 있으므로 삶을 영위하는 일이 수월해질 것이다. 그런데 명을 아는 일이 쉽지 않다. 공자 같은 성인도 "50이 되어서야 천명을 알았다."[11]고 했는데, 하물며 범인이 스스로 명을 안다는 것은 쉬운 일이 아니다. 이 때문에 천지자연의 운행법칙을 통해 인간의 명을 읽는 방법으로 명리학이 출현한 것이다.

그런데 문제는 사주명리로 천명을 알았다고 하더라도 그 지명의 결과에 대한 사람의 대처 방법이 중요하다. 다시 말해 명을 고정불변의 것으로 보느냐, 아니면 하늘이 부여한 것이기 때문에 정명성(定命性)은 있으나, 사람이 주체적이고 능동적으로 대처하여 흉을 길함으로 전환할 가능성이 있는 것으로 보느냐가 문제인 것이다.

좀더 부연하자면 명을 고정불변의 숙명(宿命)으로 본다면 명리학은 그 설자리를 잃고 만다. 왜냐하면 천명을 알았다고 한들 이미 모두가 정해진 것이어서 개선할 여지가 없다면 명을 알아 무엇에 쓰겠는가? 따라서 명리학에서 숙명론은 그 의미가 퇴색된다.

그러므로 명을 알아본 결과 길함이 많다면 더욱 노력하고 근신하여 지나침이 없도록 할 것이며, 흉함이 많다면 역시 삼가 보충하여 부족함을 채우려는 노력이 필요하다. 맹자(孟子)는 "하려

---

11) 《논어(論語)》 〈위정(爲政)〉 "五十而知天命"

고 한 것이 아닌데도 그렇게 되는 것은 하늘이 하는 것이며, 이르게 하지 않아도 다가오는 것이 명이다."12)라고 하여 정명성을 인정한다. 그러면서도 그는 "자기의 도리를 다하고 죽는 것은 정당한 명이고, 죄를 지어 죽는 것은 정당한 명이 아니다."13)라고 하여 사람으로서 주어진 도리를 다하여야 함을 강조한다.

   그런데 하늘이 준 성명을 다하는 사람이 되기 위해서는 지극히 진실해야 된다.14) 이 "지극히 진실함은 곧 하늘의 도인 성(誠)"15)으로서, "진실 되어 조금도 망령됨이 없는 것으로 하늘 이치의 본래적인 모습"16)이다. 그리고 이 지극히 진실함은 하늘의 도이고, 지극히 진실함이 되게 하는 것은 사람의 도이기 때문에 지극히 진실한 사람은 힘쓰지 않아도 알맞게 되며, 생각하지 않아도 얻게 되어 조용히 도에 알맞은 것이어서 곧 성인이라고 할 수 있다.17) 그런데《중용》에서 언급되는 이「성(誠)」의 문제는 유가의 수덕(修德)에서만 강조되는 것이 아니라18) 명리학에서도 역시 중요하게 인식된다. 즉 정성을 다하면 하늘도 감동하여 천명에 부합하고자 하는 사람의 소원을 이루어줄 것이다. 이는 하늘과 사람은 감응한다는 사상에 근거한 것이다.

   이상을 정리하면 명리학은 역의 의리철학과 자연변화의 원리

---

12) 《맹자(孟子)》〈萬章章句〉上 "莫之爲而爲者 天也 莫之致而至者 命也."
13) 《맹자》〈盡心章句〉上 "盡其道而死者 正命也 桎梏死者 非正命也."
14) 《중용(中庸)》제22장 "唯天下至誠爲能盡其性."
15) 《중용》제20장 "誠者 天之道也."
16) 《중용》제20장 章句 朱子 주 "誠者 眞實無妄之謂天理之本然也."
17) 《중용》제4장 "誠者 天之道也 誠之者 人之道也 誠者 不勉而中 不思而得 從容中道 聖人也."
18) 拙稿,〈文王筮法과 京房筮法의 比較연구〉(공주대학원 한문교육학과 박사학위논문, 2009), 170~171쪽.

를 토대로 한 응용역학의 한 분야이다. 천일합일사상에 근거하여 사람의 명은 하늘로부터 부여받은 것이기 때문에 천지자연의 변화원리를 빌어 명에 관한 정보파악이 가능하다고 본다. 명은 공간성의 성명과 시간성의 운명으로 구분된다. 그리고 명에 관한 정보를 알고자 하는 것은 추길피흉하기 위한 것으로, 그 목적 달성을 위해서는 정성을 다해야 한다는 것이다.

3. 사주명리학의 원론—음양오행

하늘과 사람이 하나로 합치될 수 있기 때문에 천도변화의 원리를 통해서 인간의 명을 이해할 수 있다는 논리는 수긍할 만하다. 그런데 명리학에서는 천도변화의 원리를 나타내는 코드로 음양오행을 사용하고 있다. 이에 따라 여기서는 음양오행에 관해 간략히 살펴본다.

1) 천도변화의 원리

천지만물의 생성 변화하는 법칙은 역에 담겨 있다. 그런데 역에서 말하는 천도변화의 원리를 파악하는 수단으로서 코드는 시대에 따라 차이가 있다.

먼저 《역경》에서는 양을 나타내는 「ー」과 음을 말하는 「ーー」의 두 가지 효(爻)로 이루어진 64괘와 그에 따른 괘사와 효사로 천도의 원리를 표현한다.

《역경》에 철학성을 부여한 것으로 알려진 《역전》은 천도법칙을 파악하는 코드에 관해 《역경》보다는 한층 진전된 내용을 담고 있다. 《역경》에서 「ー」과 「ーー」의 부호로만 표시한 음양을 "한 번 음하고 한 번 양하게 함을 도라 이르니 계속하여 함은 선(善)이요, 갖추어 이룸은 성(性)이다."[19]라고 음과 양에 관해 언급한다.

그리고 "역에 태극이 있으니, 태극이 양의를 낳고, 양의가 사상을 낳고, 사상이 8괘를 낳으니, 8괘가 길흉을 정하고, 길흉이 대업을 낳는다."[20]고 하여 천지만물의 생성에 관한 정보를 구체적으로 밝힌다.

즉 천지만물은 태극에서 분화된 음양이 서로 교착(交錯) 순환(循環)하면서 만들어낸다는 것이다. 다시 말해 천도변화의 원리를 나타내는 코드는 음양과 사상 팔괘가 중심이 된다고 말하는 것이다.

이처럼 《역전》이 《역경》보다는 천도변화 원리를 구체적으로 설명하고 있으나 아직 오행에 관해서는 언급하지 않고 있다. 다만 오행의 단서가 될 만한 내용을 담고 있어 오행론의 토대를 제공하고 있다.

〈계사전〉에는 "천이 1이고 지가 2이며, 천이 3이고 지가 4이며, 천이 5이고 지가 6이며, 천이 7이고 지가 8이며, 천이 9이고 지가 10이니, 천의 수가 다섯이고 지의 수가 다섯이니, 다섯의 자리가 서로 맞으며 각기 합함이 있다."[21], "하늘이 신묘한 물건을 내자 성인이 법 받으며……하수에서 도(圖)가 나오고 서(書)가 나오자 성인이 법 받았다."[22]라고 말한다.

---

19) 〈계사전(繫辭傳)〉 상5장 "一陰一陽之謂道 繼之者善也 成之者性也."
20) 〈계사전〉 상11장 "易有太極 是生兩儀 兩儀生四象 四象生八卦 八卦定吉凶 吉凶生大業."
21) 〈계사전〉 상9장 "天一地二天三地四天五地六天七地八天九地十 天數五 地數五 五位相得而各有合."
22) 〈계사전〉 상11장 "天生神物 聖人則之…河出圖 洛出書 聖人則之."

그런데 《계사전》의 이 대목에 대해 주자는 "이 1절은 공자가 하도를 밝혀 드러낸 바의 수다. 천지 사이에 일기일 뿐이나 나뉘어 둘이 되면 음양이 되니, 오행이 조화하고 만물은 처음부터 끝까지 여기에 갈무리되지 않음이 없다. 그러므로 하도의 위치를 보면 1과 6은 함께 마루로서 북에 자리하고, 2와 7은 벗이 되어 남에 자리한다. 3과 8은 같은 도로서 동에 자리하고 4와 9는 친구가 되어 서에 자리한다. 5와 10은 서로 지키면서 중에 자리한다. 그러나 그것들이 수를 이루는 까닭은 일음일양(一陰一陽) 일기일우(一奇一偶)로서 그 오행을 둘로 하고 있음에 불과할 따름이다."23)라고 하여 음양오행과 관계된다고 주장한다.

주자에 의하면 《역전》은 음양을 말하고, 오행을 언급하지 않았을 뿐 이미 천도의 법칙은 오행에 의해 설명됨을 밝히고 있다.

그런데 천도변화는 실상 일월과 사시사철의 변화를 말한다. 이 일월과 사시의 변화를 파악할 수 있는 또 다른 코드는 역수(曆數) 내지는 율력(律曆)이다. 〈계사전〉에는 "변통은 사시에 배합하고 음양의 뜻은 일월에 배합한다."24)라고 한 데 이어 "변과 통은 사시보다 더 큼이 없고, 상을 달아 드러남은 일월보다 더 큼이 없다."25)라고 해 사시와 일월을 언급하고 있다. 또 괘 뽑는 방법을 제시하면서 "넷으로 세어 사시를 상징하고, 남는 것을 돌

---

23) 주희(김상섭 해설), 《역학계몽》(예문서원, 1999), 58~61쪽. "此一節夫子所以發明河圖之數也 天地之間一氣而已 分而爲二 則爲陰陽而五行造化 萬物始終無不管於是焉 故河圖之位 一與六 共宗而居乎北 二與七 爲朋而居乎南 三與八 同道而居乎東 四與九 爲友而居乎西 五與十 相守而居乎中 蓋其所以爲數者 不過一陰一陽 一奇一偶 以兩其五行而已…陽數奇 故一三五七九 皆屬乎天 所謂天數五也 陰數偶 故二四六八十皆屬乎地 所以地數五也 天數地數 各以類而相求 所謂五爲之相得者然也."
24) 〈계사전〉 상6장 "變通配四時 陰陽之義配日月."
25) 〈계사전〉 상10장 "變通莫大乎四時 縣象著明莫大乎日月."

려 윤달을 상징하니 5년에 윤달이 두 번이므로……乾의 책수가 216이요 坤의 책수가 144이다. 그러므로 모두 360이니 기년의 일수에 해당한다."26)고 밝히고 있다. 천도의 변화는 역수로 읽을 수 있음을 말하고 있다

그런데 앞서 율력은 간지로 표현한다고 했다. 그리고 간지는 오행을 음양으로 나누어 하늘의 10간과 땅의 12지지를 각각 나타내는 것으로 이해했다. 곧 천도변화의 법칙은 역수로 파악할 수 있으며, 역수는 간지로 표현되기 때문에 음양오행은 곧 천도변화를 파악할 수 있는 코드임이 분명해지는 것이다.

2) 음양오행의 특성

① 대대와 소장의 음양

천도의 변화는 음양의 오고 감에서 이루어진다. 그런데 여기서 말하는「음양의 오고 감」이란 한 번은 음만 오고, 한 번은 양만 온다는 의미가 아니다. 음양은 서로 대대(對待)하면서 음이 자랄 때는 양이 소멸(消滅)하고, 반대로 양이 자랄 때는 음이 소멸함을 말한다. 즉 음양은 서로 대대하면서 소장(消長)을 반복한다는 것이다.

여기서 우리가 관심을 가져야 할 것은 대대와 소장이라는 개념이다. 음양이 대대한다는 것은 공간적 실체적 의미를 말하며, 소장한다는 것은 순환 변화의 동태적(動態的) 의미를 갖고 있는 것이다. 즉 음양은 대대와 소장의 특성을 지니고 있다.

역학에서는 실체적 관점의 음양을 대대(對待)・대립(對立)・

---

26) 〈계사전〉 상9장 "揲之以四以象四時 歸奇于扐以象閏 五歲再閏 故再扐
而後掛 乾之策二百十有六 坤之策百四十有四 凡三百有六十 當期之日."

대치(對峙)・상대(相對)・강유(剛柔) 등으로 표현하고, 동태적 관점의 음양은 유행(流行)・왕래(往來)・질운(迭運)・착종(錯綜)・변화(變化) 등을 말한다.

그리고 소장의 음양은 시간적인 흐름을 타고 생멸 변화하는 현상으로서의 용(用)이라면, 대대의 음양은 그 변화의 현상을 가능하게 해주는 체(體)라고 볼 수 있다. 그러므로 대대는 소장이 아니면 변화할 수 없고, 소장은 대대가 아니면 스스로 행해질 수 없다. 따라서 역의 일음일양은 음양의 대대와 소장을 동시에 의미한다.[27]

오행을 역에 본격적으로 끌어들인 한대(漢代)의 경방(京房)은 《역경》송(訟)괘의 해석에서 "음양이 서로 등져서 2기(氣)가 사귀지 않으니 만물이 어찌 생겨나겠는가?"[28]라고 하여 음양이 대립하여 교감하지 않으면 만물을 낳을 수 없다고 말한다. 또 함(咸)괘에서는 "양이 음의 아래에 있는 것이 남녀의 도이며, 2기가 교감하는 것이 부부의 도이다."[29]라고 해 남녀의 관계를 음양 대립으로 보고 이 대립하는 음양이 교감하는 것을 부부의 도라고 설명한다.

그는 또 정(井)괘의 해석에서 "길흉의 조짐은 음양에서 정해진다. 음이 생하면 양이 사라지고 양이 생하면 음이 소멸한다."[30]라고 하고, 태(泰)괘에서는 "작은 것이 가고 큰 것이 와서 양이 자라고 음이 위태롭지만 천지에 통한다."[31]라고 말한다. 이들 예

---

27) 이상익, 《역사철학과 역학사상》(성균관대학교 출판부, 1996), 123~145쪽 참고.
28) 郭彧, 《京氏易傳 導讀》(中國 齊魯書社, 2003), 121쪽 "陰陽相背 二氣不交 物何由生."
29) 앞의 책, 126쪽 "陽下于陰 男女之道 二氣交感 夫婦之道."
30) 앞의 책, 78쪽 "吉凶之兆定于陰陽 陰生陽消 陽生陰滅."

는 음양을 소장의 관점에서 본 것이다.

그런데 대대를 이루는 음양은 서로 이웃하거나 마주하는 것들이 각자 자기의 올바른 자리를 지키면서 상호 음양을 달리하여야만 서로 도움을 줄 수 있다. 즉 음과 양은 같은 성질끼리는 서로 밀치고 다른 성질끼리는 끌어당기는 성향이 있다. 음양의 이런 대대성을 상반상성(相反相成)의 원리라고 한다.

또 소장하는 음양은 순환한다. 예컨대 밤이 가면 낮이 오고, 낮이 지나면 밤이 오고, 달이 차면 기울고 다시 차는 것과 같다. 이와 같이 음양이 순환 왕래하는 이치는 만물이 극에 이르면 반드시 돌아온다는 물극필반(物極必反)의 원리를 보여주는 것이다.

② 시·공 통합의 오행

주지하다시피 오행은 목·화·토·금·수의 5원소 내지 5원질을 말한다. 그리고 역학에서의 실제 쓰임에서는 간지와 결합해 각각 음양의 오행으로 나눈 10간과 역시 음양의 12지지로 표현된다.

그런데 5원소로서의 오행을 보면 목은 방위로는 동쪽을 말하고 시간으로는 봄철을 나타낸다. 또 화는 남쪽과 여름, 토는 중앙과 4계절, 금은 서쪽과 가을, 수는 북쪽과 겨울을 각각 표현한다.

오행과 마찬가지로 10간도 갑과 을은 양목과 음목, 병과 정은 양화와 음화, 무기는 양토와 음토, 경신은 양금과 음금, 임계는 양수와 음수로서 각각 방위와 계절을 담당하고 있다. 또 12지지 역시 인묘목(寅卯木)·사오화(巳午火)·신유금(申酉金)·해자수(亥子水)·축진미술토(丑辰未戌土)로 각각 양과 음의 오행 및 각

---

31) 앞의 책 101쪽 "小往大來 陽長陰危 通于天地."

계절을 나타내고 있다. 즉 오행은 시간과 방위를 각각 포함하는 통합체임을 알 수 있다.

오행의 또 다른 특성은 상생과 상극의 작용이다. 상생은 목은 화를 낳고, 화는 토를 낳고, 토는 금을 낳고, 금은 수를 낳고, 수는 목을 낳고, 다시 목은 화를 낳는 오행의 순차적 상생의 관계를 말한다. 또 상극은 금은 목을 극하고, 목은 토를 극하고, 토는 수를 극하고, 수는 화를 극하고, 화는 금을 극하는 오행의 역 순차에 의한 억제관계를 이른다.

그런데 오행의 상생작용에서 목화는 기의 분산을 주도하고, 금수는 수렴을 주관한다. 즉 목화는 양기의 발산을 나타내고, 금수는 음기의 응축을 담당하기 때문이다. 그리고 토는 양의 발산과 음의 응축과정이 균형과 조화를 유지하도록 돕는다. 또 오행의 상극작용은 다른 5원질을 죽이는 역할이 아니라 오행의 기운을 견실하게 하여 만물을 이루는 작용을 말한다. 하도(河圖)는 상생의 수를 나타내고 낙서(洛書)는 성수를 나타내는 데서 상생과 상극의 연원을 확인할 수 있다.[32]

그리고 오행의 상생과 상극관계에서 육친(六親)의 관계가 도출된다. 오행의 육친관계는 응용역학에서는 매우 중요하게 쓰이고 있다. 오행의 육친론은 오행을 인사에 원용한 것으로, 나를 기준으로 한 오행을 중심으로 상생과 상극관계를 따져 육친을 찾는 것이다. 예컨대 내가 생하는 것은 자손, 내가 극하는 것은 처(妻)나 재물, 나를 낳은 것은 부모, 나를 극하는 것은 관귀(官鬼), 나와 같은 부류는 형제로 나타낸다.

이런 특성을 갖는 오행이 달성하려는 궁극적 목적은 중화를 통해 만물을 낳아 기르려는 천지의 뜻에 부합하는 것이다. 오행

---

[32] 한동석, 《우주변화의 원리》(행림출판사, 1993), 84~91쪽 참고.

은 각각 그 자체로 기운의 중(中)과 과불급(過不及)이 있다. 목(木)을 예로 들면 과불급이 없이 중을 이룬 목은 그 본래의 생하는 작용을 알맞게 하여 예측할 수 없는 변화나 길흉화복의 큰 파동이 일어나지 않는다. 그러나 목의 기운이 불급하거나 태과하게 되면 생하는 작용의 조화를 이루지 못한다. 나머지 오행도 중화를 이루지 못하면 이와 같은 결과를 낳게 된다.[33] 앞서 음양이 대대와 소장을 통해 균형과 조화를 추구한 것과 같은 맥락이다. 다만 오행의 중화는 생부(生扶)와 극제(剋制)의 작용을 통해 이루어진다. 오행의 생부와 억제는 상생과 상극작용 외에 합과 충의 작용을 통해 오행 기운의 왕성함과 쇠함을 더하고 빼기도 한다.

3) 사주명리학의 음양오행

① 음양적 특성

사람이 태어난 연·월·일·시의 간지 8자의 음과 양, 그리고 오행의 관계를 통해 그 사람의 성명과 운명에 관한 암시를 파악하고자 하는 것이 사주명리학이다. 그런데 어떤 한 사람의 명에 관한 정보를 알기 위해서는 명국과 대운을 파악해야 한다. 이때 생년·월·일·시의 각각의 간지를 한 개 주(柱)로 하여 4개 주를 횡(橫)으로 정렬하여 적은 것을 명국(命局)이라고 한다. 그리고 그 사람이 고유하게 타고난 10년 단위로 변하는 간지를 순차적으로 표시한 것이 대운이다.

명국은 그 사람이 타고난 성품·자질·능력 등에 관한 정보를 담고 있다. 즉 명국은 하늘로부터 받은 명 가운데 성명에 해당된

---

33) 한동석, 앞의 책 47~74쪽 참고.

다. 이 성명이 암시하는 실상을 현실적으로 확인하기 위해서는 시간의 흐름을 보아야 한다. 따라서 앞서 음양의 일반론에서 밝힌 바와 같이 성명은 공간성을 갖는다.

음양의 공간적 특성은 대대하는 성질을 보인다. 즉 상반상성의 원리를 타나낸다. 따라서 명국에서 음양의 대대 내지는 균형이 깨지면 조화를 이룰 수 없다. 예컨대 명국의 간지 8자 중에서 양의 간지만 있다거나 음의 간지만 보인다면 음양의 균형이 깨진 것이다. 또 음양 가운데 어느 한쪽의 오행이 너무 많으면 이 또한 균형이 맞지 않는 것으로 볼 수 있다.

이에 비해 운(運)은 명의 실체 내지는 본체인 성명이 변화하는 실상을 예시하기 때문에 시간성을 갖고 있다고 하겠다. 운에는 각자 사람마다 타고나는 자체의 타임스케줄인 대운과 대우주의 시간표인 세운이 있다.

그런데 운은 대운이나 세운이나 모두 간지로 표시된다. 따라서 해당 운이 갖는 음양과 오행의 특성을 갖는다. 그러므로 명국에서 음양과 오행이 균형과 조화를 이루지 못해 균형과 조화를 이루는 데 꼭 필요한 음양오행의 간지로 표현되는 운을 만나게 되면 길한 결과가 있을 것임을 예견할 수 있다. 예를 들어 명국을 분석한 결과 갑인(甲寅)이라는 간지가 필요하다면 갑인의 운을 만나면 뜻한 바를 얻게 된다는 것이다.

이렇게 보면 음양은 시간과 공간성을 갖지만 서로 보완하면서 만물을 생성하는 본뜻을 이루는 것처럼 사주명리에서도 공간성의 명국을 보완하는 것은 시간성의 운이라는 것을 알 수 있다. 따라서 사주명리에서는 대대와 소장하는 음양의 특성을 이해하는 것이 필요하다.

② 오행적 특성

자평사주학을 처음 제시한 것으로 전해지는《연해자평(淵海子平)》에서는 "천지로부터 받은 사람의 명은 음양에 속하고, 삶은 모두 오행의 원리 가운데 있다."34)라고 한다. 사주명리학의 요체가 음양오행에 있다는 것을 단적으로 표현한 것이다.

이처럼 오행은 실제로는 음양과 분리해서는 생각할 수 없다. 사주의 오행은 간지로 표시되기 때문에 간의 오행은 음양으로 나누어 5개 양오행과 5개 음오행의 10개가 된다. 또 지지의 오행도 음양으로 구분한다.

이와 같이 음과 양의 오행은 각각 고유한 특성을 갖고 있다. 예를 들어 목의 경우, 목의 특성이 있으면서 다시 양목과 음목의 특성이 차이를 보인다. 다른 오행도 마찬가지다.

무엇보다 오행의 상생 상극에 의한 육친의 분류와 그 역할의 파악이 중요하다. 사주학에서 육친은 나를 나타내는 일주의 천간(天干) 오행을 기준으로 한 생극관계에 의해 가려진다. 즉 내가 생하는 오행 가운데 음양이 다른 것은 상관, 같은 것은 식신, 내가 극하는 오행의 음양이 다른 것은 정재, 같은 것은 편재, 나를 극하는 것은 관살, 나를 낳은 것은 정인과 편인, 나와 동류의 것은 비견과 겁재로 구분한다.

이 육친은 각각 가지고 있는 성향이 다르고, 사주의 명국에서 어디에 위치하고, 상호간에 어떤 역학관계를 가지느냐에 따라서 그 사주 주인의 명을 구성하는 내용이 달라진다.

오행의 상생 상극작용은 만물을 생성 화육하고자 하는 천지의 뜻을 이루기 위한 것이기 때문에 태과하거나 불급한 것을 꺼리

---

34) 徐升 저 / 曹貴生 白話釋意,《淵海子平》〈繼善篇〉(中州古籍出版社, 2006), 84쪽 "人稟天地 命屬陰陽 生居覆載之內 盡在五行之中."

고 중화를 이루어야 마땅하다고 했다. 따라서 사주의 명국에서 8자 오행의 관계를 살펴 중화를 이루었는지를 파악한 뒤 그렇지 못한 경우 중화를 이루는 데 가장 필요한 육친 오행을 가린다. 물론 중화를 이루었을 경우에도 중화의 상태를 가장 잘 유지 보전할 수 있는 육친의 오행이 있게 마련이다.

그런데 사주에서 가장 필요한 육친 오행이 제 역할을 하기 위해서는 먼저 이 육친 오행이 대운에서 나타나야 한다. 다시 말해 공간상의 명국에서 필요한 오행이 시간상에서 보충되거나 힘을 더하여야 중화를 이루어 길한 사주가 된다. 다음은 세운에서 필요한 오행을 만나야 된다. 여기서 대운이 세운보다 더 중요하고 영향을 미치는 시간도 긴 것은 대운은 소우주 자신이 타고나는 고유한 운명이기 때문이다.

말하자면 사주명리학에서 음양이 나타내는 시간과 공간성, 그리고 오행이 갖는 상생 상극작용은 조화와 균형, 즉 중화의 도를 이루어 천지변화의 도를 달성하는 데 있음을 알 수 있다.

4. 맺는 말

지금까지 사주명리학의 바탕이 되는 철학과 원리에 관해 살펴보았다.

요약하면 명리학은 천지와 만물은 하나라는 천일합일사상에 근거하여 천도변화의 원리를 통해 사람의 현재와 미래를 예측하려는 시도라고 할 수 있다.

그런데 천지만물의 생성 변화, 즉 천도변화의 원리를 담고 있는 것이「역」이며 역의 철학사상은 천지가 만물을 낳아 기르는 일을 쉼 없이 이어가는 것이다. 그리고 이 같은 목적달성을 이루어가는 법칙을 설명하는 코드가 음양오행의 원리라고 할 수 있다.

따라서 천지가 낳은 사람의 명은 하늘이 준 것이고, 이 명을 알기 위해서는 천지변화의 원리파악이 필요하며, 그것은 음양오행의 이해에서 출발한다.

그런데 대대성 또는 공간성과 소장성 내지는 시간성을 갖는 음양은 균형과 조화를 통해 천지변화를 이루어간다. 그리고 오행 역시 상생 상극을 통해 중화를 이루어 천도를 달성하고자 한다.

그러므로 사주명리학의 요체는 천지가 끊임없이 만물을 낳아 기르는 선한 마음과 천지가 생성 변화하는 법칙인 음양오행의 원리를 토대로 하고 있다고 할 수 있다.

〈참고문헌〉

- 《易經》
- 《易傳》
- 《論語》
- 《孟子》
- 《中庸》
- 《性理大全》(보경문화사, 1988)
- 《黃帝內經》〈소문〉의「운기칠편」
- 한동석, 《우주변화의 원리》(행림출판, 1993)
- 常秉義, 《周易與中醫》(中國友誼出版公司, 2004)
- 常秉義, 《周易與曆法》(中央編譯出版社, 2009)
- 權依經・李民聽, 《五運六氣詳解與應用》(甘肅科學技術出版社, 2008)
- 郭彧, 《京氏易傳 導讀》(中國 齊魯書社, 2003)
- 徐升 저 / 曹貴生 白話釋意, 《淵海子平》〈繼善篇〉(中州古籍出版社, 2006)
- 劉安 撰 / 吳廣平・劉文生 譯, 《白話淮南子》(岳麓書社, 1998)
- 朱海雷 撰, 《屍子》下卷 (中國 上海古籍出版社, 2006)
- 주희(김상섭 해설), 《역학계몽》(예문서원, 1999)
- 이상익, 《역사철학과 역학사상》(성균관대학교 출판부, 1996)
- 拙稿, 〈文王筮法과 京房筮法의 비교연구〉(공주대학원 한문교육학과 박사학위논문, 2009)
- 拙稿, 〈자평사주학의 이론적 근거와 구성체계에 관한 연구〉(공주대학원 역리학과 석사논문, 2006)

제2장 격국론

장태상
-공주대 대학원 역리학과 객원교수, 동방대 부교수-

들어가는 말

몇 년 전 어느 날 필자가 단골로 다니는 중국대사관 앞 중화서국을 들렀을 때, 홍콩 풍수가(風水家) 백학명(白鶴鳴)이란 사람이 펴낸《팔자팔일통(八字八日通)》이란 책이 눈에 띄어서 내용을 훑어보았더니 시쳇말로 왕초보 사주책이란 생각이 들었지만, 백학명이란 사람은 저서가 100여 권이나 되는 책장사 類의 저자라 해도 책 제목이 너무 지나치다 싶어 필자는 이 책보다 조금 무게 있는 내용을 담아《팔자팔주통(八字八週通)》이란 책을 펴내보면 어떨까 해서 동방대 제자들과 상의를 해보았더니, "아니 교수님은 천문진수(天文眞數)와 기삼백(朞三百)을 통효(通曉)하고 풍수지리의 진제(眞諦)를 아시는 분이 그런 동양학의 가장 지엽적인 명리서를 내면 어떡하십니까?" 해서 코가 쑥 빠져 그만둔 적이 있는데, 애도 낳기 전에 포대기부터 장만하는 나의 속성 때문에 책 한 권을 버려둔 것 같다고 생각되어 마음속으로는 아쉬움이 남아 있다.

부처께서도 모든 대중에게 위대한 설법을 할 목적으로 대방광불(大方光佛)《화엄경(華嚴經)》을 설했으나 대중이 못 알아듣고 모두 흩어져 버리므로 다시 저급한 사람들도 알아듣게끔《아함경(阿含經)》부터《방등경(方等經)》으로 점차 단계를 밟아 설함으로써 불도(佛道)가 크게 선 것처럼 쉬운 명리서 하나를 가지고 3, 40년씩 연구를 하는 사람들도 있으니 세상 사람들의 두뇌란 각자의 재능이 다르므로 명리학이 동양술서(東洋術書)에서 비록 말기(末技)에 해당된다 하더라도 그러한 사람들을 위해서는 쉬운 책도 써내는 것은 그렇게 욕먹을 일은 아니라고 본다.

 그러던 중 공주대 정종호 교수의 부탁으로 명리 격국론을 써 달라고 해서 격국론을 대략 쓰기는 하지만, 명리학은 원래 명리학의 진수가 발견되기 전에 격국론을 위주로 설명을 했었으니 《연해자평(淵海子平)》, 《명리정종(命理正宗)》類가 그러한 류인데, 평생을 공부해도 그런 책들은 명리의 핵심을 깨닫게 하는 데 아무런 도움이 되는 책이 아니다.

 명리학은 명대(明代) 초의 국사(國師) 유백온(劉伯溫)이 지었다고도 하고, 무명의 숨은 도인(道人) 경도(京圖)가 찬(撰)한 《적천수(滴天髓)》란 책을 유백온이 주석(注釋)했다고도 하는 《적천수천미(滴天髓闡微)》를 저작했는데, 명리서로서는 완성된 책은 청대(淸代) 임철초 선생이 유백온의 주석본을 저본으로 해서 지은 《적천수천미》가 명리서의 백미라고 필자는 생각하고 있기 때문에, 기존 《연해자평》이나 《명리정종》에 비중을 두고 있는 격국론을 무시하고 괄시했던 필자가 격국론을 쓴다는 것은 참으로 아이러니한 게 아닌가 하는 생각이 든다.

 다음에 나의 제자 오청식 군이 《연해자평》 원서를 완벽하게 번역한 것과 인터넷에 떠도는 몇 가지 옛날식 《명리정종》 등에 나타나는 몇 가지 격국을 추려 보았는데, 이러한 옛날 사주 방법은 현대의 사주법으로 보건대 실제로 명리를 감평할 때 아무런 도움이 되지 못한다는 것을 독자들은 깨닫게 될 것이다.

〈연해자평에 나타난 여러 모양의 격국 예〉

■ 외격(外格)과 잡격(雜格)

사주에서 격국을 크게 나누어 보면 보통 일반적인 격국인 내격(正八格)과 특수격으로 볼 수 있는데, 특수격은 다시 외격과 잡격으로 구분된다. 외격과 잡격에서 외격은 적용 사례적인 면에서 타당성이 있고 실제적이나, 잡격은 이론이 난잡하고 적중률도 떨어져 현실적이지 않은 부분이 많다.

■ 외격(外格)과 잡격(雜格)의 분류

① 건록격(建祿格)
② 양인격(陽刃格)
③ 전왕격(專旺格) : 일행득기격(一行得氣格)이라고도 하며 곡직인수격·염상격·가색격·윤하격·종혁격 등이 있다.
④ 종격(從格) : 종관살격·종재격·종아격·종세격·종강격 등이 있다.
⑤ 화기격(化氣格) : 합화격(合化格)이라고도 하며 다시 화목격(化木格)·화토격(化土格)·화금격(化金格)·화수격(化水格)·화화격(化火格) 등으로 나뉜다.
⑥ 잡격(雜格) : 잡격은 수십 가지가 있다.

사주명리학이 중화론(中和論)이라고 하는 것은 일반적인 내격이 오행의 생극제화(生剋制化) 원리에 따라 중화(中和)를 위주로 하여 용신을 정하는 데서 기이한 것이다. 그 밖에 건록격·양인격을 제외한 외격(外格)에서는 일방적으로 편중되어 있는 강왕한 오행의 기세를 거스르지 않고 순종하며 따르는 것을 용신으로 삼는다.

① 건록격(建祿格)

건록격은 월지가 일간의 건록이 될 때 성립이 되어 대체로 신강하게 형성되기 때문에 용신으로는 관살이나 또는 식상으로 설기시키는 것도 길하다. 일간의 녹(祿)은 甲日寅・乙日卯・丙日巳・丁日午・戊日巳・己日午・庚日申・辛日酉・壬日亥・癸日子 등이다. 건록격은 신왕이기 때문에 관살로 극제하여 중화를 시키는 것을 용신으로 보기도 하지만, 건록격 중에 오행이 한쪽으로 더욱 더 편중되어 전록격이 되는 경우는 오행의 세력이 극왕하게 되어 극제하려다가는 오히려 불길하게 되기 때문에 왕성한 오행에 순응하는 것이 길하게 된다. 건록격의 사주에 천간에 다른 비겁 등이 투출하면 군비쟁재(群比爭財)가 되기 때문에 불길하고 오직 천간에 재생관살이 혹은 식상생재가 되면서 파극되지 않아야 길명(吉命)으로 간주한다.

② 양인격(羊刃格)

양인격은 월지가 일간의 양인이 되는 격국(格局)을 말하며, 음일간은 적용되지 않는다. 양인은 甲日卯月・丙戊日午月・庚日酉月・壬日子月 등으로 구성된다. 사주가 신약하면 양인은 흉하지만 오히려 용신이 되어 길하게 되는데, 신강하면 양인이 기신(忌神)이 되며, 양인이 용신일 때 양인이 운(運)에 의해 충을 당하면 대흉하다. 장남(張楠)이 《명리정종》에 이르기를, "갑병무경임 양일생만 양인격을 놓을 수 있고, 을정기신계의 음일생은 양인격을 놓을 수 없다. 다만 양인을 용한다 하는 말은 사주의 상황을 잘 살펴보아 논할 일이다. 글에서 이르기를, 양인격을 놓고 충을 만나지 않으면 극품의 귀를 누린다."고 하였다. 또한 위천리(韋千里)가 양인격에 대해 논하기를, "양인격에 재성이 많으면 관살이 용신이다. 관살이 많으면 재성이 용신이다. 식상이 많으면 재가 용신이다. 비겁이 많으면 관살이 용신이다. 인성이 많으면 재성이 용신이다. 양인격에 재·관·살·식상이 사주에 꽉 찼다면 인성이 용신이다."라고 하였다. 일인(日刃), 즉 일지가 일간의 양인이 되는 것을 말하며, 丙午日·戊午日·壬子日 등의 일인이 되면 배우자궁을 극하기 때문에 극부극처(剋夫剋妻)를 한다.

군비쟁재(群比爭財)·군겁쟁재(群劫爭財)의 경우,
사주 안에서 비견·겁재 등을 군비(群比)·군겁(群劫)이라 말하며, 쟁재(爭財) 즉 재물을 서로 차지하려고 쟁투를 벌이는 형국인데 처재(妻財)를 극하기 때문에 대흉이다.

③ 전왕격(專旺格 : 一行得氣)

전왕격이란, 사주가 신왕하여 일간을 중심으로 관살이 없으며 여섯 자 이상이 한쪽의 오행으로 편중이 되어 몰려가는 것을 말하며, 일반적으론 일행득기격(一行得氣格) 또는 독상(獨象)이라고도 부른다. 일행득기하는 오행이 무엇이냐에 따라 곡직인수격·종혁격·가색격·염상격·윤하격의 다섯 가지가 있다.

● 윤하격(潤下格)

윤하격은 壬, 癸日生이 地支에 申子辰 三合局이나 亥子丑 方合局을 이루어야 하며, 月支에 반드시 왕신이 있어야 한다. 만약 사주에 관살(官煞)이 있다면 파격(破格)이 된다.

● 종혁격(從革格)

종혁격은 庚, 또는 辛日生이 地支에 巳酉丑 三合局이나 申酉戌 方合局이 이루어져야 하며, 月支에 반드시 왕신의 한 글자가 있어야 한다. 그리고 사주에 관살이 없어야 한다.

● 가색격(稼穡格)

가색격은 戊, 己日生이 地支에 辰戌丑未가 전부 있거나 四支가 모두 순토(純土)이어야 한다. 그리고 사주에 관살이 없어야 한다.

● 염상격(炎上格)

염상격은 丙, 丁日生이 地支에 巳午未 方合局이나 寅午戌 삼합국이 이루어져야 하며, 月支에 반드시 한 글자는 있어야 한다. 그리고 사주에 관살이 없어야 한다.

● 곡직인수격(曲直印綬格)

곡직인수격은 甲, 乙日生이 寅卯辰 方合이나 亥卯未 三合이 이루어져야 하며 月支에 반드시 한 글자는 있어야 한다. 그리고 사주에 관살이 없어야 한다.

전왕격은 왕신이 천간에 투출하면, 즉 비겁이 사주의 천간에 있으면 진격(眞格)이다. 전왕격의 사주에 약간의 흠집이 있으면 그 흠집이 제거되는 운에서 부귀하며, 고위 권력자이거나 큰 부자가 된다. 전왕격은 관살운이 매우 좋지 않은데, 관살운이 오면 거의 사망·파산·가족의 사망·형벌 등의 재앙을 만난다.

④ 종격(從格 : 弱日棄命格)

종격이란 따를 종(從)자이니 어떤 특정한 한 오행이 강왕하여 일주가 중과부적으로 세력에 거스를 수 없게 되어 차라리 세력을 따라가는 것이 순탄하게 되는 것을 말한다. 한 가지 왕한 세력에 저항하다가 낭패를 보느니 포기를 하고 항복하는 것이 무탈하고 오히려 세력에 편승하는 것이 출세하여 부귀를 누리는 경우이다. 일간이 인성과 비겁이 많아 강하게 되는 것에서 인성이 많아서 인성을 따르면 종인격(從印格) 또는 종강격(從强格)이라 하고, 비겁이 많아 비겁을 따르는 것은 종왕격(從旺格)이라고 한다. 관살을 따르면 종살격(從殺格), 재성을 따르면 종재격(從財格), 식상을 따르면 종아격(從兒格), 그리고 두 가지 이상의 오행이 왕하여 중간에서 눈치를 보다가 더 큰 세력에 따르는 것을 종세격(從勢格)이라고 한다.

● 종세격(從勢格)

종세격이란 일간이 너무 신약하여 스스로 독립은 할 수 없고, 식상·재성·관살 등이 두 가지 이상 세력을 이루며 다투고 있을 때 이 중 가장 유력한 세력을 좇아 종(從)하는 것을 말한다. 천간에 한 개 정도의 비겁이나 인성이 있어도 지지에 무근하기 때문에 의지할 세력을 찾게 되는데, 어느 한 오행이라도 강력하다면 그것을 따르면 되겠지만, 그 세력이 두세 가지가 되기 때문에 고민하는 것이다. 또한 음간(陰干)은 곧잘 세력에 종하지만, 양간(陽干)은 의(義)를 지키려 하기 때문에 종세가 되었다가도 인성이나 비겁 운을 만나면 잘 굴복하지 않으려는 뜻이 있어서 그 용신을 찾기도 쉽지 않다.

甲	癸	壬	丙
寅	巳	辰	戌

癸水가 辰月에 태어나 실령(그 달에 힘을 얻지 못한 것)하였으

며 壬水만이 도움이 되고자 하지만, 진술충으로 인해서 무근(無根)하여 식재관(食財官)의 세력을 따르게 되었다.

```
庚 甲 戊 辛
午 辰 戌 巳
```

戌月의 甲木으로 실령하였으며 일지 辰土에 근(根)하였으나 바로 옆의 戌과의 沖으로 불안한데 식재관은 왕하여 종세격이다.

```
甲 癸 丙 乙
寅 巳 戌 卯
```

술월의 계수인데 비겁과 인성이 없어 종세격이다. 역시 식재관에 종세해야 길한데 火土 운(運)에 크게 출세하였다.

⑤ 화기격(化氣格)

화기격이란 일간을 중심으로 월간 또는 시간과 간합(干合)하여 그 간합과 동일한 오행에 해당하는 간지가 많이 있는 사주를 화격이라 한다. 그런데 화기격이 되는 조건들이 다소 복잡하기 때문에 성급히 화기격이라고 단정해서는 안 된다. 화기격은 화토격·화목격·화금격·화수격·화화격 다섯 가지 종류가 있다.

가령 甲己는 간합하여 土가 되는데, 일주가 甲日이고 월간 또는 시간에 己土가 있는 경우와, 己日일 때는 월간 또는 시간에 甲木이 있는 것을 말하며, 또한 화기격이 성립되기 위해서는 다시 월지가 간합의 오행과 일치해야 되므로 甲己日의 화기격은 월지가 반드시 辰戌丑未月이어야 된다. 甲己토의 화기격에 있어서 사주의 전체 기운 중 土가 부족할 때는 土운(運)이나 土를 생하는 火운이 길하고, 반대로 사주 전체가 土로 되어 土기가 과다할 때는 이 土기를 누설시키는 金운이 길하다. 그리고 土기와 상극되는 水 또는 木운 등은 모두 불길하다.

丙辛의 化氣格은 월지가 申子辰亥月이어야 한다. 申 및 辰은 그 오행이 水는 아니나 삼합하여 水로 화하므로 무방하다. 戊癸의 화기격은 월지가 寅午戌巳월이어야 하고, 乙庚의 화기격은 월지가 巳酉丑申월이어야 하며 丁壬의 화기격은 월지가 亥卯未寅월이어야 한다. 그리고 화기격은 운에서 투합을 만나면 재앙이 있게 되고, 원국 안에 化氣오행이 많을수록 길한데, 만일 이것이 부족할 때는 化氣오행을 생하는 운이 길하며, 반면 태과할 때는 이를 누출시키는 운이 길하다.

庚	乙	辛	戊
辰	酉	酉	申

酉月의 乙木이 시간에 庚金과 육합을 이루고 월지도 金氣인 酉月이 되었고 化氣를 충극하는 오행도 없어 化金格이 되었다.

甲	壬	丁	甲
辰	午	卯	寅

정임이 육합을 이루어 木의 기운이 왕성한 卯月을 만나고, 化氣인 甲木이 양 천간에 투출하니 化木格이 되었다.

가화기격(假化氣格)은 화기격으로 이루어졌으나 상충이 되어 化氣가 깨지는 오행이 있는 것을 말한다. 즉 甲己 화기격에 있어서 원국 안에 化氣인 土氣와 상충되는 木 또는 水氣가 있는 것을 말하며, 운을 만나서 도움을 받으면 다시 진화기격으로 부귀를 누리며 만회될 수 있지만, 반대로 운을 만나지 못하면 소인배이고 이루어지는 일이 없다.

• 화기격(化氣格)의 파격(破格)

화기격의 파격이란 화기격의 형태를 갖추기는 하였으나 타 오행의 극으로 파괴되거나, 또는 다른 오행의 합화오행이 화신을 극하는 경우도 있고, 쟁합·투합에 의하여 파격이 되는 경우 등이다.

```
丙 辛 戊 庚
申 未 子 戌
```

화수격의 형태는 갖추었으나 원국의 三土가 화기인 수를 극하여 파격이 되었다.

```
己 甲 丁 壬
巳 子 未 辰
```

甲己合土가 월지에 未土를 보아 化土격의 형태가 되었으나 천간의 다른 오행인 丁壬合木이 化神인 土를 극하여 化土破格이 되었다.

```
丙 辛 丙 甲
戌 亥 子 申
```

일간인 辛을 사이에 두고 시간과 월간에 있는 두 개의 丙이 쟁합(爭合)을 이루어 완전한 丙辛合을 이루지 못해 化水格이 안 되었다.

● 파격(破格)의 화기격(化氣格)이 다시 성격(成格)을 이루는 경우

화기격이 일단은 파격이 되었으나 구신(仇神) 등의 도움으로 인하여 다시 성격을 이루는 형태이다.

● 화기가 극을 당해 파격이 되었으나, 극하는 오행을 다시 합하여 극을 못하게 함으로써 화기를 이루는 격.

| 癸 | 戊 | 丁 | 壬 |
| 丑 | 寅 | 巳 | 午 |

戊 일간이 癸를 만나 합火되었는데, 巳 월지를 만나 화기격을 이루려고 하였으나, 연간의 壬水가 극을 하려 하는데 월간의 丁이 다시 합을 이루어 化火氣를 생조한다.

● 화기를 극하는 仇神이 있어도 통관시키는 것이 있는 경우

| 己 | 甲 | 丁 | 甲 |
| 巳 | 申 | 丑 | 戌 |

甲 일간이 시간의 己土와 합을 이루어 化土격이 이루어지는데 시간의 甲木이 土氣를 극하려 하니 월간의 丁火가 통관을 시켜 다시 화토격을 이루었다.

● 쟁합이 되어도 다시 짝을 이뤄 합이 되어 화기격을 이루는 격

| 辛 | 丙 | 丙 | 辛 |
| 卯 | 子 | 申 | 亥 |

丙辛합을 이루려 하지만 쟁합이 되는 것을 다시 합을 이루게 하여 지지의 申月을 만나 화기격을 이루는 형태이다.

제2장 격국론

- 화기를 극하는 것이 있어 파격이 되었으나 극하는 것을 다시 극제하여 성격이 되는 경우

```
辛 丙 乙 己
卯 申 亥 亥
```

丙火가 辛金과 합을 이루고 화기인 亥水月을 만나 化水格을 이루려는데, 연간의 己土가 化氣를 극하려 드니 다시 월간의 乙木이 己土를 극거하여 격이 맑아졌다.

⑥ 특수격(特殊格)과 잡격(雜格)

특수격과 잡격은 종류가 매우 많고 채택이 되기에는 조건도 각각 다르기 때문에 매우 까다롭다. 많이 사용하는 격들을 아래에 열거하였다.

兩神成象格, 暗沖格, 暗合格, 雜氣財官印食傷格, 金神格, 飛天祿馬格, 倒沖祿馬格, 子遙巳格, 丑遙巳格, 壬騎龍背格, 井欄叉格(암충격의 일종), 六乙鼠貴格, 六陰朝陽格, 刑合格, 合祿格, 夾丘拱財格, 歲德扶財格, 專財格, 日德格, 日貴格, 魁罡格, 六壬趨艮格, 靑龍伏形格, 白虎持勢格, 朱雀乘風格, 勾陳得位格, 玄武當權格, 財官雙美格, 拱祿格, 拱貴格, 日祿歸時格, 四位純金格, 天元一字格, 福德格, 日德秀氣格, 兩干不雜格, 五行俱足格, 支辰一字格, 干支同體格, 照象格, 反象格, 鬼象格, 伏象格, 日刃格, 三奇眞貴格, 祿元三會格, 子午双包格, 金白水淸格, 木火交輝格, 火金鑄印格, 火土夾雜格 등 종류별로 헤아릴 수 없게 많이 있고, 또 當憂不憂, 聞喜不喜, 源淸流濁, 建祿不富, 背祿不貧, 背祿逐馬, 夏草逢霜, 多逢熱火, 吉會凶會, 時柱暗帶, 神藏殺沒, 祿馬交馳, 龍吟虎嘯, 龍騰天門, 虎臥龍閣, 雲行雨施, 包裏旌旗 등의 이론이 참고로

적용된다. 하지만 이론이 조잡하고 또한 적중률 등도 많이 떨어져 그다지 많이 채용되지는 않는다. 따라서 특수격의 까다로운 조건이 성립되지 않으면 보편적인 내격으로 판단한다.

● 자요사격(子遙巳格)

자요사격(子遙巳格)이란 甲子日이 甲子時를 만나고 사주원국에 庚·辛·申·酉 관성(官星)과 丙·丑·午 등이 없어야만 이 격에 해당되는 요건이 된다. 자요사격은 子水가 멀리서 巳를 불러들여 巳 중 戊土와 합을 하고 다시 巳 속의 丙火는 甲木의 정관이 되는 辛金을 불러들인다는 격이다. 이때 원국에 丑이 있으면 子와 합을 이루어 파격이 되고, 午가 있으면 충이 되어 파격을 이루는 등이다.

甲	甲	乙	己
子	子	亥	巳

亥月의 甲子일주가 甲子시를 만났다. 원국에 관살이 전혀 없고 丑午丙도 없으므로 자요사격이 되어 대운이 金운으로 흘러서 어려서부터 일찍이 성공하였다.

● 임기용배격(壬氣龍背格)

임기용배라는 것은 임진일에만 해당이 되는데, 壬수가 辰, 즉 용위에 올랐다는 뜻이다. 이 격은 두 가지로 나누어지는데, 첫째는 귀격이고, 또 다른 하나는 부격(富格)이다. 귀격(貴格)이란 壬辰일 지지에 진을 많이 만나면 술을 충하고, 술 중의 무토가 일간 임의 관으로 작용되어 귀하게 되는 뜻이며, 단 원국에 술이나 무가 있으면 이는 임기용배가 아닌 다른 각도로 봐야 한다. 또한 부격(富格)으로 작용하는 것은 辰戌冲이 되면 戌中丁火가 재의 역할을 하게 되고, 또 원국에 寅이 많으면 寅戌로 火財局이 만들어져 富하게 된다는 뜻이다.

```
甲 壬 辛 癸
辰 辰 酉 亥
```

위 사주는 임진일생이 원국에 진을 거듭 만나고 원국에 술과 무가 보이지 않으니 완전한 임기용배격을 이루었고 귀격이 되었다.

• 육을서귀격(六乙鼠貴格)

육을서귀격이란 을축·을해·을유·을미·을사·을묘 등의 육을일에, 서(鼠)는 쥐를 의미하므로 자시, 즉 병자시를 만나는 것을 의미하는데, 자는 을일의 천을귀인이 되어 귀하게 된다는 설이 있고, 또 다른 한 가지는 병자시의 병화가 건록인 사를 끌어들이고, 사는 다시 신금과 합으로 들어와 을의 정관인 경금으로 귀하게 되는 의미다. 하지만 이 격의 원국에 관살이나 丑午가 있으면 파격이 된다.

```
丙 乙 癸 丁
子 巳 卯 未
```

을사일 병자시로 서귀격이 되었다. 또한 묘월생의 건록격까지 되어 일주가 강하게 되었으니 설기하는 병화상관이 용신이 되어 대귀하게 되었다.

```
丙 乙 丁 庚
子 亥 亥 申
```

을해일로 병자시는 육을서귀격이 되었지만, 관살이 원국에 있어 불길하고 파격이 되었다.

● 육음조양격(六陰朝陽格)

육음조양격의 육음이란 辛을 뜻하여 辛丑日·辛卯日·辛巳日·辛未日·辛酉日·辛亥日 등의 육신일이 무자시를 만나고 사주원국에 丙·丁·巳, 午 등의 관살이 없는 경우를 말한다. 시주(시간의 간지) 무자 중 무는 자중계수와 합을 하여 신금의 관성으로 삼는 것인데, 이 중에 가용한 날은 신해일·신축일·신유일의 3일뿐이며, 신사는 사 중에 병화가 이미 들어 있고, 신미는 칠살( )이 들어있기 때문이다.

| 戊 | 辛 | 辛 | 戊 |
| 子 | 亥 | 酉 | 辰 |

辛亥日 戊子時가 되고 원국에 관살이 없으므로 육음조양격이 되었다.

● 육임추간격(六壬趨艮格)

壬寅·壬辰·壬午·壬申·壬戌·壬子 등을 육임일이라 하고, 추간(趨艮)이라는 것은 간을 쫓는다고 하여 간은 축간인으로 임인시를 만나면 인해합이 되어 합록이 되고, 시간은 암록도 되어 부귀가 따른다. 午는 寅과 합하고, 申은 寅을 충하며, 戌은 寅과 합하고, 子는 壬의 양인이 되므로 壬辰日과 壬寅日만이 가용하다. 관인이 필요하면 寅 중 甲木이 己土를 끌어들여 壬의 관으로 사용하고, 寅 중의 丙火가 辛을 합하여 일간의 인수가 되므로 申·午·巳 등은 원국에서 꺼리고 운동 역시 그러하다.

```
壬 壬 壬 壬
寅 辰 寅 寅
```

壬辰日이 寅이 많고 관살이 없다. 그리하여 己와 辛을 합하여 와서 관·인을 삼으니 육임추간격이 되었다.

● 육갑추건격(六甲趨乾格)
육갑추건격의 乾이란 술건해 중의 亥를 뜻한다. 甲日이 亥時를 만나서 일간의 건록인 인이 필요하면 해는 합으로 언제든 인을 끌어다 쓰는 것을 말하고, 그러하니 원국에 이미 인이 있거나 또는 사가 있어서 해를 충하면 해가 작용할 수 없기 때문에 파격이 된다.

```
乙 甲 癸 戊
亥 子 亥 辰
```

《연해자평》에 나온 신안백(新安伯)의 사주인데, 甲子日이 亥時를 만나고 사주원국에 寅·巳가 없으니 寅을 합해 와서 육갑추건격이 되었다.

● 양간부잡격(兩干不雜格)
양간부잡격이란 사주의 연간과 일간이 같고 월간과 시간이 같은 것을 말한다.

```
己 戊 己 戊
未 子 未 戌
```

무와 기로 사주 천간이 이루어져 양간부잡격이 되었다. 사주가 전부 토로 구성되었으며, 오직 수가 한 개이니 토극수가 되어 불길한데, 오대운에 장애자가 되었다.

● 복덕수기격(福德秀氣格)

복덕 수기격은 巳酉丑 금국(金局)을 이루고 天干을 얻는 것을 말한다. 일주가 乙巳日·乙酉日·乙丑日은 지지가 巳酉丑 三合 하여 금국을 이루고 未·酉月을 만나지 말아야 하는데, 묘상(墓 上)에서 왕기(旺氣)를 띤다면 金氣는 목을 잘 극살하기 때문이 다. 일주가 丁巳日·丁酉日·丁丑日은 지지에 巳酉丑 金局을 이루면서 酉·子月을 만나지 말아야 하며, 己巳日·己酉日·己 丑日이 지지에 金局을 이루면서 巳月을 만나지 말아야 하고, 癸 巳日·癸酉日·癸丑日이 지지에 금국을 이루면서 巳月을 만나 지 말아야 하고, 辛巳日·辛酉日·辛丑日이 지지에 금국을 이 루면서 午·戌月을 만나지 않은 경우, 이상이 전부 복덕수기격 이다.

癸	癸	癸	甲
丑	巳	酉	子

癸巳日이 酉月에 생하고 지지에 巳酉丑 金局을 이루어 복덕수 기격이다.

● 삼기진귀격(三奇眞貴格)

삼기진귀격에서 말하는 三奇는 천상삼기·지하삼기·인중삼 기 등을 말하는 것이 아니고, 재·관·인이 구비되면서 칠살· 상관·겁재 등으로 극살당하지 않는 것을 말한다. 삼기가 유정 (有情)하며 천간에 있으면 외귀격(外貴格)이라 하고, 지지에 있으 면 내귀격이라 한다.

```
辛 甲 癸 己
未 午 酉 卯
```

甲일간의 재(己)·관(辛)·인(癸)이 천간에 모두 있으며, 정재 己는 未에 통근하고, 정관 辛은 월지 酉에 근하여 튼튼하며, 정인 癸수 역시 월지의 생조를 받고 있으니, 재·관·인이 전부 유정(有情)한데, 칠살·상관 등이 없으니 귀격이 되었다. 이를 외삼기진귀격(外三奇眞貴格)이라 한다.

```
辛 辛 辛 乙
卯 酉 巳 酉
```

일간 辛이 巳 중의 丙으로 정관을 삼고, 巳의 戊로 정인을 삼으며, 지지의 卯가 천간에 투출하여 재가 된다. 일간이 연지·일지에 녹을 얻고 월간·시간의 辛이 도우니 일주가 건왕하여 능히 재·관을 감당할 수 있어 내삼기진귀격(內三奇眞貴格)이 되었다.

이상과 같이 모든 격국의 형태는 하나의 이상론에 불과하다. 《적천수》에 나오는 실용적인 모든 격국 이외의 격국들은 필요가 없다는 것을 명리를 짐작하는 사람들이라면 알 수가 있을 것이다.

다음에 《적천수천미》에 나오는 화신의 명국을 한번 풀어보자.

```
壬 庚 乙 庚
午 午 酉 午
시 일 월 년
```

57 47 37 27 17 7
辛 庚 己 戊 丁 丙
卯 寅 丑 子 亥 戌

　차조(此造)는 화중당(和中堂) 화신(和珅)의 명국(命局)인데 청대 건륭(乾隆) 15년에 태어났다(1750년 7월 30일 白露 절기가 미리 들어와 乙酉月로 본 것 같아서 七운이나 八운 같다).
　양인가살격(羊刃駕殺格)이다. 임철초는 평하기를, 庚金이 중추(仲秋)에 생했고 支中에 관성(官星)이 세 개나 보여 酉金羊刃이 심하게 극제를 당하고 있는데, 五行中 土가 없어 신약임을 가히 알 수 있다. 時上의 壬水가 火氣를 눌러주어 약간의 보조도 되고 수기(秀氣) 또한 유행된다.
　그러므로 총명하고 권세가 제일이라 생각하는 명국인데, 月干에 乙木이 투로하여 쟁합되니 재물에 대한 욕심에 연연하여 일생에 사랑하는 것은 오직 재물뿐이라서 어느 정도 선에서 용감히 물러설 줄을 모른다(不知急流勇退).
　단 재성(財星)이 羊刃 위에 임했고 日干이 관향(官鄕)에 있으니 관성(官星)은 능히 양인살을 억제하고 재성은 능히 관성을 생하고 있다. 관성이란 군상(君象), 즉 임금을 뜻하는데, 운로(運路)가 庚寅에 이르러서는 金은 절지(絶地)를 만났고, 官은 오히려 生合이 되고 있으니 그 재물은 관청(국고)으로 귀납되게 되어 있다. 이로 볼 때 "재물이란 지나치게 많으면 사람을 해치는 것인데, 소위 재물에 대한 욕망을 제어하지 못했으니 이는 마치 불나비가 밝은 곳만 좋아하다 등불에 타죽어야 끝이 나고 성성(猩猩 : 고릴라)이가 술을 좋아해 한없이 마시다가 몽둥이찜질을 당해야 끝이 나는 격과 같으니 종래는 후회가 막급하리라."라고 기록하고 있다.

　청나라 역사에 대해 잘 모르는 사람들이 있을 것 같아 필자가 화신(和珅)에 대해 설명해 보고자 한다.

　화신은 청나라 팔기군(八旗軍)에서도 5대 귀족 가운데 하나인 뉴호록씨(鈕祜祿氏) 가문에서 태어났으나, 초년에는 집안이 빈한하여 글이나 읽어주고 글씨나 써주는 백면서생(白面書生)으로 지내다가 선대의 덕으로 음직(蔭職), 즉 승습(承襲)으로 3등 경거도위(輕車都尉 : 漢代부터 생겼던 武官직으로 장군 직급인데, 청대에 와서는 경거도위 직을 1·2·3 등으로 구분했다. 요사이 군인등급제로 3등은 중령, 2등은 대령, 1등은 준장으로 보면 된다)를 제수받게 된다.

　쥐새끼처럼 약삭빠른 화신은 만주족 팔기 출신의 대신급 자제들만이 들어갈 수 있는 시위처(侍衛處)에 뇌물을 써서 삼등시위관(三等侍衛官)으로 들어가게 된다. 자연 눈이 크고 서글서글하며 미남형인 화신은 건륭제(乾隆帝)의 눈에 들어 건륭 40년 乙未年(戊子大運)에 건청문(乾淸門) 당직으로 발탁되더니 천자를 직접 모시는 어전시위(御前侍衛) 겸 부도통(副都統)이 되었고, 이듬해 丙申年에는 호부시랑(戶部侍郎)에서 軍機大臣(軍機大臣) 겸 내무부대신으로 마치 빠른 말 달리듯 고속 승진했다(駸駸嚮用).

　건륭 45년에 운남성에 이시요(李侍堯)라는 자가 많은 재물을 착취한 사건이 터지자 건륭제는 화신을 보내 진상파악을 하라고 했는데, 화신이 다다르자 이시요가 국궁배례하고 빌었으나 탐람한 사실을 있는 그대로 장계를 보내고 중죄로 다스렸고, 운남성의 모든 부주(府州)나 현이 많이 피폐되고 창고가 텅텅 비게 되자 급히 세법정리를 단행했다. 황제는 화신을 운남총독으로 임명시키려다가 복강안(福康安)이란 자로 대체시키고 서울로 불러

올렸다. 화신은 서울 北京에 닿기도 전에 호부상서(戶部尙書)로 발령이 나 의정대신(議政大臣)이 되었다. 화신의 나이 겨우 31세 때였다. 그야말로 벼락출세였다.

다시 명하기를, 운남성의 소금 운반책 및 전법(錢法) 등 모든 잡사를 처리함에 천자의 마음을 흡족하게 하므로 다시 윤허하기를 수어전대신(授御前大臣) 겸 도통관(都統官)이 된다.

또 시어내대신(侍御內大臣) 직을 전수받고 사고전서관(四庫全書館) 정총재(正總裁) 겸 이번원상서사(理藩院尙書事)를 제수받으니 천자의 총임(寵任)이 조열(朝列)의 으뜸이었다.

화신에 베푼 건륭의 뜻은 군신의 벽을 넘어 너무나 남달랐다. 어떠한 중대사도 화신의 교묘한 미봉책(彌縫策)으로 모든 일이 해결되었다. 이렇게 되자 小人은 본색을 드러내기 시작하는 법이다. 건륭 대황제를 등에 업고 호가호위(狐假虎威)함이 끝 간 데가 없어 눈에 거스르는 자는 이간질을 시켜 상제(上帝)가 대노하게 만들고, 큰 돈을 바치는 자는 어떤 일이든지 주선하여 이루어지지 않는 일이 없게 했다.

화신의 이러한 작태를 인종(仁宗 : 다음 황제 嘉慶을 이름)은 잠저(潛邸)에서 지켜보며 묵묵히 때를 기다렸다. 그러다 드디어 때는 왔다. 건륭은 원래 조부인 강희제(康熙帝)의 재위 기간이 61년이었으므로 1년 줄여 60년으로 정하기로 마음먹고 61년째 되는 丙辰年(1796년)에 아들 가경황제(嘉慶皇帝)에게 선양(禪讓)한다.

가경의 마음 같아서는 당장 화신을 하옥시키고 사사(賜死)해 버리고 싶었지만, 부친인 태상황제의 심기를 불편하게 해 드릴 수가 없어 기다리다가 己未年(가경 4년) 건륭제 89세 되던 해 정월에 태상황제가 승하하자마자 모든 대신들과 궁구하여 화신이 저지른 20대 대죄(大罪)를 선포한 후 대신이니 만큼 그 동안의 공과를 생각해서 참형은 면하게 하고 자살을 선택하게 해서 일생이 끝나는데, 나이 겨우 50이었다.

이같이 사주라는 학리(學理)는 운로(運路)는 맞아도 사람됨의 자격이나 그릇은 백 퍼센트 적중이 되지 않게 되어 있다.

임철초 선생의 감평과 같이 庚金이 절지(絶地)에 임했고, 庚運에는 庚金 셋이 하나밖에 없는 을목재성과 난합(亂合)하는데 외지의 庚金이 돌연 나타나 合去해 간다.

그러므로 일생 벌어 놓았던 거금(巨金)이 一朝에 박탈당하는 격이다. 과연 건륭제가 죽자 가경제에 의해 그의 재산은 몰수되는데, 당시 가격으로 7억 량이었다 하니 세계 최고의 부자였다고 본다.

사주로만 따져 볼 때 어떻게 이 사주가 고관대작이 될 수 있으며 세계 최고의 부호가 될 수 있겠는가. 가령 현재 80세 되는 1930년 庚午生도 화신 같은 庚午年 乙酉月 庚午日 壬午時가 있는데 일생이 평범했던 일개 촌부(村夫)였다.

이 같은 실례로 볼 때, 사주란 운로는 맞지만 인생 자체의 그릇이나 인격, 외모 등은 절대로 같을 수가 없다. 왜냐하면, 첫째 태어난 환경이 각자 다르고, 각자 선대의 유업(遺業)이 다르며, 적덕지가(積德之家)의 자식인지 적악지가(積惡之家)의 자손인지가 서로 다르며, 무한히 흐르는 시대 역시 다른데 어찌 고정된 八字로 운명이 다같이 부응될 수 있겠는가.

이러한 명리(命理)가 비록 소도(小道)라고는 하지만, 일생의 운로(運路)를 한눈에 조명할 수 있는 학문으로는 어느 명국보다 빠르게 조감(鳥瞰)할 수 있다는 점에서 올바른 선생 밑에서 3, 4년 정도의 시간을 할애하는 것은 찬양할 일이라 생각된다.

제3장 용신론

서준원
−공주대 대학원 역리학석사, 동양학과 박사과정−

차 례

1. 용신의 의의
2. 고법(古法)의 용신법
    1) 자평진전의 용신법 · 60
    2) 적천수 용신법 · 71
    3) 命理約言의 取用神法 · 75
    4) 神峰通考病藥說類 (《명리탐원》, 《명리정종》) · 76
    5) 위천리의 천리명고 용신법 · 81
    6) 기타 용신법 · 84
3. 용신론의 결론
    1) 용신(用神) 취용법은? · 85
    2) 용신의 결론 · 87
    3) 서화당의 用神歌訣 · 89

1. 용신의 의의

　사주를 연구하는 데 있어서 가장 찾기가 어렵고 이현령비현령(耳懸鈴鼻懸鈴)이라는 소리를 듣는 것이 바로 용신이다. 그러나 사주학은 정확한 것이니 깊이를 모르고 하는 사람의 언행이다. 또 사주에서는 가장 중요한 것이 오행의 기운을 아는 것이다. 오행의 속성을 깊이 연구하지 않고 글자로 사주를 보려 하니 전혀 맞지 않는다. 그래서 사주를 자연학 또는 기후학이라고 하며 중화의 학문이라고 하는 것이다. 오행의 기운을 알아야 신왕과 신약을 구분할 줄 아는데, 이것이 가능해야 비로소 중요시하는 것은 격국과 더불어 용신이다.
　격국은 집으로 비유하면 집의 종류가 되고, 용신은 그 집을 지탱하고 버티는 대들보에 해당이 되니, 서로 간에 분리할 수가 없는 것이다. 또 격국은 사람의 신체에 해당되고 용신은 정신에 해당되니 서로 간에 화합이 잘 되어야 발영(發榮)을 할 수 있다. 격국이 성격이 되었는데 용신이 약하거나 없고, 또 용신이 있어도 대운의 향배가 돕지 않으면 천하장사라도 어쩔 수 없는 게 바로 사주학이다. 용신은 사주의 전반적인 작용으로 중화를 주제하는 오행이요, 일간을 보호하고 일간을 위하여 비서실장의 역할을 한다. 그래서 용신의 강약에 따라 길흉이 정해지는 것이다.

　그러나 용신이 사주의 전부는 아니다. 용신보다 더욱 힘들고 어려운 것이 격국의 성격과 파격이다. 이것을 알아야 그릇을 알 수 있다. 대개 사람들은 명리를 공부할 때 신왕신약만 따지고 용신이 정해지면 그것으로 다인 줄 알지만, 격국은 용신과 관계없이 진행이 되는 예가 많으니 용신을 정확하게 공부한 다음에는 격국에 치중을 해야 한다. 용신만 보는 것은 사람의 겉치레만 보는 것으로 내면은 알 수가 없다. 그래서 격국이 어렵고 난해하여 사람들이 중도에 포기하고 용신 위주로 사주를 본다. 그러니 길흉은 알 수 있어도 그 사람이 큰일을 도모할 수 있는 그릇이 되는지를 어찌 알겠는가? 그러니 명리학자들은 격국의 성격과 파격, 그리고 대운의 흐름을 정확히 알아야 남의 사주를 간명함에 한 치의 오차도 없을 것이다.

《삼명통회(三命通會)》의 서(敍)에 명리가 어찌 쉽다고 말하겠는가? 그 맛은 깊고 오묘하나 이치가 바르다고 하였다. 명리를 알고자 하면 모름지기 천리(天理)를 살펴야 한다. 천리를 살피지 않고 어찌 명리를 알 것인가? 천리를 알고자 하면 먼저 절기의 오묘함을 살펴야 된다고 하였다. 무릇 명의 좋고 나쁨은 사주에 용신의 희신과 기신 사이에 있음이 중요하니, 간명을 할 때 용신을 깊이 연구하지 않으면 공이 되지 않고, 기타 격국은 다음이 된다. 왕심전의 《명리용신정화(命理用神精華)》[1]에는 용신의 중요함을 강조하였다. 명운을 보는 법은 용신이 으뜸이라 대개 팔자를 사람의 집에 비유하면 용신은 대들보와 같다. 집에 대들보가 없으면 집이 견고하지 못한즉, 사람의 팔자에 용신이 없다면 어찌 능히 발전하겠는가? 그러니 용신이 사주에서는 가장 중요한 법이면서 또한 추찰하기가 가장 어렵다. 심지어 수만 권의 명리 서적이 있으나 용신을 잡는 바른 길로 인도한 서적이 드므니

---

1) 談命之法은 首重用神. 蓋八字如一幢房屋. 用神者.棟樑也. 屋無樑而不固. 人之八字如無用神.亦豈能有所發展乎? 然此最重要之法. 最難推察. 甚至 萬卷命書亦無分出用神一條正路. 後學者是以難達命理研究之目地.

후학자들이 명리를 연구하여 목표에 도달하기가 어려운 것이다, 라고 하여 용신의 중요성을 강조하였다.

그러니 용신은 위에서도 설명을 한 바와 같이 월령이 중요하다. 일간이 어떤 오행이든 월지를 기준으로 왕상휴수사(旺相休囚死)의 기운을 알고, 만약에 월령을 기준하여 다른 지지에서나 천간에서 용신을 정하여도 반드시 기준은 언제나 월지가 기준이 된다. 왜냐하면 월지는 곧 자기가 그 계절에 그 월지의 기운으로 태어났기 때문이다.

비록 월지의 기운과 일간이 위배될지라도 월지에 의해서 약해진 것이고, 일간이 월지에 의해서 강해진 것도 모두 월지의 기운에 의해서 그렇게 된 것이다. 그래서 용신을 잡을 때 글자로 보는 게 아니라 오행의 기운의 강약을 느낄 수 있어야 반드시 용신을 정확하게 잡을 수 있을 것이다. 그러므로 용신을 잡기 위해서는 먼저 일간의 강약을 구분할 줄 알아야 할 것이다.

2. 고법(古法)의 용신법

1) 자평진전의 용신법

자평진전에서는 용신을 다섯 가지로 분류하여 억부(抑扶)·병약(病藥)·조후(調候)·통관(通關)·전왕(專旺)으로 나누어 설명하였다.

原文 : 取用之法不一, 約略歸納, 可分爲下列五種 : (一) 扶抑. 日元强者抑之, 日元弱者扶之, 此以扶抑爲用神也. 月令之神太强則抑之, 月令之神太弱則扶之, 此以扶抑月令爲用神也.

(二) 病藥. 以扶爲喜, 則以傷其扶者爲病：以抑爲喜, 則以去其抑者爲病. 除其病神, 卽謂之藥. 此以病藥取用神也. (三) 調候. 金水生於冬令, 木火生於夏令, 氣候太寒太燥, 以調和氣候爲急. 此以調候爲用神也. (四) 專旺. 四柱之氣勢, 偏于一方其勢不可逆, 惟有順其氣勢爲用, 或從或化, 及一方專旺等格局皆是也. (五) 通關. 兩神對峙, 强弱均平, 各不相下, 須調和之爲美, 此以通關爲用也. 取用之法, 大約不外此五者, 皆從月令推定. 至於各稱善惡, 無關吉凶. 爲我所喜, 梟傷七煞, 皆爲吉神：犯我所忌, 正官財印, 同爲惡物, 不能執一而論, 在乎配合得宜而已. 因用神之重要, 故凡五行之宜忌, 干支之性情, 以及生旺死絶會合刑沖之解救方法, 同爲取用時所當注意, 雖爲理論, 實爲根本, 閱者幸注意及之.

심효첨왈(沈孝瞻曰) : 용신을 정하는 법은 한 가지가 아니다. 대략 다섯 가지 종류의 취용법(取用法)이 있다. 첫째는 억부다. 일간이 강하면 이를 억제하고 일간이 약하면 이를 돕는다. 이렇게 억부하는 것이 용신이 된다. 월령의 신이 太강하면 억제하는 것으로 용신을 삼고, 너무 약하면 돕는 것으로 용신을 삼는다. 둘째는 병약(病藥)이다. 돕는 것이 좋을 경우, 이 돕는 것을 상하게 하는 것이 있다면 이를 가리켜 병이라고 한다. 억하는 것이 좋은데 이를 상하고 극하는 것이 있다면 이것이 바로 병이다. 이런 병을 제거하는 것이 바로 약이다. 이런 경우에 병약으로 용신을 취한다고 한다. 셋째는 조후다. 금수의 일간이 겨울에 생하거나 木火 일간이 여름에 생했다면 기후가 너무 차갑거나 뜨거우니 기후를 조화시키는 것이 시급하다. 이렇게 기후를 조절하는 것을 조후라고 한다. 넷째는 전왕이다. 사주의 그 기운이 한쪽으로 치우쳐 있어서 그 세력을 거역하는 것이 불가능하다면 오로지 그 기세에 순응하는 도리밖에는 없다. 따라서 그 기세에 순응하는 것을 용신으로 삼는다. 종격(從格)과 화격(化格)과 전왕격은 모두 이 원칙을 따른 것이다. 다섯째는 통관(通關)이다. 두 가지의 신이 대치되어 강약을 분별하기 힘들 경우에는 마땅히 화해를 시켜야 하니 이럴 때는 통관의 묘를 살려야 한다. 그러므로 통관하는 신이 바로 용신이 된다. 용신을 취하는 법은 이상의 다섯 가지 범주에서 벗어나지 못한다. 이것은 또한 월령을 따라서 정한다. 육신의 명칭은 좋고 나쁨이 있지만 명칭은 길흉과 무관하다. 나를 위해주는 좋은 것은 편인이든 상관이든 칠살이든 모두 길신이 되고, 나를 범하는 나쁜 것은 정관이든 재성이든 인수든 모두 나쁘게 된다. 그러므로 한 가지 논리에 집착하면 안 되고 배합의 관계를 잘 살펴서 용신을 정해야 한다. 대개 어떤 오행의 의기(宜忌)를 판단할 때는 간지의 성정(性情)·생왕사절(生旺死絶)·회합형충(會合刑沖)의 해소법을 참고하는데, 용신을 살필 때도 마찬가지다. 아래에 예를 들어 용신을 정하는 법을 설명해 보기로 한다.

① 부억(扶抑)

原文 : 1. 扶抑日元爲用. 扶有二, 印以生之, 劫以助之是也. 抑亦有二, 官煞以剋之, 食傷以泄之是也.

徐樂吾 評註 (1) 억부(抑扶) : 억부에는 일간이 용신이 되는데, 일간을 돕는 것으로 두 가지 경우가 있으니, 하나는 인성을 용신으로 삼아서 일간을 생하는 것이고, 또 다른 하나는 비겁을 용신으로 삼아서 일간을 조(助)하는 것이다. 일간을 억제하는 것으로 용신을 삼는 경우에는 또한 두 가지가 있으니, 하나는 관살로써 일간을 극제하는 것이고, 다른 하나는 식상으로 설기하

```
己 壬 丙 丁
酉 寅 午 亥
```

原文 : 財旺身弱, 月令己土官星透干, 財官兩旺而身弱, 故用印而不用官, 以印扶助日元爲用神. 爲前外交部長伍朝樞命造.

徐樂吾 評註 : 재다신약(財多身弱)인데 다시 월령의 지장간인 정관인 기토(己土)가 시주의 천간에 투간(透干)하였다. 재관이 모두 왕성하니 일간은 더욱 신약해진 때문에 일간을 생부하는 인성이 용신이 되며 정관을 용신으로 쓸 수가 없다. 인성으로써 일간을 돕는 것이 용신이다. 외무부장관을 지냈던 오조추(伍朝樞)의 사주다.

```
戊 丙 癸 丁
子 申 丑 卯
```

原文 : 丑中癸水官星透干, 子申會局助之, 水旺火弱, 用劫幇身爲用神. 此爲蔡子民先生命造.

徐樂吾 評註 : 월지의 지장간 계수(癸水) 정관이 월주 천간에 투간하고 신자 수국을 이루니 관살인 물의 그 기운이 강하여 불이 꺼질 위기에 처하였다. 겁재인 정화와 인수 묘목을 용신으로 삼아 일간을 도와줘야 한다. 채자민(蔡子民) 선생의 사주다.

```
丙 丁 丁 癸
午 卯 巳 巳
```

原文 : 日元太旺, 取年上癸水抑制日元爲用, 行官煞運大發. 爲交通部長朱家驊命造.

徐樂吾 評註 : 일간이 태왕하니 연상의 칠살 계수로 일간을 극하는 용신으로 삼는다. 관살 대운에 크게 발달하여 교통부장관을 지냈던 주가화(朱家驊)의 사주다.

```
乙 壬 壬 丙
巳 申 辰 子
```

原文 : 亦日元太旺, 辰中乙木餘氣透干, 用以洩日元之秀, 亦抑之之意. 爲前財政部長王尅敏命造.

徐樂吾 評註 : 또한 일간이 태왕하니 진중의 여기(餘氣)인 을목이 천간에 투간하여 일간의 기운을 설기하니 용신이 된 재정부장 왕극민(王尅敏)의 사주다.

(2) 월령을 억부하는 신으로 용신을 삼는 경우

```
戊 丁 甲 戊
申 卯 寅 辰
```

原文 : 寅卯辰氣全東方而透甲, 用神太强, 取財損印爲用此國民政府林主席森之造也.

徐樂吾 評註 : 인묘진이 모두 있으니 목의 기가 동방(東方)을 이루어 기가 왕성하다. 정인인 갑목이 투간했으니 용신의 기세가 너무 강하다. 재성을 용신으로 삼아 인성을 파괴하여야 한다.

국민정부의 주석을 지냈던 임삼(林森)의 사주다.

```
乙 癸 丁 己
卯 丑 丑 卯
```

原文 : 月令七煞透干, 取食神制煞爲用, 亦用神太强而抑之也. 爲前行政院長譚延闓命造.

徐樂吾 評註 : 월령의 칠살이 천간에 투간하니 식신제살이 용신이 된다. 또한 용신이 태강하여 억제하는 것을 용신으로 삼은 경우이다. 행정원장을 지낸 담연개(譚延闓)의 사주다.

```
庚 丙 己 戊
寅 子 未 戌
```

原文 : 丙火生於六月, 餘焰猶存, 時逢寅木, 子水官星生印, 日元弱而不弱. 月令己土傷官透干, 八字四重土, 泄氣太重, 用財泄傷爲用, 亦太强而抑之也. 此合肥李君命造.

徐樂吾 評註 : 병화(丙火)가 미월에 태어나니 뜨거운 열기가 오히려 남아 있으니 시지에 인목(寅木)을 만나 일간을 생하고, 자수가 관성을 생하니 일간이 신약한 것은 아니다. 월령의 미중의 지장간인 기토 상관이 투간했으니 팔자 가운데 토가 네 개나 있어 일간의 기운을 태중하게 설기하고 있다. 재성을 용신으로 상관의 기운을 설기함이니 이 또한 너무 강한 월령의 기운을 억제하는 것이다. 이 모군의 사주다.

```
辛 己 癸 乙
未 亥 未 亥
```

原文 : 己土日元, 通根月令, 年上乙木微弱, 乃用神太弱而扶之也, 此前交通總長曾毓雋造.

徐樂吾 評註 : 기토 일간이 월령에 통근하고 연상 을목이 미약하다. 용신이 너무 약할 경우에는 그 용신을 돕는 것을 용신으로 삼는다. 교통부장관을 지낸 증육준(曾毓雋)의 사주다.

```
乙 壬 乙 己
巳 子 亥 巳
```

原文 : 年上己被乙剋, 巳遭亥沖, 置之不用, 身旺氣寒. 時之巳火微弱, 取傷官生財爲用, 亦用神弱者扶之也. 乃前內閣總理周自齊造.

徐樂吾 評註 : 연간의 기토가 을목으로부터 극을 당하고 충이 되었으니 쓸 수가 없다. 신왕하고 기후가 한랭하니 화가 용신이 되어야 할 것이나, 사화가 충을 당하여 무력하니 상관인 을목을 용신으로 삼아 화를 생조해야 한다. 이 또한 약한 것을 扶하는 것을 용신으로 삼는 경우이다. 국무총리를 지낸 주자제(周自齊)의 사주다.

② 病藥

```
戊 己 甲 戊
辰 巳 子 戌
```

原文 : 月令偏財當令, 比劫爭財爲病, 取甲木官星制劫爲用, 蓋制劫所以護財也. 此爲合肥李君命造(按此造須兼取巳中丙火. 十一月氣寒,得火暖之, 方得發榮, 卽調候之意也.)

徐樂吾 評註 : 월령 편재가 당령했으니 비겁이 쟁재(爭財)하는 것이 병(病)이다. 갑목 정관을 용신으로 삼아 병이 되는 비겁을 극제하는 용신이 된다. 이는 비겁을 극제하여 재성을 보호하기 위함이다. 이는 이군의 사주다.

```
甲 丁 己 壬
辰 丑 酉 戌
```

原文 : 月令財旺生官, 己土食神損官爲病, 以甲木去病爲用. 故運至甲寅乙卯. 富貴優游. 此南潯劉澄如命造.

徐樂吾 評註 : 월령의 재성이 왕성하여 정관을 생해 준다. 기토 식신이 정관을 상하게 하므로 병신이 된다. 갑목은 병이 되는 기토를 제거하는 약이므로 용신이 된다. 그러므로 갑인 을묘에 부귀가 넉넉하였던 유징여(劉澄如)의 사주다.

③ 調候

```
甲 辛 癸 壬
午 丑 丑 辰
```

原文 : 金寒水冷, 土結爲冰, 取時上午火爲用, 乃調和氣候之意. 此遜淸王湘綺命造.

徐樂吾 評註 : 금은 차갑고 수는 냉하니 흙은 얼어붙어 얼음이

되었다. 시지의 오화(午火)를 용신으로 삼으니, 이는 기후를 조화하기 위함이다. 청나라 때 왕상기(王湘綺)의 사주다.

```
辛 壬 己 辛
亥 午 亥 亥
```

原文 : 雖己土官星透干, 無午支丁火, 則官星無用, 亦調候之意. 乃南通張退廠命造. 病藥爲用, 如原局無去病之神, 必須運程彌欺缺, 方得發展, 調候亦然. 倘格局轉變則不在此例.

徐樂吾 評註 : 비록 기토 정관이 천간에 투간했으나 일지 오의 지장간 정화가 없었다면 무용지물이 되었을 것이다. 또한 조후의 원리에 따라 판단하여야 한다. 장태엄(張退嚴)의 사주다.
병약의 용신은 본래의 사주에 병을 제거하는 약이 없으면 대운에서 약이 오기를 기다려 비로소 발달하는데, 조후(調候) 용신 또한 그러하다. 아마도 격국이 변화하는 경우에는 이런 원칙이 적용되지 않을 것이다.

④ 專旺

```
乙 己 丁 壬
亥 卯 未 寅
```

原文 : 丁壬寅亥卯未, 氣偏於木, 從其旺勢爲用. 此前外交總長伍廷芳命造, 爲從煞格也.

徐樂吾 評註 : 정임합하여 목이 되고 해묘미 목국을 이루니 기운이 목에 편중되어 있으므로 막강한 세력을 지닌 목이 용신이

되니 목을 따라서 종하여야 한다. 외무장관 오정방(伍廷芳)의 사주다. 이는 종살격이 되었다.

```
癸 丁 丁 丁
卯 卯 未 巳
```

原文 : 雖有癸水七煞透出, 而有卯木化之, 亦宜順其旺勢. 此前淸戚楊知府命造.

徐樂吾 評註 : 비록 계수 칠살이 천간에 투간되어 있어도 묘목(卯木)으로 화하니 또한 기운이 막강한 목에 순종해야 한다. 청나라 때 지부벼슬을 했던 척양(戚楊)의 사주다.

```
癸 乙 己 乙
未 亥 卯 丑
```

原文 : 春木成局, 四柱無金, 爲曲直仁壽格, 乃段執政祺瑞命造也.

徐樂吾 評註 : 춘목일간이 해묘미 목국을 이루었고 사주에 무금하니 곡직인수격이 된 기서(祺瑞)의 사주다.

```
壬 丁 乙 戊
寅 未 卯 寅
```

原文 : 丁壬相合, 月時卯寅, 化氣格眞, 化神喜行旺地, 旺之極者, 亦喜其泄. 此丁壬化木格, 孫岳之命造也.

徐樂吾 評註 : 정임합하여 목으로 화하고 월지와 시지에 인묘의

목이 있으니 화기격의 진격(眞格)이 된 사주다. 화신이 왕성한 운으로 흘러야 좋으나 왕성함이 극에 이르면 그 왕성한 기세를 설하는 대운이 좋다. 이는 정임 화목격이 된 손악(孫岳)의 사주다.

```
庚 壬 甲 癸
子 申 子 亥
```

戊己 庚辛 壬癸
午未 申酉 戌亥

⑤ 통관(通關)

原文 : 通關之法, 極爲重要, 如原局無通關之神, 亦必運程彌其缺憾, 方有發展. 用神如是, 而喜神與忌神之間, 亦以運行通關之地, 調和其氣爲美. 如財印雙淸者, 以官煞運爲美 : 月劫用財格, 以食傷運爲美 .卽通關之意也.

徐樂吾 評註 : 통관의 법칙은 지극히 중요하다. 예를 들어 사주의 원국에 통관의 신이 없으면 또한 대운에서 통관하는 것이 와서 그 결함을 보충해야 바야흐로 발전한다. 이와 같은 용신으로 희신과 기신 사이에서 대운에서 통관의 신이 오면 두 기운을 조화시켜 주니 좋게 된다. 예를 들어 재인쌍청(財印雙淸)한 사주는 관살운이 좋고 월겁용재 성격인데 식상대운이 오면 좋으니 모두 통관하기 때문이다.

```
己 丁 丙 丁
酉 酉 午 酉
```

原文 : 火金相戰, 取土通關爲富格, 蓋無土則金不能用也. 此名會計師江萬平君造.

徐樂吾 評註 : 화금이 상전하니 토를 통관용신으로 삼아 식신생재하니 부격(富格)이 된 사주다. 대개 토가 없었다면 재성인 금이 용신이 되기 어려웠을 것이다. 유명한 회계사 강만평(江萬平)의 사주다.

```
乙 甲 庚 癸
亥 寅 申 亥
```

原文 : 金木相戰, 取水通關, 以煞印相生爲用. 乃陸建章命造.

徐樂吾 評註 : 금목이 상전하여 수를 통관으로 삼아 살인상생(煞印相生)하는 용신이 되는 것이다. 육건장(陸建章)의 사주다.

2) 적천수 용신법
통신론이십(通神論二十), 통관(通關)의 경우,

關內有織女, 關外有牛郎, 此關若通也, 相邀入洞戶.

劉伯溫曰 : 관문 안에는 직녀가 있고 관문 밖에는 견우가 있는데, 이 관문이 열리게 되면 서로 초대하여 신방에 든다.

原注 : 天氣欲不降, 地氣欲上升, 欲相合相和相生也. 木土而要火, 火金而要土, 土水而要金, 金木而要水, 皆是牛郎織女之有情也. 中間上下遠隔, 爲物所間 : 前後遠絶, 或被刑沖, 或被劫占, 或隔一物, 皆謂之關也. 必得引用無合之神及刑沖所間之物, 前後上下, 授引得來, 能勝劫占之神, 能補所缺之物, 明見暗會, 歲運相逢, 乃爲通關也. 必得引用無合之神, 及刑沖所間之物, 前後上下, 援引得來, 能勝劫占之神, 能補所缺之物, 明見暗會, 歲運相逢, 乃爲通關也. 關通而其願遂矣, 不猶牛郎織女之入洞房也哉？

劉伯溫曰 : 하늘의 기운은 아래로 내려오려 하고, 땅의 기운은 위로 상승하려고 하는데, 상합·상화·상생하려고 한다. 목토는 화를 요구하고, 화금은 토를 요구하며, 토수는 금을 요구하고, 금목은 수를 요구하는데, 이 모든 것은 견우와 직녀 사이의 우정과 같다. 그들 사이가 아래위로 멀리 떨어져 있거나, 그 사이에 다른 것이 끼어 있거나, 앞뒤로 멀리 떨어져 있어 서로 아무 관계가 없거나, 형충(刑沖)을 받거나, 다른 것이 자리를 차지하고 있거나, 혹은 다른 것이 사이에 끼어 있다고 하면 이 모든 것을 문이 닫혀 있다고 한다. 이 때에는 반드시 합하지 않고 있는 신을 이끌어다가 그 사이에 끼어 있는 것을 형충하여 전후 상하가 서로 연결되게 하고, 그 자리를 차지하고 있는 것을 이겨내게 하고, 결핍된 것을 보충하여 주어 뚜렷하게 나타나게 하고, 세운과 행운에서 암합하여 준다고 하면 문이 열리게 되는데, 이를 통관이라고 한다. 통관이 되면 원하는 것이 다 이루어지게 되므로 이것을 견우와 직녀가 신방에 들어가는 것과 같다고 하는 것이다.

任氏曰 : 通關者, 引通剋制之神也. 所謂陰陽二用, 妙在氣交, 天降而下, 地升而上. 天干之氣動而專, 地支之氣靜而雜, 是故地運有推移, 而天氣從之 : 天氣有轉徒, 而地運應之 : 天氣動於上, 而人元應之 : 人元動於下, 而天氣從之, 所以陰勝逢陽則止, 陽勝逢陰則往, 是謂天地交泰, 干支有情, 左右不背, 陰陽生育而相通也.

任鐵樵 評註 : 통관이라는 것은 극하고 억제하는 신을 이끌어 통하게 하는 것을 말한다. 소위 음양의 이용(二用)이라고 하는 것에는 기운이 교류되는 묘함이 있다. 하늘의 기운은 아래로 내려오고 땅의 기운은 위로 상승하는데, 천간의 기운은 움직이며 전문적인 성분이 되고, 지지의 기운은 조용하고 복잡한 성분이 된다. 그러니 땅의 기운이 움직여 이동하면 하늘의 기운이 그에 따르고, 하늘의 기운이 이전하면 땅의 기운이 그에 호응을 한다. 하늘의 기운이 위에서 움직이면 인원(人元)이 그에 호응하고, 인원의 기운이 아래에서 움직이면 하늘의 기운이 그에 따른다. 그러므로 음이 왕성할 때 양을 만나면 멈추게 되고, 양이 왕성할 때 음을 만나면 머물게 되는데, 이것을 천지교태라 한다. 천간과 지지가 유정하고 좌우가 서로 극하지 않는다면 음양이 낳고 길러서 서로 통한다고 한다.

若殺重喜印, 殺露印亦露, 煞藏印亦藏, 此顯然通達, 不必節外生枝. 倘原局無印, 必須歲運逢印, 向而通之, 或暗會明合而通之, 局內有印, 被財星損壞, 或官星化之, 或比劫解之, 或被合住, 則衝開之, 或被沖壞, 則合化之, 或隔一物, 則剋去之, 前後上下, 不能授引, 得歲運相逢尤佳.

任鐵樵 評註 : 만약 관살이 왕하면 인성을 좋아하는데, 관살이 천간에 투출되어 있을 때에 인성도 천간에 투출되어 있고, 관살이 지지에 있을 때에 인성도 지지에 있다고 하면 이것은 뚜렷하게 통달되어 있는 것이니 달리 쓸데없는 것을 만들어 내지 말아야 한다. 가령 원 사주에 인성이 없다면 반드시 세운이나 대운에서 인성이 와서 통하게 하든지 암회(暗會)를 하든지 명합(明合)하여 통하게 하든지 하고, 사주에 인성은 있는데 만일 재성에 의해

파손되고 있다면 관성으로 화하여 주거나, 혹은 비견이나 겁재가 재성을 극하고 구해 주거나, 혹은 다른 것과 합으로 묶여 있다면 충하여 열어주거나, 혹은 충을 받고 있다면 합하여 화해 주거나, 혹은 중간에 다른 것이 끼어 있다면 그것을 극하여 버리거나, 혹은 전후상하가 서로 연결되지 않을 때에 세운이나 대운에서 해결하여 주면 더욱 아름답다.

如年印時殺, 干殺支印, 前後遠立, 上下懸隔, 或爲間神忌物所間, 此原局無可通之理, 必須歲運暗沖暗會, 剋制間神忌物, 該沖則沖, 該合則合, 引通相剋之勢, 此關一通, 所謂琴遇子期, 馬逢伯樂, 求名者靑錢萬選, 問利者意則屢中, 如牛郎織女之入洞房, 無不其所願. 殺印之論如此, 食傷財官之論亦如此.

任鐵樵 評註 : 예를 들어 년(年)이 인성이고 시에 관살이 있고, 천간에 관살이 있고 지지에 인성이 있으면 전후가 멀리 떨어져 있고 또 상하로 멀리 떨어져 있는데 그 사이에 기신(忌神)이 끼어 있다면 원 사주 안에서는 통할 리가 없으니 반드시 세운과 대운에서 암충이나 암합하여 그 사이에 있는 기신을 극하고 억제하여 충해야 할 것은 충하고 합해야 할 것은 합해 주어 극하는 것을 이끌어 통하게 해주어야 한다. 일단 이 문이 열려 통하게 된다면 거문고가 종자기(種子期)를 만나고, 천리마가 백락(伯樂)2)을 만난 것처럼 명예를 구하면 벼슬길이 훤히 열리고 이익

---

2) 雜說 : 世有伯樂, 然後有千里馬. 千里馬常有, 而伯樂不常有. 故雖有名馬, 祗辱於奴隷人之手, 騈死於槽櫪之間. 不以千里稱也. 馬之千里者, 一食或盡粟一石. 食馬者不知其能千里而食也. 是馬雖有千里之能, 食不飽力不足. 才美不外見. 且欲與常馬等, 不可得. 安求其能千里也. 策之不以其道, 食之不能盡其材. 鳴之不能通其意. 執策而臨之曰, 天下無良馬. 嗚呼其眞無馬耶. 其眞不識馬耶.

을 구하면 재물이 다 이루어지니 견우와 직녀가 신방에 들어가서 소원대로 이루어지는 것과 같다. 관살과 인성의 상황이 이렇다면 식신·상관·재성·관성도 이와 같이 논한다.

3) 命理約言의 取用神法
명리약언의 용신법을 아래에 기재한다.

《명리약언(命理約言)》에 曰 : 命以用神爲緊要. 看用神之法, 不過扶抑而已.

陳素菴曰 :《명리약언》에 이르기를, 命에서는 용신이 가장 필요하다. 용신을 보는 법이란 억부를 보는 법에 불과할 따름이다.

凡弱者宜扶, 扶之者爲用神. 例 : 木弱扶以水.

陳素菴曰 : 무릇 일간이 약한 것은 북돋아주는 것이 마땅한데, 여기서 북돋아 주는 것을 곧 용신이라 한다. 예를 들어 목이 약하면 수로써 생해준다.

扶之太過, 抑其扶者爲用神也. 例 : 水扶太過, 制水以土.

陳素菴曰 : 도와주는 것이 지나치다면 그 지나치게 도와주는 것을 억제하는 것이 용신이 된다.

扶之不及, 扶其扶者爲用神. 例 : 水扶不及, 生水以金.

陳素菴曰 : 도와주는 것이 부족하다면 그 도와주는 것을 다시 도와주는 것이 용신이 된다. 예를 들면 수가 용신이 되는데 수가 약하면 금이 용신이 된다.

凡强者宜抑, 抑之者爲用神. 例：木强抑制以金.

陳素菴曰：대개 강한 것은 마땅히 억제해야 하는데, 이런 경우에는 그 억제하는 것이 용신이 된다. 예를 들면 목이 강하면 금으로 극제를 해야 한다.

抑之太過, 抑其抑者爲用神. 例：金抑太過, 制金以火.

陳素菴曰：누르는 것이 지나치면 그 누르는 것을 다시 억제하는 것이 용신이 된다. 예를 들면, 금이 극제가 태과하면 금을 극제하는 화가 용신이 된다.

抑之不及, 扶其抑者爲用神. 例：金抑不及, 生金以土.

陳素菴曰：반대로 억제가 부족하면 그 억제하는 것을 도와주는 것이 용신이 된다. 예를 들면 금이 생조가 부족하면 금을 돕는 토가 용신이 된다.

至同類之相助. 生氣之相資. 亦扶也. 生物洩其氣. 剋物殺其勢. 亦抑也.

陳素菴曰：같은 오행이 서로 도와도 그 기세를 돋우는 것이 되니 역시 부(扶)라 할 수 있고, 생은 그 기를 생하고 극은 그 기세를 꺾는 것이다. 이 또한 억(抑)이라 하겠다.

4) **神峰通考病藥說類** (《명리탐원》, 《명리정종》)
何以爲之病? 原八字中, 原有所害之神也.

무엇을 병이라고 하는가? 원래 팔자 중에 해가 되는 신이 있다.

　　　何以爲之藥? 如八字原有所害之字, 而得一字以去之之謂也.

　무엇을 藥이라고 하는가? 예를 들어 팔자 중에 원래부터 해가 되는 자가 있는데, 운행 중에 한 자(字)를 얻어 그 병을 제거하는 것을 말한다.

　　　如朱子所謂各因其病而藥之也.

　주자가 이르기를, "각각의 원인으로 인해 그 병이 있고, 그 원인에 약을 쓴다."는 것과 같다.

　　　故書云 : "有病方爲貴, 無傷不是奇, 格中如去病, 財祿兩相隨."

　《삼명통회》 오언독보에 이르기를, "병이 있어야 비로소 귀해지는데, 손상됨이 없다면 기이한 것이 아니다. 격중에서 만일 병이 제거된다면, 재록이 서로 따르게 된다."고 하였다

　　　命書萬卷, 此四句爲之括要.

　명리서 만 권에서 이 네 구절이 그 요점을 파악하고 있다.

　　　蓋人之造化, 雖貴中和, 若一一於中和, 則安得探其消息, 而論其休咎也.

　대개 사람의 조화는 비록 귀함이 중화에 있다고 하나, 만약 하나하나가 모두 중화되어 있다면 어찌 그 정보를 탐색하여 그 길흉을 논할 수가 있겠는가!

若今之至富至貴之人, 必先勞其筋骨, 餓其體膚, 空乏其身,

예를 들어, 현재 지극히 富하고 지극히 貴한 사람은, 반드시 먼저 그 근골을 수고롭게 하였고, 그 몸을 배고프게 하였으며, 그 몸을 궁핍하게 하였다.

然後動心忍性, 增益其所不能, 人命之妙, 其猶此乎!

그러고 나서 인내하도록 마음을 움직이고, 그 할 수 없었던 것을 더욱 증가시킨다. 인명의 묘함이 바로 이와 같다.

愚嘗先前未(言音)病藥之說, 屢以中和而究人之造化, 十無一二有驗.

내가 이전에 병약설을 알기 이전에 자주 중화로서 인명의 조화를 궁구하였는데, 열 가운데 하나둘만 효험이 있을 뿐이었고.

又以財官爲論, 亦俱無歸趣, 後始得悟病藥之旨, 再以財官中和參看, 則嘗失八九而得其造化所以然之妙矣.

또, 재관으로 논하였을 때도 역시 전부 귀추가 맞지 않았는데, 병약의 의의를 알고 나서 다시 재관의 중화로 참고하여 보니, 열 중의 여덟아홉을 잃었으나, 그 조화가 그러한 묘를 얻게 되었다.

何以言之? 假如八字中純土, 水日干, 則爲殺重身輕, 如金日干, 則爲土厚埋金 ;

어째서인가? 만약 팔자 중에 온통 토일 경우, 수일간은 즉 살이 중하고 신이 경함이고, 금일간과 같은 경우는 토가 두터워 금이 매장됨이다 ;

火日干, 則晦火無光 ; 木日干, 則爲財多身弱 ; 土日干, 則爲比肩太重.

파일간은, 즉 화가 어두워져 빛이 없어짐이고, 목일간은 즉 재다신약이 된다. 토일간은 비견이 태중한 상태이다.

是則土爲諸格之病, 俱木爲醫藥, 以去其病也.

이는 즉 토가 제격의 병이 되는 것으로, 모두 목이 그 병을 치료할 수 있는 약이 된다.

如用財見比肩爲病, 喜官殺爲藥也. 如用食神傷官, 以印爲病, 喜財爲藥也.

예를 들면, 재가 용신이고 비견을 보아 병이 되는 경우, 관살을 약으로 기뻐하며, 식신, 상관이 용신으로 인성이 병인 경우, 재를 약으로 기뻐한다.

或本身病重而藥少, 或本身病輕而藥重, 又宜行運以取其中和.

혹은 본신의 병이 중하고 약이 적거나, 본신의 병이 가벼운데 약이 중한 경우에는, 또 운이 그 중화를 취하는 쪽으로 행하는 것이 좋은데,

若病重而得藥, 大富大貴之人也. 病輕而得藥, 略富略貴之人也.

만약 병이 중한데 약을 얻은 경우, 대부대귀한 사람이고, 병이 가벼운데 약을 얻은 경우, 약간 부귀한 사람이다.

無病而無藥, 不富不貴之人也.

만일 병도 없고, 약도 없다면 이는 부하지도, 귀하지도 않은 사람이다.

究人之命, 將何以探其玄妙?

사람의 명을 연구함에 있어 그 현묘함을 어떻게 탐지해내는가?

如八字中先看了日干, 次看了月令,

예를 들면, 팔자 중에 우선 일간을 보고 난 후, 다음으로 월령을 본다.

且如月令支中所屬是火, 先看月令中此一火字起, 又看年上或有火, 又看月時上或有火, 宜將以上各火做一處看,

다시 예를 들어, 월령 속에 화가 있으면 우선 월령 중의 이 화를 시작으로 보고, 다시 연상에 혹 화가 있는지를 본다. 또 월과 시상에 혹시 화가 있는지를 살핀 후, 이상의 각각의 화를 한꺼번에 처리하여 보는 것이 옳다.

或爲病, 或非病, 又或地支雖又藏有別物, 且不必看, 若再看別物, 則混雜不明.

혹은 병일 수도 있고, 혹은 병이 아닐 수도 있다. 또 혹은 지지에 비록 다른 것들이 암장되어 있다고 하여도, 다시 볼 필요는 없는데, 만약 다른 것들을 다시 살핀다면, 이는 곧 혼잡하고 불명확하게 되는 것이다.

故曰從重者論, 此理是看命下手法處. 若以火論, 又再看水,

看金, 看土, 則不知命理之要也.

그러므로 이르되, 이러한 식의 원리는 간명에 있어 하수의 방법이라고 하겠다. 만약 화를 논함에 있어, 다시 수를 보고, 금을 보고, 토를 보고 하는 것은, 즉 명리의 중요함을 모르는 것이다.

若財官印綬有病, 就要醫其財官印綬也. 加身主有病, 就要醫身主也.

만약 재·관·인수에 병이 있다면, 바로 그 재·관·인수를 치료해야 한다. 더하여 신주에 병이 있다면 바로 신주를 고쳐야 한다.

如八字純然, 不旺不弱, 原財官印俱無損傷, 日干之氣又得中和, 幷無起發可觀, 此是平常人也.

예를 들어, 팔자가 순수하고, 왕하지도 약하지도 않고, 재·관·인 모두 손상되지 않고, 일간의 기운 역시 중화를 얻어서, 어떤 운이 와도 발영(發榮)함을 보지 못하면 이는 곧 평범한 사람이다.

然病藥之說, 此是第一家之緊要, 得斯術者不可不精察也. 詳見見驗類.

그런데 병약설은 제일가는 중요한 것으로서, 이 병약법을 행하는 자는 불가불 자세하게 살펴야 한다.

5) 위천리의 천리명고 용신법

① 팔격의 용신(八格之用神)

日主有强, 有弱, 格局有成, 有敗, 有太過, 有不及, 今有一字,

能助格局之成功, 求格局之破敗, 抑格局之太過, 日主之太强, 扶
格局之不及, 日主之太弱, 此字卽用神也. 命以用神得力爲上, 用
神不得力爲下, 無用神爲更下. 日主格局, 猶人之軀體, 用神, 猶人
之靈魂, 靈魂與軀體, 豈可須臾相離, 則用神於命局之重要, 可以
見矣. 論命者, 論用神而已, 其可忽乎, 特述八格用神之取法如後.

일주에는 강약이 있고, 격국의 성패가 있고, 태과와 불급이 있
다. 이때 능히 그 격국의 성공을 돕고, 격국의 파패(破敗)를 구하
며, 격국의 태과와 일주의 태강을 억제하고, 격국의 불급과 일주
의 태약함을 도와줄 수 있는 하나의 글자를 용신이라 한다. 명이
용신의 힘을 얻으면 상격이요, 용신의 힘을 얻지 못한 즉 하격이
요, 용신이 없어도 역시 하격이다. 일주의 격국은 사람의 몸과
같고, 용신은 사람의 영혼과 같으니, 어찌 영혼과 육체를 분리하
여 이야기할 수 있겠는가. 이로써 용신이 명국에 귀중한 존재임
을 가히 알 수 있을 것이다. 명을 논하는 자는 용신을 논할 뿐이
다. 어찌 용신을 소홀히 할 수 있겠는가. 이에 팔격용신의 취법
을 논한다, 라고 하여 사주의 용신을 보는 게 아니라 격국의 용
신법을 소개하였다.

② 팔격용신 취법 빈틈을 메움(八格取用補綴)

上述八格用神, 寥寥數例, 豈能包括億萬命造, 取法亦不足爲
規範, 蓋一命有一命之情形, 非權衡通變不爲功, 拘泥拗執, 則不
免毫釐千里之差, 爰再拉雜數語如後, 籍補遺漏於萬

상술한 취용법의 예가 어찌 억만 명조를 다 포괄할 수 있겠는
가. 용신의 취법을 글로써 다하기에는 역부족이다. 하나의 명조
에는 반드시 하나의 본성과 모양새가 있다. 때문에 반드시 각 명

조마다 하나하나 저울질하여 그 명조에 맞게 통변하지 않으면 안된다. 명국을 추명함에는 아주 작은 오차만 있어도 그 결과에 천리의 차이가 생기기 때문이다. 이에 다시 아래에 잡다한 글을 쓴다. 이는 용신을 취함에 있어 만에 하나 빈틈이 생길까 우려함이다.

③ 용신의 수요(用神之需要)

(1) 有勢有力(如用甲木, 適當春月.) (2) 有援助(如用甲木, 見乙木或癸水之助.) (3) 在干得氣(如用甲木, 支見寅卯.) (4) 在干不見剋合(如用甲木, 無庚剋己合.) (5) 在支得干生助(如用巳火, 得甲木資生, 丙火幫助.) (6) 在支無刑沖合害(如用巳火, 不見亥沖寅刑.) (7) 旣見沖剋, 而有解救(如用甲木受庚剋, 幸亦有乙木合庚, 或丙火剋庚, 又如用巳火, 被亥沖, 幸見卯木三合亥水.)

(1) 세력과 힘이 있어야 한다. (이를테면, 갑목을 용으로 하는데 봄이 적당하다.)
(2) 원조가 있어야 한다. (이를테면, 갑목을 용신으로 하는데 을목을 보거나 혹 계수가 용신을 돕는다.)
(3) 천간이 기를 얻어야 한다. (이를테면, 갑목 용신이면 지지에 인목의 뿌리가 있다.)
(4) 극이나 합이 되지 않아야 한다. (예 ; 용신 갑목이 경의 극이나 기와 합되지 않았다.)
(5) 지에 있는데 간의 생조가 있어야 한다. (예 ; 용신 사화가 천간 갑목의 도움을 받거나 병화의 방신을 받는다.)
(6) 지지에 형충합해가 없어야 한다. (예 ; 용신 사화가 해의 충이나 인과의 형이 없다.)
(7) 이미 충극이 있으면 이를 풀어주어야 한다. (예 ; 용신 갑목

이 경금의 극을 받고 있으나 다행히 을목이 있어 경과 합하거나, 혹 병화가 경금을 극한다. 용신이 사화가 해의 충을 이미 받고 있는데 다행히 묘목이 삼합으로 해수를 제거한다.

④ **용신의 구별**(用神之區別)

(1) 健全, 用神無剋合刑沖, 謂之建全. (2) 相神 用神之力不足, 幸有他字生助, 用神刑沖剋合, 幸有他字解救, 此生助或解救之字, 謂之相神, 在命局中, 與用神有同等之重要. (3) 格局相兼, 如以財爲格, 用神亦屬財, 乃格局而兼用神, 其重要, 更可知矣.

(1) 건전 : 용신이 극·합·형·충 등을 당하지 않으면 건전하다고 한다.
(2) 상신 : 용신의 힘이 부족한데 다행히 다른 신으로부터 생조를 받거나, 용신이 형충극합되어 있는데, 다행히 다른 신이 형충극자를 합·충하여 풀어줄 때, 이 생조하거나 풀고 구해주는 글자를 일러 상신이라 한다. 명국 중에 용신과 동등하게 중요하다.
(3) 격국상겸 : 재격인데 용신 역시 재에 속하는 것과 같이 격국과 용신을 겸하고 있는 것을 말한다. 그 중요성을 다시 알 수 있다.

6) 기타 용신법

왕심전의 《명리용신정화(命理用神精華)》에서는 월별 오행의 조후를 위주로 용신을 보는 법을 정하였고, 《난강망》과 《궁통보감》 역시 월별로 오행의 조후를 위주로 용신을 본다.

3. 용신론의 결론

1) 용신(用神) 취용법은?

용신을 쓸 수 있는 일정한 법이 있으니 이를 용신 취용법이라고 한다.

인신사해의 사생지는 지장간 중에서 용신을 취할 수 있다. 즉 인 중의 병화(丙火)와 신 중의 임수(壬水), 사 중의 경금(庚金)과 무토(戊土) 해 중의 갑목(甲木)을 용신으로 쓸 수 있다. 이는 절지에서 생함을 얻는다는 의미에서 절처봉생(絶處逢生)이 된다. 예를 들어 갑목이 신월에 생하면 절지가 되는데, 신 중의 임수가 천간에 투간이 되면 용신이 건왕하지만 투간이 되지 못하고, 일주가 신약하다면 신 중의 임수를 절처봉생으로 용신으로 쓸 수 있다. 인신사해의 사생지지에 한하여 쓸 수 있다.

자오묘유는 그대로 용신을 쓸 수 있고, 때에 따라 오 중의 기토는 약하지만 용신으로 쓰이는 경우가 있다.

진술축미는 암장된 오행을 용신으로 취하지 못하고 자체로만 정한다. 그러나 사주에서 충개되면 투간된 오행을 용신으로 쓸 수도 있다.

오행이 있어도 지지에 통근이 되지 못하고 허현(虛懸)이나 무근(無根)자는 용신으로 사용하지 못한다. 또 다른 오행의 극제를 받아 약해진 오행도 용신으로 쓸 수 없다. 그러나 설기용신은 가능하고, 통관 즉 살인상생시는 허현(虛懸)이 되어 무근이라도 용신이 가능하다. 그러나 무근이라도 용신으로 쓸 수는 있지만, 언제나 용신은 건왕함이 좋다. 여자는 용신보다 관살을 우선적으로 보아야 한다.

(1) 무근(無根)과 허현(虛懸)인 자는 용신으로 사용하지 못하고 극을 받아 약해진 오행도 용신으로 쓸 수 없다는 말은 용신은 천간에 투간이 되면 지지에 득시나 득지를 하여야 건왕한 것이지, 무근이나 허현이 되면 약하여 용신의 작용을 하지 못한다. 즉 오행은 힘이 있어야 생할 수 있지 힘이 없는 오행은 다른 오행을 생하고, 자기가 생을 받지 못하면 자연적으로 죽고 만다. 그리고 용신이 다른 오행에 극제를 받아 약해진 오행도 자고불가(自顧不暇)되어 용신이 힘이 없기 때문에 힘이 없는 오행은 자기 살기조차 급급해 남을 도울 여유가 없다.

(2) 인신사해(寅申巳亥)의 사생지는 지장간 중에서 용신을 취할 수 있다. 지장간 중에 사생지인 인 중의 병화(丙火)와 사 중의 경금(庚金)과 사 중의 무토(戊土)는 수가 많을 때 제수(制水)의 역할을 하는 토이다. 신 중의 임수, 해 중의 갑목은 장생지가 되어 용신으로 능히 쓸 수는 있으나 지장간에 있는 것이라 약한 것이다. 용신으로 정해져도 원국에서 천간에 투간된 것만은 못하다.

(3) 진술축미는 암장된 오행을 용신으로 취하지 못하고 자체로만 정한다. 그러나 월지의 경우는 사령신에 따라 달라질 수 있으나 사령한 오행이 용신은 될 수 없으나 기운은 반드시 참작을 해야 한다. 그리고 영향을 주는 것이다.

(4) 무근이 되어도 설기용신은 가능하고 통관하는 살인상생을

할 때와 식신생재의 식상은 무근이라도 용신이 가능하다. 그러나 이왕이면 용신이 건왕하면 좋다. 통관과 설기하는 용신이라도 용신은 가능하나 지지에 통근이 되면 용신이 유력하다.
(5) 여자는 용신을 볼 때 관성을 우선적으로 보아야 한다. 여자는 부성이 제일이다. 부성을 위주로 보며 간명하는 방법은 남자와 같다. 그러나 현대사회는 여성이 사회생활을 많이 하기 때문에 남자와 같이 재관을 위주로 보면 될 것이다.

2) 용신의 결론

고서에 많은 학자들이 용신에 대하여 논했는데,《자평진전》에서는 억부(抑扶)·병약(病藥)·조후(調候)·통관(通關)·전왕(專旺)으로 나누어 설명을 하였고,《적천수》에서는 통관을 위주로 용신을 보는 법을 기술하였으며,《명리약언》에서는 용신을 보는 법이란 억부(抑扶)를 보는 법에 불과할 따름이다, 라고 하였고,《신봉통고(神峰通考)》(《명리탐원》,《명리정종》)에서는 병약을 위주로 용신을 보았다. 위천리의《천리명고(千里命稿)》에서는 용신을 자세하게 격국을 기준으로 설명을 하였으며, 용신의 건왕을 강조하였다.

모두가 나름대로 이치에 합당하다. 그러나 용신을 체계적으로 대략을 논한 것은《자평진전(子平眞詮)》의 용신법과 위천리의 천리명고가 초학자로서 공부하기가 적합할 것이다. 그러나 고전의 용신법으로도 완전한 용신법이 될 수 없을 것이다. 사주의 종류가 많은즉 어찌 그 많은 명조를 다 원칙에 대입해서 용신이라고 설명할 수 있겠는가?

용신의 취법을 글로써 다하기에는 역부족이다. 그래서 핵심

부분만 대략을 논했을 뿐이니 공부하는 후학들은 위의 용신법 외에 적용되는 용신법을 간명을 많이 하다 보면 스스로 터득하는 게 있을 것이다. 필자도 명리학 강의를 오래 하다 보니 위의 내용 이외에 용신을 보는 법이 더 있음을 알았으나 필설로 다할 수가 없어 여기에 기재는 하지 않는다. 예를 들면, 팔자에 용신이 없으면 어찌할 것인가? 용신이 있어도 그 용신의 강약을 어디에 기준을 둘 것이며, 용신은 약한데 용신을 돕는 오행이 너무 왕하다면 어찌하고, 용신이 있어도 용신을 생하는 오행이 없으면 어찌 되고, 용신이 천간에 있는 경우와 지지에 있는 경우는 어찌 다르고, 용신이 일간을 넘어 요합(遙合)이 되면 그것을 용신으로 쓸 수 있는가? 아니면 용신이 약해진 것인가? 등등…….

또 오행이 두루 있어 중화가 되고 순환상생이 되었다면 어찌할 것인가? 또 원국에 용신이 있으나 극제를 받아 쓸 수 없거나 합이 되어 이미 한신이 된 것을 용신이라고 할 수 있을 것인가? 억부용신도 필요하고 조후용신도 필요한데, 두 가지가 다 있다면 어찌할 것인가? 또 두 가지가 다 없다면 어찌할 것인가? 사주에 화일주가 일간이 신왕하여 왕자의설불의극(旺者宜泄不宜剋)으로 식상이 용신인데 토가 원국에 있고 대운에서 남방운이나 토운을 만나도 발영(發榮)하지 못하는 이유는 무엇인가? 겨울에 수가 왕하여 수가 병인데 토가 약이라고 하지만, 토가 있어도 발영하지 못함은 무엇 때문인가? 이는 오행이 같은 토라도 쓰임이 서로 다르기 때문일 것이다.

위의 용신법을 그대로 믿고 따르다 보면 실수하는 예가 많을 것이니 반드시 글자로만 사주를 보아서는 안될 것이다. 그러므로 명리를 배우는 후학들은 위의 용신법을 근거로 연구를 하되 위의 내용으로 되지 않는 것이 있으니 함께 연구할 부분이 많은 것 같다. 위의 기본적인 다섯 가지 이외에 격국의 용신법과 대운 세운의 운행에 따라 변화되는 용신법도 세월이 지나 간명을 많이 하다 보면 스스로 알게 될 것이다.

3) 서화당의 用神歌訣

아래의 용신가결은 필자가 직접 가결(歌訣)을 만든 것이다. 필자의 명리용신법에 실려 있는 내용의 일부다. 용신을 볼 때 반드시 대입하여 보고 내용을 거의 암기하다시피 해야 할 것이며, 용신을 삼는 데 참고가 될 것이다.

1.
食傷洩旺身自弱 식상의 설기가 많으면 일간이 자연적으로 약하니
取印制食生日干 인성을 용신으로 식상을 극제하고 일간을 생하여야 한다.
月支食傷洩氣甚 월지의 식상은 설기가 심하므로
雖有印星見官星 비록 인성이 있어도 관성을 보아야 용신이 건왕하다.

2.
官煞多則身自弱 관살이 많으면 일간이 자연적으로 신약하니
官煞重重無印星 관살이 중중한데 인성이 없으면
非貧則夭無可疑 비빈즉요가 됨은 의심할 여지가 없다.
先尋印星忌財星 먼저 인성을 찾고 재성은 꺼린다.

3.
財多身弱宜比劫 재다신약은 비겁이 마땅하지만
食傷有時先印星 식상의 설기가 있으면 인성이 우선이다.
食傷無時比劫用 식상이 없을 때 비로소 비겁이 득비리재로 용

신이 되지만
比劫無時審從財 비겁의 득비리재가 없으면 종재가 되는지를 살펴야 한다.

4.
劫重財輕無食傷 비겁이 중중하고 재성이 약한데 식상이 없으면
難免爭財必破家 군비쟁재를 면하기 어려워 가정을 파하게 되니
劫重財輕先尋食 비겁이 중중하고 재성이 약하면 먼저 식상의 유무를 찾아야
食傷生財必裕餘 식상생재가 되어 반드시 유여할 것이다.

5.
比劫重重先尋官 비겁이 중중하면 먼저 관성을 찾아야 한다.
官煞健旺爲用神 관살이 건왕하면 용신이 되지만
劫重官輕審財星 비겁이 중한데 관성이 약하면 재성을 살펴
財滋弱煞喜財星 재자약살에 재성이 희신이 되는 것이다.

6.
比劫重重無官煞 비겁이 중중한데 관살이 없으면
此時先尋食有無 이때는 먼저 식상의 유무를 찾아보아야 한다.
旺者宜洩不宜剋 왕한 자는 극하는 것보다 설기함이 마땅한 것이라
食傷生財財福豊 식상의 설기가 있으면 재성운에 재복이 있을 것이다.

7.
身强印重病印星 인성이 중중하여 일간이 신왕하면 인성이 병이니

先尋財星財破印 먼저 재성을 찾아야 하고 재파인을 해야 하니
雖有財星察食傷 비록 재성이 있어도 식상을 살펴야 한다.
食財有時用財星 식상이 재성을 생하면 재성이 용신이 된다.

8.
煞重身弱用印星 관살이 강하고 일간이 신약하면 인성이 용신이고
官印相生爲貴人 관인상생에 귀인이 된다.
身弱印衰喜官星 일간이 신약하고 인성이 쇠하면 관성이 희신이다.
官星無時爲寒儒 인성이 있어도 관성이 없으면 한유에 불과하다

9.
身旺官衰用財星 신왕하고 관성이 쇠하면 재성이 용신이 되고,
身弱官旺用印星 신약하고 관성이 왕하면 인성이 용신이 된다.
身旺煞强宜制煞 신왕하고 칠살이 강하면 제살함이 마땅하고,
身弱煞强宜化煞 신약하고 칠살이 강하면 화살함이 마땅하다.

10.
身旺印旺有官星 신왕한데 인성이 있고 관성이 있으면
雖有相生無用神 비록 상생이 되어도 관성과 인성은 용신이 되지 못하고,
食傷泄氣宜先尋 식상의 설기함을 먼저 찾는 것이 마땅하고,
有食有財富豪人 식상과 재성이 있으면 부호가 된다.

11.
身煞兩停用制煞 신살양정이면 식신이 제살하는 용신이 되고,
制煞太過用印星 제살태과가 되면 한유가 되니 인성이 용신이 된다.

比劫多時無官星 비겁이 많은데 관성이 없으면
雖有食傷察從旺 비록 식상이 있어도 종왕격이 되는지를 살펴야 한다.

12.

比劫多時有食傷 비겁이 많은데 식상이 있으면
食傷生財喜財星 식상생재를 하여야 하니 재성이 희신이 된다.
滿局比劫忌官星 만국이 비겁이면 관성의 극제를 꺼리고
順天者存用比劫 순천자존의 비겁이 용신이 된다.

13.

滿盤木局水木旺 만반에 목국이 되고 수목이 왕하면
曲直爲格用水木 곡직격이 된다. 수목이 용신이 되고
滿盤火局木火旺 만반에 화국이 되고 목화가 왕하면
炎上之格木火用 염상격이 되어 목화가 용신이 된다.

14.

滿盤金局土金旺 만반에 금국이고 토금이 왕하면
從革之格土金用 종혁격이 되어 토금이 용신이 된다.
滿盤水局金水旺 만반에 수국이고 금수가 왕하면
潤下之格金水用 윤하격이 되니 금수가 용신이 된다.

15.

食重身弱先印星 식상의 설기가 많아 신약하면 인성이 먼저이고,
食重印衰先官星 식상이 중하고 인성이 약하면 관성이 우선이다.
身弱食重無印星 신약하고 식상이 중중한데 인성이 없으면
從兒之格用食傷 종아격이 되니 식상이 용신이 된다.

16.

身弱財重無比劫 신약하고 재성이 중중한데 비겁이 없으면
棄命從財用財星 기명종재가 되어 재성이 용신이 된다.
煞重身輕無印星 살중신경에 인성이 없으면
棄命從煞用七煞 기명종살을 하니 칠살이 용신이 된다.

17.
滿盤印星日干弱 만반에 인성이 중중하고 일간이 약하면
從强之格用印星 종강격이 되니 인성이 용신이 된다.
亥子丑生寒氣甚 해자축생은 한기가 자심하니
調候危急火來暖 조후가 위급하여 병화가 우선이고

18.
巳午未生爲熏蒸 사오미생은 천지가 염열하니
濕土晦火水來冷 먼저 습토와 계수를 보아야 한다.
旣取用兮不可傷 이미 용신이 정해지면 손상됨이 불가하니
用神健旺福自來 용신이 건왕하면 복이 스스로 온다.

−기축년 여름 화당 서준원 식

〈참고서적〉

【原書】
- 吳俊民,《命理新論》上·中·下 (三民書局)
- 徐樂吾,《欄江網》(武陵出版社 1991)
- 袁樹珊,《滴天髓闡微》(武陵出版社 1990)
- 沈孝瞻,《子平眞詮評註》(鼎文書局 1989)
- 徐升,《淵海子平評註》(武陵出版社 1996)
- 韋千里,《命理約言》(瑞成書局 2003)
- 《神峰通考》
- 《韋千里千里命稿》

제4장 신살론

김성태
－김성태 역학원 원장, 백민역학연구회 회장－

차 례

1. 신살(神煞) 적용법
    1) 궁(宮) 적용법 · 96
    2) 합충(合沖) 활용법 · 97
2. 신살(神煞) 해설
    1) 겁살(劫煞) · 100
    2) 재살(災煞) · 101
    3) 천살(天煞) · 102
    4) 지살(地煞) · 104
    5) 연살(年煞) · 104
    6) 월살(月煞) · 105
    7) 망신살(亡身煞) · 107
    8) 장성살(將星煞) · 108
    9) 반안살(攀鞍煞) · 109
    10) 역마살(驛馬煞) · 110
    11) 육해살(六害煞) · 111
    12) 화개살(華蓋煞) · 112

1. 신살(神煞) 적용법

십이신살(十二神煞)은 십이지지(十二地支)의 삼합(三合)된 오행(五行)을 겁거(劫去 : 相剋)로 시작하여 순환하는 체계를 세운 일종의 점법(占法)이다.

```
巳酉丑 金 - 劫去寅
亥卯未 木 - 劫去申
申子辰 水 - 劫去巳
寅午戌 火 - 劫去亥
```

위의 金처럼 寅을 겁살(劫煞)로부터 시작하여 신살을 붙여나가는 것이다.

순서는 겁살(劫煞) → 재살(災煞) → 천살(天煞) → 지살(地煞) → 연살(年煞) → 월살(月煞) → 망신살(亡身煞) → 장성살(將星煞) → 반안살(攀鞍煞) → 역마살(驛馬煞) → 육해살(六害煞) → 화개살(華蓋煞)로 진행된다.

1) 궁(宮) 적용법

① 선천명

생년(生年)은 선천명을 보는 것으로 지살+장성살+화개살의 삼합(三合)으로 되었다. 생년의 신살을 기준으로 月日時와 삼합하여 타고난 운명을 판단하는데, 전체의 운명을 주도하게 된다.

또한 운(運)에서 삼합하면 타고난 운명의 변화를 보는 것이다.

② 후천명

생일(生日)을 중심으로도 판단하는데, 생일의 신살을 중심으로 삼합하여 나타난 것은 후천적 운명이 된다. 후천운명은 자신이 현재 살고 있는 모양을 판단한다. 대개의 경우 선천은 직업적인 운명을 판단하고, 후천은 개인적인 생활을 판단하는 데 적용하게 된다.

만약, 선천명과 후천명이 삼합되면 타고난 운명대로 현재에도 살고 있는 것과 같다. 삼합되지 않으면 살고자 하는 희망과 현재 살고 있는 생활상태가 다르게 나타난다.

예를 들자면 丑년생이 午일이면 丑은 화개이고, 삼합된 신살은 지살과 장성살이 된다. 그러면 선천적으로 화개살을 타고난 것이고, 지살과 장성살은 화개살의 배경이 된다.

午일이면 후천적 운명이 연살인데, 삼합된 겁살이나 반안살을 만나면 변화된 배경을 본다.

2) 합충(合沖) 활용법

① 겁살+연살+반안살

흥행과 경쟁을 좋아하고 활동이 왕성한 국(局)이다. 단체 활동과 대인관계가 활발하여 시간과 금전을 낭비하는 경우도 많다. 삶이 편안하지 못하고 항시 경쟁에 시달리니 미리 준비하는 습관을 지녀야 한다.

겁살에 망신살이 상충(相沖)하면 직업적인 것보다는 허관·취미·체면·악습·잡기·자존심에 치우쳐 자신을 소모시키고 재산낭비를 하게 된다.

연살에 육해살이 상충하면, 끼를 부리는 지나친 행동에 대해 가족으로부터 간섭을 받는다. 부모의 반대, 가족의 동의를 얻지 못한다.

반안살에 천살이 상충하면, 철저한 준비상태에 천재지변이 닥치니 능히 막아내게 된다. 합격, 전화위복, 위기는 곧 기회다.

② 지살+장성살+화개살

가장 안정되게 살아가는 국(局)이다.

대개 순리를 인정하고 주변과 마찰 없이 안정되게 살아가는 것이 특징이다. 부정적인 측면은, 도전과 개혁을 두려워하여 변화에는 미진하다.

運에서 年이나 日이 만난다면 직업의 안정을 찾는 모습을 많이 볼 수 있다.

가장 높이 평가하는 긍정적인 면은 항시 준비에 소홀하지 않는다는 점이다.

지살에 역마살이 상충하면, 계획적 생활로 현실에 충실하게 살아가던 중 주변의 환경변화에 따라 계획을 수정하여 활동하게 된다.

장성살에 재살이 상충하면, 현재의 권위와 지위에 도전을 받거나 외부로부터 제지를 당하게 된다. 명예의 실추를 경험하게 된다.

화개살에 월살이 상충하면, 작품·연구·출판·기도에 정진하던 중에 결과가 무산되는 장애가 생긴다. 연구 결과에 대가를 받지 못하는 상황이 발생한다.

③ 역마살+재살+월살

매사에 준비가 소홀하여 힘든 나날을 살아가게 된다. 고독한 운명으로 객지에 나가거나 일찍이 부모를 떠나서 생활하게 된다. 남보다 부실하고 무능력하니 보호대상자로 지정되기도 한다. 간혹 남에게 의탁하여 살아가기도 한다.

역마살에 지살이 상충하면, 무계획적인 생활을 하던 중에 남보다 대항력을 갖추기 위하여 교육을 받거나 컨설팅을 받아 계획적 생활을 하게 된다.

재살에 장성살이 상충하면, 억압·자기통제·구속·칩거에서 풀려나 활동의 기회를 얻는다. 시험합격·취직·개업 등과 졸업·퇴원 등의 기회를 얻는다.

월살에 화개살이 상충하면, 스트레스나 탈진의 힘든 상황과 색정·번뇌에서 벗어나 자기 자신의 정체성을 찾는 것을 말한다.

④ 망신살+육해살+천살

타고난 삶이 육친이 무덕하고, 인덕이 없으며 고독하게 된다. 가족문제나 인연의 문제로 희생을 해야 하며, 직업적으로도 경쟁에서 뒤쳐진다.

망신살에 겁살이 상충하면, 자신의 실수로 허점이 노출되니 자기 것을 지키지 못하고 빼앗기게 된다.

육해살에 연살이 상충하면, 가족과 인연에 연연하며 살아가던 중에 자기의 의지대로 뜻을 펼치려고 모든 인연을 버리게 되는 것을 말한다.

천살에 반안살이 상충하면, 악재나 천재지변과 질병에 노출되어 힘들게 지내는 중 새로운 장기계획을 세우거나 조력자를 얻는 것을 말한다. 전화위복·재수생 탈출·퇴원·거래회복 등을 말한다.

2. 신살(神煞) 해설

1) 겁살(劫煞)

겁살은 일명 크게 나쁘다 하여 대살(大煞)이라 하고, 소모하거나 줄어든다 하여 모살(耗煞)이라고도 한다. 오행이 서로 상극되어 만나는 것으로 겁살을 삼았으니 서로 양보 없이 다툰다는 것으로 추명한다. 사람 간에 이별이 많고, 금전은 오래가지 못하고, 부부는 파란이 많고 항시 경쟁의 대상으로 몰리게 된다.

① 겁살+연살+반안살로 국을 이루면

연살은 감정에 치우치는 행동과 음란함을 가까이하게 된다는 것이고, 반안살은 일의 시작되기 전 준비상황을 말한다. 겁살을 기준하여 삼합국(三合局)된 것을 설명하면, 겁살은 흉살로 모든 것을 잃게 되는 것인데, 그 이유가 음란하거나 지나친 장비를 구입하여 자신을 갖추려 하는 낭비에서 온다는 뜻으로 해석한다.

② 겁살+연살로 국을 이루면

남녀의 삼각관계와 같은 것으로, 공적인 것보다는 사적인 것에 매달려 시간과 정열을 낭비하는 것을 말한다. 또한 여러 사람 앞에서 끼를 발휘하니 무보수 공연장과 같은 역할을 하고 있다. 친구와 어울려 유흥을 하거나, 사적인 일에 치우쳐 학교생활이나 직장생활을 충실하게 하지 않는 것을 말한다.

③ 겁살+반안살이 국을 이루면

자신이 준비한 기득권이나 비품 등을 도난당한 것과 같다. 지적재산권 도용·상표도용·가짜생산·표절 등의 사건이 발생한다. 눈치가 빠르면 주변의 여건을 공짜로 이용할 수 있는 운이다.

④ 겁살과 망신살이 상충하면

지나친 소모적 생활로 인하여 결국에는 자신의 처지가 탈진 상태에 이른다.

누구나 다 생년을 기준한 선천적으로는 겁살은 年에 들지 않고, 생일을 기준한 후천적으로는 인신사해(寅申巳亥) 생일이 겁살에 해당한다. 선천명이 겁살이 없다는 것은 겁탈작용이 가장 큰 겁살은 누구나 타고나지 않고, 후천적으로 자신이 만든다는 것이다. 자신의 방만함을 자제하고, 낭비를 하지 않는다면 자신과 가족을 지킬 수 있는 것이라 말할 수 있다.

2) 재살(災煞)

재살은 일명 수옥(囚獄)살이라 하여 혈광(血光)하거나 사고의 위험을 알리는 것으로 해석한다. 관형·교통사고·낙상수·전염병 등을 예고한다.

① 재살+월살이 국을 이루면

월살은 인간이면 고독하고, 물건이면 마르고 쓸모가 없는 것과 같다. 가령 물건을 빗대어 말하면 완제품이 아니라 부속품 같은 것으로 타와 결합되기 직전이거나 떨어져 나간 모양을 하고 있다. 合하여 말하면 반항이나 반대를 하다가 잘려나간 쓸모없

는 모양을 말한다. 폐기물·독거노인·고아·구속·귀양살이·
정신적 공황·소외감·무기력증 등으로 통변이다.

② 재살+역마살이 국을 이루면

역마살은 가출·출타·출구·이동·탈출 등을 말하는 것이다. 둘을 합하여 말하면 어울리지 못하고 빈번하게 옮겨 다니는 것을 말한다. 통제나 억압을 벗어나 탈출하려는 욕구를 말한다고 할 수 있다.

③ 재살+역마살+월살이 국을 이루면

조직이나 통제력이 있는 사회생활을 싫어하고 자유로운 생활을 원하지만, 실력이 부족하여 여러 번의 적응력 실패로 외로움을 자초한다.

④ 재살이 장성살과 상충하면

기득권자에게 재살이 반항하거나 항명하는 모양을 하고 있으니 구타를 당하고, 거역 죄로 수감되고, 역모 죄를 받는 등의 사건이 발생할 수 있고, 실적을 올려 진급이나 시험합격 등의 성과를 거둘 수 있다.

3) 천살(天煞)

천살은 자신의 노력이나 의도나 실수와는 무관한 천재지변을 만나게 된다는 악살이다. 군주의 명령·법의 통제·신의 계시·강제적 의무·천재지변·타고난 질병·방어할 수 없는 사고·인간 인연에 의한 타고난 굴레 등으로 표현할 수 있다.

① 천살+망신살이 국을 이루면

망신은 겁살과 상충하는 것으로, 겁살이 탈취를 당하는 것으로 설명한다면, 망신살은 스스로 소멸하거나 탕진·지나친 소비·과로에 의한 탈진·실물수·사기나 도적수를 말하는 것으로 체력과 재물과 지위가 고갈되는 것을 말한다. 합국된 것을 통변하면 지나친 체력소비에 의하여 질병이 발생한 것을 말한다.

② 천살+육해살이 국을 이루면

육해살은 가족이나 대인관계나 상하관계가 원만하지 못하고, 인덕이 없고, 도리어 책임을 져야 하는 것을 말한다. 인간 인연에 의한 어쩔 수 없는 책임감과 의무감에 가슴 아파하는 것이 육해살이다. 합국된 것을 통변하면 가족을 책임져야 하는 어쩔 수 없는 인연의 굴레가 발생한 것을 말한다.

③ 천살+망신살+육해살이 국을 이루면

사회적 도리나 윤리에 의하여 누군가를 돌봐야 하는 인간의 굴레를 말한다. 소년소녀가장·부모봉양·가족문제로 인한 상처 등을 말한다.

④ 천살과 반안살이 상충하면

천재지변이 닥친다 하여도 완벽한 준비를 갖추고 있으면 무사하거나 도리어 한층 남보다 유리한 고지를 점령하게 된다. 천재지변을 겪고 복구하는 모양을 하고 있으니 치료·보약복용·수리·보수공사·복구 등을 말한다.

4) 지살(地煞)

지살은 의도적이고 계획적인 활동을 하거나, 철저한 계획을 세워 움직인다는 것으로 해석한다. 자신의 모습을 함부로 드러내지 않고 때를 기다리는 모습이 역력하다. 역마살과 상충되는 것으로, 역마살이 무모한 움직임을 보인다면 지살은 때를 기다렸다가 자신의 모습을 드러내 실력을 과시하고자 할 것이다. 지살이 장성이나 화개를 만나지 못하면 계획에 대한 꿈만 있고 실천이 안 되는 것과 같으니 반드시 장성을 만나 권한을 지니고, 화개를 만나 학문적 결실을 이루게 된다. 어찌 보면 인간의 가장 기초적인 국이 아닌가 한다. 지살의 준비력과 화개살의 인간의 근본적 성선(聖善)과 장성살의 일에 대한 성취가 합국된 것이다. 꾸준한 성장을 이곳에서 볼 수 있다.

만약 역마와 상충하면 지살은 자기 자리를 지키며 전략적 마케팅을 하는 준비성을 보이기보다는 역마살의 계획 없는 급한 마음과 빠른 성공을 위하여 빈번한 변화를 하는 것을 말한다. 지살의 한 우물만 파는 정신에 성급한 역마살의 만남은 결국은 뜻을 이루지 못할 것이다.

5) 연살(年煞)

연살은 흔히 끼가 있는 것을 말하는데, 개성이 강하고, 인기를 끌려고 하고, 애교나 눈웃음, 유행에 민감한 흥행성으로 자신을 부각시키려 하는 것을 말한다. 애교가 너무 지나치니 아부나 아첨이 되고, 끼가 지나치면 음란한 행동이 된다. 그래서 연살을 말하기를, 사춘기·발정기·튀는 행동 등의 부정적이고 음란한 모양으로 남들의 눈에 비쳐지게 된다. 연살이 예의를 배운다면 서비스 분야에서 두각을 나타내리라 본다.

연살+**겁살**의 국은 미인대회, 흥행성 있는 작업에 경쟁이 치열한 모양, 남녀의 삼각관계, 경쟁자에 의한 시달림을 말한다.

연살+**반안살**의 국은 출전을 하기 이전에 준비상태를 갖춘 것을 말한다. 통변하여 말하면, 흥행을 위하여 모든 것을 준비한 상태라고 할 수 있다.

연살+**겁살**+**반안살**의 국은 흥행에 성공하기 위하여 완벽한 준비를 갖추고 경쟁에 뛰어든 것을 말하니 성공의 가망성은 충분하다.

① 연살이 육해살과 상충하면
육해살을 만나면 연살은 자신의 끼를 가족의 반대나 기타 문제로 인하여 개성을 살리지 못하고 서운해 하는 모양을 하고 있다. 의처증이나 의부증에 시달리거나, 부모의 간섭, 스승의 간섭, 주변의 이목이나 가문의 체면 등으로부터 자유롭지 못한 것을 말한다. 연살의 입장에서 보면 지나친 간섭이지만, 육해살의 입장에서는 자제를 요청한 것과 같다.

6) 월살(月煞)
월살은 위에서도 설명하였듯이, 자신의 실력이 부족하거나 주변의 배려를 받지 못하고 책임이나 의무감에 시달리다 보니 자신의 상태가 고갈된 것을 말한다. 내가 먼저 먹기보다는 남을 먼저 먹여야 하니, 피나는 노력에도 불구하고 주변에 의하여 남지 않는 인생을 말한다. 어찌 보면 양보하는 것처럼 보이지만, 인덕이나 복이 없어 영양상태가 부족하거나, 배려를 받지 못하여 음지의 인생을 살아야 한다. 월살을 사주나 대운에서 만나면 무기력증에 빠질 우려가 많다.

① 월살+재살이 국을 이루면
외압이나 강제, 사고 등에 의하여 신체나 정신이 탈진 상태에 이른 것을 말한다.

② 월살+역마살이 국을 이루면
탈진 상태의 몸과 마음으로 지나친 과로를 하거나 외부에 나가 고생을 하여 얻은 결과는 설상가상이다.

③ 월살+재살+역마살이 국을 이루면
탈진과 질병 그리고 살고자 하는 의지가 함축된 통변이다. 부족한 능력으로 힘겹게 사는 모양을 보이고 있다. 하지만 열심히 살지 않으면 그나마 더욱 힘들어지니 주사를 맞아 가면서도 살고자 하는 투지를 보인다.

④ 월살이 화개살과 상충하면
괴롭고 힘든 인생을 기도나 취미생활로 위로받으며 살아가라는 뜻으로 해석한다. 간혹 심한 스트레스를 받아 갑작스럽게 속세를 떠나거나 잡기(雜技)에 몰두하는 경향도 보인다. 힘든 일상을 신에게 의탁하니 남들은 광신도라고 부를 것이다.

7) 망신살(亡身煞)

망신살은 자신이 직접 작업하고 실행한 것이 실패하여 손상된다는 악살이다. 버는 것보다는 지출이 심하고, 뜻하지 않은 허점에 의한 실물수·횡령을 당함·도둑수·사기수 등이 이에 해당한다. 내 것이 없어졌다 하여 망신이라 한다. 기억상실이나 건망증으로 인한 피해, 관리 소홀에 의한 피해 등도 이에 해당한다.

① 망신살+육해살이 국을 이루면

육해를 육액(六厄)이라고도 한다. 육친의 덕이 없고, 부모형제의 실패를 내가 책임져야 하는 무거운 짐을 진 것을 말한다. 흔히 화투판에서의 독박을 쓴 것과 같이 통변하면 된다. 망신과 육해의 만남은 가족으로 인한 지나친 지출로 지친 상태를 말한다.

② 망신살+천살이 국을 이루면

천재지변이나 기후의 영향, 세금징수나 벌금 부과로 인한 영향, 질병으로 인한 치료비 부담 등으로 인한 지출이 많은 것을 말한다.

③ 망신살+육해살+천살이 국을 이루면

어쩔 수 없는 가족 간이나 상하 간에 벌어지는 인연에 의한 자기희생을 말한다. 자신이 희생함으로써 자기가 사랑하는 가족이 편하게 살 수 있다. 자신의 꿈은 실현하지 못하고 희생만 해야 하는 것이 안타깝다. 형이나 동생의 성공을 위하여 희생하는 형제간, 부모의 몰락을 책임지는 자식 등이 이에 해당한다.

④ 망신살과 겁살이 상충하면

겁살은 외부의 영향에 의하여 겁탈작용이 일어난 것이지만, 망신살은 자신의 실수나 관리 소홀에 의한 실물작용이 일어난 것이다. 통변하여 말하면, 자신의 실수를 틈타 외부의 겁탈작용이 발생한 것을 말한다. 경쟁에 의한 실패·차압·양도소송·채무독촉·부도·신용불량 등으로 인한 관형 등이 해당된다. 지나친 과욕을 버리고 경쟁을 피한다면 무사할 것이다.

8) 장성살(將星煞)

장성살은 문무에 능하고, 꿈을 이루고, 권위를 가지고, 지위가 상승하는 등의 자신이 추구하는 업을 이룬 것을 말한다. 하지만 장성살의 특징은 국을 이루지 못하면 허사가 된다. 이는 장성살은 일군의 대장을 말하는데, 좌보우필이 없으면 외롭게 되니 어찌 대업을 이룰 수 있다는 말인가. 장성살은 어느 누구에게나 지살과 화개살과 더불어 선천적인 운명에 정해져 나타난다. 어느 신살과 국을 이루느냐에 따라 자기 꿈을 이루느냐 못 이루느냐가 달려있다.

① 장성살+지살이 국을 이루면
임무를 맡고 객지로 나간다.

② 장성살+화개살이 국을 이루면
종교나 학문, 각종 예체능계에서 꿈을 이룬다.

③ 장성살+지살+화개살이 국을 이루면
모든 일이 계획대로 이뤄지는 순조로운 상태를 말한다.

장성살은 재살과 상충인데, 권위와 자신의 기득권에 대한 도전을 받는 사건이 발생하는 것을 말한다. 권위만을 내세워 주변이나 가족에게 무관심하던 것에 대한 잔소리를 듣는 것과도 같다. 권한실추·퇴직 등이 발생한다.

9) 반안살(攀鞍煞)

반안살은 일이 진행되기 직전에 모든 준비를 하고 있는 상태를 말한다. 여행을 떠나기 전의 배낭점검, 개업을 위한 비품이나 장소선택, 장비점검, 인원점검, 각종 저축·보험 등의 미래대책을 강구하는 것이다. 유행을 미리 점검하고 대처하는 현대인, 취직준비, 입시를 준비하는 학생, 집을 짓기 위한 토목공사, 집을 사기 위한 저축 등을 말한다. 또한 비서, 시봉 등 타인의 부속품이 되어 움직이는 모습도 반안살이다.

① 반안살+겁살이 국을 이루면
준비된 것을 가지고 경쟁에 참여한 것을 말한다. 일이 시작은 되었지만 아직 꿈이 이뤄진 것은 아닌 단계다. 운에서 장성살을 만난다면 꿈은 이뤄진다.

② 반안살+연살이 국을 이루면
준비된 것을 가지고 성공을 거둔 것을 말하니 꿈이 이뤄진다.

③ 반안살+겁살+연살이 국을 이루면
때를 맞춰가면서 준비하며 성장한다는 뜻이다. 준비를 철저히 하고 검증을 받으니 꿈은 이뤄진다.

반안살은 천살과 상충으로 미래를 위한 안락한 삶을 위하여 준비해 놓은 것이 인간의 힘으로 막을 수 없는 힘에 의하여 파괴된 것을 말한다. 홍수의 피해, 해충의 피해, 질병에 의한 계획수정, 수정법안에 의한 피해, 상대방의 변심에서 비롯된 피해, 집주인의 변심 등이 발생한다. 사주와 운에서 반안살이 동시에 있다면 천재지변이 닥쳐도 무살할 것이다.

10) 역마살(驛馬煞)

역마살은 무계획적 변화와 변동을 말하는 것이니 돌발사건, 외부사건에 대항하기 위한 변화와 변동, 외부사건에 의한 변화, 우발적 사건, 흥분, 오버행위 등으로 통변한다.

① 역마살+재살이 국을 이루면

우발적인 행동에 따르는 재앙을 말한다. 음주운전, 과속운전, 화를 참지 못하는 행동, 용맹무모한 만용행위 등으로 액을 당하게 된다. 특히 운에서 재살을 만난다면 더욱 적중률이 높을 것이다.

② 역마살+월살이 국을 이루면

연속적인 쓸데없는 행위로 인하여 피폐해진 상태를 말한다. 고집불통처럼 계획성 없는 행동으로 고초를 겪게 된다. 특히 농작물이나 활어·축산·화훼 등의 생업에 종사하는 사람에게는 치명적인 살성으로 작용한다. 건어물 등의 건조제품을 위주로 한 생업자에게는 도리어 도움이 되는 살이다.

③ 역마살+재살+월살이 국을 이루면

우발적 행동으로 인하여 장애가 발생하고, 사람이 떠나고 재물과 체력이 고갈된다.

④ 역마살이 지살과 상충하면
지살은 계획된 변동을 말한다. 역마가 지살을 만났다는 것은 무계획으로 움직이는 역마에게 지살이 질책하는 모양을 하고 있다. 지식을 첨가하고, 메뉴를 개편하고, 브랜드를 첨가하고, 유행을 알게 하고, 일관성 있게 행동하기를 권장하는 컨설팅과도 같은 것이다. 몸과 마음을 함부로 하지 말라는 교육이나 상담을 받는 것과 같다.

11) 육해살(六害煞)
육해살은 육친의 덕이 없는 것을 말하는 것으로, 부모의 덕, 형제의 덕이 없고, 사회생활에서도 인연 간에 덕이 없는 것을 말한다.

이는 덕이 없으면 도리어 내가 복덕을 베풀라는 의미이니 희생을 말하는 것이다. 자신의 꿈과 희망을 버리고 주변의 인물들을 위하여 자기희생을 하는 운명에 처하게 된다.

① 육해살+ 망신살이 국을 이루면
가족문제로 인한 희생에 의하여 자신의 모든 것을 상실하는 것을 말한다. 보증으로 인한 피해, 가족의 실패에 대한 여파 등으로 실물수가 따르는 것이니 연대책임과 같다.

② 육해살+ 천살이 국을 이루면
가족이나 내가 사랑하는 모든 인연들이 어쩔 수 없는 환경에 의하여 실패하고 무능력한 상태에 놓인 것을 책임지는 것과 같다.

③ 육해살+망신살+천살이 국을 이루면
무능력한 인물들을 위하여 자기희생을 하는 것을 말한다.

육해살은 연살과 상충인데, 가족이나 인연의 문제에 매달려 덕 없이 생활을 하다가 자신의 끼를 발산하고자 독립하는 것을 말한다. 책임과 임무에서 벗어나 자신의 권리를 찾고자 하는 모습이다. 육해살이 보면 배반이고, 연살이 보면 독립이 된다.

12) 화개살(華蓋煞)
화개살은 홀로 공중에 떠 있는 별의 형상을 보고 추명한 것이다. 칩거를 하거나 조용한 곳을 찾아 예술작품에 몰두하거나, 기도를 하거나, 고민하는 모습을 형상화한 것과 같다. 움직임이 없이 한 가지에 몰두하여 완성이 될 때까지 무언의 준비를 하는 모습이다.

① 화개살+지살이 국을 이루면
작업·연구·학습·연습 등의 활동을 하다가 사회에 참여하는 활동을 하는 것이다. 연구발표·전시·개업·출판·강의·상담·공연 등을 통하여 참여하게 된다.

② 화개살+장성살이 국을 이루면
학문과 예술과 종교적 성취를 이룬 것을 말한다. 당선·입상 등을 통하여 세상에 일인자임을 알리게 된다.

③ 화개살+지살+장성살이 국을 이루면
최고의 경지를 누리게 된다.

화개살은 월살과 상충인데, 월살은 매사가 순조롭지 못하고, 도움을 주지 않으면 성장하지 못하는 사람을 말하는 것이니, 홀로서기가 부실한 사람을 책임질 일이 생긴다. 이때에는 화개살이 지니고 있는 너그러운 마음을 발휘하여 희생하지 않으면 괴로운 나날이 될 것이다. 복지활동·구조활동·봉사활동·포교활동·선교활동·기부활동·장학사업 등이다.

제2편 심층이론

제5장 이허중 명리학의 특성과 내용 / 신경수
제6장 서자평 명리학의 특성과 내용 / 김영희
제7장 유백온 명리학의 특성과 내용 / 이시윤
제8장 여씨 명리학의 특성과 내용 / 유경진
제9장 맹파 명리학의 특성과 내용 / 박영창
제10장 투파 명리학의 특성과 내용 / 윤명국
제11장 기문 명리학의 특성과 내용 / 류래웅
제12장 용신 결정의 방법과 사례분석 / 박영창
제13장 조선시대 명과학의 실태분석 / 구중회

제5장 이허중 명리학의 특성과 내용

신경수
-원광대 대학원 한국문화학과 동양문화전공 박사 3학기-

차 례

1. 여는 말 · 118
2. 이허중의 명리학 · 119
3. 《이허중명서》의 명리론
   1) 천을귀인을 논함 · 123
   2) 삼재 삼원을 논함 · 127
   3) 사주를 논함 · 128
   4) 연위본과 일위주를 논함 · 129
   5) 왕쇠와 경중을 논함 · 129
4. 이허중과 관련한 논란
   1) 《이허중명서》의 가위탁설 · 131
   2) 이허중의 연월일—삼주사용설 · 132
   3) 이허중의 당사주 저작설 · 134
   4) 이허중의 일위주론의 진위 · 135
   5) 소결론 · 137
5. 맺는 말 · 137

표제어 : 이허중 · 이허중명서 · 일위주론 · 연본일주 · 고법명리학

1. 여는 말

　사람의 부귀와 빈천을 주제로 연구하는 방술분야의 학문은 오랜 동안 연구하여 왔다. 그 중 동아시아에서 생년·월·일·시를 중심으로 일련의 분석을 시도하는 방술이 있으니, 명리학이 그것이다. 명리학은 오랜 동안 동양학의 한 분야임에도 명대 이후 무렵부터 퇴조하기 시작하여 근 현대 이르러 학술적 지위가 점차 격하되어 왔다. 근자에 이르러 연구하고 실험 적용하는 연구가와 상담사가 점차 늘어나는 현상을 보건대 명리학을 학술적으로 재조명하는 등 연구 노력이 점차 고양되고 있다.
　한편 명리학은 동양에서 오랜 시간 동안 연찬되어 온 자연과학과 인문철학의 요소들을 골고루 갖춘 학문임에도 불구하고, 통시적 문헌연구 분야는 관심도에 비하여 멀리 미치지 못하고 있다. 고문헌을 탐구 고찰함은 협소한 명리학사를 확장시키는 데 중요한 필수작업이다. 명리학의 연원을 언급하며 빼놓을 수 없는 전서로서 《이허중명서》가 있다. 그동안 국내외적으로 《이허중명서》에 대한 관심은 있으나 본격적인 연구나 토론 담론은 부족함이 현실이다. 물론 해외의 연구 성과도 비슷하여 대만이나 중국 등에서 간단한 주해서류는 있으나 명리학사를 염두에 두고 통시적으로 심도 깊게 고찰한 《이허중명서》의 연구서는 발견하기 어렵다.
　《이허중명서》는 당대에 실존했던 이허중(李虛中)이란 인물명을 사용한 명서라는 점에서 그 관심을 높이고 있다. 최근 《이허중명서》와 이허중에 대한 관심이 증가하고 있는데, 이는 '자평명리론은 송대 이후 명리학'이라는 인식 하에 협소한 명리학사를 극복해 보고자 하는 재야 명리학 연구가와 일부 학자들에게 일종의 문제의식의 발로라고 할 수 있다. 단행본이나 논문류는 물론이거니와 마땅한 번역서 한 권 없는 현실을 볼 때 지금부터라도 진지한 연구관심을 가져야 한다고 본다.

이에 본 논문은《이허중명서》와 관련하여 볼 때 두 가지, 즉 이허중의 인물과《이허중명서》의 명서를 중심으로 논점을 다루고자 한다. 먼저 이허중이라는 인물의 명리학사적 지위와 가치에 있어 획기적인 사건이었음을 논거하고자 한다. 다음으로《이허중명서》가 담고 있는 명리론의 대강을 살펴봄으로써 이해의 폭을 넓히고자 한다. 마지막으로 이허중과 관련한 논란을 논거함으로써 논란의 정오를 판단하는 데 보탬이 되고자 한다.[1]

2. 이허중의 명리학

명리학의 태동은 현전하는 문헌에 따르면 전국시대의 귀곡자[2]와 낙록자[3]에 근거를 두고 있다. 두 인물은 전국시대나 그

---

[1] 본 논문은《이허중명서》의 가탁 위탁에 대하여 논거 논증함은 논제의 범위를 벗어나므로 다루지 않는다. 아울러 실제 사주명조를 통하여 고법명리학을 설명 예시함도 논제의 범위 내에서 다루기로 한다. 또한 구체적인 고법명리론과 자평명리론의 문헌 비교연구는 최소한의 범위에서 다룬다.

[2] 귀곡자(鬼谷子 ?~?) : 본명과 행적은 알려지지 않는다. 영천, 양성의 귀곡지방에 은둔하였으므로 귀곡자라고 하였다. 전국시대 천하패권의 연합외교책으로 합종책과 연횡책의 소진과 장의의 스승으로 알려졌다.

[3] 낙록자(珞琭子 ?~?) : 누구인지에 관해서 5가지 說이 있다. ① 주(周)의 세자 진(晉)이라는 설, ② 양(梁)의 소명태자(昭明太子)라는 설, ③ 남북조대의 도홍경(陶弘景)이라는 설, ④ 서자평이라는 설, ⑤ 석담영(釋曇

이전시대의 인물로 알려져 있다. 귀곡자는 훗날 이허중이 주석을 붙인 《이허중명서》의 원문을 지은 것으로 전해진다. 한대에 이르러 사마계주(司馬季主)나 동방삭4) 같은 인물이 음양오행에 박식한 인물로 알려져 있다. 위진남북조에 이르러 관로(管輅),5) 곽박6) 등이 활동하였으며 당시 문헌으로 현재 전해지는 명리전적으로 《옥조정진경(玉照定眞經)》의 원문을 곽박이 지은 것으로 전해진다.

위진남북조의 혼란이 수·당(隋唐)의 통일왕조로 수습되는 가운데 당은 개국과 동시에 외국의 문화를 수용하는 정책으로 인도, 페르시아 등 서역의 문물을 두루 수입하였다. 적극적인 문화수용과 연구 연찬의 정부적 지원에 힘입어 당초에 과학적 연구가 활발하였다. 이 시기 일행선사7)는 서역에서 전래된 천문역법

塋)이라는 설 등이 있다. 귀곡자에 비해 낙록자의 정체는 아직까지 논란 중인데 정설로 굳어진 것은 없지만, 필자는 낙록자를 주나라의 세자 진이라 추측한다.

4) 동방삭(東方朔, BC 154~BC 93) : 자는 만천(曼倩). 염차(厭次, 지금의 산동성 평원현 부근) 사람. 변설과 재치에 능했으며 익살의 재사로 많은 일화가 전해진다. 부국강병책이 받아들여지지 않자 실망하여 《객난》과 《비유선생지론》 등의 글을 남겼다. 서왕모의 복숭아를 훔쳐 먹어 장수하였다 하여 장수하는 사람으로 곧잘 지칭되곤 한다.

5) 관로(管輅, 208~256) : 삼국시대 위의 평원(平原) 사람. 자는 공명(公明). 《풍각점》과 관상에 정통하였다. 저서로는 《주역통령결(周易通靈訣)》과 《주역통령요결(周易通靈要訣)》이 있다.

6) 곽박(郭璞, 276~324) : 자는 경순(景純), 하동(河東) 문희(聞喜) 사람으로 동진의 문학가·사상가이다. 박학다식에 재능이 많다. 고문이나 시부를 좋아하였다. 음양·역산·五行·복서 등의 술수에 정통하였다. 나중에 역왕을 도와 점을 행했다가 피살되었다. 일찍이 《이아》, 《산해경》, 《방언》, 《초사》 등을 주해하였다.

7) 일행(一行, 683~727) : 본명 장수(張遂). 지금의 하남성인 위주(魏州)의 창락(昌樂) 사람. 일찍이 경사와 역상 음양학문에 정통하였으며 출가하여 숭산의 보적선사에게 선요를 배웠고, 호북성의 형주 청양산의

에 달통하여 진일보한 역법인 《대연력(大衍曆)》 등을 지었다. 이렇게 천문역법에 대한 활발한 연구와 연찬은 인접분야인 천문성학과 명리학의 발전에도 큰 영향을 주었다. 이전까지의 천문성학을 더욱 풍부하고 정밀하도록 하였는데, 장과노인이 지은 《장과성종(張果星宗)》이 그 대표적인 성학서이다.

한편 일행선사는 천문역법은 물론 명리학의 토대가 되는 각종 이론에 해박하였던 것으로 보인다. 또한 일행선사는 남북조에까지 중국에 전해지던 오성학(五星學)에 서역의 천문지식을 결부하여 더욱 정밀하고 복잡한 천문성학과 명리학을 구사했을 것으로 보인다. 일행선사의 학술은 이필에게 전해지고 다시 이허중에게 전수되었으니, 이허중의 학술은 일행선사의 학통을 이었다고 볼 수 있다.[8] 이러한 정황을 보건대, 이허중의 학술은 중국에서 이어온 오성학과 서역의 천문성학이 결합한 일행의 학술을 종합하여 이었다고 볼 때 그 연구가치가 높음을 알 수 있다.

이허중에 대한 역사적 자료는 많지 않으나, 몇몇 자료를 중심으로 살펴보면 다음과 같다. 이허중(李虛中, 761~813)의 자(字)는 상용(常容)이고 위군(魏郡 : 現 河北 大名)에서 출생하였다. 북조(北朝) 때 위의 시중 충(沖)의 8대손이다. 진사과에 급제하여 당 헌종(憲宗, 805~820) 때 전중시어사(殿中侍御使)를 지냈으며 등창으로 인하여 사망하였다는 기록이 전해지며 일행선사의 학술을 전수받은 것으로 알려졌다.

한편 한유가 지은 〈이허중묘지명〉에 이허중에 대한 설명[9]을

오진에게 율장을 배웠다. 그 뒤 천태산에서 천태종을 터득하였다. 그 후 선무외로부터 밀교를 전수받고 그를 도와 《대일경》을 번역하였고 후에 그의 지도로 《대일경소》를 완성하였. 724년에 《대연력》을 완성하였다. 시호는 대혜선사이다.

8) 〈子平說辯〉 : 명(明) 만민영(萬民英) 撰, 《삼명통회(三命通會)》

살펴보면 이허중은 "오행서를 깊이 연구하여, 사람의 생년월일이 일진의 천간지지를 만나는 바로서, 상생 상극과 왕쇠사생을 짐작하여 사람의 수요와 귀천의 이익과 불리를 추측하였다. 그 년과 시를 먼저 두어 백에 한둘도 틀리지 않았다."10)라고 묘사되어 있다. 말미에 약간의 과장은 있으나, 당시 이허중의 학술이 대단하였음을 묘사하고 있다.

한편 한유의 〈이허중묘지명〉은 이허중의 명리론을 이해하는 데 나름의 단초를 제공해 주고 있는데, 이를 세분하여 살펴보고자 한다. 한유의 〈이허중묘비명〉의 내용에 따르면 이허중은 오행서에 심취하였으며, 그의 명리론은 일진을 대비함을 중시하였으며, 간지를 다루었으며, 상생상극과 왕쇠사생 등을 다루었고, 년과 시를 중시하였음을 알 수 있다.

먼저 '오행서에 심취'했다는 대목에서 이허중은 당시에 존재했던 오행을 다루는 방술 전반의 서적을 두루 섭렵하여 박식했음을 알 수 있다. 다음으로 '일진(生時)에 대비'했다는 대목은 천문성학과 역법의 대가였던 일행선사의 학술을 이었다는 이허중의 학술을 보건대 생시를 중시했음은 당연하였을 것이다. 그리고 '천간지지를 다루었다'는 내용은 간지를 사용하는 명리론을 전개했음을 알 수 있다. 그리고 '생극과 승부와 왕쇠'를 다루었다는 내용으로 본다면 오행의 상생 상극을 적극 적용하였으며 포태론(胞胎論)이나 향배와 관련한 왕쇠 판단에 민감하였을 것으로 보인다. 마지막으로 '년과 시를 중시'하였다는 내용은 년~

---

9) 〈이허중묘지명(李虛中墓誌銘)〉: 당(唐) 한유(韓愈) 撰, (宋) 위중거(魏仲擧) 편, 《二五百家注韓昌黎文集》

10) "最深五行書 以人之始生年月日所直日辰支干 相生勝衰死王相斟酌 推人壽夭貴賤利不利 輒先處其年時 百不失一二者."〈李虛中命書·總目提要〉(《四庫全書 / 子部》)

태세와 시~생시 양자를 먼저 살펴서 부귀빈천이나 대략적인 길흉을 살폈던 것으로 보인다.

이상으로 이허중이란 인물을 살펴보았다. 이허중은 당대(唐代) 일행선사와 한 시대를 공유하고 있다. 앞서 살폈듯이 이허중과 일행선사를 떼어놓을 수 없으며, 또한 이허중의 인지도와 지명도를 보건대 당대 명리학과 이허중도 서로 나눌 수 없을 정도로 밀접한 관계라 할 수 있다.

3. 《이허중명서》의 명리론

이허중 또는 이허중의 명리론은 송대는 물론 근대까지 회자되었던 명리학의 대명사이다. 이를 뒷받침하듯 송대에 연찬된 《낙록자부주》나 《오행정기》 등에, 또한 명대의 《삼명통회》 서(序) 등에 이허중의 명리론을 발췌하여 소개한 내용이 발견되고 있다. 한편 이허중이 주해했다고 전해지는 《이허중명서》에 담겨있는 명리론은 서거이와 서자평의 명리론과 다른 정형과 체계가 있음으로써 알려져 있다. 《이허중명서》는 철학적 구도와 술수학적 체계를 갖춘 완성도가 높은 명서다. 특히 중권의 〈통리물화〉 편에 나타나는 우주와 음양오행에 대한 서술은 심도 있는 내용으로 보인다. 이러한 철리적인 이해를 바탕으로 전개하고 있는 천간지지와 오행에 대한 전개 역시 매끄럽게 이루어지고 있다. 《이허중명서》에서 소개하고 있는 대략적이고 주요한 명리론을 중심으로 살펴보면 다음과 같다.

1) 천을귀인을 논함

신살로 분류되는 천을귀인(天乙貴人)은 《이허중명서》에서 비중 있게 다루고 있다. 천을귀인의 이름에서 보듯이 귀(貴)를 의미하므로 천을귀인은 여타 신살보다 중시하였다. 천을귀인은 상권에서 직접적으로 다루고 있으며 비교적 자세한 정형을 소개하고 있는데, 이를 살펴보면 다음과 같다.

① 본가귀인의 정형

본가귀인(本家貴人)은 생년 천간을 기준하여 월일시 등에 귀인의 지지가 있는 정형이다. 생년을 중시하였던 고법논명의 방식임을 알 수 있다. 이의 내용을 살펴보면 다음과 같다.

본가귀인의 명이란 가령 갑인(甲人)이 무경축미가 있음이니 크게 귀하다. 가령 갑인이 정축 / 신미를 얻음이 그 다음이다. 대개 갑년은 축상에서 정을 얻고 미상에서 신을 얻는다. 다시 한 가지의 귀인을 (더) 얻으면 역시 복이 심히 중하니 이러하면 반드시 귀하다. 갑무경이 다시 을축 / 계미를 얻고, 을이 경자 / 무신을 얻고, 기(己)가 병자 / 갑신을 얻고 병정이 정유 / 을해를 얻고 임계가 을묘 / 계사를 얻고 6신(辛)이 병인 / 무오를 얻음이 그러하다. 갑은 양목이고 무는 양토, 경은 양금이니 모두 토위(土位)를 기뻐하니 미는 토의 정위이고 축은 토가 안정하는 곳이다. 그러므로 소와 양이 귀한데, 이것을 자세히 나누면 갑은 미를 더 기뻐하고 경은 축을 더욱 기뻐하는데, 각자가 그 묘고(墓庫 : 오행의 입묘지)로 돌아감이다.[11]

---

11) 本家貴人命者 如甲人有戊 有庚 有丑 有未是也. 大貴如甲人得丁丑辛未 又其次也. 盖甲年丑上遁得丁 未上遁得辛也. 更有一種貴人 亦爲福甚重 得者必貴 甲戊庚得乙丑癸未 乙得庚子 戊申 己得丙子 甲申 丙丁得丁酉 乙亥 壬癸得乙卯 癸巳 六辛得丙寅戊午是也. 甲陽木戊陽土庚陽金 皆喜

② 귀인의 우열

천을귀인은 천간과 지지가 결합하여 이뤄지는 신살이다. 그러므로 간지의 조합에 따라 여타의 신살과 조합하게 마련이다. 조합하는 신살에 따라 천을귀인의 귀기가 감소 또는 증가한다. 이의 내용을 살펴보면 다음과 같다.

귀신의 우열을 논하면 을축은 문성귀신, 을미는 화개귀신(절로공망), 정미는 퇴신양인귀신(또한 半吉하다), 기미는 양인귀신(또한 半吉하다), 신미는 화개귀신(또한 공망대패), 계미는 복신화개귀신(이상 甲戊庚人이 月日時에 귀신이 있을 때), 갑자는 진신귀신, 병자는 교신귀신, 무자는 복신귀신, 경신은 건록마귀신, 임신은 대패귀신(또한 半吉)(이상 乙己人이 月日時에 귀신이 있을 때), 을유는 파록귀신, 정유는 희신귀신(또한 大敗), 기유는 진신귀신, 신유는 건록교귀신, 계유는 복신귀신(또한 吉), 을해는 천덕귀신, 정해는 문성귀신(이상 丙丁人이 月日時에 귀신이 있을 때).12)

土位 而未者土之正位 丑者土之安靜之地 故以牛羊爲貴. 然細分之 則甲尤喜未 庚尤喜丑 各歸其庫也. : 鬼谷子 撰 / 唐 李虛中 注,《李虛中命書》卷上.

12) 論貴神優劣, 乙丑文星貴神 乙未華盖貴神(截路空亡), 丁未退神羊刃貴神(一云, 半吉), 己未羊刃貴神(一云, 半吉), 辛未華盖貴神(一云 空亡大敗), 癸未伏神華盖貴神(已上甲戊庚人月日時貴神), 甲子進神貴神, 丙子交神貴神, 戊子伏神貴神, 庚子德合貴神, 壬子羊刃貴神, 甲申截路空亡貴神(一云半吉), 丙申大敗貴神, 戊申伏馬貴神, 庚申建祿馬貴神, 壬申大敗貴神(一云半吉已上, 乙己人月日時貴神), 乙酉破祿貴神, 丁酉喜神貴神(一云大敗), 己酉進神貴神, 辛酉建祿交貴神, 癸酉伏神貴神(一云吉), 乙亥天德貴神, 丁亥文星貴神(已上丙丁人月日時貴神), (鬼谷子 撰 / 唐 李虛中 注, 앞의 책 卷上)

③ 기타 정형 · 귀합 귀식

천을귀인의 귀징이 더욱 귀하여지는 정형으로 귀합 귀식 등이 있다. 귀합은 주로 귀인이 있는 천간이 서로 합하는 경우이고, 귀식은 귀인이 있는 천간이 식신에 해당하는 경우이다. 이의 내용을 살펴보면 다음과 같다.

귀합 귀식 : 귀합이 있으면 관의 지위가 크고 숭앙할 만하다. 계합(契合)을 이룬 바에 귀식이 있다면 녹(祿)이 풍족하다. 조망을 이룬 바 가령 갑무경은 귀인이 축미에 있는데 갑이 기축 기미를 얻고, 무가 계축 계미를 얻고, 경이 을축 을미를 얻고, 을사의 귀인은 신자에 있는데 을이 경자 경신을 얻고, 기가 갑자 갑신을 얻고, 병정의 귀인은 해유에 있는데 병이 신유 신해를 얻고, 정이 임인 임진을 얻음 등은 모두 귀합이라 한다. 갑이 병을 식, 을이 정을 식하는데 병정의 귀인은 해유에 있다. 갑이 병인 병진을 득하고 을이 정유 정해를 득하고, 경이 임을 신이 계를 식하는데 임계의 귀인은 사묘에 있는데 경이 임신 임술을 득하고 신이 계묘 계사를 득함 등은 모두 귀식이라고 한다. 귀합이 있으면 관을 말하는 경우가 많고 귀식이 있다면 녹을 뜻하는 경우가 많다. 2자가 이것을 겸한다면 관이 높고 녹은 중하니 왕래해도 불리함이 없다.13)

---

13) 貴合貴食 : 有貴合, 則官位穹崇, 所作契合. 有貴食, 則祿豐足, 所成造望. 如甲戊庚, 貴在丑未, 甲得己丑己未, 戊得癸丑癸未, 庚得乙丑乙未. 乙巳貴在申子, 乙得庚子庚申, 巳得甲子甲申, 丙丁貴在亥酉, 丙得辛酉辛亥, 丁得壬寅壬辰. 如此之類, 謂之貴合, 甲食丙, 乙食丁, 丙丁貴在酉亥, 甲得丙寅丙辰, 乙得丁酉丁亥, 庚食壬, 辛食癸. 壬癸貴在卯巳, 庚得壬申壬戌, 辛得癸卯癸巳, 如此之類, 謂之貴食. 有貴合則官多稱意. 有貴食, 則祿多稱意, 二者兼之, 官高祿重, 無往不利. (鬼谷子 撰 / 唐 李虛中

위에서 소개하는 천을귀인을 다룬 내용을 정리하자면 다음과 같다. 생년 천간에서 보아 월일시에 귀인이 있음을 다른 정형과 달리 본가귀인이라 한다. 귀인에 우열이 있으니 악흉한 신살이 가해지면 열등하며, 길한 신살이 가해지면 우등하다고 한다. 그 밖에 귀인의 지지를 둔 천간과 합하는 경우에 귀합, 귀인의 지지를 둔 천간이 식신이 되는 경우에 귀식이라 하여 길한 정형으로 간주하고 있다. 위 천을귀인의 내용은 《이허중명서》에서 단일 신살 내용으로 가장 많은 지면을 할애하여 설명하고 있다. 이로 미루어 《이허중명서》의 명리론에서 천을귀인론의 가치와 위치가 높음을 알 수 있다.

2) 삼재 삼원을 논함

삼재삼원을 명리학에서 수용한 초기의 시기나 과정을 설명함은 지난한 작업이다. 당대나 송대에 인식하였던 삼재 삼원의 구도를 이해하기 위하여 《이허중명서》에서 소개하는 삼재삼원의 내용을 살펴보면 다음과 같다.

> 천간은 명예나 녹귀권(祿貴權 : 지위와 권세)을 주재하니 의식이 쓰임을 받는 기틀이고, 지지는 금주(金珠)와 적부(積富)를 주재하니 얻음·잃음과 영예·쇠락의 근본이고, 납음은 재능·도량·견식을 주재하니 사람의 친족관계의 으뜸이다. 천간은 천원록이므로 귀작·의식의 바른 근본이다. 지지는 지원재명이니 이에 이르러 형을 빗대어 상을 이루니 시종의 으뜸이므로 빈부운동·영예쇠락을 주재한다. 납음은 인원신명이므로 현우(賢愚)와 호추형모(好

注, 앞의 책 卷上)

醜形貌)와 재능도량을 주재한다.14)

《이허중명서》에서 소개하는 삼재삼원에 대한 이해는 여타 고전명서에 비하여 명쾌한 바가 있다. 고대로부터 전해온 삼재삼원의 관념을 천간지지납음과 결부하여 각각 배속하고 그 주사(主事)를 잘 설명하고 있다.15)

3) 사주를 논함

명리학을 연구하는 데 중요한 설정인 '사주'의 용어 사용의 기원을 찾는 것은 어려운 일이다. 《이허중명서》에 나타난 사주 용어는 공교롭게도 이허중의 주석이 아닌 귀곡자의 원문에서 발견되고 있다. 특히 사주의 용어를 태월일시(胎月日時)로 한정하고 있음은 자평 이후의 연월일시 사주의 그것과는 구별된다.

사주는 태월일시다. 3원은 만물의 근본이고 사주는 오행이 보좌하는 것이다. 또한 건곤은 사시(四時 : 4계절)가 있고, 토는 사상(事象 : 물·불·흙·돌)이 있고, 사람은 사지(四肢 : 양 손과 발)가 있다. 그러므로 낙록자가 말하기를, 근(根)은 모(苗)에 앞서고 실(實)은 화(花)에 앞선다 하였으니 사주가 편고하면 주재하는 바에 따라 이것을 논하라.16)

---

14) 干主名祿貴權 為衣食受用之基 支主金珠積富 為得失榮枯之本 納音主材能器識 為人倫親屬之宗. 干為天元祿 故主貴爵衣食之正本也 支為地元財命 至此比形立象 始終之元 故主貧富運動榮枯 納音為人元身命 故主賢愚好醜形貌材能度量. (鬼谷子 撰 / 唐 李虛中 注, 앞의 책 卷中)
15) 자평 이후에 논하여지는 자평론의 인원장간의 배속과는 구별이 있다.
16) 四柱者胎月日時. 三元為萬物之本 四柱乃五行之輔佐 亦猶乾坤之有四時 土有四象 人有四肢 故珞琭子云 根在苗先 實從花後者 四柱有偏枯 則隨所主而論之. (鬼谷子 撰 / 唐 李虛中 注, 앞의 책 卷中)

위 내용 중 태월은 태월과 생월을 합하여 말한 것이다. 《이허중명서》가 유행하던, 적어도 송대에는 태월을 적극적으로 명리학에 참여시키고 있었음을 알 수 있다.

4) 연위본과 일위주를 논함

년(年)과 일을 규정한 내용으로 여타에서 발견하기 어려운데, 《이허중명서》는 이를 명확히 규정하고 있다.

> 대저 년이 본이라면 일은 주이고 월이 사(使)라면 시는 보(輔)이다. 년은 일의 근본이고 일은 명주(命主)이니 마치 군에게 신하가, 아버지에게 자식이, 남편에게 부인이, 나라에 왕이 있음이다. 이는 태월생시가 주본(主本)을 도와줌이니 차례로 서로 계승하고 따르고자 한다.17)

위 내용에 따르면 연월과 일시의 구조를 통하여 연본일주 구조의 요체를 밝히고 있다.

5) 왕쇠와 경중을 논함

명리론에 있어 왕쇠(旺衰)의 판단은 중요한 작업이다. 《이허중명서》 역시 왕쇠는 물론 경중(輕重)의 구별을 중시하는 대목이 보인다. 왕쇠와 경중은 서로 긴밀한 관계이므로 연관 지어 이해하여야 한다. 다음은 왕쇠와 경중을 관련지어 설명한 내용이다.

> 왕쇠의 이치는 생극을 살펴 헤아려야 하고 경중을 가리는데 반드시 향배를 알아야 한다.

---

17) 大抵年爲本則日爲主 月爲使則時爲輔. 年爲日之本 日爲命主 如君之有臣 父之有子 夫之有婦 國之有王 是胎月生時爲主本之扶援 欲得以序相承順也. (鬼谷子 撰 / 唐 李虛中 注, 앞의 책 卷中)

3원은 왕지에 있으면 쇠처(衰處)를 두려워하여 꺼리고 생함을 좋아하는데, 반드시 시에 그 경중을 살펴야 한다. 가령 임신·계유는 본이 중한데 임인·계묘는 본이 경하다. 경중을 취하여 부지함이 용이니 비로소 향배의 힘과 기를 나눈다.18)

경이 득지하면 쇠한 중을 맞아도 가하다. 중이 무지라면 경을 극제하면 패한다.
가령 토는 수를 제하는데 병진·정사의 토는 병자·계해의 수를 제할 수 있다. 임신·계유의 금은 비록 중하다 하나 무자·기축·병인·정묘의 화를 만나면 금이 중하다 하나 역시 화에 제함을 받는다. 화가 왕지를 향하고 금이 절하는 방이기 때문이다.19)
각각 쇠하고 왕하니 경중은 자연히 그러하다.
가령 신묘가 계유를 보고 무오가 병자를 보면 (납음오행의) 왕처가 서로 마주 대하고 지지의 기가 비화하지 않고 서로 적대함이 있으니 변화 발양한다. 갑인수가 경오·신미의 토를 보면 힘과 기가 각각 쇠하는데, 수토가 화평하고 부드러워지니 화육(化育)하는 도가 있다. 나머지도 이와 같다.20)

---

18) 旺衰之理 審量生尅 輕重之名 須識向背. 三元旺地畏忌衰處好生 須臨時審其輕重 如壬申癸酉本重 壬寅癸卯本輕 却取輕重 扶持為用 始分向背之力氣. (鬼谷子 撰 / 唐 李虛中 注, 앞의 책 卷下)
19) 輕得地而可敵重衰 重無地而制之輕敗. 如土制水 則丙辰丁巳之土 能制丙子癸亥之水也 壬申癸酉之金雖重 却遇戊子己丑丙寅丁卯之火 雖金重亦受制於火 蓋火向旺金絕方也. (鬼谷子 撰 / 唐 李虛中 注, 앞의 책 卷下)
20) 各衰各旺 輕重自然. 如辛卯見癸酉 戊午見丙子 乃旺處相敵 支氣不比 却有相敵 為變化發揚也 甲寅水 見庚午辛未土力氣各衰 水土和柔 則有

위의 내용을 살펴보면 왕쇠의 판단 이외에 선후에 따른 경중의 판단도 중요한 요소로 보인다. 여기에 납음오행을 중심으로 왕쇠를 판단하는 내용이 많은 점도 눈여겨볼 대목이다.

4. 이허중과 관련한 논란

《이허중명서》는 명리학사에 중요한 위치를 점하고 있는 만큼 몇 가지 논란이 있는 전서이다. 이 논란은 이허중 명리학의 연구 분위기를 진작하고 담론을 풍부하게 하는 데 일정 부분 기여하는 측면이 있다. 한편 이 논란들은 직접적인 자료가 부족하여 발생하는 측면도 있고, 또한 이허중 시대에 대하여 고찰이나 이해가 부족한 데서 발생하는 면도 있으며, 심지어 이허중의 논리를 현대적 시각으로 재해석하는 과정에서 생기는 인식의 오차 부분도 있다. 현재까지 이허중을 포함하여 《이허중명서》와 관련한 논란으로 가위탁설(假委託說), 당사주 저작설(唐四柱著作說), 일위주론(日爲主論) 등이 있는데, 본장에서는 이에 대하여 살펴보고자 한다.

1) 《이허중명서》의 가위탁설

《이허중명서》의 가위탁설은 《사고전서·총목제요》에서 언급하고 있는 내용이다. 《이허중명서》 내 관직이나 실제 명조자를 보건대, 송대의 상황을 반영한 내용이 있다고 지적되었다. 즉 주해의 내용에 들어간 인물이나 관직명이 당대의 것이 아니라는 지적이다. 이러한 주장은 가위탁설을 뒷받침하는 의미 있

化育之道矣 餘准此. (鬼谷子 撰 / 唐 李虛中 注, 앞의 책 卷下)

는 근거임에 틀림없다.

한편《이허중명서》는 귀곡자의 원문과 이허중의 주석으로 이루어진 구조이다. 한편 주석 내용을 보면 한 사람이 작성한 내용이라기에는 선후 문맥이 맞지 않는 경우가 있다. 나아가 원문의 의미를 충분히 그리고 적확하게 주해했다고 보기 어려운 부분도 종종 발견된다. 나아가 문장의 문체나 문맥을 볼 때 주석은 한 사람이 아닌 여러 사람의 견해가 참여한 것으로 보인다.

또한《이허중명서》는 당의 사서의 예문지 목록 등에 나타나지 않으며 송대 사서 예문지에 소개되고 있다. 또한 이허중의 묘지명을 쓴 한유의 글에도《이허중명서》에 대한 언급이 없는 것으로 보인다. 이러한 일련의 상황과 근거는《이허중명서》의 가위탁설을 뒷받침해 주는 주요한 근거들이다.[21]

2) 이허중의 연월일—삼주사용설

이허중의 삼주사용설(三柱使用說)은 한유의〈이허중묘지명〉에 나오는 "以人之始生年月日所直日辰"의 해석에 기인하고 있는 것으로 보인다. '일진(日辰)'의 해석을 어떻게 하느냐에 따라 생시를 사용했는지의 여부를 결정하는 셈이다. 현대에서 의미하는 일진은 하루, 즉 1일을 의미한다. 현대에서 의미하는 일진의 의미가 당대 한유가 알고 있었던 일진의 의미와 같은 것인지는 논란의 여지가 있다. '일진'을 단지 '일'로 봐야 한다는 견해에

---

[21] 본 논문의 견해 역시《이허중명서》를 이허중 사후 또는 송대에 작성된 가위탁물로 보는 관점에 부분적으로 동의하는 입장이다. 그러나 이허중계의 명리론과 전혀 다른 명리론의 내용이라는 견해에는 조심스러운 입장이다. 이유로는《이허중명서》에만 발견되는 독창적인 명리론이 발견되고 있기 때문이며, 자평과 비자평을 포괄하여 당송대 여타 명리론과 구분되는《이허중명서》만의 특징적 명리론에 대한 심층적인 연구 결과는 추후 발표할 예정이다.

따르면 생시 없이 생년·월·일만을 사용하였다는 삼주사용설이 된다.22)

그런데 당대 한유의 〈이허중묘지명〉의 내용을 송대의 구양수도가 찬한 《증라양경서(贈羅陽卿序)》에서 재인용하여 말하기를, "韓退之稱李虛中深於五行書, 以人生年月日辰支干, 推人壽夭貴賤利不利, 先處其年時百, 不失一二."라 하였다. 구양수도가 재인용한 대목에서 눈길을 끄는 내용은 "人生年月日辰"이란 대목인데, 이 내용을 일진=일 이라는 관점으로 본다면 문장 내용은 '年+月+日辰'이 되어 어색한 구성이 되고 만다. 여기에서의 '辰'의 의미는 時를 나타낸다고 봐야 할 것으로 보인다. 그 밖에 송대의 황중원(黃仲元)이 찬한 《사여집(四如集)》 2권에 "占凡人初生年月日辰生勝衰旺窮通壽夭……"라 하였다. 구양수도나 황중원은 송대의 인물로서, 〈이허중묘지명〉을 재인용하면서 표현을 바꾸어 실은 것으로, "生年月日所值日辰"을 인용하여 "生年月日辰"으로 소개하고 있다. 한편으로 상기 송대 2인의 문집을 통하여 당송대에는 '일진'은 결국 '일과 시'로 인식하였다고 볼 수 있다. 또한 일진에 대하여 대만의 원수산은 《명리탐원》에서 "일진이란 하늘에 12진이 있으므로 하루는 12시로 나뉜다. 태양이 모진(某辰)에 이르면 모시(某時)가 된다. 그러므로 시도 또한 일진이라 한다."라고 소개하였는데, 일진이 시간의 의미를 가지고 있음에 무게를 두고 있다. 상기 언급한 송대의 재인용문들에는 '일진은 일+시'라는 의미로 쓰였고, 원수산의 저서의 주장에 따르면 '일진은 시'라는 의미로도 사용하였음을 알 수 있다.

---

22) "韓愈為作墓誌銘見於昌黎文集, 後世傳星命之學者, 皆以虛中為祖. 愈墓誌中所云, 最深五行書, 以人之始生年月日所值日辰支干 相生勝衰死王相斟酌, 推人壽夭貴賤利不利, 輒先處其年時百不失一二." 〈李虛中命書・總目提要〉(《四庫全書 / 子部》)

게다가 이허중의 학맥을 보건대, 그의 사조인 일행(一行)은
《대연력》을 지은 천문역법의 대가인데 그의 학술을 이어받았
으며, 생존 당시 성학(星學)에 해박한 지식을 가졌던 이허중이 시
를 사용하지 않았다는 점도 수긍하기 어렵다. 또한 당대 대문장
가인 한유가 "人之始生年月日所直日辰支干" 문장에 일과 일진
을 구분하지 못하고 함께 넣었을 거라는 점도 석연치 않다. 이러
한 전체적인 정황을 고려할 때 이허중은 생년·생월·생일·생
시를 모두 사용하였다고 볼 수 있다.

3) 이허중의 당사주 저작설

당사주(唐四柱)라는 용어에서 알 수 있듯이, '당(唐)대에 유행
한 사주학'이라는 의미를 담고 있다. 나아가 당사주의 원형적 모
습을 담고 있는 《일장경(一掌經)》 등에 저자를 일행선사 또는
이허중으로 소개하고 있기도 하다. 일행선사나 이허중 역시 당
대의 인물이기에 당사주와 연관성은 나름대로 일리 있는 심증
내지 가설로 보일 수 있다. "이허중이 당사주를 창안 내지 활용
했는가?"라는 질문에 분명히 여부를 말하기 어려운 점이 있는데,
이는 뒷받침할 추가적인 자료가 발견되지 않고 있기 때문이다.

그러나 현전하는 기왕의 자료, 즉 《일장경》에서 소개하는 당
사주의 명리론과 《이허중명서》에서 소개하는 명리론을 비교하
여 본다면 어느 정도 합리적 결론에 도달할 수 있다고 본다.[23]

---

[23] 《이허중명서》의 가위탁설을 인정한다면 이러한 비교 검토가 무의미
하다고 보는 견해도 있겠으나, 본인은 《이허중명서》의 명리론이 일
정 부분은 이허중계의 명리론을 담고 있다고 본다. 그리고 《이허중명
서》를 제외하고 이허중의 명리론을 짐작할 수 있거나 대체 반박하여
재구성할 수 있는 전적도 없는 실정이다. 그러므로 일정 부분은 이러
한 비교 검토는 "《이허중명서》는 이허중계의 명리론을 일정 부분
수용하고 있다"는 연구 과정상의 잠정적 가설적 결론에 의한 것임을

먼저 당사주를 살펴본다면. 이론의 구성은 12천성과 포태론이 주요 구성으로 되어 있다. 12천성은 12지지에 각각 천성을 배정하므로 당연히 12지지와 연월일시가 조합하는 정형으로 되어 있다. 여기에 천간이라는 요소는 대체로 고려하지 않는 측면이 있다. 다시 말해 당사주의 12천성의 체계에 10천간의 존재는 태세천간 외에는 중시하지 않거나 배제되고 12지지를 중심으로 살피고 있다.

한편 한유의 〈이허중묘지명〉에 나타난 "支干相生勝衰死王相斟酌"의 내용에 따르면 이허중은 천간과 지지를 반드시 고려하고 있음을 알 수 있다. 이로 보건대 이허중이 12지지를 중시하는 당사주를 창작하거나 찬저했다고 봄은 무리가 있다. 이허중의 학술은 당사주가 아닌 천간지지를 적극적으로 활용하는 명리학과 더욱 관련이 깊음을 알 수 있다.

그 밖에도 당사주와 이허중의 명리론을 별개라고 규정할 수 있는 객관적 요소로는 오행의 생극을 다루었고, 널리 알려진 일위주론의 적용 여부 등에서 뚜렷한 차이를 보이고 있다. 당사주의 이론에 오행의 생극을 적용하는 경우는 발견하기 어렵다. 또한 이허중이 창안했다고 널리 회자되는 일위주론 역시 당사주에서 발견하기 어려운 부분인데, 당사주는 생년태세의 간지를 중시하는 '연위본주'의 관점을 가지고 있다. 이러한 두 학술의 상이한 차이점을 고려할 때 이허중이 당사주를 창작했다는 가설은 인정하기 어렵다.

4) 이허중의 일위주론의 진위

이허중과 관련하여 자주 언급되는 내용이 일위주론의 창안이

밝힌다.

다. 이허중의 일위주론은 이후 서자평의 일간위주론의 창안에 직간접적으로 영향을 주었을 것으로 보인다. 이허중의 일위주론은 자평명리론에 다루는 일간위주론과 더불어 맥락과 연관을 짓는데, 명리학의 주체관점 연구와 관련하여 중요한 이론이다. 이허중의 일위주론은《이허중명서》를 살핀다면 간단한 내용이겠지만[24], 이와는 별도로 명대《삼명통회·자평설변》에서 소개하는 내용을 중심으로 '이허중일위주론'을 검토해 보고자 한다.

《삼명통회·자평설변》에서 이허중의 일위주론은 "珞琭以年 虛中以日"의 한 구절에 담겨있다. 위 구절에 등장하는 낙록자는 귀곡자와 더불어 진한 이전의 고대 명리학을 대표한다. 고대 명리학의 시기에 활동하였기로 낙록자가 년을 사용했다 함은 대체로 논란 없이 받아들여지고 있다. 한편 당대의 인물인 이허중은 일을 사용했다는 해석에서 자칫 이허중이 '생일만(only)'을 사용하였다고 볼 여지가 있기 때문이다.

실제로 이허중이 생일만을 사용했다고 보기에는 무리가 따르는데, 이허중 이전에는 생년태세를 중시하는 연위본주론이 대세였을 것으로 보인다. 그러나 이허중에 이르러 년과 일을 주체로 하는 연위본일위주의 체계를 이룩함으로써 그 후(특히 송대) 명리학은 년과 일을 참간(參看)하는 방식이 크게 유행하였다.

그러므로 연위본주의 단수의 주체관점론이 연위본일위주의 복수의 주체관점론으로 이동한 것은 이허중의 발견 발명에 따른 것이라 볼 수 있다. 다시 말해《삼명통회·자평설변》에서 말하는 이허중의 일위주론은 연위본을 바탕에 둔 상태에서의 일위주론

─────────────
[24]《이허중명서》의 가위탁설이 제기되고 있으므로《이허중명서》만으로 연구 검토하는 데에 설득력의 근본적인 한계가 있다. 그러므로 여타의 자료에 나타난 내용 중《삼명통회·자평설변》의 내용과 기왕의 연구내용을 종합하여 논거하고자 한다.

이라는 점을 인식해야 한다. 〈자평설변〉에서 소개하는 이허중의 일위주론의 진정한 의미는 연위본일위주론이라 할 수 있다.

5) 소결론

이상 이허중과 관련한 4가지 논란을 다루어 보았다. 《이허중명서》의 가위탁설은 나름의 설득력이 있다고 본다. 다음으로 이허중의 삼주사용설은 '일진=일'이라는 현대적 해석을 시도하여 생긴 오류로 보이며, '일진=시'를 말한다고 볼 때 이허중은 연월일시의 사주를 사용했었음을 알 수 있다. 그리고 이허중의 당사주 저작설은 이론구성과 체계를 중심으로 비교 검토하였을 때 이허중과 당사주 사이에 연관성이 약하며, 당사주는 이허중의 지명도를 도용한 후인의 가탁물이라 여겨진다. 마지막으로 이허중의 일위주론의 진의는 이허중의 일위주론은 연위본을 바탕에 둔 연위본일위주론 체계 하에서의 일위주론이며, 이는 이허중에 의한 독창적인 발견 발명이라 할 수 있다.

5. 맺는 말

본 논문은 이허중과 《이허중명서》를 연구하는 데 기본적인 입문개론적 성격의 글이다. 지면이나 형식 등의 한계로 깊은 내용을 다루는 데 일정부분 한계가 있었다. 이허중 사후 1,200여 년이 지났으나 이허중의 학술은 물론 그 명리학사적 지위나 가치에 비하여 후속 연구는 미미한 편이다. 또한 1,200여 년의 시간의 거리만큼이나 후속 연구를 함에 있어 그 추적은 쉽지 않은 바가 있었다. 본 논문 발표 내용 역시 긴 시간을 줄여주기에는 이허중과《이허중명서》의 모습을 소개하는 데 미흡한 면이 있다.

한편 이허중의 인물과《이허중명서》라는 전적을 통하여 당대 명학의 모습 일단을 살펴볼 수 있었고, 송대 명리학에 미친 지대한 영향을 가늠해 볼 수 있었다. 특히 서거이의 일간위주의 자평명리론을 가능하도록 하였으니 이허중의 연본일주 체계의 발명과 확립은 중요한 업적이자 명리학이론의 획기적인 사건이라 할 수 있다. 또한 이허중은 일행의 학통을 이어받았다는 점에서 당대 천문역법과 성명학(星命學)을 두루 섭렵하였던 실력파였다고 볼 수 있다.

또한 논제의 한 축인《이허중명서》의 명리론을 살펴보았을 때 납음오행의 사용, 천을귀인의 중시, 삼재삼원론, 연본일주, 태월일시의 사주, 쇠왕경중의 판단 등에서 연구가치가 높은 명리론이 다수 발견된다.

이허중과《이허중명서》에 대한 연구는 미미한 상황이지만, 지금이라도 이에 대한 연구 관심을 기울여야 한다고 본다. 이는 명리학의 역사를 자평 이전까지 영역을 확대시키는 주요한 맥락에 위치하고 있기 때문이다.《이허중명서》가 가위탁 가능성이 있다는 점에도 불구하고 이허중과《이허중명서》는 학술사적 위치는 반드시 연구 검토하여야 할 존재이다.

아울러 본 논문이 이허중의 명리론은 물론이거니와 당송대의 명리학을 연구하는 데 보탬이 되기를 바란다.

〈참고문헌〉

- (唐) 李虛中 注,《李虛中命書》
- (唐) 韓愈 撰 / (宋) 魏仲舉 編,《二五百家注韓昌黎文集》
- (宋) 歐陽守道 撰,《巽齋文集》
- (宋) 黃仲元 撰,《四如集》
- (宋) 釋曇瑩 撰,《珞琭子賦注》
- (明) 萬民英 撰,《三命通會》(臺北 武陵出判, 2002)
- (民國) 袁樹珊,《命理探原》(臺北 武陵出判, 2000)

제6장 서자평 명리학의 특성과 내용

김영희
− 공주대 역리학석사, 대전대 철학과 박사과정 수료 −

차 례

1. 서자평 명리학의 유래와 특성
   1) 서자평 명리학의 유래 · 142
   2) 서자평 명리학의 특성 · 145
2. 내용
   1) 사주(四柱)의 정의 · 147
   2) 지장간론(支藏干論) · 148
   3) 일간위주론(日干爲主論) · 149
   4) 중화론(中和論) · 152
   5) 정명론(正名論) · 153
   6) 용신(用神)과 격국론(格局論) · 155
3. 자평명리학의 문제점과 향후과제 · 159

1. 서자평 명리학의 유래와 특성

1) 서자평 명리학의 유래

명리학은 역(易)의 원리를 바탕으로 하여 자신에게 주어진 천명을 알고, 나아가서는 인간의 일생을 인식하고자 하는 인간적 욕구에 의해 파생된 학문으로서 지명지도(知命之道)라고 정의할 수 있다.

우리가 살고 있는 우주 자연계에는 천지만물을 생성하고 변역(變易)시키는 일정불변(一定不變)의 원리와 자연의 법칙이 존재하고 있으니, 이를 역(易)이라 한다. 이 역을 그대로 괘(卦)와 효(爻)로써 상징하고 그 뜻을 문자로 옮긴 것이 곧 《역경(易經)》이다. 이를 다시 천지를 상징하는 십천간(十天干)과 십이지지(十二地支)의 문자로 상형화하고, 이 천간과 지지가 차례로 배합된 육십갑자(六十甲子)를 기본으로 하여 사람이 출생한 연월일시(年月日時)의 간지(干支)에 적용한다. 그리고 육십갑자에 함축되어 있는 음양오행 원리의 법칙을 통해서 일생의 영고성쇠(榮枯盛衰)와 아울러 인사의 길흉화복을 헤아릴 수 있도록 척도화한 것이 곧 명리학의 기본원리라 할 수 있다.

자평명리학의 이론적 형성 연원은 음양오행론과 천문역법의 발달과 서양 점성학의 융합으로 형성되었다고 볼 수 있다. 음양오행론은 전국시대 추연(鄒衍)의 〈오덕종시설(五德終始說)〉을 거쳐 이후 한대(漢代) 동중서(董仲舒)의 〈재이설(災異說)〉과 〈천인감응설(天人感應說)〉, 그리고 《춘추번로(春秋繁露)》에 의한 음양오행론 체계의 완성은 명리학에 많은 영향을 미쳤으며, 왕충(王充)의 정명사상(定命思想) 정립은 명리학 이론에 초석이 되었다. 수대(隋代) 초기에는 소길(蕭吉)이 음양론과 오행론에 관한 기존의 제반 학설을 집대성한《오행대의(五行大義)》가 편찬되고, 당대(唐代)의 원천강(袁天綱)은 사람의 생년월일시를 간지로 대체하여 운명을 논하는 이론체계를 확립함으로써 명리학이 발전하는 데 중요한 역할을 하였다.

한대의 상수역(象數易) 발달에 있어서 경방(京房)의 괘기설(卦氣說)과 육친설(六親說) 등은 간지에 음양오행을 배정하여 육친끼리의 오행 생극제화를 설명하고 그 관계를 해석함으로써 명리학의 격국론(格局論)과 육친론(六親論)에 지대한 영향을 주었다. 뿐만 아니라 점치는 일진의 일간과 일지를 기준으로 삼아 점단(占斷)하는 육임학(六壬學)도 자평명리학의 일간위주론 형성에 커다란 영향을 미쳤다고 본다.

자평명리학의 시원은 전국시대까지 거슬러 올라간다.《삼명통회(三命通會)》〈자평설변(子平說辯)〉에 보면, 전국시대에 귀곡자(鬼谷子)[1]와 낙록자(珞祿子)[2]가 있었고, 이후 한의 동중서, 사마계주, 동방삭, 엄군평, 삼국시대의 관로, 동진의 곽박, 북제

---

1) 귀곡자(鬼谷子, 전국시대 ?~?) : 성명과 행적이 알려지지 않았다. 영천 양성 귀곡지방에 은둔하였기 때문에 귀곡자라고 한다. 전국시대 7국이 천하 패권을 다투던 시대에 권모술수의 외교책을 우자(優者)의 도(道)라고 주장한 종횡가이며, 소진(蘇秦)과 장의(張儀)도 그의 제자였다고 한다. 귀곡자가 찬한 원문을 당대의 이허중이 주해한《이허중명서》로 인하여 전국시대에 이미 명리이론이 존재하고 있었음을 알 수 있다.
2) 낙록자(珞祿子, 전국시대 ?~?) : 양나라의 소명태자라는 설, 주대의 세자 진소이라는 설, 남북조대의 도홍경이라는 설, 서자평이라는 설, 석담영이라는 설, 북송인이라는 설 등 여러 설들이 있다. 낙록자는 귀곡자에 비해 생몰연도에 대해서는 논란 중에 있으나, 전국시대에서 늦으면 북송시대의 인물로 보고 있다. 그러나 현재 통설로는 전국시대 인물로 보고 있다.

의 위정, 당의 원천강, 일행, 이필, 이허중과 같은 사람들은 모두 녹명술(祿命術)의 조(祖)라고 말하고 있는 것으로 보아, 현재 귀곡자와 낙록자를 시원으로 보는 것이 통설이다.

귀곡자의 《귀곡자유문》은 당대에 이허중(李虛中)이 주석하여 《이허중명서》로 편찬하였고, 낙록자의 《소식부(消息賦)》는 왕정광, 이동, 석담영이 주석을 단 《낙록자부주》와 서자평이 주석을 한 《낙록자삼명소식부주(珞祿子三命消息賦注)》가 있다.3)

명리학의 간명법에 대한 변천 과정을 살펴보면, 초창기에는 연(年)의 간지(干支)를 녹명이라 하고 이를 위주로 하여 납음오행(納音五行)과 신살(神煞)로써 명을 논하였으며, 이러한 간명법은 진한시대(秦漢時代)를 거쳐 당대의 원천강, 이허중까지 이어져 내려왔다. 오대(五代)에 이르러 서자평이 구법을 과감히 혁파하는 큰 전환이 있었는데, 곧 연월일시를 모두 함께 보면서 일간(日干)을 위주로 간명하는 일간 위주의 자평법을 탄생시키게 되었다. 이 자평법은 많은 학자들에 의하여 연구되고 전승되었으며, 송대(宋代) 중기에 이르러 서대승(徐大升)이 자평법의 학설을 집성하여 《연해자평(淵海子平)》을 편술함으로써 오늘에 이르고 있다. 《연해자평》은 서자평의 이론을 그대로 따르고 있으며, 자평학의 학문적 연원이 되는 부(賦)와 시결(詩訣)들을 담고 있다.

전국시대부터 당대에 이르기까지는 성(星)학과 명(命)학이 결합한 성명학(星命學 : 삼명학)4)으로 발전하였고, 송대에는 천문

---

3) 《사고전서·총목제요》에서는 《낙록자삼명소식부주》는 왕정광, 이동, 석담영이 주해하였고, 《낙록자부주》는 서자평이 주해하였다고 말하고 있다. 그러나 《사고전서·자부술수류(子部術數類)》에서는 《낙록자삼명소식부주》는 서자평이 주해하였고, 《낙록자부주》는 왕정광, 이동, 석담영이 주해하였다고 소개하고 있는데, 본고에서는 《사고전서·자부술수류》에 실려 있는 서명을 사용하기로 한다.

4) 성명학은 서양 점성술의 영향을 받아 오성술의 의미로 쓰이다가 시간

역법에 의한 술수가 쇠퇴하면서, 성명과 이기개념(理氣槪念)에 대한 철학적 담론체계가 유행하였다. 명리학은 유학자들에 의한 우주론적 철리(哲理)와 결합하여《낙록자부주》와《낙록자삼명소식부주》같은 명리철학과 술수를 담은 명리서들이 출현하게 되었다.

자평명리학의 창시자인 서자평은 오대 말 북송 초의 인물이다. 서자평에 대하여《삼명통회》〈자평설변〉에서 말하기를, "성은 서(徐), 이름은 거이(居易)이고, 자평(子平)은 자(字)다. 동해인으로 사척선생 봉래수라 불렀으며, 태화 서쪽 당봉동에 은거했다."[5]

서자평은《낙록자삼명소식부주》,《옥조신응진경주(玉照神應眞經注)》[6],《명통부(命通賦)》를 저술하였는데,《낙록자삼명소식부주》와《옥조신응진경주》는 서자평이 주석을 달면서 자기의 의견을 피력한 것이며, 직접 저술한《명통부》는 자평사주학의 기본적 이론을 정리시켰다.

2) 서자평 명리학의 특성

귀곡자와 낙록자 이후 이허중에 이르기까지 당대에 발달한 천문역법, 그리고 제반 술수와 함께 발전한 삼명학을 서자평은 다

이 지남에 따라 중국의 음양오행 사상에 바탕을 두어 명을 추산하는 명리학이나 추명학 또는 삼명학의 의미로 통용되었다. 본고에서는 서자평 이전의 명리학을 삼명학이라 칭한다.

5) 만민영 찬,《삼명통회》(대만 배림출판사, 1996), 528쪽.
6)《옥조신응진경》은 동진의 곽박(273~324)이 저술한 것으로 주석을 단 사람은 장옹(張顒)이며《사고전서》에 수록되어 있다.《옥조신응진경주》는 서자평이 주석을 달았으며《고금도서집성》에 수록되어 있다.《옥조신응진경》에는「사주」라는 단어가 최초로 등장하며, 항목별로 인생의 제반문제를 판단하는 내용과 방법이 기록되어 있다.

른 명리간법으로 제시하였다. 그 당시의 명리이론과 구별되는 대표적 이론들이라 할 수 있다.

첫째, 사주의 정의를 성립시켰다는 점이다. 삼명학에서는 태월일시의 사주에 연주(年柱)를 합하여 오주(五柱)로 정하였는데, 서자평은 사주는 본명(年柱), 생월, 생일, 생시라고 정의한다.

둘째, 삼원론(三元論) 중 인원에 지장간론(支藏干論)을 채용했다는 점이다. 지장간론은《낙록자삼명소식부주》와《연해자평》에 소개된 이후 명·청대로부터 근현대 명리서에까지 자평명리의 중요한 기초이론이다.

셋째, 일간위주론(日干爲主論)을 밝힌 점이다. 당대의 삼명학은 연본일주론(年本日主論)의 체계와 방대한 신살을 전후좌우로 복잡 치밀하게 사용하였는데, 자평명리학에서는 일간을 중요한 기준으로 선택하여 적용함으로써 간명(看命)하는 이론을 제시하고 있다.

넷째, 중화(中和)를 강조하고 있다.

다섯째, 정명론(正名論)이다. 정명론은 육신(六神)과 육친(六親)에 대한 설명이다. 그 당시 사회적인 배경의 영향으로 자신의 운명과 길흉화복에 관심을 갖게 되고, 사회 지배층들은 그들이 얻을 수 있는 '천하의 부귀'에 더 많은 관심을 갖게 됨에 따라 한 개인의 운명을 중심으로 하는 육신이론이다.

여섯째, 자평명리학의 핵심이라 할 수 있는 용신과 격국론을 제시하였다.

그 밖에 절기의 심천, 재관(財官)의 향배, 대운과 소운을 정하는 원리 등 여러 가지 기초이론들이 서술되어 있다.

2. 내용

자평명리학은 《낙록자삼명소식부주》, 《옥조신응진경주》와 서자평의 학맥을 이어 자평법을 집성한 서대승의 《연해자평》을 통하여 세상에 드러나게 되었다. 《낙록자삼명소식부주》는 자평명리학의 진면목이 들어있다는 점에서 중요한 의미를 가진다. 그렇다면 그 내용을 살펴보기로 한다.

1) 사주(四柱)의 정의

고대의 녹명법은 연명(年命)은 따로 적고 그 밑으로 연주의 위치에 태원(胎元)[7]을 쓰고 그 다음에 월주를 쓰고 그 다음에는 일주를 쓰고 그 다음에는 시주를 썼다. 그 당시에는 사주라고 할 때 연주 대신 태원을 넣어서 사주라고 하였다. 그리고 연주의 납음오행을 주체로 보고 태원과 월주와 일주와 시주의 순서대로 연주의 납음오행을 대입시켜 왕쇠강약을 정했다.[8] 즉 태월일시의 사주에 연주를 합하여 오주(五柱)[9]로 논명한 것으로, 삼명학에서 사용하던 태원이 사주에서 사라진 것이다. 서자평은 오주에서 사주로 이끌어 낸 시발점이 되었다.

사주로 말한다면 본명·생월·생일·생시로 네 기둥이

---

[7] 태원은 아기가 보통 10개월 만에 출산한다고 볼 때 10개월 전에 잉태될 당시의 월주(月柱)를 가리킨다.
[8] 박영창, 《한권으로 완성하는 사주학》(책만드는집, 1999), 122쪽.
[9] 년·태·월·일·시의 오주를 말하는 것으로 삼명학의 기본적인 체계이다.

된다.10)

위 내용을 보면 삼명학에서 사용하던 태원이 사라진 것을 알수 있다. 이것은 현재까지 명리학 이론에 그대로 사용되고 있다.

2) 지장간론(支藏干論)

삼명학에서는 연주의 천간을 녹(祿), 연주의 지지를 명(命), 연주의 납음오행을 신(神)이라고 하며, 이 녹명신을 삼원이라고 하였다. 당・송대 명리학 전반에 걸쳐 유행한 납음 인원 삼원론은 서자평에 의하여 새롭게 변화되었다. 서자평은 인원장간(人元藏干)11)을 수용한 삼원론12)을《낙록자삼명소식부주》에서 최초로 소개하고 있다. 내용은 다음과 같다.

> 간(干)이란 것은 생일의 천원을 말함이다. 아래의 지(支)가 무엇인지를 보아야 하니 지(支) 안에 무슨 인원이 있는지에 따라 생일 간(干)의 녹(祿)이 되기도 하고, 관(官)이 되기도 하며, 재백(財帛)이 되기도 한다.13)

위 내용을 보면 천간을 생일천원이라 하였는데, 삼원 중 천원을 천간으로 규정한 것과 동시에 운명의 주체를 말한 것으로 생일천원, 즉 일간에 의한 간명법을 함께 소개하고 있다. 인원으로

---

10) 서자평,《낙록자삼명소식부주》상권 "以四柱論之本命 生月 生日 生時 四柱也."
11) 지지에 소장된 천간을 가리키며 인원은 인간을 상징한다.
12) 삼원은《주역》의 天・地・人 삼재를 뜻하며, 명리학에 그대로 수용하여 간지론의 근간을 이루는 것을 말한다.
13) 서자평,《낙록자삼명소식부주》상권 "干者 是生日天元也 干下有何支 支內有何人元 而與生日天元爲祿或有祿印 或有財帛."

서의 지장간은《낙록자삼명소식부주》와《연해자평》에 소개된 이후 명·청대 이후 근현대 명리서에까지 자평명리의 중요 기초이론으로[14] 자리 잡았다. 지장간론은 자평명리론식의 삼원론 중 인원론을 담당하는 중요한 핵심이론이다.

지장간은 지지(地支)에 소장(所藏)된 천간을 가리킨다. 지장간은 월령(月令)의 진행과 관계가 있으므로 달이 운행하면서 각 궁(宮)을 지날 때 전월(前月)과 본월(本月) 사이에 기(氣)가 순환하게 되는 것이다.

지장간론의 원리는 지지(地支) 내의 일정한 성분의 오행이 장(藏)되어 있다는 것으로, 지지의 자묘유(子卯酉)에는 1글자씩, 인신사(寅申巳), 진술축미(辰戌丑未)에는 3글자씩, 오해(午亥)에는 2글자씩 소장되어 있다는 것을 내용으로 한다. 그러므로 가령 인(寅)의 경우 소장되어 있는 간(干), 즉 지장간 무병갑(戊丙甲)과 성분 면에서는 일치시키는 형태(寅=戊丙甲)가 된다. 이 지장간론은 지지삼합(地支三合)이나 십이포태론(十二胞胎論)과 합치하며 상호 생명력을 가지고 있다. 물론 십이포태론이나 지지삼합의 생왕묘(生旺墓)를 설명하기 위해서 지장간의 원리가 만들어졌는지, 또는 지장간의 원리가 소개된 이후 십이포태론 이나 삼합의 원리가 나왔는지를 판단할 수 있는 이론은 없지만, 그러나 서자평 이래 자평명리학에서 지장간은 인원의 중요한 근거[15]가 된다.

3) 일간위주론(日干爲主論)

삼명학에서는 출생 연주(年柱)의 천간(天干)을 녹(祿), 지지(地

---

14) 신경수,〈당·송대 명리적 삼재론과 주체관점 연구〉(원광대학교 동양대학원 석사학위 논문, 2003), 32쪽.
15) 신경수, 위 논문 33쪽.

支)를 명(命), 연주(年柱)의 납음오행을 신(身)이라 하여 일명 삼명학(三命學)이라고 하고 연주를 위주로 간명(看命)한 반면, 자평학은 일간(日干)을 위주로 간명하면서 출생 연월일시를 사주팔자로 표기하였다.

당대의 삼명학에서는 연본일주(年本日主) 개념이 널리 유행하였고, 송대에 이르러서는 서자평의 《낙록자삼명소식부주》에 의해 일위주론(日爲主論)이 처음 나타나게 되며, 《옥조신응진경》에서도 일위주론이 주를 이루고 있다.

연본일주의 간명법이 대세였던 당시에 천간위주의 명리적 방법론이 제시되어 새로운 변화의 시작을 보이게 되었다. 이러한 방법론은 소개 당시에는 주위의 주목을 받지 못했을 것으로 추측되지만, 결국 송말 서대승의 《연해자평》으로 인해 자평명리의 역사가 시작되었으며, 서자평의 이론 역시 빛을 보게 되었다.16)

일위주론은 삼명학의 연본위주론의 한 부분인 일위주론만을 지칭하는 것이다. 일위주론은 주체인 일(日)이 객체인 연월시에 작용하는 과정에서 연일, 다시 말해 본주(本主) 사이에 상호 통보의 작용이 약화되거나 혹은 완전히 일 위주로 흐르게 되는 과정을 말하는 이론이다. 일위주론은 그 세부 방법으로 일주위주와 일간위주로 구분할 수 있는데, 이것은 년과 일의 복합주체론이 일 중심의 유일주체론으로 완전히 진입하면서 나타나는 구체적인 이론들이다. 일간위주론에서 말하는 일간은 생일의 천간만을 주체로 삼는 것을 말한다.

일간위주론은 《낙록자삼명소식부주》와 《옥조신응진경》에 의하여 소개되고 《연해자평》에서 확고한 원리로 정착되어 자

---

16) 신경수, 앞의 논문 78쪽.

평명리론의 원형적 모습이 갖추어지게 되며,《적천수》,《적천수·유백온주》,《명리정종》,《삼명통회》의 자평명리서는 물론 청대와 현대명리서 모두에 널리 통용되어 왔다.《연해자평》〈논일위주〉에 보면 이때 이미 일위주는 일간위주라는 등식관계가 성립되어 있다. 한편 송(宋) 초《낙록자삼명소식부주》에 언급한 일위주론 역시 실제 내용은 일간위주법과 동일하게 사용하므로 서자평의 일위주론도 구체적으로 일간위주론임을 알 수 있다. 이후 원대를 거쳐 명대에 이르면《적천수·경도원문》,《적천수·유백온주》,《명리정종》으로 이어지는 명리론 흐름에서 일위주론은 그 세부적인 방법으로 일간위주론이 절대적 우위를 점하게 되며, 현대에 이르기까지 확고한 주체관점론으로 되어 있다.17)

가령 갑일(甲日)생인 연월일시 중에 경(庚)이 와서 신(身)을 극하는데, 을이나 묘, 사오화(巳午火)가 있으면 신(身)을 구할 수 있다. 복의 지지는 손상됨이 불가하고 화(禍)가 모인·지지는 구함이 없으면 안된다.18)

서자평의 신(身)의 개념은 일간으로 한정하고 있다. 이 점이 삼명학과 자평명리학의 특징적인 차이점 중의 하나로서 자평명리학에서 신의 개념이 삼명학의 생일이 천원을 대신하고 있다. 이렇듯 일간위주에 의한 간명법이 확립됨에 따라 천간론으로 환원하여 살피는 간명법이 주류를 차지하게 되었다. 이 이론은 일

---

17) 신경수, 앞의 논문 54~58쪽.
18) 서자평 저,《낙록자삼명소식부주》상권 "假令甲日生人 年月日時中庚來剋身 有乙或卯巳火 則能救之也 爲福之地不可被傷 禍聚之地不可無救."

간중심으로 보는 육임의 원리에 영향을 받은 것으로 보이며, 송초의 명리서에서 서자평 외에 이러한 이론을 담은 명리서가 현재 발견되거나 소개된 것이 없는 것으로 보아 당시에 서자평만의 신 명리론이었을 것이다.

4) 중화론(中和論)

중화란 사주상의 음양오행이 조화를 이루어 어느 한쪽이 지나치거나 모자람이 없고 불생부절(不生不絶)하는 상태를 의미하며, 생명력이 가장 왕성하게 활동할 수 있는 음양이기의 조화상태를 말한다.[19] 중화의 중(中)은 상대되는 양자 상호간의 왜곡되지 않은 정당한 만남을 의미하고, 화(和)는 이 양자의 만남이 상생의 화순과 조화를 이루어 생명 에너지를 유통 신장시키는 것을 의미한다. 중화의 중(中)은 상대되는 양자 상호간의 왜곡되지 않은 정당한 만남을 의미하고, 화(和)는 이 양자의 만남이 상생의 화순과 조화를 이루어 생명 에너지를 유통 신장시키는 것을 의미한다.[20] 서자평은 《옥조신응진경주》에서 "자오(子午)는 수화(水火)가 되고, 묘유(卯酉)는 금목(金木)이 되니 성해도 좋지 않고, 쇠해도 좋지 않다. 성하면 태과한 것이고, 쇠하면 불급한 것이다. 화(火)가 태과하면 열기가 성하니 너무 성하면 손실이 따르고, 수(水)를 만나면 빛을 감한다. 수(水)가 태과하면 범람하니 너무 범람하면 사방으로 흐르게 되고, 토(土)를 만나면 침체된다. 목(木)이 태과하면 번성하니 너무 번성하면 열매가 부실하고, 금(金)을 만나면 상처가 나고 끊어지게 된다. 금(金)이 태과하면 흉하니 화를 만나면 소멸한다. 토(土)가 태과하면 뉘우치고 막히니 목(木)

---

[19] 심규철, 〈명리학의 연원과 이론체계에 관한 연구〉 (한국학대학원 박사학위논문, 2002), 211쪽.
[20] 위 논문 212쪽.

을 만나면 창질이 생긴다. 그러므로 오행은 균평(均平)을 구해야 하고, 중용이 되어야 하고, 지나치게 성해도 안되고 지나치게 쇠해도 안된다."21) 이러한 오행의 강약을 판단하는 것은 명리학에 있어 중화를 중시하는 원리다. 강한 오행을 억제하고 약한 오행을 보완해서 힘의 강약을 한쪽으로 치우치지 않게 균형을 맞추는 것이다. 오행의 기운이 골고루 분포되어 있어야 원만한 삶을 살 수가 있음을 설명하고 있다.

5) 정명론(正名論)

명리학의 이론체계가 태동되기 이전에 유·불·도(儒佛道) 삼가(三家)에서는 인간의 부귀빈천과 요수(夭壽)의 양상에 관련되는 언급이나 이론체계가 존재하였다. 3가에 담겨있는 운명론의 공통점은 사람의 출생과 동시에 하늘 또는 절대법칙에 의해 이미 정해져 있다는 것이다. 왕충은 사람의 명은 출생과 동시에 정해지고, 신체로서의 형해(形骸)도 출생과 동시에 평생의 근본 모습이 정해지므로 명(命)과 형해는 바꿀 수 없는 숙명적이라는 것이다. 이를 자평명리학에서는 일간을 중심으로 해서 육신(六神)을 붙이는데, 여기서 성(星)이란 육신을 말한다. 육신에는 십신(十神)이라는 10가지 성(星)에 길흉의 성향을 보는 방법을 말하며 인생의 제반 문제를 판단한다.

갑을(甲乙)목이 유기한데 경신(庚辛)금을 만나면 관성(官星)이 되니 현달을 기약할 수 있다.22)

---

21) 서자평, 《옥조신응진경주》 "子爲水 午爲火 不可盛 亦不可衰 盛則太過 衰則不及 火太過則炎盛 盛中有失 遇水則有光 水太過則太泛 泛中有流 遇土則有遯 大凡五行 只求平均 中庸 不過盛 亦不偏衰."
22) 서자평, 《옥조신응진경주》 "如甲乙木在有氣之之 逢官尅也是."

그리고 육신을 육친(六親)에 배정한다. 육친은 나 자신과 배우자·자녀·부·모·형제 등 가족관계를 말한다. 육친은 궁(宮)과 성(星)으로 설명하는데 내용은 다음과 같다.

연(年)의 전(前) 오위(五位)로 조상을 알 수 있고, 월(月)의 후(後) 오위로 부모와 집안을 알 수 있고, 일(日)의 전 오위로 자신과 처를 알 수 있고, 시(時)의 후 오위로 자손을 알 수 있다.23)

또 하나는 육친은 일간을 기준으로 한다. 일간을 생하는 음양이 다른 신(神)인 정인(正印)이 어머니이고, 이모나 숙모는 편인(偏印)에 해당된다. 아버지는 편재(偏財)이며 동시에 애인, 첩이 된다. 아내는 정재(正財)이다. 여자인 경우는 정관(正官)이 남편이 되고, 편관은 애인, 제2의 남편이 된다. 자녀는 남자의 경우는 자신을 극하는 정, 편관이 자녀인데 일반적으로 편관이 아들이고 정관이 딸이다. 여명의 경우에는 식신과 상관이 각각 딸과 아들에 해당된다. 형제는 비견, 겁재에 해당된다.
《낙목자삼명소식부주》에서의 내용은 다음과 같다.

임인(壬寅)인은 병정(丙丁)이 처재(妻財)가 되고, 무기(戊己)는 관인(官印)이 되고, 경(庚)은 임(壬)의 모가 되고 을(乙)은 임(壬)의 자식이 된다.24)
《연해자평》에서는 정관·재성·정인·식신을 사길신(四吉

---

23) 서자평,《옥조신응진경주》 "年爲祖 月爲父母 時爲妻 時爲子息 年前五位知祖 月後五位 知父母門戶 日前五位 知己身妻妾 時後五位知子孫."
24) 서자평,《낙록자삼명소식부주》 하권 "如壬寅人要丙丁爲妻財 戊己爲官印 庚爲壬之母 乙爲壬之子."

神)이라 하고, 칠살·편인·상관·양인을 사흉신(四凶神)으로 나누었는데, 후대에 《자평진전》의 순역이론(順逆理論)에 영향을 미쳤다.

6) 용신(用神)과 격국론(格局論)

용신이란 원래 유용지신(有用之神), 곧 '쓸모있는 오행'의 준말이다. 이때 '쓸모있는 오행'은 쓰임의 대상이란 뜻이다.

용신은 사주에서 일간의 강약을 판단하고 문제를 해결해주는 사주학의 핵심이론이다. 우선 사주가 지니고 있는 문제를 찾아보고 용신이 무엇인지 가려내야 한다. 용신을 정하는 5대 원리로는, 첫째는 강약과 억부(抑扶)의 원리, 둘째는 조후(調候)의 원리, 셋째는 병약(病弱)의 원리, 넷째는 통관(通關)의 원리, 다섯째는 종왕(從旺)의 원리가 있다.[25]

강약과 억부용신은 강한 오행을 억제하고 약한 오행을 부축해서 오행의 힘이 한쪽으로 치우치지 않게 균형을 맞춘다는 의미를 가지고 있다. 병약용신은 흉신으로 작용할 때와 사주 내 많은 오행이 중화를 해칠 때에 이런 오행을 병(病)이라 하고, 제화하거나 제거하는 것을 약(藥)이라고 한다. 통관용신은 강약의 힘이 비등하게 대립하고 있을 때, 이 대립된 세력의 가운데서 서로 에너지를 소통시켜 사주 전체의 흐름이 원활하도록 하는 것이다. 조후용신 역시 사주의 균형을 맞추는 데 있다. 억부는 오행상의 강약을 조절하지만, 조후는 쉽게 설명해서 온도와 습도를 조절하는 것이다. 종왕용신은 강한 세력을 따라서 용신을 삼는 것이다.

《낙록자삼명소식부주》에 나타난 용신론은 일간의 강약을

---

[25] 윤정리, 〈옥조신응진경주에 대한 연구〉(경기대학교 국제문화대학원 석사학위논문, 2006), 29쪽.

따져서 중화를 이루어야 한다고 보고 있다. 또한 일간의 강약은 득시(得時)를 하는 것이 가장 중요하다고 보면서 지장간 이론과 월령용사(月令用事) 이론을 주장하는데, 이는 억부용신을 말한다. 《옥조신응진경주》에서는 일간을 기준으로 신강신약을 가려 억부용신을 말하고 있으며, 《명통부》와 《연해자평》에서는 일간의 강약을 가리고 육신의 길흉의 성향을 기준으로 용신을 삼고 있다.

사주상 격국론(格局論)은 정확히는 격론(格論)과 국론(局論)으로 나뉜다. 격이 사주의 골격을 뜻하는 것으로, 생김새와 모양이고 형식이며 등급이니 인격과 품격을 말한다. 국은 골격에 붙은 근육과 혈액순환의 부수된 상황을 일컫는 것으로 합국(合局)하여 짜임의 판세를 말하는 것이고, 합하면 화(化)하고 합화(合化)하면 세력은 변화한다. 합국하면 합한 세력에 따라 격을 이루는 기준에 변화가 있어서 성격(成格)하고 변격(變格)하는 데 영향이 있으므로, 따라서 격과 국은 함께 취급한다. 일반적으로 격이 지지의 천간투출(天干透出), 즉 천간과 지지의 통근이라는 종적 유대상황을 본다면, 국은 천간 또는 지지 단독의 횡적 유대상황을 보는 것이다.[26]

서자평은 일간위주의 명리간명법을 창안하였고, 격국론을 주창하면서 사주의 그릇의 크기와 운의 성패를 예언할 수 있었다.

우선 《낙록자삼명소식부주》에 나타난 격국론을 열거해 보면, 녹마동향(祿馬同鄕), 삼기위귀(三奇爲貴), 장성부덕(將星扶德), 구진득위(句陳得位), 수화기제(水火旣濟), 생시좌록(生時坐祿), 동봉염열(冬逢炎熱), 하초조상(夏草早霜), 녹유삼회(祿有三

---

26) 심규철, 앞의 논문 202쪽.

會), 재명유기(財命有氣), 건록부귀(建祿富貴), 신왕귀절(神旺鬼絶), 비천록마(飛天祿馬), 생월대록(生月帶祿), 금목성기(金木成器), 화금양정(火金兩亭), 목토비화(木土比和), 거지위복(去之爲福), 반안천록(攀鞍天祿) 등 언급된 격국 명칭들의 일부이다. 녹마동향은 임오(壬午)일주 사주를 말하는 것이고, 삼기위귀는 삼기가 있으면 귀하게 된다는 것이다. 장성부덕을 월장(月將)이 사주에 있고 일덕(日德)이 있으면 길한 것으로 보는 등, 사주 전체의 기세를 살펴서 격국을 정하였으며, 격국용신을 정함이 없이 단편적인 특징을 잡아서 사주는 해석하는 단식 판단법으로 삼명사주학 해석과 유사하다.27)

《옥조신응진경주》에 나타난 격국론을 살펴보면 팔자순양(八字純陽), 팔자순음(八字純陰), 남다북소(南多北少), 토인봉목(土人逢木), 신왕대관(身旺帶官), 목왕무의(木旺武依), 수화상상(水火相傷), 목인봉목(木人逢木), 목괘생춘(木卦生春), 세일조시(歲日朝時), 정임회패(丁壬會敗), 고목다수(孤木多水), 을경왕상(乙庚旺相), 자협합축(子夾合丑), 지지상형(地支相刑) 등 기록된 격국 명칭의 일부이다. 천간지지의 음양오행을 정하고 서로 생극합화하는 관계를 기준으로 등급과 길흉을 판단하였다.

《명통부》에 나타난 격국론을 살펴보면, 월령정관격(月令正官格), 월령정인격(月令正印格), 일록귀시격(日祿歸時格), 월령칠살격(月令七殺格), 시상편재격(時上偏財格), 삼록격(三祿格), 시봉칠살격(時逢七殺格), 상관격(傷官格), 식신격(食神格), 월령편재격(月令偏財格), 인수격(印綬格), 양인격(陽刃格), 잡기재관격(雜氣財官格), 비천록마격(飛天祿馬格), 관인격(官印格), 재관격(財官

---

27) 이용준, 〈사주학의 역사와 격국용신의 변천과정 연구〉(경기대학교 국제문화대학원 석사학위논문, 2004), 38쪽.

格), 자요사격(子搖巳格), 육음조양격(六陰朝陽格), 형합격(刑合格), 전인합록격(專印合祿格), 곡직격(曲直格), 염상격(炎上格), 종혁격(從革格), 윤하격(潤下格), 육을서귀격(六乙鼠貴格), 임기용배격(壬騎龍背格) 등이 기재되어 있으며, 이 책에서 거론하고 있는 격국은 그 이후의 격국이론에 지대한 영향을 미쳤으며, 월령을 중시하면서 격국을 정하는 것을 원칙으로 하고 있다. 또한 사주의 다른 여러 가지 요소들을 참고한 이 방법은 격국론의 기본 골격이 되어 현재에 이르고 있다. 정격(正格)과 잡격(雜格)의 격국이 대부분 완성된 것으로 보인다.

《연해자평》에 나타난 격국론을 살펴보면 대부분 서자평의 격국론과 큰 차이는 보이지 않으며, 격국의 명칭이 대부분 일치하고 있다. 단지 종격(從格)을 처음 다루고 있다는 점이다. 서자평의 격국이론은 이후 새로운 격국이론에 큰 기여를 했을 것이다. 그 밖에 대운과 소운론에 대해서도 언급하고 있다. 삼명학에서는 대운·소운·기운(氣運)을 보았는데, 자평학은 대운과 소운을 보고 기운을 보지 않았으며, 대운을 정하는 원리를 설명하고 있다. 현대 사주학 역시 서자평의 방식을 따르고 있다.[28]

태세론에 대해서는 출생한 해의 태세와 매년 돌아오는 태세를 설명하고 있으며, 매년 돌아오는 태세를 행년태세(行年太歲), 축년태세(逐年太歲), 유년세명(流年歲命)이라고 하였다. 이것은 현대에도 일년 운세를 볼 때 사용한다는 점에서 일맥상통한다.

오행의 계절별 강약론에 대해서 자평학은 사주 간지의 오행이 1년 12월에 따라 생왕휴수사하는 이치를 담고 있다. 또한 음간과 양간의 12운성이 다르게 배치되지 않고, 갑을목(甲乙木)이 동생(同生), 동사(同死), 동휴(同休), 동왕(同旺)한다고 밝히고 있다. 이 점

---

28) 이용준, 앞의 논문 38쪽.

은 현대명리학 중에서도 《적천수》가 음간과 양간이 동생동사(同生同死)한다는 입장을 취하고 있는 것에 비해서 고법(삼명법) 《이허중명서》에서는 음생양사(陰生陽死)를 주장하고 있다.[29]

서자평은 《낙록자삼명소식부주》와 《옥조신응진경주》를 통해서 이전에 볼 수 없었던 다양한 명리용어들과 개념들을 등장시킨다. 또한 사주·일간·지장간·명성(命星)·강약·육친·세운·용신·격국 등을 판단할 수 있는 원리들을 총망라시켰으며, 이러한 원리는 부귀빈천·길흉화복·직업·질병·품성·가족관계·사주의 등급 등 세부적인 이론체계를 세우는 데 많은 영향을 주었다.

3. 자평명리학의 문제점과 향후과제

자평명리학에 있어서 〈지장간론〉과 〈일간위주론〉은 독창적 이론이기는 하지만, 이론의 정당성에는 논리적 결함을 가지고 있다.

첫째, 지장간론의 유래와 근본원리에 대한 언급이 없다는 것이다. 지장간이 서자평으로부터 유래되었다고 보고 있는 것은 실제 《연해자평》에 의해서 인원장간이 구체적으로 나타나 있기 때문이다. 그러나 《이허중명서》에도 분명 지장간을 유추할 수 있는 내용이 존재하고 있다. 그러므로 지장간은 서자평의 독창적 이론이라고 할 수 없다.

둘째, 지장간은 삼재론에서 발원한 삼원론을 뜻하는 것으로 지장간은 과연 인원인가에 대한 문제이다.

---

[29] 이용준, 앞의 논문 38~39쪽.

《낙록자삼명소식부주》에서는 인원이 지장간이라는 개념을 명시하고 있기는 하지만, 실제로 인원을 지장간이라고 명기한 것은 아니다. 오히려 인원은 납음오행이라고 말하고 있다. 그러나 오늘날은 납음이 아닌 지장간으로 인원을 삼고 있으며 납음은 허황된 것으로 버리라고 한다.

그러나 천간과 지지의 변화에 따라 인원의 납음과 지장간을 살펴보면 납음은 지지가 고정되어도 천간의 변화함에 따라 인원이 변화한다. 이는 납음의 생성원리에 따라 천원과 지원이 상호 일정하게 상수적으로 결합하여 납음원리에 의해 적절하게 원리적으로 반영된 결과이다.[30] 지장간을 보면 천간이 무엇이 오든 상관없이 인원은 지지에 의해서만 미리 결정되어 존재한다. 이것은 삼재론적 인원의 관점에서 보면 모순이라 할 수 있다. 그렇다면 굳이 납음을 버릴 이유가 없어 보인다. 따라서 "인원은 지장간이다"라는 것보다 "인원은 납음이다"라는 것이 훨씬 더 역사적으로나 이치적 측면으로 보나 정당성을 갖기 때문이다. 하지만 납음과 지장간 중 어느 것이 더욱 인원에 가까운지 재검토해 봐야 할 대목이다.

서자평 이후 《연해자평》과 여러 명리서에서도 지장간론의 활용법을 소개하고 있으나, 지장간론의 유래나 근원적 원리에 대한 내용을 다루지 않고 있다는 것은 심각한 문제가 아닐 수 없다. 이 부분은 근거원리가 반드시 제시되어야 할 점이다.

이 밖에 지장간과 월률분야장간(月律分野藏干)의 구분도 애매모호하여 어떤 규정을 따라야 하는지도 서자평이나 《연해자평》에서도 원리를 밝히지 않아 오래 전부터 혼돈을 가져오고 있다.

---

[30] 신경수, 앞의 논문 105~106쪽.

셋째, 일간위주론의 정당성을 발견하기 어렵다는 것이다. 단지 육임의 원리에 영향을 받은 것으로 추측해 볼 뿐이다. 명리학은 간명기술로써만 아니라 삼재사상, 인본주의, 천인감응론, 천문역법 등의 유구한 동양의 제반 학문과 주제에 대해서 철학적 이해와 사유체제를 갖추고 있음에도 불구하고 일간위주로 운명주체를 결정하는데, 생일천간만이 그에 해당되고 생일지지, 생일의 인원은 해당사항이 없다는 것에 대하여 이론적 근거를 밝히지 못하고 있다.

일간위주론에 대하여 후대 명리서들이 소개하는 내용을 보면 "이전의 번거로움을 보다 간편하게 하는 데 서자평의 일간위주론이 기여했다."는 대목 등이 자주 언급되고 있는데, 적어도 서자평의 일간위주론은 술수적 편의성만을 강조한 이론일 가능성이 있다. 물론 술수적 편의성이 가지는 가치를 비판만 할 수는 없지만, 명리학을 철학과 술수가 함께하는 학문체계라고 본다면 술수만을 강조해서는 안 된다. 이론적 근본원리의 미비점으로 인하여, 결과적으로 자평명리식의 일간위주법에 오류와 모순을 초래할 수밖에 없다.

이러한 이유로 수많은 현대명리서에서 명리철학은 도외시되고 명리술수를 위한 다양하고 지엽적인 이론들만이 자리 잡는 원인이 되고 있는 것이다. 나아가 명리론이 많은 분파를 만들어 내고 근거가 불분명한 이론들이 등장하는 현상이 벌어지고 있다. 더욱 문제가 되는 것은 이러한 알맹이 없는 명리이론들의 정오(正誤)를 규명할 수 있는 어떤 상위 개념의 이론이 없다는 점이다. 이는 서자평 이론을 포함하여 자평명리론이 술수적 효용성만을 강조한다면 앞으로는 명리철학적 당위성을 보장받을 수는 없을 것이다.

따라서 일간위주론에 대해 정확하고 심도 있는 근원적 원리가 규명되어야 할 것이다.

〈참고문헌〉

- 동중서,《춘추번로》
- 왕충,《논형》
- 이허중,《이허중명서》
- 서자평,《낙록자삼명소식부주》
- 서자평,《옥조신응진경주》
- 서자평,《명통부》
- 서승,《연해자평》
- 소길 저 / 김수길・윤상철 공역,《오행대의》(대유학당, 1998)
- 서승,《연해자평》(대북, 무릉출판유한공사, 2002)
- 서승 저 / 오청식 역,《연해자평》(대유학당, 2008)
- 만민영 찬,《삼명통회》(대만, 배림출판사, 1996)
- 최국봉,《삼명통신》(온북스, 2009)
- 수내청 저 / 유경로 역편,《중국의 천문학》(전파과학사, 1985)
- 이문규,《고대 중국인이 바라본 하늘의 세계》(문학과 지성, 2000)
- 나카야마 시게루・이은성 역,《점성술》(현대과학신서, 1979)
- 고회민・신하령・김태완 옮김,《상수역학》(신지서원, 1994)
- 김광일・박영창,《한 권으로 완성하는 사주학》(책만드는집, 2001)
- 문재곤,〈한대역학연구〉(고려대학교 박사학위논문, 1990)
- 〈《논형》에 나타난 왕충의 자연관〉(《한국과학사학회지》제15권, 제2호, 1993)
- 심규철,〈명리학의 연원과 이론체계에 관한 연구〉(한국학대학원 박사학위논문, 2002)
- 정연미,〈서자평《낙록자삼명소식부주》의 명리학사적 연구〉(원광대학교 동양학대학원 석사학위논문, 2003)
- 신경수,〈당・송대 명리적 삼재론과 주체관점 연구〉(원광대학교 동양학대학원 석사학위논문, 2003)

- 이용준, 〈사주학의 역사와 격국용신의 변천과정 연구〉(경기대학교 국제문화대학원 석사학위논문, 2004)
- 김만태, 〈명리학의 한국적 수용 및 발전과정에 관한 연구〉(원광대학교 동양학대학원 석사학위논문, 2005)
- 윤정리, 〈옥조신응진경주에 대한 연구〉(경기대학교 국제문화대학원 석사학위논문, 2006)

제7장 유백온 명리학의 특성과 내용

이시윤[1]
-공주대 역리학석사, 대전대학교 철학과 박사과정-

차 례

1. 유래와 특성
    1) 유래 · 166
    2) 《적천수》의 특징 · 170
2. 《적천수》의 기본구조
    1) 통신론(通神論) · 180
    2) 육친론(六親論) · 185
3. 결론 · 187

---

[1] 대전대학교 대학원 철학과 박사과정 : 본 논고는 이옥선(시윤),「劉伯溫의 명리학에 관한 연구-《적천수》를 중심으로-」(공주대학교 대학원 역리학과 석사학위논문, 2008)을 요약 정리하였음.

1. 유래와 특성

1) 유래

유백온(劉伯溫, 1311~1375)[2]은 명대(明代)의 사람이다. 이름은 기(基), 호는 청전(靑田)이며, 자(字)는 백온(伯溫), 시호는 문성(文成)으로, 봉해진 작위가 성의백(誠意伯)이다. 절강성(浙江省) 청전(靑田)[3] 사람으로 집안은 가난했으나 영예로운 가문에서 태어났다.

유백온은 일찍이 정복(鄭復)을 따라 처음부터 이학(理學)을 배웠고, 원(元)나라 지순(至順) 연간(1330~1333)에 진사로 천거되었다. 문종(文宗) 때 진사과[4]에 합격했으며, 고안현승(高安縣丞), 강절유학부제거(江浙儒學副提擧) 등의 관직을 지냈다.

그는 명나라를 세운 태조 주원장의 일등공신이자, 천문(天文)과 술법(術法) 및 병법(兵法) 등에도 능한 책사(策士)였을 뿐만 아니라 경학(經學)에도 정통한 유교학자이기도 하였다. 또한 송렴

---

2) 성의선생(誠意先生)은 중국 원(元)나라 말엽과 명(明)나라 초기에 살았던 유기(劉基)를 말한다. 성의(誠意)는 명나라가 건국 뒤에 성의백(誠意伯)이란 관직을 봉한 데서 나온 말이다. 원나라 무종(無終) 지대(至大) 4년에 태어나 명나라 태조 홍무(洪武) 8년(1775년)에 죽었다.

3) 지금의 영가현(永袈懸)을 말함.

4) 진사(進士) : 원래 중국 수(隋)나라에서 비롯되어 당나라 때는 수재(秀才 : 정치학)・명경(明經 : 儒學)보다 특히 진사(문학)가 존중되어 유명한 인물이 많이 나왔다. 고려에서도 958년(광종 9년) 과거제도를 시행하면서 1차시험에 합격한 자를 상공(上貢 : 중앙)진사・향공(鄕貢 : 지방)진사・빈공(賓貢 : 외국인)진사라 하였고, 2차시험인 국자감시(國子監試)에 합격한 자를 진사라 하였는데, 이들의 시험과목은 시(詩)・부(賦)・송(頌) 및 시무책(時務策) 등이었다. (《네이버 백과사전》)

(宋濂, 1310~1381)5), 왕위(王褘), 방효유(方孝孺)6)와 함께 명나라 4대 작가로서 명대 산문(散文)의 발전에 새로운 방향을 개척한 문학가이기도 하다.7)

명나라 건국 후 그 공을 인정받아 어사중승(御使中丞) 및 홍문관학사(弘文館學士)에 임명되고, 진(晉) 봉읍지(封邑地)의 성의백에 봉해졌다. 위(魏)나라를 정벌한 영웅으로 특별하게 인정하여 주원장은 즉시 다른 사람에게 유백온을 '나의 자방'(子房 : 張良)이라 불렀다. 서촉(西蜀)의 조천택(趙天澤)은 강호 방외인물의 우두머리로 유백온을 삼국시대의 제갈량(諸葛亮, 181~234)만이 비교될 인물로 칭찬하였다.

그 후에 유백온의 정치적 세력이 약화되고 호유용(胡惟庸)이 우승상에 올라 마침내 유기에 대한 주원장의 총애가 사라졌음을

---

5) 중국 명나라 때 심학자(心學者)로서 자는 경렴(景濂)이고 호는 잠계(潛溪)이며, 금화(金華) 사람이다. 원(元)나라 말기에는 은거하면서 저서를 남겼으나 명나라 태조가 초빙하여 창업공신이 되었다. 한림학사(翰林學士), 지제고(知制誥) 등을 역임하였다. 후에 장손(長孫)의 죄에 연루되어 무주(茂州)로 귀양 가다가 병사하였다. 그는 심(心)은 모든 것을 구비한 이(理)라고 하고, 성인의 일신(一身)을 모두 이(理)라고 하였다. 저서에 《송학사전집(宋學士全集)》, 《원사(元史)》, 《용문자(龍門子)》, 《포양인물기(浦陽人物記)》, 《편해류편(篇海類編)》 등이 있다. 金勝東, 《易思想辭典》(부산대학교 출판부, 1998), 635쪽.

6) 중국 원말(元末) 명초(明初) 때 학자. 자는 희직(希直)·희고(希古). 사람들은 정학선생(正學先生)이라 불렀다. 영해(領海, 자금성) 사람. 송의 염학(濂學)을 따랐다. 한중교수, 한림원시강, 시강학사(侍講學士)를 지냈고 일찍이 태조실록(太祖實錄)을 찬수하는 데 주지를 맡았다. 뒤에 주체(朱棣, 명 성조)의 책형으로 거리에서 죽었다 그는 왕도 태평세를 위해서는 정(政)·교(敎)·예(禮)·악(樂)·형벌(刑罰)이 있어야 하는데, 지금은 형벌 하나만 남았으니, 그 다스림의 공이 옛날에 버금가도록 하고자 하지만 어찌 가능하겠는가 하고 《잡시(雜詩)》에 안타까움을 표현했다. 저서로는 《손지재집(遜志齋集)》이 있다. 金勝東, 《易思想辭典》 413쪽.

7) 지세화 편저, 《이야기 중국사 下》(일빛, 2002), 153쪽.

알고 호의를 가장하여 의사에게 독약처방을 하여 병문안을 가서 유기를 독살하였다. 1375년 유기는 귀향하여 65세의 나이로 세상을 떠났다. 혹자는 독약 처방이 주원장의 암시를 받았거나 묵계를 얻었다고 말하고 있다.8)

　후대 사람들은 유백온을 문학적 측면과 정치적 측면 두 가지 면에서 평가하고 있다. 그는 중국 지식인의 전형적인 인생길을 걸었으며, 그 최고의 인생법칙은 삼불후(三不朽)인 입덕(立德)·입공(立功)·입언(立言)이다. 그 덕(德)은 공을 세우고 은퇴하는 것이고, 공(功)은 개국공신이며, 언(言)은 후세에 문장을 전하니, 세 가지를 비교해 볼 때 입언이 매우 두드러졌다. 그는 천하를 구제하였고, 궁구한 자신에게 최선을 다하였다. 그가 지은 문장은 대부분 제자백가나 경사(經史)를 기초로 했다. 오히려 문학적 평가보다는 정치적으로 주원장을 도와 명나라를 세운 공신으로 더 많은 비중을 두고 있다.

　유백온은 어려서부터 총명하고 책 읽기를 좋아하며, 천문·기상·역법·군사 등 다양한 분야에 정통했다. 시풍(詩風)은 질박하고 웅장했으며, 산문에도 뛰어나 원나라 말기 사회의 여러 가지 모순과 부조리를 풍자한 글을 많이 썼다. 그리고 명나라 4대 작가로서 알려지고 있어 그의 문학적 평가를 짐작할 수 있다.

　유백온의　저서로는 《욱리자》9)4권, 《복부집(覆瓿集)》10권, 《사정집(寫情集)》2권, 《춘추명경(春秋明經)》2권, 《이미공집(犁眉公集)》2권이 있다. 명나라 성화(成華) 연간에 이 모두를 합

---

8) 지세화 편저, 《이야기 중국사 下》 160쪽.
9) 유백온이 47세 때 저술한 작품으로 원말 사회현실에 대한 폐해와 폭로, 통치에 대한 질책, 그리고 백성의 고통에 대한 동경을 잘 나타내고 있다. 《장자(莊子)》로 대표하는 중국 우언(寓言)의 전통을 이은 우언체 산문집이다.

쳐서 1권이 되었다. 《백전기략(百戰奇略)》10)은 최근에 유통되고 있는 목판본 《무경총요(武經恖要)》, 역사 예언서인 《유백온소병가(劉伯溫燒餠歌)》11), 추배도(推背圖)12)가 있다.

유백온은 신기한 지략을 선보였던 제갈량과 어느 정도 닮았고, 그가 가진 신비감 때문인지 선견지명의 재능도 갖춘 것 같다. 유백온은 제갈량과 그의 스승들을 학문적으로나 사상 면에서 거울로 삼았다. 그 근거로는 유백온이 제갈량의 풍수책인 《감여비급기서 정종삼원지리비결(堪與秘笈寄書 正宗三元地理秘訣)》13)과 병법과 용병술에 관한 책으로 최근 발견된 《금함기문둔갑전서(金函奇門遁甲全書)》도 제갈량이 저술하고 유백온이 편집한 것으로 되어 있다.

현재 대표적 명리서적으로 알려진 《적천수》는 유백온의 저서로 명사예문지14)에 《삼명기담 적천수》로 되어 있으며, 또한

---

10) 《백전기략(百戰奇略)》은 날짜나 진술, 그리고 장수가 행할 행동과 용병의 묘법을 적은 책이다. 저작의 시기는 최근에 유통되는 것으로 목판본 《무경총요(武經恖要)》가 있다. 그의 저서는 대부분 《사고전서 제요》에 기록되어 있다.
11) 중국 이후 역사예언서로 근대의 신해혁명과 항일전쟁 등을 모두 예언한 책이다.
12) 추배도에 관한 기록 중 가장 오래된 것은 원나라 순제(順帝) 지정(至正) 6년 1346년 《송사(宋史)》〈예문지〉지천 159에 나온다. 추배도는 당나라 정관 연간 사천감 직에 있던 이순풍(李淳風)과 은사(隱士) 원천강(袁天罡)이 함께 그려낸 도참(圖讖), 즉 장차의 길흉을 기록한 책이다. 당초부터 시작하여 지금까지, 그리고 중국의 미래까지 한대(漢代)에 발생한 대사에 대하여 예언하였다. 유백온이 천부적인 소질로 천기벽에서 추배도를 읽어서 그 하늘의 뜻에 좇아서 추배도를 읽어 세상에 전해졌다. (渚葛眞人 編著, 天師 劉伯溫, 望遠出版社, 2002), 87쪽.
13) 제갈량 / 劉伯溫 편저, 《堪與秘笈寄書 正宗三元地理秘訣》(喜年來出版社, 1996)
14) 《명사(明史)》98권 중 八 지(志), 7권 지제(志第), 74 예문 3. (중화서국) 2443쪽.

그의 이름은 강희시절 천경단의 목경《명리수지 적천수》, 기문둔갑인《금함기문둔갑전서(金函奇門遁甲全書)》, 풍수서로《감여비급기서 정종삼원지리비결(堪輿秘笈寄書 正宗三元地理秘訣)》, 육효서인《황금책 천금부》등 다양한 분야에 언급되고 있어 역리학 분야에 깊이 관련되어 있음을 알 수 있다. 유백온의 많은 저서들 중 본 논고에서는 명리서인《적천수》의 특성과 내용에 초점을 맞추면서 그의 사상적인 측면을 간략하게 소개하고자 한다.

2)《적천수》의 특징

《적천수》는《연해자평》보다 뒷시대의 것이나,《적천수》가《연해자평》과 약간 다른 육친론을 주장하고 있는데, 이것은 경방역(京房易)》의 영향을 받아《연해자평》과 다른 육친론을 주장한 측면도 나타나고 있다.《적천수》에 나타나는 육친론의 의미는《적천수》가《주역》의 영향과《경방역전》의 영향을 받아 통신론과 육친론으로 구별했으며, 육친론은 마치《주역》하경의 형이상학적인 설명을 하듯이, 여기서도 이와 같은 맥락으로 되어 있음을 볼 수 있다.

《주역》의〈계사전〉전반부는 역리(易理)를 서술하고 있으며, 후반부에는 점사(占辭)와 의리(義理)의 상관관계를 전개함과 같이《적천수》는〈통신론〉에서 추명(推命)의 원리를 서술하고〈통신론〉에서 용사의 응용(應用)이 되는 명리를 서술하였다.〈단전〉에서 64괘를 해석하여 체(體)로 삼았듯이,《적천수》도 나누기에 따라 64장(章)으로 구분하여 체(體)로 삼을 수 있다.

《적천수》는 음양오행의 생극제화로 명(命)의 이치를 보며, 격국론(格局論)과 신살론(神煞論)을 배제한 것이 특징이다. 가장 강조하는 것은 중화 억부론(中和 抑扶論)으로 이는 《중용(中庸)》의 이치에서 가장 많이 설명하고 있다.

중용은 어느 것에도 치우치지 않고 음양오행의 조화를 이룬 것과 같다. 지나치거나 모자람이 없이 모두 천성·도덕·학문·교육 간의 관계를 말한 것이다. 기쁨과 슬픔을 아직 드러내지 않은 정적인 모습, 곧 정(情)이 나타내지 아니한 상태의 '속'의 상태를 중(中)이라 하고, 모두 나타나서 절도 있게 된 상태를 화(和)라 하며, 중이란 천하의 뿌리이고, 화란 천하와 통하는 도리다. 중과 화를 이루면 만물이 제자리로 돌아가 제대로 길러지는 조화(造化)의 원리와 통한다. 《중용》에 있어 사람의 성품은 착하므로, 그 본성을 자각하도록 교도함으로써 성실한 사람이 되도록 해야 한다.

《적천수》는 명리의 3대 보전(寶典)으로 그 속에는 일관된 철학이 깔려 있고, 표현 방법은 처음과 끝이 노래로 연결되듯이 미문(美文)이라는 점과 통변(通辯)을 익혀 아무리 갈래를 쳐도 결국 도달하는 곳은 《적천수》 한 구절이다. 또한 《적천수》는 마의상법(麻衣相法)이나 기문둔갑(奇門遁甲)에 이용해도 무리 없이 연결이 되며, 이러한 특징으로 인해 그것은 결국 술(術)보다는 학(學)에 가깝다고 볼 수 있다.[15]

① 신살론(神煞論) 배제(排除)

예부터 전래되어 명리(命理)에 적용되는 신살(神煞)은 무려 180여 가지나 된다. 그러나 자세히 말하면 이 신살은 모두 명리학에서 자생된 것이 아니라, 역리학 전반에 걸쳐 여러 분야의 학설에서 만들어진 것이다.

---

[15] 나영훈, 《이회 적천수》 (봉성기획, 2001), 19쪽.

그 신살은 성명학(星命學)에서 파생된 것이지만 그 기원은 명확하지 않으며, 어떤 명식(命式)이라도 열 개쯤은 해당이 된다. 신살을 보는 방법 역시 기준이 애매하여 연주(年主)를 중심으로 하고, 또 어떤 것은 일주(日主)를 중심으로 하다 보니 어느 기준에 맞추어야 할지 혼란이 온다.16) 자평학 이전에 연(年)을 중심으로 사주를 보았고, 서자평 이후 일주를 중심으로 보다 보니 이것 역시 명확한 근거 제시가 힘들다. 이렇듯 많은 신살들을 적용하다 보면 신(神)과 살(煞)이 겹치는 경우도 많이 있다. 사주간명에 있어 어느 것을 기준으로 해야 하는지 혼란이 온다.

근대명리학의 선각자인 중국 명대의 서자평은 납음과 신살에 의한 고법(古法), 즉 성가법(星家法)을 전부 버리고 오행의 생극(生剋)·부억(扶抑)·화합(化合)과 통변성의 희기구구(喜忌救仇), 그리고 지지(地支)에 있어 음양오행의 형충(刑冲)·회합(會合) 방법을 취했다.

《적천수》는 아예 신살을 완전히 배제하고 어디까지나 음양오행이 지닌 생극제화(生克制化)에 의해 기(氣)의 왕쇠(旺衰)를 따라 희기(喜忌)를 논했다. 그럼에도 불구하고 180여 개나 되는 신살은 기문둔갑·육효·자미두수·육임·당사주 등에 모두 적용하여 쓰고 있다. 그리고 현대에도 신살을 모두 배격한 것은 아니고 명리학에서도 2, 30여 가지는 쓰이고 있는 실정이다.

《적천수》에 나오는 유백온의 글 중에 이기에 대한 이기론과 왕상휴수론만 알면 진퇴를 알 수 있다고 한다. 또한 《적천수》는 현재 역학가들이 많이 쓰고 있는 포태법, 즉 십이운성(十二運星) 또한 사주를 간명할 때 쓰지 말라는 내용도 있다.

---

16) 신살을 보는 방법도 세 가지나 전해 내려오고 있다. 첫째, 천간에서 천간을 보는 법, 둘째, 천간에서 지지를 보는 법, 셋째, 지지에서 지지를 보는 법 등이다.

② **음양오행의 생극제화**(生剋制化)

주돈이(周敦頤)가 태극도설 첫 구절에 무극이 태극이라 하였다. 주돈이는 무극을 태극의 근원으로 보았는데, 이는 도가의 영향을 받은 것이다. 그는 무극에서 태극이 나오고, 태극에서 음양이 나오고, 음양에서 오행이 나오고, 오행에서 만물이 나온다고 하였다.[17]

음양은 만물을 낳는 우주의 두 가지 기본적인 원소이자, 이 두 가지 원소의 법칙적인 변화 활동으로부터 형성된 우주창조의 대원칙으로서 대규범인 것이다. 아울러 인생과 만물 속에 편입되어 관주(貫珠)된 인생과 만물의 성명(性命)으로 인식함으로써 음양 관념이 그 발전을 완성하게 된다.

북극점을 중심으로 하늘에서 일어나는 기상현상과 일월성신을 통해 연구한 것이 천(天)·지(地)·인(人)으로, 그것이 천문·지리·인사 분야의 학문으로 거듭하여 발전해 왔다. 인사의 학문 중 《적천수》는 음양오행의 변화를 통해 명(命)의 이치를 추구하는 것이 특징이라고 할 수 있다. 하늘에서 일어나는 것들의 형체가 없기 때문에 상(象)이나 기(氣)로 나타난다. 고대인들은 직접 사용하던 물건이나 마주치는 별자리들을 계절과 연관하여 농사를 짓기 위한 수단으로 사용하면서 천문현상이 인간사에 영향을 미친다는 사실을 경험상 알게 되었고, 이것이 성명학(星命學)의 시초가 되었다.

《적천수》에서는 음양과 오행의 생극제화이론에 입각하여 사주를 상생상극설로써 간명하고 있다. 예를 들어, 일간을 목(木)으로 보면 목생화(木生火)하면 목(木)은 화(火)를 생(生)해 주므로 설기를 당해 약해지고, 화는 목의 생조(生助)를 받아 강해진다. 목극토(木剋土)하면 목(木)은 토(土)를 극(剋)하니, 힘이 빠지고 토

---

17) "五行一陰陽也 陰陽一太極也 太極本無極也."

는 극을 받아 파괴된다. 목과 목은 오행이 같으니, 생도 극도 하지 않고 서로 부조(扶助)하여 왕(旺)해진다.

이와 같이 음양과 오행의 원리는 사주추명학의 기초가 됨과 아울러 그 왕쇠변동지리(旺衰變動之理)는 무궁무진(無窮無盡)한 것으로 변통지법의 오묘한 이치를 세찰(細察)하면 강해가 불갈(不渴)함과 같고 천지가 무궁(無窮)하다. 오행의 성품은 살아서 움직이는 것들을 바탕으로 그 기운의 성품을 논하였다.

③ 체용론(體用論 : 格局論)

오행의 기가 모두 모이는 것을 형을 이룬다고 말한다. 즉 같은 소리를 내는 무리와 같은 기를 받은 무리는 서로 잘 찾아 화합한다. 형기를 논하는 것은 동기감응으로 볼 수 있다. 물은 낮고 축축한 곳으로 흐르고, 불은 높은 곳으로 타들어간다. 천지음양(天地陰陽)의 기(氣)를 감(感)하여 모(母)로부터 형(形)을 받으며, 오행(五行)이 완전하기 때문에 사람을 만물의 영장이라 칭한다.

공자와 맹자가 명을 논한 것은 인간의 길은 먼저 수신제가의 길을 가르치고 인격을 향상시켜 운명의 행로를 알아 풍파와 암초를 피하여 안심입명(安心立命)을 기초로 하는 길임을 말한다. 사주팔자의 오기오행(五氣五行)의 형상을 먼저 파악함을 이르는 것이다.

《횡거역설(橫渠易說)》 18)에서 횡거(橫渠)선생은 "형(形)이란

---

18) 《횡거역설(橫渠易說)》: 횡거선생은 중국 송(宋)나라 때의 학자 장재(張載, 1020~1077)가 횡거진(橫渠鎭) 출신이었기 때문에 붙여진 이름으로, 그가 찬한 《주역》의 주해서 3권을 말한다. 《송사》〈예문지〉에는 10권이라고 되어 있으나 현존본 상권 1권, 하권 1권과 계사 이하 〈잡괘〉까지를 수록한 1권이 있고, 끝에 총론이 붙어 있다. 정이(程頤, 1033~1107)의 《역전》에 비해 간단한 체제로 구성되어 있으므로 간혹 설명이 빠진 곳이 있으나 《역전》에 도달하지 못한 점을 드

볼 수 없는 것이고, 상(象)이란 강유(剛柔), 동정(動靜) 등의 성능을 가리킨다."고 하였다.

《주역》〈계사전〉에, "역이란 상이며 상이란 형상을 본뜬 것이다." 이것은 상을 떠나서 역을 말할 수 없으며, 상은 두 가지를 가리킨다. 하나는 괘상으로서, 팔괘가 취한 상은 하늘(天)·땅(地)·바람(風)·우레(雷)·물(水)·불(火)·산(山)·못(澤) 등이다. 여기서 손(巽)과 진(震)은 상이며 나머지는 형으로 구분하였다. 즉 바람(巽)과 벼락(震)은 그 형체가 없고 하늘(乾)·연못(兌)·불(離)·물(坎)·산(艮)·땅(坤)은 형이 있다고 말할 수 있다. 이것은 상과 형은 비슷하면서도 다르며, 오감을 통해서 느낄 수 있으면 형이고 감각에 익숙하면 상이라 할 수 있다.

팔격에 들지 않으면 상이 나와야 한다. 양기상격을 이르는 말이다. 형기에서 상을 이루려면 오행은 두 기(氣)를 가지고 있어야 한다. 형상을 총괄하여 보면 일종의 격국용신(格局用神)이라 할 수 있다. 첫째, 간합(干合)하여 진화(眞化)하는 것을 화격(化格), 생일 지지가 동일한 오행은 곡직(曲直), 종혁(從革) 등의 오국(五局)과 같이 사주가 서로 모여 일위(一位) 오행된 것이다. 둘째, 형상은 사주가 2기, 3기만 된 것으로 양신성상(兩神成象)이라고 한다. 셋째, 방상(方象)이란 인묘진동방(寅卯辰東方), 해묘미삼합목국(亥卯未三合木局) 등을 말하며, 이것을 방국(方局)이라 하고 해묘미삼합목국은 삼합해서 국을 이룬다고 한다. 넷째, 기세(氣勢)로 이룬 것을 종살(從殺)·종재(從財)·종관(從官)·종아(從兒)라 한다. 다섯째, 암충격(暗沖格)으로 사주에 용신될 기세가 없고, 지지에 동일한 오행이 있으며 충동(沖動)해서 용신을 취하는 것

러내고 있는 곳이 적지 않다. 후에 그는 이 책을 근거로 그의 대표적 저술인《정몽(正夢)》을 지어 송학(宋學)의 결실에 크게 기여하였다.《사고전서》에 실려 있다. 金勝東,《易思想辭典》1578쪽.

을 말하며, 이것을 암격(暗格)이라 말하고 암신(暗神)을 용신으로 말한다. 여섯째, 암합(暗合)으로 앞에서와 같이 암합해서 건록이 되거나 혹은 정관으로 용신 취용법으로 참된 용신을 얻어야 한다.19)

팔격20)이란 정재·편재·정관·편관·정인·편인·식신·상관을 말한다. 형상기국(形象氣局)은 큰 흐름을 말하니 하나의 사주를 보아 형상(形象)이나 방국(方局)이 있으면 이를 논명(論命)하는 것이다. 팔격은 작은 흐름이니 하나의 형상기국이 보이지 않을 때 월지(月地)를 중심으로 사주의 조화를 논명하는 것이다. 많은 학설에서 변하지 않은 대요는 일원(日元)이 월령(月令)에 있는 것이 천간에 투출되어 있는 것을 보고 그것을 사령(司令)으로 하여 진가 여부를 파악한 후에 용신을 취하되 사주의 청탁을 구분해야 한다는 것이다. 기초적이고 중요한 논명의 순리적 대요(大要)이다.21)

《적천수》에서는 구체적으로 격국의 복잡한 이론 전개는 하지 않았으며 내재된 원리 위주로 설명하였다. 격국의 이름이 같다고 해서 용신이 같을 수 없다. 같은 월령의 격이라도 오행에 따라 사시의 희기에 따라 성정이 조금씩 다르며 그 용신 또한 다르기 때문이다. 《적천수》의 격국론이 영향을 미친 것은 《자평진전(子平眞詮)》이다. 《적천수》는 변격(變格)을 논한 것이고, 《자평진전》은 정격(正格)의 이치를 설명하였다. 명리학의 기초이론과 격국을 가장 체계적으로 설명하고 있다.

---

19) 阿附泰山, 《滴天髓秘解》上 (三元文化社, 1998), 197쪽.
20) 八格, 財官印綬分偏正 兼論食神八格定 影響遙繫旣爲虛 雜氣財官不可拘 官殺相混須細論 殺有可混 不可混 傷官見官最難辨 官有可見不可見. 徐樂吾補註, 《滴天髓補註》(臺灣 瑞成書局印行, 1979), 13쪽.
21) 나영훈, 《이회 적천수》 288쪽.

《자평진전》 서문에 서락오(徐樂吾)는 이렇게 논하고 있다. 《적천수》는 체와 용을 모두 포괄하는 넓은 의미를 내포하고 있다. 명리학의 3대 텍스트로서 《적천수》, 《자평진전》, 《궁통보감》을 들 수 있는데, 《궁통보감》은 조후로서 때의 용과 용(用)의 체(體) 개념으로 시간의 변수를 넣었으며, 《자평진전》은 격국의 원국 자체에 국한된 체의 체용 개념으로 볼 수 있으며, 《적천수》는 '용의 체'·'용의 용'의 단계를 포괄하는 것이며, 사물의 변화를 억부(抑扶) 체계에 근거하여 설명하고 있다.

2. 《적천수》의 기본구조

적천수의 최초의 언급은 명사 예문지(藝文志)의 기록에 보이는 바 《삼명기담적천수(三命奇談適天髓)》로 되어 있으며, 그 원문이 실전되어 오늘날 전해지는 《적천수》인지는 알 수 없다. 현재 전해지는 《적천수집요(滴天髓輯要)》에는 유백온 저(著)로 되어 있으나, 《적천수》의 원문에 '원주(原註)'라고 되어 있는 점을 보면, 유백온이 자신이 책을 쓰고 다시 주를 단다는 것에 의문이 든다. 다른 사람의 글을 자신이 적으면서 주를 넣었을 수도 있으나, 적천수가 유백온의 글이 아닐 수도 있다.

진소암(陳素庵)[22]이 《적천수집요》에서 언급한 말이다.

"《적천수》는 어느 사주팔자를 아는 사람이 지었는데, 유백온의 이름을 빌렸을 가능성이 있다. 그 책의 간지에 대한 뜻을 보면 음양의 변화에 통하고 격국(格局)에 구애

---

22) 진소암(陳素庵) : 청(淸)대 1658년 2월 15일 출생. 《명리약언》, 《적천수집요》 편찬.

받지 않으며 신살(神殺)도 사용하지 않는다. 다만 생극제화(生剋制化)의 이치로써만 추구하여 그 깊이가 더욱 정밀하다. 그래서 매우 미세하게 깊이 관찰하였는데, 실로 명리학의 핵심을 전한다고 할 만하다. 역학 책 중에서도 단연 뛰어나다 하겠다. 그야말로 옛날부터 전해지고 있는 세속적인 잡다한 자평학의 아류들을 일시에 쓸어버리는 내용이기 때문이다. 혹은 너무 깊고 심오해서 황당해 보이기까지 한다. 그래서 팔자 간지를 모르고서는 접근하기가 어렵다고 본다. 공부하는 사람은 이 책을 얻어서 오랫동안 상세히 공부한다면 명리의 이치를 확연하게 깨달을 수가 있을 것이다. 이미 이치를 알고 해석을 한다면 어찌 하나를 갖고 설명을 해도 완전하지 않겠는가. 경험을 해보고 쓴 글이기에 더욱 그럴 것이다."23)

이 글의 내용을 보면 후세의 누군가 책을 지어서 유백온의 이름을 빌려서 출판했다고 할 수 있으나, 그 내용은 참으로 심오하여 그 시대에 이렇게 격국론과 신살도 불용하고 오로지 음양오행의 생극제화만으로 사주를 감정하는 그 이론의 가치는 높이 평가되어야 하며, 원저자가 누구인지는 그 시대의 상황에 맞추어 고려해 보아야 하겠다.

또한 서락오(徐樂吾)24)가 보주(補註)한《적천수보주》〈서문〉25)에는 강희황제 시절에 천경당(千頃堂)에서 발행한 것으로

---

23) 劉伯溫(徐樂吾 補註),《滴天髓輯要》,《滴天髓補註》(臺灣 瑞成書局印行, 1979), 1쪽.
24) 서락오(徐樂吾) : 청(淸)대의 사람으로, 호는 동해(東海). 1886년 4월 6일 출생, 명리학자. 저서로는《자평역언》,《명리수원》,《명리입문》,《자평진언 평주》등이 있음.
25) 劉伯溫(徐樂吾 補註), 앞의 책 1쪽.

전해지는 《명리수지적천수(命理須知滴天髓)》라고 하는 책에서는 원저자가 경도(京圖)이고, 유기(劉基) 주(註)로 되어 있다.

명태조는 운명에 관한 글을 꺼려하였다. 유기는 《적천수》의 저자로 경도라는 가명을 사용함으로써 유기 자신은 주석을 기술한 것일 뿐 본문을 지은 것이 아님을 내보인다. 이는 태조의 미움을 피하기 위해서 그리한 것이다. 여러 가지 시대적으로 전해 오는 상황으로 고려해 본 바 《적천수》는 유기 저작설에 무게를 두고자 한다.

진소암의 《적천수집요》는 총 42장으로 되어 있다.

天幹論, 地支論, 干支論, 形象論, 方局論, 格局論, 從化論, 歲運論, 體用論, 精神論, 衰旺論, 中和論, 剛柔論, 順逆論, 寒暖論, 月令論, 生時論, 源流論, 通隔論, 淸濁論, 眞假論, 隱顯論, 衆寡論, 奮鬱論, 恩怨論, 順反論, 戰合論, 震兌論, 坎離論, 君臣論, 母子論, 才德論, 性情論, 疾病論, 閒神論, 絆神論, 六親論, 出身論, 地位論, 富貴貧賤吉凶壽夭論, 貞元論.

서락오가 보주한 《적천수보주》는 총 4권 26장으로 되어 있다.

제1권 通神頌으로 第1編 上 論天干, 第1編 中 論天地, 第1編 下 總論干支로 되어 있으며, 제2권 第2編 上 形象 格局으로 1-形象 2-格局 3-八格에는 官煞, 傷官. 4-從化로 從象, 化象, 眞從, 假從, 眞化, 假化를 설명하고 있으며, 5-順逆에 順局, 反局으로. 제3권 第2編 中 體用 精神 편으로 1-源流 2-通關 3-淸濁 4-眞假 5-恩怨 6-閑神 7-羈絆. 第2編下로 四柱總論. 제4권 第3編 徵驗편에 1-六親. 2-富貴, 貧賤, 吉凶, 壽夭. 3-性情 4-疾病 5-出身 6-地位. 第4편

婦孺편에 1-女命章 2-小兒章 등으로 되어 있다.

임철초[26]가 증주한 《적천수천미》는 통신론 35장과 육친론 29장 총 64장으로 되어 있다.

《적천수(滴天髓)》는 세부적으로 나누면 4권 64장으로 이루어진 명리서로 1권과 2권에서는 〈통신편(通神篇)〉을 두어 명리학에 입문하기 위해서는 동양의 음양오행과 우주론(宇宙論)을 형이상학적으로 설명하였다. 3권과 4권에서는 〈육친편(六親篇)〉을 두어 그 사람의 운명, 즉 가족관계·부귀·빈천·요수(壽夭) 등을 다루고, 그 사람의 성정(性情)과 출신 지위까지도 다루었다. 《적천수》는 크게 통신론과 육친론으로 분류할 수 있다.

1) 통신론(通神論)

통신론은 명리학의 가장 기본이 되며, 중요한 것은 체(體)와 용(用)과 중화(中和)를 말한다. 《대학(大學)》의 덕의(德義)를 담고 있다.

천간론의 제1장 천도(天道), 제2장 지도(地道), 제3장 인도(人道), 제4장 지명(知命), 제5장은 이기(理氣)로 구성되어 있으며, 이들은 태극도설에서 말한 천도·지도·인도를 말한다. 즉 음양의 강유(剛柔)·인의(仁義)·삼원(三元)의 소견에 따라 여러 가지 다른 말로 표현하고 있다.

대요(大撓)씨는 오행의 정(情)을 취하여 천시를 제정하고 천(天)의 기세 변화를 탐구하였다. 인간은 천명(天命)·천수(天壽) 등의 자구(字句)를 쓰는 것과 같이 모두 하늘의 기운을 받는다.

---

26) 임철초(任鐵樵, 1762~1838) : 청대 사람으로 유백온, 《滴天髓》를 증주한 《滴天髓闡微》를 남겼음. 沈鍾哲 譯解, 《四柱祕傳 滴天髓闡微》 (大地文化史, 1994), 3쪽.

천간은 오행의 기(氣)이며, 기는 눈으로 볼 수 없고 형체가 없으며, 지지(地支)는 형(形)과 질(質)로서 땅에 존재하는 물질 치고 기를 갖지 않는 것은 아무 것도 없다. 사람은 오행을 구비하고 무형의 기(氣)로써 충만하고 있기 때문에 만물의 영장(靈長)인 것이다. 일상생활에 모든 것이 기 아닌 것이 없다. 이것으로 보아 기세(氣勢)를 감수하고 인명을 추구하고 있음을 알 수 있다.[27]

　제6장 배합(配合), 제7장 천간(天干), 제8장 지지(地支), 제9장 간지총론, 제10장 형상(形象) 장이다. 서자평(徐子平) 이전에는 음양에 의존하지 않고 갑(甲)·을(乙)의 목(木)과 해(亥)를 장생(長生)으로 보고 십이운사(十二運死)로 해석하여 왔다. 이것을 동사동생(同死同生)이라 부른다.[28]

　이허중(李虛中)은 음간과 양간으로 구별하였고 음은 물러서는 이법에 따라 양을 대표로 하여 제반사항을 해석하고 또 입증한 경우가 많다. 즉 십간(十干)은 지(地)를 만나지 않으면 강약을 측정하기 어렵고, 지를 만나야 비로소 강력하게 되고 그 약세(弱勢)를 알게 된다.

　지지론의 지지는 오행의 천의 기상(氣象)을 받아 형체와 물질을 이룬다. 천지음양이 서로 사귀어 삼라만상(森羅萬象)을 이룬다. 인간은 천지간에 생존하고 덕(德)을 받아서 태어난 것이므로 인명은 천(天)에 준 것이며, 지(地)의 덕에 인체를 구성하고 일상생활을 하고 있는 것이다. 운명은 천지(天地) 순환(循環)의 이법(理法)과 합치된다. 그러므로 천간(天干)을 천원(天元)으로 하고 지지를 지원(地元)으로, 사람을 인원(人元)으로 칭하여 천·지·인(天地人) 삼재(三才)라고 한다. 즉 천간은 기(氣)이고 지지는 물

---

27) 阿附泰山,《滴天髓秘解》上 (三元文化社, 1998), 31쪽.
28) 阿附泰山, 위의 책 129쪽.

질이다. 주역에서 천은 아버지를 상징하고 지는 어머니를 상징한다. 아버지의 기(氣)를 받아 어머니가 형체(形體)를 이루어 인간으로 세상에 생명으로 태어난다.

　기후의 변화에 18일마다 토용(土用)을 두고 목·화·토·금·수의 오기(五氣)를 이루며, 어느 것이나 72일간을 주재(主宰)하고 있다. 즉 천지만물은 음양오행의 이(理)를 벗어날 수 없다.

　제11장과 제12장은 방국(方局)을 논하고 있으며, 여기서 방이란 동서남북으로서 사방(四方)이라 한다. 인묘진(寅卯辰)을 동방, 사오미(巳午未)는 남방, 신유술(申酉戌)은 서방, 해자축(亥子丑)은 북방을 뜻한다. 또 국(局)이란 선천 삼합의 수이다. 해묘미(亥卯未) 목(木)국 인오술(寅午戌) 화(火)국, 사유축(巳酉丑) 금(金)국, 그리고 신자진(申子辰)을 수(水)국으로 지지삼위가 서로 합하여 국(局)을 이룬다. 인간의 운명이 오행의 배합에 따라 좌우된다는 것은 부정할 수가 없다.

　제13장 팔격(八格), 제14장 체용(體用), 제15장 정신(情神), 제16장 월령(月令), 제17장 생시(生時), 그리고 제18장은 쇠왕(衰旺)에 관한 장으로 재(財)·관(官)·인수(印綬)를 편(偏)·정(正)으로 나누고 식(食)·상(傷)을 겸하여 팔격을 말한다. 비견·겁재는 월지격을 정하지 않는다. 팔격은 오행의 기세에 따르는 것으로 월지장간[29]의 통변을 취하는 것이 원칙이다. 오행의 기세에 따라 전왕(專旺)·허신(虛神)·종화(從化) 등의 변격을 취한다. 일간의 향배(向背)에 의한 체용(體用)의 변화로서 생일을 체로 하고, 체(體)에 따라 대조물을 용(用)으로 구해야 한다.

　인유정신(人有精神)에서 말하는 정신(精神)이란 통상 인간의

---

[29] 지장간은 생월의 절입일을 계산하여 여기·중기·정기로서 해당하는 월기의 투간으로 편재·정재·편관·정관·편인·인수·식신·상관의 살이 어느 것에 해당하는지를 보아서 그것을 격으로 정한다.

정신과 육체를 말하며, 정신이란 한 가지를 편중하여 구할 수 없으며, 이오지정(二五之精)30)의 정과 이것을 세분하여 정기(精氣)라고 말하고, 이오지기(二五之氣)는 기(氣)에 가깝다. 신(神)이란 음양오행이 신묘함을 말한다.

제19장 중화(中和), 제20장 원류(源流), 제21장 통관(通關)의 장에서는 사주의 가장 강한 기를 살펴야 하며, 기가 어디로 흐르는지를 잘 살펴서 기가 막힌 것은 유통을 시켜 줌이 중요하다. 사흉신과 사길신31)도 원기유통하여 순용과 역용을 통하여 용신과 관계함이 다르니 일간의 희기를 먼저 논해야 한다. 통관의 작용이 원활해야 길하다.

제22장 관살(官殺), 제23장 상관(傷官)의 경우 난해한 부분은 관살혼잡(官殺混雜)과 상관견관(傷官見官)이다. 관살혼잡은 편관과 정관이 모두 혼잡되어 있는 것으로 가장 중요한 것은 일주의 왕상(旺相)을 보아야 한다. 상관과 정관은 원국에 상관이 정관을 극하는 경우와 원국에 강한 상관이 있는데 정관이 오는 경우를 말한다. 상관과 정관이 있어 서로 충극(沖剋)하거나 정관과 상관이 있어 서로 충극하면 파격이 되기 때문이다.

제24장 청기(淸氣), 제25장 탁기(濁氣), 제26장 진신(眞神), 제27장 가신(假神), 제28장 강유(剛柔), 제29장 순역(順逆) 등의 장에서 강유와 순역은 둘로 나눌 수 없으며, 이는 체용의 관계로 강건함

---

30) 이오지정(二五之精) : 건곤남녀권(乾坤男女圈)의 발생의 기초가 된다고 하는 음양오행의 정수를 가리키는 말. 주돈이(周敦頤, 1017~1073)의 《태극도설》에서 비롯된 말인데 이(二)는 음양이기(陰陽二氣), 오(五)는 金・木・水・火・土의 오행, 精은 氣를 말한다. 金勝東,《易思想辭典》1003쪽.
31) 사길신(四吉神)이라 함은 재성(財成)・정관(正官)・인수(引受)・식신(食神)을 말한다. 그리고 사흉신(四凶神)은 칠살(七殺)・상관(傷官)・효신(梟神)・양인(陽刃)을 말한다.

과 유순함은 본체의 성정을 말한다. 월령(月令)에서 신(神)을 얻으면 평생이 귀(貴)하다. 청기·탁기란 단순히 한 가지 기만 있는 것이 아니라 오행의 조화로 한 가지라도 방해가 없는지 유무를 보고 정한다.

 제30장 한난(寒暖), 제31장 조습(燥濕), 제32장 은현(隱顯), 제33장은 중과(衆寡)의 장으로서 한난·조습의 경우 지나침을 꺼려 조후의 조화를 맞추어야 한다. 중과는 월령을 중심으로 모자라면 보태주고 태과하면 덜어주어야 한다.

 끝으로 제34장 진태(震兌), 제35장 감리(坎離) 장에서 진태(震兌)는 인의(仁義)의 발단(發端)이며 세가 서로 대립하지 않고 서로 도와주는 것이 있어야 변화의 기틀이 된다. 감리는 천지의 중기로서 서로 의지하여 조화(造化)의 완성을 할 수 있다. 이 말은 곧 《주역》에서 보면 주재하는 바가 서로 다름과 서로 의지하여 존재함을 말한다. 진태를 이루는 목(木)은 자람의 시작이고, 금(金)은 이룸의 시작으로 공(攻)·성(成)·윤(潤)·종(從)·난(暖) 다섯32)으로 구분한다. 감리 또한 음양처럼 서로 주재하는 바가 다르나 서로 있어야 스스로 완전을 이룰 수 있다. 승(升)·강(降)·화(和)·해(解)·제(制)33)의 경우 생극제화(生剋制化)와

---

32) 攻이란 初春의 木은 아직 어리니 金을 보면 다치고 火를 통해서 金을 공격하게 함을 말한다. 成이란 仲春의 木은 이미 旺하니 金은 쇠약하고 土로써 金을 도와 이루게 한다. 潤이란 여름의 木은 火에 의해 타고 金은 물러진다. 그러므로 水로써 木을 적시고 金을 식혀서 서로 윤택하게 하는 것을 말한다. 從이란 가을의 木기가 이미 시드니 金은 예리하다. 土에 따라 강함을 거역하지 않아야 한다. 暖이란 가을의 木과 金은 차가우니 火로써 木과 金을 따뜻하게 해야 한다. 나영훈, 《이회 적천수》 (봉성기획, 2001), 558쪽.

33) 升이란 오르는 것이니 천간에 火가 약하고 지지에 水가 강하면 지지에 木을 얻어야 상승할 수 있다. 降이란 내려오는 金을 말하니 천간에 水가 약하고 지지에 火가 강하면 반드시 金을 얻어야 천기가 하강

그 뜻은 같다.

2) 육친론(六親論)

격물(格物)이란 세상의 이치를 찬찬히 따져 보는 것이며, 치지(致知)란 지식(知識)과 지혜(知慧)의 극치에 달하는 것을 말한다.

주자학(朱子學)에서는 인(仁)을 이루는 것이 근본이다. 인은 체이고 사랑은 용인 것처럼 인은 체, 효도와 우애는 용이었다. 효도와 우애는 육친에 대한 사랑으로 인을 실천한 시초, 인을 행하는 근본이라 할 수 있다.

제1장 부처(夫妻), 제2장 자녀(子女), 제3장 부모(父母), 제4장 형제(兄弟) 장으로 공자와 맹자가 논한 것을 보면, "명이란 수신제가(修身齊家)의 길을 가르치고 인격을 향상시켜서 나의 운명의 행로(行路)를 잘 알아서 항해의 지침으로 삼고 풍파와 암초를 피하여 안심입명(安心立命)의 기초로 하여야 한다."고 하였다. 가족은 전생의 인연으로 하늘이 준 재물과 같으며, 자식을 보는 것도 관살을 중시하고 식상을 조화로 본다.

제5장 하지장(何知章)의 경우, 부(富)·귀(貴)·천(賤)·길(吉)·흉(凶)·수(壽)·요(夭)를 알 수 있는가 하는 물음이다. 재성(財成)과 관성(官星)에서 희신(喜神)의 존속 여부로 판단한다. 순수하고 청(淸)하면 반드시 부귀를 누린다.

제6장 여명장(女命章), 제7장 소아장(小兒章) 장에서 여명은 먼저 남편과 자식을 본다. 부성(夫星)의 성쇠(盛衰)로 자신이 귀하

할 수 있다. 和란 천간이 모두 火이고 지지가 모두 水일 때 木이 와야 水火가 서로 통하여 화목함을 말한다. 解란 천간이 모두 水이고 지지가 모두 火일 때 반드시 金의 대운이 와야 원국의 어려움을 해결할 수 있다는 것이다. 制란 水火가 천간과 지지에 서로 싸울 때 반드시 행운(行運)에 이들 둘 중에 강한 것을 제지해야 한다는 것이다. 나영훈, 위의 책 566쪽.

고 천한 바를 보며, 자식은 희신(喜神)이라야 좋으며 식상(食傷)만 논하기보다 오행의 조화를 본다.

제8장 재덕(財德), 제9장 분울(奮鬱), 제10장 은원(恩怨)의 경우, 덕(德)은 근본이요 재물은 말단이다. 기(氣)가 맑으면 재(財)가 많고, 기가 탁하면 재가 약하다. 인·의·예·지(仁義禮智) 4덕의 구별을 알고 판단함을 말한다. 형기의 변화에 따른 마음의 변화를 말한다. 즉 체용의 구별을 말하며, 사주에 희신(喜神)이 연(年)과 시(時)에 있으면 멀어서 그리워하는 연인에 비유한 말이다.

제11장 한신(閑神), 제12장 종상(從象), 제13장 화상(化象), 제14장 가종(假從), 제15장 가화(假化) 장에서는 종(從)이 참되면 종격(從格)으로 논하고, 화(化)가 되면 화기격(化氣格)으로 진종(眞從)을 살피고 가종과 가화도 귀하게 되며 발전할 수 있다. 즉 고아가 다른 성을 가지고 출세함과 같다.

제16장 순국(順局), 17장 반국(反局), 제18장 전국(戰局), 제19장 합국(合局) 장은 생극(生剋)의 법칙을 역으로 보아 상생(相生)의 참뜻을 논하는 장이다.

제20장 군상(君象), 제21장 신상(臣象), 제22장 모상(母象), 제23장 자상(子象) 장에서 모자멸자(母子滅子)와 군뢰신생(君賴臣生)은 서로 유사하며 사주에 병이 되는 요인이 같아 군뢰신생은 재성이 유기하여 용신으로 쓸 수가 없다. 모자멸자도 재성이 모성을 거스르니 쓸 수가 없다. 군신(君臣)과 모자(母子)가 지켜야 할 도리를 말한다.

제24장 성정(性情), 제25장 질병(疾病), 제26장 출신(出身), 제27장 지위(地位), 제28장 세운(世運), 제29장 정원(貞元) 장의 경우 성정은 중화를 이루어야 한다. 오행이 조화를 이루면 일생 동안 질병의 해가 없다. 출신 지위도 사주가 청(淸)해야 한다. 명(命)이

좋은 것은 세운(世運)이 좋은 것만 못하다는 말로 나무에 비유하면, 꽃피는 시기를 잘 살펴야 한다. 사주의 조화는 원(元)에서 일어나 정(貞)에서 그치니 다시 정원지회(貞元之會)는 후사(後四)의 변화를 잉태한다.

3. 결론

본 논고는 원(元)·명(明)대의 유백온(1311~1375)의 작품으로 명리학의 최고서인《적천수》의 특성과 내용에 대하여 검토해 보았다.

명리학의 최고서인《적천수》는 하늘이 명한 음양오행의 이치를 담아 구슬처럼 엮어서 읊어 배우는 자의 가슴을 적시며 깨끗이 해주는 자연철학이라 할 수 있다. 이 저술은 일간(日干)을 중심으로 하면서도 월지(月地)를 모태로 함으로써 기후와 환경을 중요시하고 있다.

《적천수》는 음양오행의 생극제화로 명(命)의 이치를 보며, 격국론(格局論)과 신살론(神煞論)을 배제한 것이 특징이다. 가장 강조하는 것은 중화억부론(中和抑扶論)으로 이는《중용(中庸)》의 이치에서 가장 많이 설명하고 있다.《중용》에 있어 사람의 성품은 착한 것이므로, 그 본성을 자각하도록 교도함으로써 성실한 사람이 되도록 해야 한다.《적천수》는《주역》의 영향을 받으며 경방의 육친론은《주역하경》의 형이하학적인 설명을 기본 바탕으로 하고 있으므로 경방의 육친론은 결국《주역》의 영향을 받았다고 할 수 있으며,《적천수》의 뿌리 역시《주역》이다.

사주명리학은 태고의 기문둔갑에서 시작되고 후에 천문운명학인 칠정사여운명학에 옮겨져 여러 학자들에 의하여 사주추명학으로 발전한 것을 볼 수 있다. 모든 술수류들이 《주역》의 사상을 이어받았음을 다시 확인하는 계기가 되었으며, 주역의 사상적 특성이 경방역(京房易) 및 《적천수》로 이어진 맥락을 볼 수 있다. 《주역》의 삼재(三才)사상·음양·철학·태극론·우주론을 바탕으로 자연철학이 시작되었으며, 《주역》의 사상과 체계를 본받아 오행설을 도입하여 경방이 육친설을 창안한 사실과 그것이 명리학에서 없어서는 안 될 통변성의 중요한 이론이 되었음을 밝혔다.

《적천수》에서는 구체적으로 격국의 복잡한 이론 전개는 하지 않았으며 내재된 원리 위주로 설명하였다. 격국의 이름이 같다고 해서 용신이 같을 수 없다. 같은 월령의 격이라도 오행에 따라 사시의 희기에 따라 성정이 조금씩 다르며, 그 용신 또한 다르기 때문이다. 《적천수》는 오늘날 중요하게 여기는 격국과 용신을 크게 논한 것이 없으며, 음양오행의 변화를 논한 변격, 즉 체용 면에 주목하였다. 《적천수》의 격국론이 영향을 미친 것은 《자평진전》이다.

《적천수》에 대한 여러 번역서와 술수적인 저술들이 많으나 본 논문에서는 술수적인 측면보다 《적천수》의 명리적 특성과 내용을 간략하게 살펴보았으며, 그 사상적 원천을 추적하고자 하였다. 그리고 경학적인 측면으로서 중용의 이치와 인간의 본성인 성(性)·도(道)·교(敎)를 제시한 대학의 삼강과 팔조목이 통신론(通信論)과 육친론(六親論)에서 주장되는 면을 보아도 학문으로서 더욱 의미가 있음을 볼 수 있다. 즉 유백온의 명리서인 《적천수》를 단순히 술수적인 측면을 넘어서 사상적인 면까지

들여다봄으로써 이면에 도덕철학적 의미가 내포되어 있음을 이해하게 되었다.

다시 말해서《적천수》는 인간의 길흉화복을 알아보려는 술수기법을 넘어서 우주 사이에 존재하는 모든 이치를 규명하고자 하는 철학서이다.《적천수》는 형이상학과 형이하학의 조화라 할 수 있는 사회적·역사적 지침서로서 인간이 가야 할 올바른 길의 길잡이 역할에 일조를 하리라는 생각이 든다. 이와 관련하여 의리역(義理易)과 술수역(術數易)이 접목된 많은 연구들이 요구된다 하겠다.

고대에서부터 현대에 이르기까지 발전을 거듭해 오면서 체용과 이기론을 중시하였음을 볼 수 있다. 체와 용이 떠날 수 없듯이 상(象)과 이(理)도 분리할 수 없다. 이같이《적천수》가 술수적인 면과 학술적인 면을 동시에 지녔다고 볼 때, 학문(義理易)과 술수(象數易)를 더욱 접목시켜 연구 발전시켜야 함이 학술자로서 해야 할 도리이며, 역학인으로서의 과제가 아닐까 생각한다.

명리학은 10간과 12지의 음양오행으로만 논하는 한계에 놓여 있는 데다가 아직은 체계가 잡히지 않은 측면도 많다. 학문적 체계나 이론보다는 개인의 구전에 주로 의존하여 술수적인 면이 더 강하게 작용함으로써 여러 학자들뿐만 아니라 학파 간에도 서로의 의견이 분분한 게 사실이다.

《홍범오행전》에 보면 벼슬 이름조차도 천간과 지지를 오행에 대입하였다. 또한《문자》에 사람의 성품을 25등급으로 나누었던 예가 있다.[34] 그러나《적천수》및 여러 명리서들의 경우 연구된 사주들을 보면 직업은 벼슬한 사람과 농업·상업 등에

---

34) 蕭吉,《五行大義》(大有學堂, 1993), 531~535쪽.

국한되어 있음을 볼 수 있다. 현시대에 맞게 다양한 직업군으로 분류하여 연구함이 필요하다.

또한 그동안 필자의 상담 사례를 종합해 보면 격국의 일종인 종격의 사주들은 맞지 않음이 많았다. 《적천수》의 특징대로 음양오행의 생극제화로 사주를 간명함이 적중률이 높았다. 지면상 사주의 실례를 살펴볼 수 없지만 명리학을 연구하는 학자들은 더욱 다양한 실전의 사례 연구가 필요함을 느꼈다.

그러나 아직은 그 성과가 미흡함을 고려할 때 제도권 학자들과 많은 재야 역술인들이 지금까지의 상호 배척과 비방이라는 편협성을 극복하고 '학(學)'과 '술(術)' 간의 긴밀한 상호 연관성에 주목하여 동반자임을 인식함으로써 명리학이 보다 체계적이고 정밀한 학문으로 거듭나기를 기대한다.

〈참고문헌〉

- 盧英, 《京氏易傳解讀》(九州出版社, 2004)
- 《明史》〈藝文志〉三命奇談滴天髓(中華書局)
- 房立中, 《劉伯溫全書》(北京 學苑出版社, 1996)
- 法雲居士, 《李虛中命書詳析》(金星出版, 2007)
- 徐樂五, 《子平眞詮評註》(武陵出版有限公司, 2005)
- 劉伯溫(徐樂吾補註), 《滴天髓輯要》《滴天髓補註》(臺灣 瑞成書局 印行, 1979)
- 成百曉(譯註), 《周易傳義》上・下 (傳統文化硏究會, 2006)
- 鄭富昇, 《七政四餘命全書》(武陵出版有限公司, 2003)
- 제갈량 / 劉伯溫, 《堪與秘笈寄書) 正宗三元地理秘訣》(喜年來出版社, 1996)
- 阿附泰山, 《滴天髓秘解 上・中・下》(三元文化社, 1998)
- 沈載烈, 《增補 淵海子平精解》(明文堂, 2007) 외 다수.

제8장 여씨 명리학의 특성과 내용

유경진
-원광대 석사, 동방대 박사-

차 례

1. 유래와 특성
   1) 유래 · 194
   2) 특성 · 196
2. 내용
   1) 논목(論木) · 198
   2) 논화(論火) · 201
   3) 논토(論土) · 205
   4) 논금(論金) · 210
   5) 논수(論水) · 214
3. 결론 · 218

1. 유래와 특성

1) 유래

원래 명대에 신원미상의 인물이 지은《난강망(欄江網)》을 청대에 와서 여춘태(余春台)가 다시 편집한《궁통보감(窮通寶鑑)》을 '여씨명리학'이라고 한다. 여씨명리학은 기상의 변화를 사람에게 대입하는 학문으로서 그 주된 내용을 이루고 있다. 명리학에 기상의 변화를 도입한 유래를 살펴보면 다음과 같다.

송대 말에 서승이 쓴《연해자평》에서는, "일년을 오행 으로 세분하여 십이월 중에 기후를 배합하고 각각 주관하 는 왕상한 기후에 따라서 용신을 정한다. 그 중 오행은 또 음양으로 나누어져 양분되며, 일년 중에도 각각 주관하는 생왕의 기가 있다."[1] 라고 한 것으로 봐서《연해자평》때 부터 이미 기후의 변화가 명리학의 내용을 이루고 있음을 알 수 있다.

그리고 명대의 만민영(萬民英, 1522~?)이 지은《삼명통회(三命通會)》에서는, "오늘날에 명을 논할 때는 격국(格局)에 얽매이다 보니 거짓에 집착하게 되어 진실은 잃고 있다. 사주팔자는 필히 먼저 기상의 규모가 곧 부귀빈천의 강령임을 보고, 다음으로 용신의 출처를 논해야 한다."[2] 라고 함으로써 기상의 규모가

---

[1] "一年之內, 細分五行, 配合氣候於十二月之中, 各主旺相以定用神, 其中 五行又分陰陽爲兩股於一年之中, 各主生旺之氣." 徐升 編著,《淵海子平 評註》(臺北 武陵出版有限公司, 2002), 61쪽.

곧 명의 강령이 됨을 말하고 있다.

또 명대에 장남(張楠, 1609~?)이 지은《명리정종(命理正宗)》에서도, "이제 무릇 사주를 세워서 오행을 취하니 일운을 정하여 십년을 통관한다. 청탁과 순박함은 만유부제(萬有不齊)하니 호악시비는 이치를 하나로만 잡기 어렵다. 따라서 반드시 먼저 기상의 규모를 보고 부귀빈궁의 강령을 전부 살핀 다음으로 용신의 출처를 논하면 무릇 생사궁달의 정미함을 다 알 수 있을 것이다."[3] "촌금(寸金)이란 금기가 미약함을 말하고, 장철(丈鐵)이란 금의 강건함을 말한다. 이는 기후의 천심을 살펴서 쓰는데, 유(柔)한 자는 토로써 금을 돕고, 강한 자는 화로써 금을 제하여야 복명이라고 말할 수 있다."[4]라고 함으로써 기상의 규모가 부귀빈궁의 강령을 말하고 있다. 또《명리정종》의 내용을 이루고 있는 오성론[5]에서는, 계절별 오행의 왕약(旺弱) 및 한난조습(寒暖燥濕)과 그에 따른 길·흉신에 대하여 말하고 있다. 이 이론은 금불환간명승척[6] 및 금불환골수가단[7]에서 좀더 발전하여 당대(明代)의《난강망》과 함께 청대에 와서《궁통보감》에

---

2) "今之論命, 拘泥格局, 遂執假而失眞. 是必先觀氣象規模, 乃富貴貧賤之綱領. 次論用神出處." 萬民英,《三命通會》(臺北 武陵出版有限公司, 2003), 833쪽.

3) "今夫立四柱而取五行, 定一運而關十載, 淸濁純駁, 萬有不齊, 好惡是非, 理難執一. 是必先觀氣象規模, 乃富貴貧窮之綱領畢具, 次論用神出處, 凡死生窮達之精微盡知." 張楠,《標點命理正宗》(臺北 武陵出版有限公司, 2001), 325쪽.

4) "寸金言其微弱, 丈鐵言其剛健. 此可審氣候之淺深而用也, 柔者, 用土以資之, 剛者, 用火以制之, 可以言福." 張楠,《標點命理正宗》389쪽.

5) 張楠,《標點命理正宗》200쪽.

6) 張楠,《標點命理正宗》205쪽.

7) 張楠,《標點命理正宗》206쪽.

서 꽃을 피웠다. 이 밖에도 십천간체상전편론8)에서는 십천간의 각각 필요하고 불요한 오행에 대해서 말하고 있으며, 십이지영9)에서는 십이지지의 성정과 그 각각의 길신과 흉신에 대하여 말하고 있는데, 이 또한《궁통보감》의 내용 성립에 영향을 미치고 있다.

2) 특성

여씨명리학의 특성으로는,
- 사상적 기초는 중화사상(中和思想)에 두고 있다.
- "이 책에서는 십간(十干)의 성질과 십간이 십이각월에 태어났을 경우에 용법(用法)에 대한 강령(綱領)을 나타내었다."10) 즉 기상의 규모가 명의 강령이 됨을 말하고 있으며, 이는 여씨명리학의 근간적 내용이 된다.
- 종세격(從勢格)에 대해서 간접적으로 말하고 있다.
- 종인격(從印格)에 대한 말은 없으나 이를 간접적으로 받아들이고 있다.
- 갑기합화토종목격(甲己合化土從木格)에 대해서 처음으로 말하고 있다.
- 조토(燥土)는 금(金)을 생하지 못한다고 한다.
- 삼복(三伏)이라도 사주환경에 따라서 생한(生寒)할 수 있음을 말하고 있다.
- 용신(用神)은 하나라고 한다.
- 종격(從格)은 종(從)하는 신(神)으로써 용신이 된다.

---

8) 張楠,《標點命理正宗》216쪽.
9) 張楠,《標點命理正宗》218쪽.
10) "是書於十干性質, 生於十二月之用法, 已擧其大綱." 徐樂吾 註,《窮通寶鑑》(臺北 武陵出版有限公司, 2004), 自序 1쪽.

- 경금(庚金)과 신금(辛金)을 구분하면서, "신월(申月)의 경금은 정화(丁火)의 극제함은 기뻐하지만 임계로써 설기하는 것은 마땅하지 않는 데 비해 신월(申月)의 신금(辛金)은 설기하는 것은 마땅하고 극하는 것은 마땅하지 않으니, 이것은 음양의 성질이 다르기 때문이다."11) 라고 했다.
- 토에는 화토동궁장생법(火土同宮長生法)을 취하고 있다.

2. 내용

《궁통보감》은 원명이 《난강망(欄江網)》으로 되어 있는데, 지은이가 시대와 성명을 밝히지 않았다. 이 책에서 인용하여 나열한 명조를 보면 명대(明代) 명인 재상이 많으므로, 이 서는 명나라 사람의 저작임을 알 수 있고, 청대 말 여춘태(余春台)라는 사람이 간행한 것임을 알 수 있다. 이 책의 간법은 구식 명서의 격식인 사정격(四正格)과 사편격(四偏格)을 완전히 탈피하였고 길신흉살을 모두를 배제하였으며, 오로지 십간성정의 이기진퇴(理氣進退)와 배합의 희기로써 격국의 고하를 정하였다.12) 그리고 십간의 성정과 각 월의 기운에 따라 자연에 순응하는 이치를 적용하여 중화를 이루었느냐 못 이루었느냐에 근거하여 그 희기(喜忌)를 나타내었다.

---

11) "庚金生於七月, 喜丁火剋制, 不宜壬癸之洩, 而辛金七月, 宜洩不宜剋, 此陰陽干性質之殊也." 徐樂吾 註, 《窮通寶鑑》 164쪽.

12) "窮通寶鑑, 原名欄江網, 不署撰人時代姓名. 觀其所引列之命造, 多明代名人宰輔, 可知此書爲明人著作, 而爲淸季余春台所刻行. 此書看法, 盡脫舊式命書之窠臼, 四正四偏, 吉凶神煞, 槪行屛除, 專從十干性情理氣進退, 配合喜忌, 而正格局之高下." 徐樂吾 註, 《窮通寶鑑》 凡例 2쪽.

이 책은 원래 십간을 12개월에 나누어 배열하고 매월마다 천간의 각각의 경우로 조목(條目)을 지었다.13) 그러나 이 논문에서는 오행이 각각 사계절에 태어났을 경우에 그 희기에 대해서만 간략히 살펴보도록 한다.

1) 논목(論木)

목성을 총론하면 목은 양화(陽和)의 기(氣)가 되어 그 본성이 위로 뻗어 올라만 가 그칠 줄 모른다. 목이 중첩되면 금기가 목을 수렴하는 것이 좋으므로 "(금이 있을 때) 높은 수렴의 공덕이 있다."고 이른 것이다. 토가 두터워 뿌리가 서림을 기뻐하나 토가 얇으면 가지만 무성하여 뿌리는 위태롭다. 갑술·을해는 목기가 처음 생하는 것이고, 갑인·을묘는 목의 왕지이며, 갑진·을사는 목의 여기이므로 활목(活木)이라고 한다. 갑신·을유는 목의 절지이고, 갑오·을미는 목기의 사지이며, 갑자·을축은 납음(納音)으로 금이니 모두 사목(死木)이다. 활목은 화를 만나면 빼어나니 병·정화를 만나면 목화통명이 되지만, 경·신금을 만나면 그 생기가 손상을 입게 된다. 사목이 화를 보면 스스로 타버리나 금의 극을 만나면 오히려 그릇을 이룬다. 그러므로 활목은 화를 기뻐하고 금을 꺼리며, 사목은 화를 꺼리고 금을 기뻐한다. 금목이 서로 견제하여 격을 이루면 이름하여 착륜(斲輪)이라고 한다. 만약 가을에 생하면 화가 있어 금을 제함이 마땅한데, 이는 목이 금을 꺼리지 않는 것이 아니라 금을 견제하는 것이다. 화로써 금을 견제하면 금은 연장을 이루니 바야흐로 목을 다듬어 재목을 이루게 된다. 삼추(三秋)는 금은 왕하고 목이 마르니

---

13) "此書原以十干分列十二月, 每月各若干條." 徐樂吾 註, 《窮通寶鑑》 凡例 2쪽.

쇠잔한 지엽은 금으로 전제(剪除)하는 것을 기뻐하는데, 이때 화가 금을 견제하면 목의 성질이 상하지 않는다. (목·화·금이) 서로 적당히 견제하면 중화를 이루게 된다. 이 때문에 추목은 금을 기뻐하며 관·살을 막론하고 모두 화를 얻으면 귀격이 된다고 한 것은 바로 이를 이름이다.14)

목이 춘절에 생하면 여한(餘寒)이 아직 남아있으니 온난한 화를 기뻐하는 즉, 반굴(盤屈)의 환이 없으며 水의 도움이 있으면 느릿느릿 뻗어가는 아름다움이 있다. 이른 봄에는 水가 왕성함이 마땅하지 않는데, 음기가 짙으면 뿌리가 손실되고 가지가 마르기 때문이다. 춘목은 양기가 번조(煩燥)하여 수가 없으면 잎이 시들고 뿌리가 마르기 때문에 수화가 같이 있어 기제(既濟)의 공을 이루어야 바야흐로 아름답다. 토가 많으면 손력(損力)이 되나, 토가 박하면 재(財)가 풍족하다. 금을 거듭 만나는 것을 꺼리는데 극벌되어 상해가 남으면 일생 동안 한가롭지 못하기 때문이다. 만일 목이 왕하면 금을 만나는 것이 좋으니 종신토록 복록을 얻는다.15) 즉 목이 봄에 태어나 한기가 아직 남아있으면 화를

---

14) "總論木性, 木爲陽和之氣, 其性騰上而無所止. 木重喜金氣以收斂之, 故云有惟高惟斂之德. 喜土重以蟠根, 土少則枝茂根危. 甲戌·乙亥·木氣初生, 甲寅·乙卯·木之旺地, 甲辰·乙巳·木之餘氣, 故云活木. 甲申·乙酉·木氣絶, 甲午·乙未·木氣死, 甲子·乙丑·納音金, 皆死木也. 活木得火而秀, 見丙丁爲木火通明, 見庚辛金則損其生氣. 死木見火自焚, 見金剋木, 反造而成器. 故活木喜火忌金, 死木忌火喜金也. 金木相制成格, 名爲斲輪. 若生於秋, 宜有火制金, 非忌金而去之也. 以火制金成器, 方能斲木成材. 三秋金旺木枯, 殘枝敗葉, 喜金剪除, 得火制金, 不傷木性. 相制而歸於中和, 故秋木喜金, 不論官煞, 皆宜得火, 乃成貴格, 正謂此也." 徐樂吾 註,《窮通寶鑑》1~2쪽.

15) "木生於春, 餘寒猶存, 喜火溫暖, 則無盤屈之患, 藉水資扶, 而有舒暢之美. 春初不宜水盛, 陰濃則根損枝枯. 春木陽氣煩燥, 無水則葉槁根乾, 是以水火二物, 既濟方佳. 土多而損力, 土薄則財豐. 忌逢金重, 傷殘剋伐,

기뻐하고 적당한 물과 흙과 금을 기뻐한다.

하월(夏月)의 목은 뿌리와 잎이 모두 건조하여 서리고 굽은 것이 곧게 펴지려면 성한 물을 얻어서 자윤(滋潤)의 힘을 이루어야 하니 실로 물이 적어서는 안 된다. 화왕함을 절대 꺼리는 것은 분화의 우를 초래하기 때문에 흉하다. 토는 박한 것이 마땅하고 후중함은 불가한데 후중(厚重)하면 오히려 재앙의 허물이 되기 때문이다. 金이 많은 것도 싫어하지만 적절한 수효에서 부족함이 있어도 안 되는데, 부족하면 쪼고 깎을 수가 없다. 木이 중첩하여 산림의 무리를 이루면 첩첩이 화려해 보이지만 결국에는 결과가 없다. 水가 용신이면 火와 바야흐로 기제의 공을 이루어야 하고, 水가 많아서 火가 용신이면 목화통명(木火通明)이 된다.16) 즉 하월의 목은 水를 기뻐하고, 火를 꺼리며, 토중함을 꺼리고, 토박함을 기뻐하며, 金이 많음을 꺼리고, 金이 적음을 기뻐하며, 木이 중첩함을 꺼린다. 그러나 하월의 木이라도 수왕하면 화를 용신으로 쓸 수 있다.

추월목(秋月木)은 천기가 점점 처량해지고 형상이 점점 조패(凋敗)해진다. 초추는 화기가 아직 가시지 않은 때이니 수토가 서로 자양함을 더욱 기뻐하고, 중추에는 이미 결실을 이루었으니 강금을 얻어 닦고 깎아야 한다. 상강 이후에는 수성함이 마땅하지 않는 것은 수성하면 나무가 표류하기 때문이다. 한로절(寒露節)과 동시에 화염을 기뻐하는데, 화염이 있으면 木이 견실해

一生不閑. 設使木旺, 得金則良, 終身獲福." 徐樂吾 註,《窮通寶鑑》2쪽.
16) "夏月之木, 根乾葉燥, 盤而且直, 屈而能伸, 欲得水盛而成滋潤之力, 誠不可少. 切忌火旺而招焚化之憂, 故以爲凶. 土宜在薄, 不可厚重, 厚則反爲災咎. 惡金在多, 不可欠缺, 缺則不能琢削. 重重見木, 徒以成林, 疊疊逢華, 終無結果. 用水不能離火, 方成旣濟, 水多以火爲用, 木火通明." 徐樂吾 註,《窮通寶鑑》2쪽.

지기 때문이다. (추월의 木은) 木이 많으면 많은 재목의 아름다움이 있고, 土가 후중하면 스스로 맡을 능력이 없다. 水를 용신으로 하여 금기를 설기하여 화할 때에는 온난한 火를 떠날 수 없다.17) 즉 초추의 목은 수토이상자(水土以相滋)를 기뻐하고, 중추 목은 강금(剛金 : 종살)을 기뻐하고, 상강 이후의 木은 왕수를 꺼리고, 한로 후 木은 화염을 기뻐하고, 木이 많으면 材의 아름다움이 많고, 추목은 토후를 꺼린다.

동월(冬月)은 목기가 고고(枯槁)하니 火를 용신으로 삼는 것이 가장 마땅하며 기후의 조화를 이루어야 반생의 공을 이룬다. 水가 왕하면 土를 용신으로 삼아 수를 제함으로써 배합을 따르는 것이 옳으며 금수는 마땅한 바가 아니다. 운 또한 동남의 생왕 방향으로 향하는 것이 마땅하고 서북의 사절지(死絶地)는 온통 꺼린다.18) 즉 동목은 火를 기뻐하고 水가 왕하면 土를 용신으로 삼아야 하며, 운은 동남방을 기뻐하고 서북방은 꺼린다.

2) 논화(論火)

화성(火性)을 총론하면 화의 본성은 열과 빛이니 목으로써 주체가 되면 화가 부려(附麗)하는 바가 있어 광휘(光輝)의 덕이 나타나고, 수로써 대상(對象)이 되면 화가 수를 증발하게 하는 염렬(炎烈)의 작용이 나타난다. 그래서 병화가 임수를 떠날 수 없고 정화

---

17) "秋月之木, 氣漸凄凉, 形漸凋敗. 初秋之時, 火氣未除, 尤喜水土以相滋, 中秋之令, 果已成實, 欲得剛金而脩削. 霜降後不宜水盛, 水盛則木漂. 寒露節又喜火炎, 火炎則木實. 木多有多材之美, 土厚無自任之能. 用水以化金, 不離火暖." 徐樂吾 註,《窮通寶鑑》2~3쪽.

18) "冬月木氣枯槁, 最宜用火, 調和氣候, 功成反生. 水旺用土以制水, 隨宜配合, 金水非所宜也. 更宜向東南生旺之方, 切忌西北死絶之地." 徐樂吾 註,《窮通寶鑑》3쪽.

가 갑목을 떠날 수 없는 그 원인을 생각할 수 있다. 火의 성정은 타오르는 것이니 동남으로 행하면 활기차게 번영의 상으로 향하는 것이고, 서북으로 행하면 火의 성정에 역행하므로 점차 멸하여 끊어진다.19) 즉 병화는 임수를 떠날 수 없고 정화는 갑목을 떠날 수 없다. 火가 동남으로 행하면 진보·발전하고, 火가 서북으로 행하면 멸절한다. 그리고 金이 火의 조화를 얻게 되면 주조(鑄造)될 수 있고, 水가 火의 조화를 얻으면 기제의 공을 이루지만, 화일주가 土를 만나면 밝지 못하여 곤궁하고 막히는 일이 많다. 봄에 태어난 火는 통명함을 기뻐하나 염렬(炎烈)함을 바라지 않기 때문에 木이 많은 것을 꺼리며, 火가 추동에 태어나면 휴수(休囚)한 때이므로 반드시 木으로써 火를 생하여야 한다.20)

춘월에 생한 火가 즐겨 쓰는 것으로 水와 木을 떠날 수 없다. 춘월은 木이 왕한 때이니 병화가 임수를 만나면 기제의 공을 이루니 木이 있어 능히 화할 수만 있다면 수왕함을 두려워하지 않으며, 수왕하면 오히려 火의 충절이 나타난다. 그러므로 수성함을 근심하지 않으며 수성하면 은혜를 입는다는 것이다. 정화는 木의 생부를 기뻐하니 木이 있으면 목화통명(木火通明)의 상을 이루나, 木이 많으면 火가 막히게 되니 金으로써 木을 덜어주어 木이 소통되면 火가 밝아져 반생의 공을 이루니 더욱 마땅하다. 춘월의 金은 미약하므로 비록 많다 해도 공을 베풀 수 있으니 병

---

19) "總論火性, 火之眞性, 爲熱與光, 以木爲主體, 則火有所附麗, 而顯其光輝之德, 以水爲對象, 則火有蒸發, 而顯其炎烈之用. 丙火不離壬水, 丁火不離甲木, 其故可長思也. 火性炎上, 行於東南, 則有欣欣向榮之象, 行於西北, 逆火之性, 漸次滅絶." 徐樂吾 註, 《窮通寶鑑》 55쪽.

20) "金得火和, 而能鎔鑄, 水得火和, 則成旣濟, 遇土不明, 多主蹇塞. 生於春, 喜其通明, 不欲炎烈, 故忌見木多, 生於秋冬, 休囚之地, 須有木以生之." 徐樂吾 註, 《窮通寶鑑》 55~56쪽.

정화의 힘은 모두 金을 단련할 수 있다. (춘월에 생한 火는) 오직 土를 꺼리는데, 토가 성하면 화의 빛을 어둡게 하고 土가 적어도 역시 조열의 병을 면할 수 없기 때문이다.21)

① 하월의 火

하월(夏月)은 火가 당왕한 때이니 水가 부족해서는 안 된다. 水의 제(制)가 없는데 木이 생조하면 반드시 자분(自焚)의 환을 초래한다. 金이 많으면 장하(長夏)의 火가 천금을 첩첩이 만났으니 반드시 거부(鉅富)가 되며, 土가 많을 경우 격은 가색(稼穡)을 이루고 가색에 불빛이 없는 어두운 火이지만 水의 윤택함이 부족하여서는 안 된다. 金이 용신이 될 경우에는 습토의 생조를 얻음이 마땅하고, 土를 용신으로 삼을 경우에는 水의 윤택함을 얻는 것이 마땅하다. 그렇지 않으면 土는 마르고 金은 취(脆)하니 복택이 온전하지 못하다. 만약 水가 용신이 될 경우에는 반드시 水의 발원지인 경신(庚辛)을 만나야 한다. 水가 절지에 임하고 수원인 金이 없으면 水가 마르게 되니 기제의 공을 이룰 수 없는 것과 다름이 없다.22) 즉 여름의 火는 水를 기뻐하고 木을 꺼리며 金을 기뻐한다. 土가 많으면 어둡지만 水의 윤택함을 기뻐하고

---

21) "生於春月, 火之喜用, 不離水木. 春月木旺之時, 丙火見壬水, 則成旣濟之功, 只要有木能化, 不畏水旺, 水猖反顯火之節. 故云不愁水盛, 盛則沾恩也. 丁火喜木生扶, 則有木火通明之象, 木多則塞, 更宜用金以損木, 木疎則明, 功成反生. 春金微弱, 雖多見可以施功, 丙丁之力, 皆足以煆之. 惟忌見土, 土盛則晦火之光, 土少亦不免燥烈之病." 徐樂吾 註,《窮通寶鑑》56쪽.

22) "夏月之火. 夏月火當旺之時, 不能缺水. 無水制而得木助, 必招自焚之患. 見金多, 爲火長夏天金疊疊, 必爲鉅富, 見土多, 格成稼穡, 但晦火無光於稼穡, 亦不能缺水潤之也. 用金宜得濕土以生之, 用土宜得水以潤之. 否則, 土焦金脆, 福澤不全. 如以水爲用, 必須見庚辛發水之源. 水臨絶地, 無金爲源, 滴水曠乾, 依然無濟也." 徐樂吾 註,《窮通寶鑑》56~57쪽.

金이 용신일 경우에는 金을 생하는 습토를 기뻐하고 土가 용신일 경우에는 水의 윤택함을 기뻐하며 水가 용신일 경우에는 생수할 금을 기뻐한다.

② **추월의 火**

火가 신유(辛酉)에 이르면 사절지가 되므로 반드시 木의 생함이 있어야 하고 비겁(比劫)의 도움이 있어야 한다. 왕수를 만나면 운멸(殞滅)의 근심을 면할 수 없고, 土가 많으면 火의 빛을 가리게 된다. 삼추는 금신이 병령(秉令)한 때로 재왕하고 신은 약하니 일주를 돕는 비겁이 많으면 왕한 재의 세력을 분산할 수 있어서 오히려 유리하게 된다. 무릇 일주는 약하고 살이 왕하면 반드시 인수가 용신이 되고, 재(財)가 왕하면 반드시 겁재가 용신이 된다는 것은 규정되어 있는 이치다.[23]

③ **동월의 火**

동월은 화세가 절멸하는 때며, 겸하여 수왕령(水旺令)이니 한편으로는 木으로써 구하고 한편으로는 반드시 무토로 제수함이 있어야 한다. 혹 기토와 임수가 섞여 있다면 오히려 木으로써 (火를) 생하여야 하지만, 한동수축(寒凍收縮)할 때이니 木은 (火를) 생할 뜻이 없으니 더욱 모름지기 火의 융화가 있어 木이 생기를 얻어야 바야흐로 火를 생하기 때문에 비겁인 火가 이롭다는 것이다. 겨울의 火는 반드시 인수·겁재·식상의 상조상제(相調相制)를 이루어야 바야흐로 상격을 이룬다. 金을 만나면 살

---

[23] "秋月之火. 火至申酉, 爲死絕之地, 必須有木以生之, 比劫以助之. 見水旺, 難免殞滅之憂, 土多掩光. 三秋金神秉令, 財旺身衰, 多見比刦幇身, 分財旺之勢, 反爲有利. 凡身弱者, 煞旺必須用印, 財旺必須用刦, 一定之理也." 徐樂吾 註, 《窮通寶鑑》 57쪽.

을 생하여 일주를 극하고 재를 탐하여 인수를 무너뜨리면 격국(格局)을 파해버려 신약할 뿐만 아니라 재를 감당하기가 어려울 뿐이다. 그러므로 천지가 비록 기울어져도 만약 木의 구제함이 없으면 역시 수화가 병존하여 기제의 공을 이루기 어렵다.24) 즉 동월의 火가 신약하면 木·火·土를 기뻐하고 금수를 꺼린다.

3) 논토(論土)

오행 중 木火金水는 춘하추동 사계절의 기(氣)이기 때문에 주로 사계절에 왕하고 土는 중앙에 자리하여 네 모퉁이에서 왕하다. 네 모퉁이란 간궁인 축인, 손궁인 진사, 곤궁인 미신, 건궁인 술해인데 진술축미에 의지하여 왕하다. 인신에서 생하고 사해에 의지하여 녹(祿)이 되므로 사유(四維)에 흩어져 있다고 한다. 土는 전왕지가 없고 사시의 기에 따라서 왕성해지기도 하고 쇠약해지기도 한다. 쓰임이 있기도 하고 꺼림이 있기도 하다는 것은 土가 길신일 경우에 土를 만나면 큰 그릇을 이루고, 土가 기신일 때는 土를 만나는 것을 꺼린다는 것이며, 이것은 金木水火의 배합에 따라 결정되며 일정한 법칙이 있는 것은 아니다. 다음으로 土의 왕쇠를 논하면 土는 火에 의존하여 운행하기 때문에 火는 유(酉)에서 사(死)하는데, 火가 사하면 土 역시 수(囚)하게 된다. 土가 水를 기뻐하는 것은 재가 되기 때문이지만, 수왕하면 土가 무너진다. 그러므로 사유의 土 중에서 춘하의 土는 왕하고 실하지만 추동의 土는 기가 약하고 허하다. 중첩된 후중한 土가 재·

---

24) "冬月之火. 冬月火勢絶滅之時, 水旺兼令, 一面以木爲救, 一面須有戊土制水. 或己土混壬水以反生木, 但寒凍收縮之時, 木無生意, 更須有火融和, 木得生機, 方能生火, 故火比爲利. 冬月之火已必以印刦食傷, 互相調制, 方成上格. 見金則黨煞攻身, 貪財壞印, 格局盡破, 不僅身弱難任其財而已. 故天地雖傾, 若無木爲救, 亦不能使水火並存, 而成旣濟之功也." 徐樂吾註, 《窮通寶鑑》57쪽.

관·식상이 없으면 쓸데없이 고항(高亢)하기만 할 뿐 생의가 없어 공연히 재와 먼지만 일으킬 뿐이다. 그러므로 土가 모여 있으면 막히고 土가 흩어지면 가벼워지는데, 이때 金으로써 土를 설기하고 火로써 土를 완성하도록 하여 대귀의 격을 이룬다. 예컨대 정해·경술·기사·경오인 장개석(蔣介石)의 명조가 여기에 해당한다.25) 즉 土가 태왕하면 金으로 설기하여야 하고, 土가 허약하면 火로써 생하여야 한다.

土는 전왕(專旺)한 때가 있는 것이 아니고 진술축미에 의지하여 왕하고 진술축미월에 각기 18일 동안 왕성하기 때문에 사계의 신(神)에 따라 음양으로 구분된다. 진술은 양지이니 무토가 되고 축미는 음지이니 기토가 되니, 그 작용은 소장된 간(干)에 따라 매우 다르다. 진은 水의 묘이고 미는 木의 묘가 되니 복수닉목(伏水匿木)이라고 한다. 진은 을목이 암장되어 있으니 봄의 여기이고, 미는 정화가 소장되어 있으니 여름의 여기이며, 진의 공용(功用)은 수목에 의지하고 미의 공용은 목화에 의존하기 때문에 진미의 土는 만물을 자양하며 춘하의 공용이다. 술은 火의 묘이고 축은 金의 묘인데, 술은 신금을 암장하고 있으니 가을의 여기이고 축은 계수를 암장하고 있으니 겨울의 여기이며, 술축의 土는 만물을 숙살하는 추동의 공용이다. 이처럼 자양과 숙살이

---

25) "五行木火金水, 卽春夏秋冬四時之氣, 故主旺於四時, 土居中央, 寄旺四隅. 四隅者, 艮宮丑寅, 巽宮辰巳, 坤宮未申, 乾宮戌亥, 辰戌丑未寄旺. 寅申寄生, 巳亥寄祿, 故云散在四維. 土無專旺之地, 隨四時之氣以爲旺衰. 有用有忌者, 言有喜土而成大器, 有惡土而爲忌見, 隨金木水火之配合, 無一定之法也. 次述土之旺衰, 賴火以運行, 火死於酉, 火死則土囚. 土喜水爲財, 水旺則土潰. 故四維之土, 春夏氣旺而實, 秋冬氣弱而虛也. 重重厚土, 無財官食傷, 徒然高亢而無生意, 空惹灰塵而已. 故云土取則滯, 土散則輕, 金以洩之, 火以成之, 則成大貴之格. 如蔣介石之造, 丁亥·庚戌·己巳·庚午·是也." 徐樂吾 註, 《窮通寶鑑》99쪽.

다르기 때문에 진미의 土가 모이면 귀하고 술축의 土가 모이면 귀하지 않다. 土는 진미에서 생하여 만물을 자양하는 공이 있으니 재·관·인수·식상을 쓰는바, 오행이 유기하면 반드시 주(主)는 부귀하고 또한 토성은 후중하므로 주는 장수한다. 土에 金이 없으면 너무 실하고, 水가 없으면 너무 조열하며 木이 없으면 소통되지 못하며, 많은 火를 만나면 말라버리니 가령 가색격(稼穡格)을 이룬다 해도 역시 귀하지 못하며, 여명(女命)이면 많은 경우에 생장하지 못하니 이른바 가색에 火가 어두워 빛이 없는 것이 이것이다.[26] 즉 土가 후중하면 金을 써서 설기하든지 水로써 윤택하게 하든지 木으로써 소토하여야 한다.

춘월에 생한 土는 그 세가 허부(虛浮)하니 火가 생부해 주는 것을 기뻐하며, 木이 태과함을 싫어하며, 水가 범람하는 것을 꺼리는데, 이때 비겁이 도와주는 것을 기뻐한다. 金이 있어 木을 제하면 상서로우나 金이 태다(太多)하면 토기를 빼앗기게 된다.[27]

하월에 생한 土는 그 세가 조열하니 왕성한 水를 얻어 자윤(滋潤)하여야 공을 이룬다. 왕화가 달구어져 土가 말라 터지는 것을

---

[26] "土無專旺之時, 寄旺於辰戌丑未, 四季月各旺十八日, 故隨四季支神而分陰陽. 辰戌陽支, 爲戊土, 丑未陰支, 爲己土也, 作用隨所藏之干而殊異. 辰爲水之墓, 未爲木之墓, 故云伏水匿木. 辰藏乙木, 春之餘氣, 未藏丁火, 夏之餘氣, 辰之功用, 依於水木, 未之功用, 依於木火, 故辰未之土, 滋養萬物, 春夏之功用也. 戌爲火墓, 丑爲金墓, 而戌藏辛金, 秋之餘氣, 丑藏癸水, 冬之餘氣, 戌丑之土, 肅殺萬物, 秋冬之功用也. 以滋養肅殺之殊, 故土聚辰未爲貴, 聚戌丑不爲貴. 土生於辰未, 有滋養萬物之功, 而所用之財官印食傷, 五行有氣, 必主富貴, 土性厚重, 故又主壽考. 土無金則太實, 無水則太燥, 無木則不疏通, 見火多則焦, 卽使格成稼穡, 亦不爲貴, 女命多不生長, 所謂火晦無光於稼穡是也." 徐樂吾 註, 《窮通寶鑑》 100쪽.

[27] "生於春月, 其勢虛浮, 喜火生扶, 惡木太過, 忌水泛濫, 喜土比助. 得金而制木爲祥, 金太多仍盜土氣." 徐樂吾 註, 《窮通寶鑑》 100쪽.

꺼리고 木이 火를 도와 염상하면 水로써 극하여야 장애가 없고, 金이 생하여 水가 범람하면 처재(妻財)에 유익하다. 비견(比肩)을 만나면 건체(蹇滯)되어 불통하는데, 만일 태과하면 木으로 극하는 것이 마땅하다.28)

추월의 土. 추월은 금신이 당왕한 때이니 金이 많으면 土의 기를 설하므로 자왕모쇠(子旺母衰)하게 되는데, 金이 왕하면 火로써 金을 제하는 것을 기뻐한다. 토금진상관(土金眞傷官)에 인수인 火를 거듭 만나고 금신이 화향으로 들어가면 최상의 격이고, 그 다음은 성하던 土가 (木의 극을 받아) 쇠하는 경우에는 金으로써 木을 제함이 마땅하다. 그러나 극설(剋洩)이 교집으로 인할 때에는 火로써 木을 火하고 金을 제하여 신을 돕는 것을 기뻐하니 추월의 土는 火를 떠날 수 없다. 土가 이미 쇠한데, 많은 水를 만나면 재다신약(財多身弱)이 되니 이때는 비견으로써 신을 돕는 것을 기뻐하며, 상강 이후는 土가 왕하여 권세를 쓰는 때이니 비견의 도움이 없어도 괜찮다.29)

① 겨울의 土

겨울에는 양기가 안으로 수렴되므로 土가 밖은 춥고 안은 따뜻하지만 엄동설한한 때이니 조후가 시급하다. 햇볕이 높은 곳

---

28) "夏月之土, 其勢燥烈, 得盛水滋潤成功. 忌旺火煆煉焦坼, 木助火炎, 水剋無碍, 金生水泛, 妻財有益. 見比肩蹇滯不通, 如太過又宜木剋." 徐樂吾 註, 《窮通寶鑑》101쪽.

29) "秋月之土, 秋月金神當旺之時, 金多洩土之氣, 爲子旺母衰, 金旺喜火以制之. 土金傷官佩印, 見火重重, 爲金神入火鄕, 上上之格, 次者盛土衰, 亦宜金以制之. 然剋洩交集, 仍喜火化木制金, 以扶身, 故秋月之土, 不離火也. 土氣已衰, 見水多, 爲財多身弱, 喜得比肩扶身, 霜降以後, 土旺用事, 則不比亦可矣." 徐樂吾 註, 《窮通寶鑑》101쪽.

에서 비추어주면 만상에 봄이 돌아오는 것과 같이 동월의 土는 역시 병화를 떠날 수 없다. 만약 지지에 사오인술이 있으면 토기가 온난하기 때문에 재성을 용신으로 하든 식상을 용신으로 하든 다 아름답다. 水는 土의 재성이니 수왕하면 재가 풍부하고, 金은 土의 자이니 金이 많으면 자식이 수려한데, 오직 재성을 용신으로 하거나 식상을 용신으로 할 때는 모두 원국에 火가 왕성해서 土가 따뜻해야 한다는 것이 선결조건이다. 그렇지 않으면 반드시 조후가 급하므로 금수 모두를 용신으로 할 수 없다. 원국에 火가 있어 조후가 되면 木은 많더라도 火를 생조하면서 土를 소토하기 때문에 겨울의 土는 火를 용신으로 하고 갑목으로써 보좌하는 것을 기뻐하니 비록 (木이) 많다 하더라도 허물이 없다. 만약 金이나 水나 木을 용신으로 삼는다면 반드시 인수가 있어 신강하여야 하며, 더욱 비겁이 일주를 돕고 있어야 신주가 강강(康强)하여 오래 살고 상서롭게 되는 것이다.[30]

② 논사계월지토(論四季月之土)

진(辰)은 삼월의 土로서 지장간(支藏干)에 을계무(乙癸戊)가 있고, 미(未)는 유월의 土로서 정을기(丁乙己)가 있다. 그리고 술(戌)은 구월의 土로서 신정무(辛丁戊)가 있으며, 축(丑)은 십이월의 土로서 계신기(癸辛己)가 있다.

---

[30] "冬月之土. 冬月陽氣內斂, 故土外寒而內溫, 在嚴寒之時, 調候危急. 一陽高照, 萬象回春, 故冬月之土, 亦不離乎丙火也. 若支有巳午寅戌, 土氣溫暖, 則用財, 用食傷, 皆美. 水・土之財也, 水旺則財豊, 金・土之子也, 金多則子秀, 惟用財・用食傷, 皆以原局火盛土暖爲先決條件. 否則, 須以調候爲急, 金水皆不能用矣. 原局有火調候, 見木多助火而疏土, 故冬月之土, 用火喜以甲木爲佐, 雖多無咎也. 如用金・用水, 或用木, 必須身强有印暖之, 更須有比劫助之, 則身主康强, 壽考維祺矣." 徐樂吾 註, 《窮通寶鑑》 101~102쪽.

진술축미 四土 중에 오직 미토가 극왕한 것은 무엇 때문인가? 진토는 목기를 띠고 있으니 土가 극을 받고 있으며, 술축의 土는 金을 대동하고 있으니, 土가 설기되기 때문에 이 三土는 왕해도 왕하지 않다. 그러므로 土가 이 三土에 임하고 있으며, 金이 많을 때 가색격을 이루는 것은 중화를 잃지 않기 때문이다. 미월토의 경우는 화기를 띠고 있으며, 그 火가 土를 생하는 까닭에 극왕한 것이다. 만약 土가 이 왕한 미월에 임하고 사주에 土가 중첩하면, 이는 대부분 화염토조(火炎土燥)하기 때문에 가색격을 이룬다고 볼 수 없다. 단, 이 미월에 임한 土라도 금국을 이루고 있으면 귀하지는 않지만 부하다. 서에 이르기를, 土가 계월에 태어났을 때 金을 많이 만나면 마침내 귀하다고 논하는데, 미월에 태어났으면 더욱 그러하다.31)

4) 논금(論金)

金은 능히 水를 생하지만 수왕하면 金이 잠겨버리고, 土가 金을 생하나 金이 많으면 土가 천(賤)하다. 金은 水가 없으면 마르지만 水가 중하면 잠겨버려 쓸모가 없고, 金이 土가 없으면 사절(死絶)하지만 土가 중하면 매몰되어 현달하지 못하니 양금(兩金) 양화(兩火)가 가장 이상적이다. 양금 양목은 재가 풍족하지만 一金이 삼수를 생하면 힘이 약하여 능히 감당하기 어렵고, 一金이 三木을 만나면 완둔해지고 스스로 손상된다. 金이 무성하면 火가 멸하는데, 이 때문에 金이 기물을 이루지 못하면 火를 얻고자

---

31) "辰戌丑未, 四土之神, 惟未土爲極旺, 何也. 辰土帶木氣剋之, 戌丑之土, 帶金氣洩之, 此三土雖旺而不旺. 故土臨此三位, 金多作稼穡格, 不失中和. 若未月土, 則帶火氣也. 帶火以生之, 所以爲極旺也. 若土臨此旺未月, 見四柱土重, 多作火炎土燥, 不可作稼穡看. 但臨此月之土, 見金結局, 不貴卽富也. 書曰, 土逢季月見金多, 終爲貴論, 而在未月尤甚." 徐樂吾 註, 《窮通寶鑑》102쪽.

하며, 금이 이미 기물을 이루었으면 火를 얻고자 하지 않는다. 이것은 土金水의 반생 반극의 이치를 설명한 것으로 지나치거나 모자라거나 모두 좋지 않음을 논한 것이다.32)

金의 성정에 대해서 총론하면 오행이 상호 작용함에 있어서 수화가 서로 대응하고 금목이 서로 대응하는데, 木은 겉은 양이지만 속은 음이며, 金은 겉은 음이지만 속은 양이다. 그러므로 정임이 木으로 化하는 것은 수화의 기가 화하는 것이고, 병신이 水로 화하는 것은 얼음과 눈이 火를 만나면 소멸하는 것과 같다. 경금은 겉은 음이고 속은 양이니 굳고 강한 성질이 있으니 유독 다른 물질들과 달리 火로 하련(煆煉)하지 않으면 능히 기물을 이룰 수가 없다. 火는 金을 극하지만 金이 중하고 火가 가벼우면 火는 헐멸(歇滅)되고, 金이 가볍고 火가 중하면 金이 녹아 없어지니 금화가 서로 균등하면 격을 주인이라고 하여 가장 정한 격이 된다. 만일 경금이 유월에 생하고 신금이 투출하였으며 병정을 만나면 살인격이 되고, 축자를 보면 火土金이 상생하여 살인용인격이 되지만 축은 金의 묘이기 때문에 손모(損模)라고 한다. 金이 많고 화왕하여 살과 인이 균등하면 가장 정한 격이 되지만, (대운이) 사쇠지(死衰地)로 행하는 것은 마땅하지 않다. 목화로 연금하면 경금이라도 반드시 공명이 나타나고 순금이 水를 만나면 신금이라도 재록이 넉넉하다.「金이 그릇을 이루지 못했을 때 火를 얻고자 한다.」에서「기물을 이루지 못했다.」는 것은

---

32) "金能生水, 水旺則金沉, 土能生金, 金多則土賤. 金無水乾枯, 水重·則沉淪無用, 金無土死絕, 土重·則埋沒不顯, 兩金兩火·最上. 兩金兩木·財足, 一金生三水, 力弱難勝, 一金得三木, 頑鈍自損. 金成則火滅, 故金未成器, 欲得見火, 金已成器, 不欲見火. 此述土金水反生反剋之理, 太過不及, 皆不爲美." 徐樂吾 註,《窮通寶鑑》132~133쪽.

무엇을 말한 것인가 하면, 바야흐로 격국을 이루려면 水木火土의 배합을 필요로 하는데, 배합에는 火가 없어서는 안 된다는 말이다. 이미 그릇을 이루었다 함은 무엇을 말하는가 하면 지지에 신유술서방이 모이든지, 혹은 사유축 금국으로 金의 형상을 이루었을 때 水로써 설기함이 옳고 火를 만나면 마땅하지 않음을 말하기 때문에 대운이 서북으로 행(行)하면 좋고 동남은 이롭지 않다는 말이다. 만약 金이 겨울에 태어났으면 금수상관격에 관성을 기뻐하는데, 이것은 조후에 관계된 것이고 왕약의 예외이다.33)

춘월에 태어난 金은 아직 한기가 다 가시지 않았을 때이니 火가 없어서는 안 된다. 다만 금기가 휴수한 때로 체질이 유약하니 火가 왕하면 녹아버릴 염려가 있으니 반드시 두터운 土로 보좌하고, 비겁으로 부조하면 살인상생격이 되어 바야흐로 대격을 이룬다. 이른바 金이 기물을 이루지 못했을 때 火를 얻고자 하는 것이 이것이다. 金이 약한데 水를 만나면 설기되고, 木을 만나면 힘이 손상되기 때문에 춘월의 金이 식상생재로 쓰면 상등의 격이 되지 못하는 것이다.34)

---

33) "總論金性, 五行之用, 水火相對, 金木相對, 木·外陽而內陰, 金·外陰而內陽. 故丁壬化木, 水火之氣和也, 丙辛化水, 氷雪遇火而消也. 庚金外陰內陽, 堅剛之質, 獨異衆物, 非火煆煉, 不能成器. 火能剋金, 然金重火輕, 則火歇滅, 金輕火重, 則金消亡, 金火兩停, 格名鑄印, 爲格最精. 如庚金生八月, 透辛金而見丙丁, 爲煞刃格, 見丑字·則火土金相生, 爲煞刃用印, 丑爲金墓, 故云損模. 金多火旺, 煞刃兩停, 爲格最精, 不宜行死衰之地. 木火鍊金, 庚金也, 功名必顯, 純金遇水, 辛金也, 財祿有餘. 金未成器, 欲得見火, 何謂未成器, 待水木火土之配合, 方成格局, 配合不能缺火也. 何謂已成器, 支聚申酉戌西方, 或巳酉丑金局, 金成形象, 宜水以洩之, 不宜見火, 故運宜西北, 不利東南. 若生於冬令, 金水傷官喜見官, 乃調候關係, 爲例外也." 徐樂吾 註,《窮通寶鑑》132~133쪽.

① 하월의 金

金은 土가 어머니가 되니 모가 왕(旺)하면 자식을 돕는다. 그러나 여름의 土는 화향(火鄕)에 의탁하므로 왕하고 조열한 土이니 어찌 金을 생할 수 있겠는가? 그러므로 여름의 金은 더욱 유약하다. 金은 사에서 장생하여 기가 비록 싹터서 움직이지만 아직 형질을 갖추지 못했으므로 반드시 습토로 생조해 주어야 하고 비겁으로 도와야 한다. 그러므로 여름에 태어난 金의 무리는 북방 水를 용신으로 함을 기뻐한다고 한 것이다. 여름의 金은 이미 유약하다고 했는데 어찌해서 火가 많음을 싫어하지 않는다고 했는가? 대개 4월 사궁과 5월의 오궁은 무기토의 녹지가 되므로 비록 金을 생하지는 못하지만 역시 金을 녹여버릴 수도 없기 때문에 여름의 金은 水를 가장 기뻐하는 것이다. 水를 만나면 火를 제하고 土를 윤택하게 하여 金을 생하지만, 木을 만나면 土를 제하고 火를 도와 金을 극한다. 미약한 金은 土의 생조함을 기뻐하지만 土가 많은 것은 마땅하지 않다. 土가 많으면 金이 매몰되니 반드시 한두 점(點)의 土에 다시 水를 만나 윤택하게 하고 火로써 보좌하면 가장 유용하게 된다.35)

---

34) "春月之金, 餘寒未盡, 不能缺火. 但時值休囚, 體柔質弱, 火旺有銷鎔之虞, 故必欲厚土爲輔, 比劫扶助, 煞印相生, 方成大格. 所謂金未成器, 欲得見火是也. 金弱見水洩氣, 見木損力, 故春金用食傷生財, 格非上等." 徐樂吾 註,《窮通寶鑑》133쪽.

35) "夏月之金. 金以土爲母, 母旺則子相. 然夏月之土, 寄旺於火鄕, 燥烈之土, 何能生金. 故夏金尤爲柔弱也. 金長生在巳, 氣雖萌動, 而形質未具, 必須濕土生之, 比劫助之. 故云羣金生夏, 喜用勾陳是也. 夏金旣云質弱, 何以火多不厭. 蓋四月巳宮, 五月午宮, 戊己土得祿, 雖不能生金, 亦不鎔金也, 故夏月之金, 最喜見水. 得水則制火潤土以生金, 見木則制土助火以剋金也. 微弱之金, 喜土生之, 又不宜土厚. 土厚則埋金, 須一二點土, 更得水以潤之, 火以佐之, 則最爲有用也." 徐樂吾 註,《窮通寶鑑》133쪽.

② 가을의 金

가을의 金은 강하고 예리함이 극에 이르렀다. 경금은 火로써 단련함을 기뻐하는데 큰 그릇을 이룰 수 있기 때문이고, 신금은 水로써 설수함을 기뻐하는데 그 정신이 현달할 수 있기 때문이다. 가을의 金은 火를 용신으로 하거나 혹은 水를 용신으로 하여야 바야흐로 상격이 된다. 土가 많으면 어리석고 완고한 무리이고 木이 많으면 상인이 될 사람이다. 강함이 지나치면 부러지기 쉽고, 지나치게 가득하면 감손을 초래하니 (가을의 金은) 인수나 비겁 모두 마땅한 바가 아니다.36)

겨울의 金은 관성과 인수와 비겁을 떠날 수 없다. 재성이 왕하면 비겁으로 상부해주는 것이 마땅하고, 상관이 왕하면 반드시 관성과 인수로 도와주어야 한다. 겨울의 水는 왕하고 당령하여 금수진상관격이 되니 土가 水를 제함이 있어야 金이 침잠하지 않고, 火가 있어 해동하여야 금기가 따뜻해지니 土金이 부조하면 자모가 공을 이룬다. 그러므로 겨울의 金은 금수상관격으로서 관성이 있을 때 가장 좋은 격국이 된다.37)

5) 논수(論水)

水는 신(申)에서 장생하고 해자에서 녹왕(祿旺)이 된다. 서에

---

36) "秋月之金. 秋金剛銳極矣. 庚金喜火煆鍊, 以成大器, 辛金喜水洩秀, 以顯其精神. 秋金用火或用水, 方成上格. 土多·愚頑之輩, 木多·商賈之人. 過剛易折, 過滿招損, 印刦皆非所宜." 徐樂吾 註,《窮通寶鑑》133~134쪽.

37) "冬月之金, 不離官印·比劫. 財旺宜比刦相扶, 傷官旺必須官印爲助. 冬月水旺秉令, 爲眞傷官, 有土制水, 金不沉潛, 有火解凍, 金氣溫暖, 金土扶助, 子母成功. 故冬月之金, 以金水傷官, 見官爲最高格局也." 徐樂吾 註,《窮通寶鑑》134쪽.

서 북, 동, 남으로 행하는 것이 순이고, 그 반대는 역이다. 서북의 땅은 높은 곳이고, 동남은 낮으니 (물은) 동남으로 흐른다. 거스르지 않고 아래로 내려가는 형세는 水의 본성이니, 신·유·술·해·자·축·인·묘·진·사·오·미로 행하면 순행이 되고, 신·미·오·사·진·묘·인·축·자·해·술·유로 행하면 역행이 된다. 입격(入格) 여부는 별도 배합으로 판단해야 한다. 순행하면 주로 도량이 있고, 역행하면 주로 명성과 명예가 있다. 길신이 부조함을 기뻐하고 형충으로 격동하는 것을 꺼린다. 스스로 사(死)의 지(地)는 인묘로 그 기를 납수하는 것을 말하고, 스스로 절의 지는 사궁 병무 양화의 기를 제방으로 용하는 것을 말한다.[38]

水가 춘하의 휴수지에 태어나면 수원이 없지만, 金에 의지하여 태어나면 원원류장(源遠流長)하다. 水가 추동절에 태어나면 극왕하여 범람하니 반드시 土에 의지하여 제방을 삼아야만 水가 정궤(正軌)에 든다. 수화가 균등하다는 것은 병화가 (水의) 세력과 서로 대적하고 있는데 식상인 木이 그 기를 서로 통하고 있으면 기제의 공을 이루어 아름다운 것이고, 수토가 혼잡하다는 것은 기토관성을 제할 식상이 없으면 수원을 탁하게 하여 흉하다는 것이다.

그러므로 임수는 관성을 쓰는 것을 꺼린다. 火가 많으면 土는 반드시 火를 따라서 왕한데, 화왕토조(火旺土燥)하면 적수(滴水)

---

[38] "水生於申, 祿旺於亥子. 自西·而北·而東·而南 爲順, 反之爲逆. 西北地處高亢, 東南低陷, 流向東南. 順下之勢, 水之性也, 申·酉·戌·亥·子·丑·寅·卯·辰·巳·午·未 爲順行, 申·未·午·巳·辰·卯·寅·丑·子·亥·戌·酉 爲逆行. 入格與否, 另看配合. 順行主有度量, 逆行主有聲譽. 喜吉神扶助, 忌刑冲激蕩. 自死之地, 謂寅卯納其氣也, 自絶之地, 謂巳宮丙戌, 陽和之氣, 隄防之用也." 徐樂吾 註,《窮通寶鑑》174쪽.

는 말라버린다. 무토가 중첩되면 비록 火를 만나지 않더라도 역시 水를 제하여 흐르지 못하게 되는데, 水는 유통하여야 아름다운 것이다. 그러므로 火가 많고 土가 중첩된 것은 사시에 모두 꺼린다. 水는 金에 의지하여 태어나면 멀리까지 흘러가는데 金은 자(子)에 이르면 사지가 되니 모인 金은 사하고 자식인 水만 홀로 범람하고 그치지 않으니 곤고하다. 木은 능히 수기를 설기하는데 인묘는 木이 왕한 때이니 곧 水의 사지가 된다. 水는 金으로서 근원을 삼는데, 금수가 상생하면 사람이 반드시 총명하지만, 水가 많은데 金이 없거나 또 무토의 제함이 없으면 주(主)는 탁기가 넘치는 경우가 많다.[39]

① 춘월의 水

동남은 저함(低陷)하여 납수하는 부(府)가 되니 곧 사수(死水)이지 활수가 아니다. 만약 많은 水를 만나면 반드시 범람의 환에 이르게 되니 반드시 무토로써 제방을 하여야 산만함에 이르지 않는다. 봄에는 水가 휴수하는 때이니 金이 생부하는 것을 기뻐하지만, 당령한 木이 용신이 되는 경우에 金이 성하면 木이 상하여 그 水기를 손상한다. 병화를 만나면 병령한 木으로 그 기를 통하니 스스로 기제의 아름다움을 얻는다. 목화가 많으면 水가 고갈되니 木을 만나면 신약한 수목상관격이 되고, 신강한 수목

---

[39] "水生春夏休囚之地, 則爲無源, 仗金以生之, 則源遠流長. 水生秋冬, 旺極泛濫, 必藉土爲隄防, 則水入正軌. 水火均者, 丙火也, 勢力相敵, 有食傷通其氣, 則成旣濟之美, 水土混者, 己土也, 無食傷制其官, 則有濁源之凶. 故壬水以用官星爲忌也. 火多, 土必隨之而旺, 火旺土燥, 滴水熅乾. 戊土重重, 雖不見火, 亦能制水不流, 水以流通爲美. 故火多土重, 四時皆忌也. 水仗金生而流遠, 金至子爲死地, 母死子孤, 有泛濫無止之困. 木能洩水之氣, 寅卯木旺之時, 乃水之死地也. 水以金爲源, 金水相生, 人必聰明, 水多無金, 又無戊土制之, 多主濁濫." 徐樂吾 註,《窮通寶鑑》175쪽.

상관격이 될 경우에 土가 없으면 수세가 범람할까 근심이 되므로 재관을 만나면 귀하다.[40]

② 여름의 水

여름에는 물이 마르는 때이고 또 水의 절지가 되니 비겁의 부조를 얻고 다시 마땅히 金으로서 생하여 겁인을 함께 만나면 생부의 아름다움이 있다. 화왕하면 학(涸)하고 土가 왕하면 건(乾)하고 木이 왕하면 기세를 설하니 모두가 마땅한 바가 아니다.[41]

③ 가을의 水

水가 가을에 생하면 왕한 金이 상생하여 청영징철(淸瑩澄澈)하니 무토로써 제함은 기뻐하나 기토는 혼탁하여 꺼리므로 목화를 씀이 마땅하다. 火가 많으면 재가 풍족하며 木이 많으면 자식이 영화롭다. 만약 수세가 범람하면 반드시 무토로써 제방을 쌓아야 곧 궤도(軌道)에 들어가고 물이 알맞게 유통한다. 기토를 만나면 水를 그치게 하지 못할 뿐만 아니라 오히려 탁하게 하므로 삼추의 임수는 관성을 용신으로 삼는 것을 꺼린다.[42]

---

40) "春月之水. 東南低陷, 納水之府, 乃死水·非活水也. 若見水多, 必致泛濫爲患, 必須戊土爲隄防, 則不致散漫. 春水休囚之時, 喜金生扶, 木爲當令用神, 金盛則傷木, 損其秀氣. 見丙火, 有秉令之木通其氣, 自得旣濟之美. 見木火多則水渴, 見木·爲水木傷官, 無土·仍愁水勢泛濫, 故水木傷官, 喜見財官爲貴也." 徐樂吾 註,《窮通寶鑑》175쪽.

41) "夏月之水. 夏月乾涸之時, 又爲水之絶地, 得比肩扶助, 更須金以生之, 刦印並見, 乃得生扶之美. 火旺則涸, 土旺則乾, 木旺·則氣勢洩弱, 皆非所宜也." 徐樂吾 註,《窮通寶鑑》175쪽.

42) "秋月之水. 水生於秋, 有旺金相生, 淸瑩澄澈, 喜戊土爲制, 忌己土混濁, 宜木火爲用. 火多財盛, 木多子榮. 若水勢泛濫, 必須戊土隄防, 姑得入於軌道, 水宜流通. 見己土·不能止水, 反而濁壬, 故三秋壬水, 忌用官星也." 徐樂吾 註,《窮通寶鑑》176쪽.

④ 겨울의 水

동령(冬令)은 水가 왕한 때로, 한랭의 위세가 나날이 중(重)하여 물이 엉기어 얼음이 되니 반드시 병화로 따뜻함을 증가시켜 한함을 제하여야 하기 때문에 동월의 水는 병화가 없어서는 안 된다. 천지가 폐색되어 만상이 수장(收藏)되면 水는 지하의 행을 따라 정궤(正軌)에 들어간다. 水가 성할 때에는 수고스럽게 金이 생하지 않더라도 쓸데없이 한동함을 더하므로 무의(無義)하다고 한 것이다. 목기가 마르면 비록 어떤 이익이 있다 해도 이는 무정하다는 것을 이르는 것이다. 10월 11월은 水세가 범람하니 土로써 제방함을 기뻐하지만, 12월은 土가 지나치게 태왕하니 도랑의 물이 말라 수레바퀴자국 같이 되지 않을까 우려할 만하다.43)

3. 결론

여씨명리학은, 조후(調候)를 위주로 하고 억부(抑扶)를 참작하여 중화를 이루는 용신을 정하여 인명의 길흉화복을 규명하는데 가장 근간적 기준이 되는 120(10간×12월) 가지의 축을 제공하고 있다. 즉 중화사상을 실현하기 위한 억부용신의 기준이 되는 왕약에 대해서는, 갑·을·병·정·무·기·경·신·임·계의 10일간이 각각 삼춘인 인묘진월과 삼하인 사오미월과 삼추

---

43) "冬月之水. 冬令水旺之時, 寒威日重, 水結成氷, 必須丙火增暖除寒, 故冬月之水, 不能缺丙火也. 天地閉塞, 萬象收藏, 水從地下行, 入於正軌. 水盛之時, 毋勞金生, 徒增寒凍, 故曰無義. 木氣枯槁, 雖多奚益, 是謂無情. 十月十一月, 水勢泛濫, 喜土隄防, 十二月土旺太過, 溝渠之水, 涸轍堪虞." 徐樂吾 註,《窮通寶鑑》176쪽.

인 신유술월과 삼동인 해자축월에 태어났을 경우에 일간 대 십이월지와의 관계를 중심으로 볼 때 상(인성으로써 일간을 생함), 왕(비·겁으로써 일간을 도움), 휴(상·식으로써 일간이 설기됨), 수(재성으로써 일간이 극함), 사(관성으로써 일간이 극을 당함)함에 따라 그 각각의 왕·약을 구분할 수 있는 기준을 제공하고 있다. 그리고 그 기준을 중심으로 볼 때 상황의 변화에 따라서 일간이 신강함과 신약함으로 되는 그때마다 그 길신과 흉신에 대해서 말하고 있다. 가령 갑목일간이 해자월에 태어난 경우에 왕성한 해자수는 인성으로써 갑목을 생하는 상이 되고, 인묘월에 태어난 경우에는 왕성한 인묘목이 갑목을 도우니 왕이 되는데, 이 둘의 경우는 득령을 하였으므로 신강의 기준이 된다. 그리고 갑목일간이 사오월에 태어나면 왕성한 식상에 갑목이 설기되니 휴가 되며, 진술축미월에 태어나면 갑목이 왕성한 재성을 극상하므로 水가 되고, 신유월에 태어나면 왕성한 관성이 갑목을 극상하므로 사가 되는데 이 셋의 경우는 실령하였으니 신약의 기준이 된다. 따라서 사주팔자에서 월지를 포함한 상과 왕이 휴와 수와 사보다 많으면 신강한 명조가 되는 경우가 대부분이고, 월지를 포함한 휴와 수와 사가 상과 왕보다 많으면 신약한 명조가 되는 경우가 대부분이다.

필요에 따라 그 쓰이는 오행 즉 용신에 대해서 언급하면, 가령 갑목일주가 신강한 중에 많은 水가 흉이 되면 水를 제복하는 土가 용신이 되고, 많은 木이 흉이 되면 木을 제복하는 金이 용신이 되며, 태강하면 설기하는 火가 용신이 되고, 태강이 극에 이르면 변격인 목왈곡직격이 되는데, 이때는 종신인 木이 용신이 된다. 그리고 갑목일간이 신약한 중에 많은 火가 흉이 되면 그 火를 제복하는 水가 용신이 되고, 많은 土가 흉이 되면 土를 제복하는 木이 용신이 되며, 많은 金이 흉이 되면 그 金을 제복하는 火가 용신이 되든지 水가 金과 갑목 사이를 통관하는 용신이 된다. 또 갑목일간이 의지할 水와 木이 없는 중에 火가 만국을 이루었으면 기명종아격이 되고, 土가 만국을 이루었으면 기명종재격이 되며, 金이 만국을 이루었으면 기명종살격이 된다. 이처럼 종격이 되면 종하는 신이 곧 용신이 된다. 나머지 일간도 이와 같이 추리하면 된다.

그리고 조후용신의 기준이 되는 한난·조습문제도 다루고 있다. 갑·을·병·정·무의 천간과 인·묘·사·오·미·술의 지지는 난(暖)·조(燥)하고, 기·경·신·임·계의 천간과 신·유·해·자·축·진의 지지는 한(寒)·습(濕)하다. 따라서 사주 원국에서 갑·을·병·정·무의 천간과 월지를 포함한 인·묘·사·오·미·술의 지지가 기·경·신·임·계의 천간과 신·유·해·자·축·진의 지지보다 많으면 조열한 명조이므로 한습한 간지를 기뻐하고, 기·경·신·임·계의 천간과 월지를 포함한 신·유·해·자·축·진의 지지가 갑·을·병·정·무의 천간과 인·묘·사·오·미·술의 지지보다 많으면 한습한 명조이므로 조열한 간지를 기뻐한다.

여씨 명리학은 원래 십간을 12개월에 나누어 배열하고 매월마다 천간의 각각 경우로 120가지 조목(條目)을 짓고, 십간의 성정과 각 월의 기운에 따라 자연에 순응하는 이치를 적용하여 중화를 이루었느냐 못 이루었느냐에 근거하여 그 희기를 나타냈다. 따라서 120가지의 조목에 따른 각각의 희신과 기신에 대한 언급을 하여야 함에도 이 논문에서는 그러하지 못한 문제점이 있다.

〈참고문헌〉

- 徐升 編著, 《淵海子平評註》(臺北 武陵出版有限公司, 2002)
- 萬民英, 《三命通會》(臺北 武陵出版有限公司, 2003)
- 張楠, 《標點命理正宗》(臺北 武陵出版有限公司, 2001)
- 徐樂吾 註, 《窮通寶鑑》(臺北 武陵出版有限公司, 2004)

제9장 맹파 명리학의 특성과 내용

박영창
－동방대학원대학교 미래예측학과 조교수－

차 례

1. 서론 · 224
2. 맹파 명리학의 유래와 특성 · 225
3. 맹파 명리학의 내용
   1) 취상론(取象論) · 229
   2) 빈주론(賓主論) · 241
   3) 체용론(體用論) · 242
   4) 공신폐신론(功神廢神論) · 242
   5) 능량효율론(能量效率論) · 243
   6) 적신포신론(賊神捕神論) · 243
   7) 간지배치론(干支配置論) · 244
   8) 주공론(做功論) · 245
   9) 응기론(應期論) · 248
   10) 제국론(制局論) · 249
   11) 제법론(制法論) · 250
4. 결론 · 251

1. 서론

　근래에 전통문화의 계승발전 작업이 활발하게 진행되면서, 사주명리학 역시 제도권 학문으로 진입하여 명리학에 대한 이론 연구와 실증분석이 여러 각도에서 이루어지고 있다. 하지만 아직은 초창기이므로 명리학의 학파와 학설에 대한 체계적 연구가 부족하고 다양한 연구가 이루어져야 할 필요가 있다. 이런 의미에서 본고에서는 여러 명리학설 가운데 가장 특색이 있는 맹파(盲派) 명리학의 이론과 특성을 소개하게 되었다.
　맹파 명리학은 말 그대로 맹인들이 사용해 오던 명리학이다. 조선시대 실학자였던 반계 유형원은 저서 《반계수록(磻溪隧錄)》에서, "현재의 제도에서 소위 명과학(命課學)은 모두 맹인들이 하는 것이다. 원천강 가결(歌訣) 등의 책으로 시험을 보는데, 근본적으로 가르칠 것이 못된다. 명과학을 없애고 맹인들은 악공을 시켜야 한다."[1]라고 주장한 적이 있었다. 이런 기록을 보면 조선시대에서 맹인들이 음양과의 명과학 시험에 응시했고, 맹인들이 명리학에 능통했음을 알 수가 있다.
　중국에서도 명리학에 능통한 맹인들이 존재했고, 그들만 사용하던 독특한 명리학이 존재해 왔다. 그것이 근래에 와서 맹파 명리학으로 명명되어 일반인에게 널리 유포되고 있다. 본고에서는 중국에서 최근 유행하고 있는 맹파 명리학의 특성과 내용을 고찰하는 것을 목적으로 한다.

---

1) 《磻溪隧錄》卷 10 〈敎選之制〉 下 「諸學選制附」 참조.

2. 맹파 명리학의 유래와 특성

　단건업(段建業)이라는 사람이 2000년부터 중국에 맹파 명리학을 일반인에게 널리 보급하기 시작했다. 맹파 명리학이라는 용어를 만들고 그 학설의 내용을 널리 전파하고 있는 그는 맹파 명리학의 본격적인 개막을 알리는 신호탄이 되었던 자신의 저서 《맹파명리(盲派命理)》의 서문에서 다음과 같이 말하고 있다.[2]
　"맹사(盲師) 일파의 논명(論命) 방법은 줄곧 구전으로만 전수되어 왔고, 맹인이 아닌 사람에게는 전해지지 않는 운명 해석의 절학(絶學)이었다. 판단이 놀랍도록 정확하고 출신입화의 경지에 도달해 있어서 백 번 말해서 한 번도 틀리지 않는다고 민간에 칭송이 자자했었다. 천여 년 동안 명학을 연구하는 저서가 매우 많았지만 단 한 권도 심오한 경지에 도달하지 못하였다. 내가 인연이 있어서 정축년(1987)에 맹사(盲師) 학금양(郝金陽) 선생님과 친교를 맺게 되었는데, 그 분이 친히 운명을 판단하는 신기한 광경을 보고 심히 놀라 사부님으로 모시기로 결심하게 되었다. 그러나 맹파의 절학은 외부로 전할 수 없다는 사훈(師訓) 때문에 그 분이 살아 계실 때 배운 바가 많지는 않았다. 맹인 산명(算命)은 왕쇠를 보지 않고 용신을 논하지 않고 격국을 말하지 않기 때문에 현행의 명리학 이론과 차이가 난다. 그러나 그것은 틀림이 없이 확실하게 맞추는 것이 가능하고 아주 오묘한 바가 있었다. 나는 2000년 이후에 비로소 맹파 명리학의 연구에 몰두하여 《명리진보(命理眞寶)》, 《명리괴보(命理瑰寶)》, 《맹파단명질례집

---

[2] 段建業, 《盲派命理》 (중국 時輪造化有限公司, 2006), 4~5쪽.

(盲派斷命軼例集)》을 저술하게 되었다. 천릿길도 한 걸음부터 시작하고, 작은 물방울이 모여서 못을 이루듯, 그 책들 속에서 알 수 있겠지만, 맹파 명리의 연구는 아주 느리고 오래 걸리는 과정이었다. 흡사 술을 빚을 때와 같다고나 할까. 사부 학선생님이 나에게 남겨주신 것은 진귀한 누룩이었고 좋은 술이 되려면 매우 오랜 시간의 발효 과정이 필요했던 것이다. 나는 아직도 선생님의 논명(論命)하시는 경지에 도달하려면 멀었고, 다만 첫걸음을 떼었을 뿐이다."

장위(張衛)는 2006년에 출간된 《맹파명리(盲派命理)》의 추천사3)에서 다음과 같이 맹파명리의 보급에 대해 말하고 있다.

"내 사부 단건업은 돈후한 성품으로 배움에 깊이 침잠하는 분인데, 기묘한 인연이 있어 맹파의 고인(高人) 학금양 선생의 비결을 전수받고 맹파의 심오한 경지를 들여다보다가 수년의 세월이 흐른 후에야 비로소 맹파의 옳은 이치를 깨닫게 되셨는데, 스승님의 은혜에 감격해서 감히 사장시키지 못하고 근년에 이르러 스승님의 절학(絶學)과 자기의 심득을 정리해서 책을 펴내 대중에게 공개하시게 되었으니, 오로지 인연이 있는 자는 이것을 익혀 도를 전하는 데 사용하기를 바란다. 신작《맹파명리》는 맹사(盲師)의 판단법을 전체적으로 체계화시키고 총결한 것이다. 이리하여 맹사의 학문이 다시 발전하게 되었고 맹파명리를 체계화, 이론화하여 일반인이 읽고 맹사의 법을 체득하고 맹파에 입문할 수 있게 된 것이다. 단건업 사부님의 이런 거사는 현시대의 학도들에게 크나큰 행운이며 그 공로는 이보다 더 클 수가 없을 것이다."

이와 같은 내용을 보면 맹파 명리학은 2000년 이후에 단건업이 세간에 공개한 명리학설이라는 것을 알 수 있다.

---

3) 段建業,《盲派命理》(중국 時輪造化有限公司, 2006), 1쪽.

장위는 그 추천사에서 맹파 명리학의 특성을 이법·상법·기법으로 나누어 다음과 같이 논하고 있다.4)

"맹파 명리를 총괄해 보자면, 그 법은 이법(理法)·상법(象法)·기법(技法) 세 가지인데, 본서에는 앞의 두 가지가 기재되어 있다. 이법은 논명의 근본이며, 이가 통한즉 국(局)이 밝게 되고, 국이 밝은즉 상(象)이 나온다. 맹사(盲師)의 가슴속에는 그 이법이 천지자연의 이치로 품어져 있었기 때문에 그에 대해 별로 언급을 하지는 않았다. 단건업 사부의 법은 맹사의 것으로, 역리에 근거를 두고 음양오행의 설에 따라 그것을 정리 발전시키고 맹파의 이법으로 삼아 맹파의 학문을 요약하여 일반인들이 이해할 수 있게 하셨다. 이법은 음양을 벗어나지 않으며, 술수는 음양이 근본이 아닌 것이 없고 만약 음양과 무관하다면 거짓 술수에 불과한 것이니 명을 배우는 자는 자세히 살펴야 할 것이다. 맹파의 이법은 빈주(賓主)·체용(體用)·간지배치(干支配置)에 있으며 음양과 결합이 되지 않음이 없다. 빈주를 가지고 내외(內外)를 구별하고, 체용을 살펴서 득실(得失)을 가리며, 간지를 분석하여 형상(形象)을 구별하고, 원국과 대운과 유년을 보고 동정(動靜)과 길흉(吉凶)을 알게 된다. 배우는 자가 음양으로부터 착수한다면 노력을 절반만 들이고 두 배의 성과를 거둘 수 있을 것이다. 오행의 학설 역시 지극한 이치가 있으니 맹파의 공용(功用)의 이치는 여기에 근거를 두는 것이다. 제국(制局)·합국(合局)·묘국(墓局), 생국(生局)·화국(化局)·대국(對局)·전국(戰局) 등등, 형태는 여러 가지이나 이치는 하나이고, 생극승모(生剋乘侮)와 충합형해(沖合刑害)와 같은 팔자의 공(功)은 여기서 벗어나지 않는다. 그 이치를 알면 맹파에 입문할 수 있고, 명(命)의 의향과 명국의

---

4) 段建業, 《盲派命理》(중국 時輪造化有限公司, 2006), 2~3쪽.

고저와 부귀빈천의 층차와 대운과 유년의 길흉을 알 수 있다. 상법은 맹파의 정수임과 동시에 술수의 정수이다. 술수는 역에 근원을 둔 것인데, 역이란 상(象)의 학이다. 옛날 성인들이 자연을 관찰하여 괘를 만들면서 역학이 전해 내려오게 되었다. 맹파의 상(象)은 명리 고적에 실려 있지는 않지만, 역상(易象)과 맞아 떨어지지 않음이 없어서, 명을 해석함에 있어서 신처럼 영험하게 되는 것이다. 예를 들면 맹사(盲師) 하중기(夏仲奇) 선생이, 어떤 여자가 6,000리 멀리 떨어진 곳에 살고 있는 80세 노인에게 시집가는 것을 알아맞힌 것은 모두 상을 이용한 것이다. 혹자는 그것은 수(數)인데 어째서 상이라고 헛소리를 하느냐고 말할지도 모르겠다. 그러나 상을 보는 것이 수와 분리되어 있지 않음을 알아야 하는 것이다. 상에서 수가 스스로 나오는 것이니, 천문과 수학을 분리할 수 없는 것처럼 상과 수는 하나인 것이다. 책에 기재된 간지의 상, 궁위의 상, 신살의 상은 상의 운용이고, 대상(帶象)·공상(共象)·합상(合象)·화상(化象) 등의 종류는 모두 상을 취하는 법문이다. 그러나 상법의 운용은 깨달음에 달려 있으니, 그 법을 알아도 변화에 통하지 못하면 운용할 수 없다. 일찍이 어떤 사람이 딸의 팔자를 단사부에게 보여주었을 때, 단사부는 그 여자의 남편이 교통사고로 머리와 몸이 분리되어 사망한 것을 알아맞혔는데, 이것이 상의 운용인 것이다. 명을 배우는 자가 만약 완숙하게 상법을 운용할 수 있다면 사주의 해석에 있어서 마치 눈으로 본 것처럼 세밀하게 맞히게 될 것이다. 기법은 맹사(盲師)의 남에게 전하지 않는 비법으로, 입으로만 전하는 것인데, 평범한 이치로는 추측할 수가 없다. 소위 공리(公理)는 스스로 증명하지 못한다고 하는 것과 같다. 그러므로 본서에서는 서술하지 않았고, 나 역시 함부로 말하지 않겠다."

같은 책의 또 다른 추천사를 쓴 단건업의 제자 주일신(周日新)은 맹파 명리학의 특성을 다음과 같이 말하고 있다.

"명리학 자료를 부단히 수집하고—이홍성, 이함진, 장성달, 유립걸, 곽요종, 유등운 등의 책—현재 유행하는 명리이론은 사주를 입수하면 먼저 일주의 왕쇠를 보고 그 다음에 희기를 연구하고 다시 용신을 찾곤 한다. 일주의 왕쇠가 사람들을 머리 아프게 하는 것인데, 용신이야 더 말해서 무엇 하랴. 2000년에 나는 인터넷에서 우연히 《복문명학(卜文命學)》을 읽게 되었는데, 읽는 순간 맹사(盲師) 학금양이 팔자를 풀이했던 신기한 이야기에 매료되었고, 어렸을 때 (맹인에게) 사주를 보던 기억이 되살아났다. 논명에 있어서 일주의 왕쇠를 중요하게 여기지 않고 용신을 중요하게 여기지 않는다는 점에서 일반이론과 다르다는 점이 내 마음을 움직였다. 원래 왕쇠를 논하지 않고 용신을 찾지 않고도 구체적으로 맞혀 사람을 놀래게 만들 수 있다는 점이 나를 사로잡았다."

장위와 주일신의 추천사를 통해서 맹파 명리학의 유래와 특성을 짐작할 수 있다. 요약해서 말한다면, 맹파 명리학이란 왕쇠와 용신을 따지지 않고, 이법·상법·기법에 의해서 팔자를 해석하는 이론인 것이다.

3. 맹파 명리학의 내용

1) 취상론(取象論)

맹파 명리학의 상(象) 이론은 일반 명리학과 유사한 부분도 있고 다른 부분도 있다. 상은 다시 오행유상(五行類象)·십간유상(十干類象)·궁위취상(宮位取象)·십신유상(十神類象)·신살유상(神煞類象) 등으로 구별된다. 상을 모르면 맹파 명리학의 구체적인 통변에 능통하지 못하게 된다. 맹파 명리학의 전파자 단건업은 다음과 같이 말한다.

"중국에서는 줄곧 맹파 명리학과 전통 명리학의 두 가지 명리체계가 존재해 왔다. 전통 명리는 주로 용신과 격국을 논했다. 그 기본사상은 일주의 평형을 파악해서 용신과 기신을 찾아낸다. 이처럼 일주의 왕쇠를 가장 중요하게 여긴다. 이것은 명리의 많은 것을 잃게 만든다. 예를 들면, 전통 명리학에서는 상(象)을 가지고 구체적인 사정을 자세하게 판단하기는 어렵다."[5]

단건업은 구체적인 사정을 판단하는 데 있어서 상의 중요성을 논한 것이라고 할 수 있다. 중요한 몇 가지의 상에 대해 간단히 살펴보면 다음과 같다.

① **오행유상**(五行類象)[6]

金 : 강건한 숙살의 예리한 기운으로 서방에 기생하고 흰색이며 맛은 맵고 간지로는 庚辛申酉이고, 신체에서 폐・기관지・대장・어깨・코・골격・치아가 되고, 성격은 의리 있고 강렬하고, 골육이 균형이 잡혀 있고, 얼굴은 네모지고 희며 눈썹이 높고 눈이 들어가 있으며 몸이 건강하고 정신이 맑다. 결단력이 있고 돈을 가볍게 여기고 의협심이 있고 깊이 탐구하고 염치를 알며, 태과하면 용맹하고 무모하며 탐욕스럽고 자비심이 없으며, 불급하면 신체가 왜소하고 각박하며 음란하고 살생을 즐기며 인색하다. 金이 필요한 사주는 공예・금속재료・결단・무술・공안・조사・법률・감정사・법관・총무・자동차・교통・금융・광

---

5) 段建業,《盲派命理》(중국 時輪造化有限公司, 2006), 64쪽.
6) 段建業,《盲派命理》(중국 時輪造化有限公司, 2006), 10〜14쪽.

산·민의대표·벌목·기계 등의 직업이 어울린다.

木 : 부드럽고 약하지만 번성하며, 온건하고 우아하다. 동방에서 기생하고 청록색이고 맛은 시다. 간지로는 甲乙寅卯이고, 신체에서는 간·담·근골·사지·관절·근맥·모발이 되고, 성격은 인자하고 솔직하고 부드럽다. 목기가 많은 사람은 키가 크고 외모가 수려하고 수족이 길고 가늘며 입이 튀어나오고 모발이 아름답고 안색은 청백색이고 온화하고 인자하고 선량하며 박애정신과 측은지심이 있고 솔직하고 거짓이 없다. 목기가 약한 사람은 수척하고 키가 크며 성격이 편협하고 질투심이 많고 인자하지 않다. 목기가 사절된 사람은 눈과 눈썹이 가지런하지 않고 목이 길고 목젖이 튀어나오고 피부가 건조하고 인색하다. 목기가 필요한 사람은 목재·목기·가구·방직·재봉·건재·장식·지업사·종자·꽃·묘목·경신물품·향료·식물성 생식 등의 직업이 적합하다.

水 : 외유내강으로 기민하고 영활하다. 북방에 기생하고 검은색으로 맛은 짜다. 간지로는 壬癸亥子이고, 신체에서 신장·방광·뇌·골수·혈액·비뇨기·생식기이다. 성격은 지혜롭고 총명하며 착하다. 수기가 왕한 사람은 얼굴이 검고 말투가 온화하고 심사숙고하고 지혜와 모사가 많고 임기응변에 능하며 학식이 뛰어나다. 태과하면 시비를 일삼기 좋아하고 방탕하고 색을 탐한다. 불급하면 왜소하고 변덕스럽고 겁이 많다. 수기가 필요한 사주는 선박·항해·불연성 액체·빙수·어류·수산·수리사업·냉장·냉동·이동·연속성·음향·청각·청결·바다·운수·여행·완구·마술·기자·정탐·소방기구·의료·의약·의사·간호사 등의 직업이 적합하다.

火 : 내유외강이고 밝고 치열한 성질이며 남방에 기생한다. 홍색이고 맛은 쓰다. 간지로는 丙丁巳午이다. 심장·소장·혈맥·

눈동자·신경계통이다. 성격은 성급하고 공손하다. 화가 왕한 사람은 머리통이 작고 다리가 길고 위는 뾰족하고 아래는 넓으며 눈썹이 짙고 귀가 작다. 겸손하고 온화하고 공경하고 열정적이고 예절바르고 조급하고 말을 잘하고 환상이 많고 화려한 것을 추구한다. 화가 쇠한 사람은 누렇게 마르고 함부로 말하고 속임수와 질투가 있고 유시무종이다. 화가 필요한 사주는 발광·조명·연예·광학·고열·가연성·기름·주정·뜨거운 음식·이발·화장품·몸에 두르는 장식품·문예·문학·문구·문화·학술·사상·문인·작가·사진·영상·교사·비서·출판·공무·정계 등의 직업이 적합하다.

　土 : 풍후하고 포용성이 있고 중용을 지키고 오래 된 성질이 있다. 중앙에 기생하고 황색이고 맛은 달다. 간지로는 戊己辰戌丑未가 되고, 신체에서는 비장·위장·소화계통·살·피부가 된다. 성격은 신용있고 중후하다. 토가 왕한 사람은 허리가 둥글고 코가 넓고 미목이 청수하고 음성이 굵다. 충성스럽고 효도하고 성실하고 도량이 넓고 신중하며 믿음과 명예를 소중하게 여긴다. 土가 태과하면 우둔하고 내향적이고 조용한 것을 좋아하고, 土가 부족하면 안색이 우울하고 어둡고 얼굴이 비뚤어지고 코가 낮고 악독하고 신용이 없다. 土가 필요한 사주는 토지·토산물·농업·축산업·화공·돌·석회·건축·부동산·우비·우산·제방·골동품·수납·저장·중개인·변호사·관리·설계·고문·장의사·묘지관리·승려 등이 적합하다.

② **십간배상**(十干配象)[7]
　甲 : 우레·큰나무·두목·수림·막대기·동량·전봇대·고

---

7) 段建業,《盲派命理》(중국 時輪造化有限公司, 2006), 17~19쪽 참조.

루·신위·공문·머리·두면·두발·눈썹·팔·지체·간담·경맥·신경·너그러움·인자함 고귀함·곧은 것.

乙 : 바람·묘목·교목·꽃나무·등나무·유연한 나무·채소·녹지·화원·공원·산림·난간·모필·직물·실·수작업·목·척추·손목·종아리·담·두발·경맥·솔직·선량·우아·부드러움·인자함·굽은 것.

丙 : 태양·광망·제왕·권력·온난·색채·변환·영상·시각·소식·인기·화훼·화려·장식·성문·궁궐·극장·문장·서화·표면·연출·연설·전기·전기부품·눈동자·신경·대뇌·혈압·소장·어깨·정면·수다·격정·속생각·거대함.

丁 : 별·별빛·등불·문명·문화·문자·사상·의술·현학·신학·향불·작은꽃·속생각·전기·전자·인터넷·문장·서적·신문·영예·명망·눈동자·심장·혈관·신경·우아함·신비·지혜·작은 것.

戊 : 노을·대지·산·언덕·제방·성벽·정부·건축·부동산·창고·정류장·사원·골동품·옛것·도료·기와·도자기·수장품·완성품·튀어나온 물건·코·위·피부·살·충후함·느림보·네모진 것.

己 : 전원·정원·방·묘지·평원·토산·의류·목축·시멘트·건재·과실·재물·먼지·반점·자아·더러운 것·비장·배·피부·췌장·평평한 것.

庚 : 달·무쇠·철기·날카로운 물건·금속·강철·광물·광산·제조업·금융·군대·경찰·차·대로·수술·병원·대장·큰 골격·폐·치아·배꼽·목소리·강열·위무·폭력·고집·변혁·마름모꼴.

辛 : 서리·금속·주옥·보석·옥그릇·코발트·금장식·수정·악기·침·가위·붓·엽전·금융·의약·정밀가공·법률·폐·기관지·목구멍·콧구멍·귀·근골·작은 골격·통달·윤택함·영활함·호기심·새것·치밀한 것.

壬 : 운해·바다·호수·연못·강·하천·해운·운수·무역·수산·목욕·석유·물감·입·방광·혈액·순환계통·지모·움직임·제멋대로·규칙이 없는 것.

癸 : 비·이슬·샘물·서리·눈·연못·결정체·눈물·묵·수산·목욕·뒷면·현학·지식업·모략·신장·눈동자·골수·뇌·정액·진액·지모·총명·기민함·온유함·윤택한 것.

③ 궁위취상(宮位取象)[8]

궁위는 육친을 대표한다. 일간은 자기를 대표하고 연주는 조상·부모·외척 어른, 월주는 부모·형제, 일지는 배우자, 시주는 자녀·후대를 대표한다.

궁위는 나이를 대표한다. 연주는 유년기와 소년기, 대략 1~18세를, 월주는 청년기 대략 18~35세를, 일지는 중년기 대략 35~55세를, 시주는 만년기 대략 55세 이후를 대표한다. 나이를 대표할 뿐 아니라 연월일시의 순서는 어떤 사건의 순서를 대표한다. 예를 들면, 결혼을 세 번 했다면 연월일시에 순차적으로 대입해서 해석한다.

궁위는 생활공간을 대표한다. 연주는 먼 곳이 되고, 월주는 고향이 되고, 일지는 현주소가 되고, 시주는 문호가 된다.

궁위는 나이가 다른 사람, 관계가 다른 사람을 대표한다. 연주

---

[8] 段建業,《盲派命理》(중국 時輪造化有限公司, 2006), 46~49쪽.

는 외부인, 장배(長輩), 노인을 대표하고, 월주는 동창생, 동업자를 대표하고, 일지는 아주 친한 사람을 대표하고, 시주는 후배·제자·부하를 대표한다.

궁위는 인체 부위를 대표한다. 연주는 일주와 멀리 있기 때문에 팔다리를 대표하고, 월주는 어깨·척추·등을 대표하고, 일지는 신체에서 가장 중요한 부분인 오장·육부·심장·뇌수를 대표하고, 시주는 외부와 통하는 기관·머리·얼굴·손·눈·귀·입·코·생식기·배설기를 대표한다.

궁위는 사용하는 물건을 대표한다. 예를 들면, 연주는 신발·지팡이, 다른 사람의 물건을 대표하고, 월주는 조업·가업·학업을 대표하고, 일지는 내실·거실·서재를 대표하고, 시주는 차·문·의복·모자·안경·화장품·지참한 현금을 대표한다.

궁위는 사람의 심리와 감정을 대표한다. 연주는 외부 환경에 대한 심리를 대표하고, 월주는 부모에 대한 심리를 대표하고, 일지는 내면의 세계를 대표하고, 시주는 교제능력과 사교심리를 대표한다.

궁위에서 천간은 사람의 표상을 대표하며 외모의 특징과 성격의 특징을 대표하고, 지지는 숨어 있는 정신세계와 가족관계를 대표한다.

궁위는 길흉의 소재를 대표한다. 연주에 길신이 있으면 출생 시 가정환경이 양호하고, 좋은 가문이고, 월주와 충극하면 조상이 패망하는 타격을 받는다. 연주는 출생 전의 정보를 제공한다. 월주에 길신이 득력하면 장배의 음덕을 입고 부친의 사업을 계승하고, 일주와 충극하면 고향을 떠나고 동포와 불화하고 혼인을 중도에 포기한다. 길신이 시지에 있으면 자식의 재능이 출중하고 효도하며, 충극하면 좋은 관계가 오래 가지 못하고 이별하고, 시주에 기신이 있으면 자녀 불효하고 흉악하여 윗사람을 존경하지 않고 만년이 처량하다.

④ **십신유상**(十神類象)9)
　정인 : 정인은 음양이 다르면서 일주를 극하는 것으로, 나를 자라게 만들고 나에게 양호한 관계이다. 사상의 보수·정통·내향·온중·일정함·고요함을 좋아하고 움직임을 싫어함. 인자·사랑하는 마음·명리에 담백·인내·관용·존엄·봉헌·수양·종교심·자상함·근면성실·완충·조절·후중·주견이 없음·평안함과 유복함. 정인이 과중하면 의뢰심이 있고 대세를 따르고, 주견이 없고, 정서가 메마르고 감각이 무디고 유동성이 떨어지고 멍청하고 우유부단하고 이해력이 부족하고 독립진취성이 부족하고 게으르다. 정인이 필요하면 공무원·교사·문화·종교인·자선사업·간호원 등이 적합하다.
　편인 : 편인은 음양이 같으면서 일주를 생하는 것이다. 원하지 않는데 생해주는 것으로, 나를 생하면서 동시에 배척하므로 계모와 같이 사는 것과 같다. 예민함·사고력·영도력·민감·영활·기지·정교·모략·머리가 좋고·창의·발명. 교과서 학습을 싫어하고, 대세를 따르지 않고 엄숙하고 고독하고 종교심이 있다. 편인이 과다하면 부정적이고, 자기 생각만 하고, 나태·냉담·박복·멍청하다. 편인이 필요하면 기술직·의사·예술인·역술·종교·변호사·기자·편집·정보원·탐정·자문·설계사 등이 좋다.
　정인과 편인 공통의 속성으로, 직업·직무·권력·인장·증거·계약·지능·지혜·지식·영예·장려·학술(정인은　정통

---

9) 段建業, 《盲派命理》(중국 時輪造化有限公司, 2006), 53~59쪽 참조.

학술, 편인은 비정통 학술)·학위·사업·일터·주택·의복·차·보증·의약·선생·부모·선배·웃어른·머리·두발·피부·사지 등이 있다.

정관 : 정관은 음양이 다르면서 일간을 극하는 것으로, 애정의 극이고, 속박·압제·올바름. 좋게 이끄는 것, 성공의 근본 정통·준법·정도·규칙·전통·고귀·우아·충효·자제·순종·책임감·정의감·양심·객관·이성적·엄숙·정규교육·학업·종교·덕성이다. 정관이 태과하면 부정적 시각을 품고, 담이 작고, 자기를 비하한다. 정관이 필요하면 공무원·문관·교사·법관·공직이 적합하다.

칠살 : 칠살은 일주를 음양이 같으면서 극하는 무정한 극으로, 타격·압제·폭력·권위·반역·패역·야심·지모·총명·욕망·충동·민첩·의심·놀람·음침 등의 속성이 있으며, 제화가 되어야 한다. 칠살이 제화가 되면 좋은 점이 나타나고 제화가 안되면 흉한 면이 나타난다. 칠살이 필요하면 경찰·법관·검사·군인·법조계·정치가·모략가·변호사·교사·의사 등이 적합하다. 만약 칠살이 제화가 없으면 공직이 불가능하고 불량배·유약한 사람·병자 등 나쁜 측면이 나타난다.

정관과 칠살의 공통 속성으로는, 직무·관직·권력·명망·관리·법규·관재·법원·감옥·원한·재물·상사·선생·윗사람·부친·남편·남자친구·자녀·적·음해자·악인·도적·신경·외상·질병 등이 있다.

정재 : 정재는 일주가 음양이 다르게 극하는 것으로, 내 육신이 관할하는 것, 나와 친밀한 것, 내가 향유하는 물건이나 사람, 내가 아끼는 것, 정당하게 내가 지배하는 금전이나 재물이나 사람, 본처, 자족, 분수 넘은 것을 바라지 않고, 정당, 절약, 보수적,

정이 많고, 한결같고, 집착하고, 재치 있고, 능력이 있다. 정재가 태과하면 나쁜 면이 나타나며 인색하고 진취적이지 못하고 노고를 싫어하고 학습을 싫어한다. 정재가 용신이면 월급쟁이·교사 등에 적합하다.

편재 : 편재는 일주가 음양이 같으면서 극하는 것으로, 내가 지배하는 물건이나 사람, 그러나 집착하지 않는 대상, 월급쟁이가 아닌 주식·사례금·증여·뇌물·도박·투기·금전대여·중개업. 탈법적인 재물, 의롭지 못한 재물이다. 분수를 넘은 생각·의외·투기·다정·낭만·욕망·색욕·풍류·바람기·호탕·재물경시·교제·수완가·기술과 예술·위장 등이 된다. 편재가 필요하면 사업가·기업가·증권업·자문·변호사·연설가 등에 적합하다.

정재와 편재의 공통 속성은 금전·재물·부동산·가업, 가치 있는 모든 물건, 욕망·정욕·부하·하인·부친·자식·처·여자친구·분비물·배설물·음식·혈액·호흡 등이 있다.

비견 : 비견은 일주와 같은 것으로 내가 행사하는 권력·동업자·자존심·자신감·자아·자주능력·주관성·주동성·독립성·개성·과단성·냉정·사심·협동·합작을 의미한다. 태과하면 나쁜 점이 나타나며 고집이 세고 제멋대로이고 교만하고 자기만 옳다고 주장한다. 비견이 필요하면 운동선수·교련·육체노동자·중개업·장사꾼·기계조작이 적합하다.

겁재 : 겁재는 일주와 오행이 같고 음양이 다른 것으로 대가를 요구하면서 나를 돕는 사람, 내 재물을 겁탈하는 사람, 내 목표를 쟁탈하는 사람이 되고, 담대·사나움·공격성·융통성 없음·투기·작전세력·모험·허풍·호승심·경쟁심·충동·비합작·질투·침해·강탈·점유가 된다. 겁재는 공용(功用)이 있

을 때는 나를 도와 재물을 얻게 만들지만, 공용이 없으면 내 재산을 까먹게 만든다. 겁재가 필요하면 운동선수·군인·무인·경찰·증권전문가·주식투자가·자본운영상·도박꾼·사기꾼·도둑이 된다. 비견과 겁재의 공통 속성은 합작·경쟁·기계·경기·운동·형제·자매·친구·동료·패거리·적수·수족·사지가 된다.

식신 : 식신은 음양이 일주와 다르면서 일주가 생한 것이다. 내가 지불한 것, 나의 정신세계, 나의 정신과 감정에 연관된 모든 것, 온화·성량·내향·우아·함양·지성·도량이 넓음·정의감·재능·학습·깨달음·말재간·사상·정취·작품감상·낭만·감염력·설득력·명성·복무·봉헌·애정·쾌락·낙관·자유·오락·향락이 된다. 식신은 명국에서 일반적으로 모두 유용하게 되고 태과하거나 극을 당하는 것을 두려워한다. 식신이 필요하면 학자·교사·의사·자문·종교가·사상가·기자·관원·작가·미식가·연설가·음악가·연예인 등이 적합하다.

상관 : 상관은 일주와 음양이 다르면서 일주가 정이 없이 생한 것이다. 제멋대로이고 교만하고, 자기의 의견을 지나치게 고집해서 실제와 다르게 되고, 상식에 어긋나고, 상상력·표현력·반골기질·손재주·예술·총명·창의·개척·신선미, 교과서 학습을 싫어하고, 구속을 싫어하고, 트집을 잡아 소란 피우고, 호승심·생동감·변화막측·소심·불안감·과장·주관적·호탕·격정·풍류·호색·수다·교만이 된다. 상관이 태왕하면 나쁜 성향이 나타나는데, 쉽게 극단으로 치우치고 방탕하고 날카롭고 각박하고 진투하고 교만무례·속임수·투기·범법·패륜·범죄 등이 나타난다.

식신과 상관의 공통 속성은 정신생활·욕망·오락·사상·문장·언어·작품·예술품·재물·꽃·경치·할머니·모친·자녀·어린애·학생·후배·주둥이·혀·생식기·유방·정자·월경 등이 된다.

⑤ **신살유상**(神煞類象)10)
 전통 명리학에서는 신살이 매우 많이 언급된다. 천을귀인·천덕귀인·월덕귀인·망신 등등. 그런데 그 신살들이 사주 해석에서 적중률이 높지 않다고 보는 것이 맹파 명리학의 입장이다. 맹파 명리학에서는 신살을 단지 다섯 개만 사용한다. 녹(祿)·양인(羊刃)·묘고(墓庫)·역마(驛馬)·공망(空亡)이 그것이다.
 녹 : 일간의 녹은 일주를 대표해서 지지에서 권력을 행사한다. 직접·독립·주장·자아·존귀·독점·주재·향유·권력·봉토·재물·공양·지체·여자의 육체·수명 등을 나타낸다.
 양인 : 양일주에만 있고, 겁재보다 흉악하고, 담대·용감·흉악, 뒤를 생각하지 않고, 안면무시·점유욕·침해·부친에게 불리·처에게 불리·칼·총·도검·수술·병기·무장·정치·법률·법집행·사지·신체 등을 나타낸다. 양인은 제복되는 것을 좋아하고 그것을 제압하면 옳게 쓰이고, 그러면 군인·경찰·법집행원·외과의사·운동선수·무인에 적합하다. 양인이 제복이 없으면 한쪽으로 치우치므로 도적·깡패·살인청부·범법행위와 연관이 된다.
 묘고 : 묘고는 거두어 저장하고 통제하는 작용이다. 양인의 묘고는 군영(軍營)이고 식신의 묘고는 사원과 학교이고, 재고는 은행이고, 관살고는 권력중심이다. 묘고는 무리가 모인 것을 뜻

---

10) 段建業,《盲派命理》(중국 時輪造化有限司, 2006), 61~63쪽 참조.

한다.

　역마 : 움직임·외출·원행·이동·이사·분주한 것을 뜻하며, 연지와 일지를 기준해서 보며, 차·배·말 등을 의미한다. 역마가 합하면 움직이지 않게 된다.

　공망 : 공망은 기는 있는데 형체가 없는 것이며, 이름만 있고 실속이 없는 것이다. 연지 공망은 조업이 없고, 월지 공망은 형제 덕이 없고 손해를 보며, 일지 공망은 용두사미이고 이룬 것은 적고 잃은 것은 많으며, 돌아가 잠잘 생각이 없거나 부부간에 인연이 나쁘고, 시지 공망은 자녀가 늦거나 자녀에게 불리하고, 흉성이 공망이면 흉한 것이 반으로 줄고, 길신이 공망이면 복을 완전히 누리지 못한다. 용신이 왕하면서 공망이면 성격이 관대하고 도량이 넓고 개성이 탈속하며, 불도·현학·역술·기공·예술 등의 신비한 영역에서 성공한다. 공망은 불확실·공허·현학·반감·물건이 없는 것·손실·불완전·유명무실·형식·그림자가 된다. 金 공망이면 울리고, 火 공망이면 발하고, 水 공망은 흘러가고, 木 공망은 썩고, 土 공망이면 무너진다.

2) 빈주론(賓主論)[11]

　맹파 명리학은 주인과 손님을 분별한 후에 어떤 것이 내 것이고 남의 것인지를 논하는 방법을 사용하고 있다. 내 것이 주(主)가 되고 남의 것이 빈(賓)이 된다. 빈주이론은 상황에 따라서 주와 빈의 범위가 달라진다. 일간이 주가 되면 여타 간지가 빈이 되고, 일주가 주가 되면 타주가 빈이 되고, 일주와 시주가 주가 되면 연주와 월주가 빈이 되고, 사주가 주가 되면 대운과 유년이 빈이 된다. 궁위의 각도에 따라서 자아주체와 외물객체를 구별

---

11) 段建業,《盲派命理》(중국 時輪造化有限公司, 2006), 66쪽 참조.

하는 원리가 빈주이론이다.

3) 체용론(體用論)[12]

체용(體用) 이론은 십신의 각도에서 자아주체와 외물객체를 구별하는 원리다. 팔자의 십신을 체와 용으로 구분하는 것이다. 체란 나와 내가 사용하는 공구이다. 즉 일간과 인성과 녹이 체가 된다. 용이란 나의 목적이고 내가 추구하는 것이다. 즉 재관이 용이 되고 내가 추구하는 것이 된다. 식신과 상관은 경우에 따라 체가 될 때도 있고 용이 될 때도 있다. 그 중에서도 식신은 체에 가깝고 상관은 용에 가깝다.

4) 공신폐신론(功神廢神論)[13]

재성과 관살성의 용은 신외지물이기 때문에 반드시 체와 어떤 관계가 발생한다. 체가 그것을 제(制)하거나 화(化)하거나 합(合)할 때 비로소 결과가 일어나는 것이다. 체와 용, 빈과 주의 관계에서 공(功)을 이루게 되는데, 이와 같이 공을 이루는 데 참여하는 글자를 공신(功神)이라고 한다. 공을 이루는 데 참여하지 않는 신을 폐신(廢神)이라고 한다. 주위(主位)의 체가 빈위(賓位)의 용을 추구하는 것을 바른 방향의 주공(做功)이라고 하고, 반대로 주위의 용이 빈위의 체와 작용하는 것을 반대방향의 주공이라고 한다. 체용과 빈주는 어떻게 작용하여 공을 이루게 되는가? 일반적으로 말하면, 체용과 빈주의 글자끼리 형충극해합묘(刑冲剋害合墓)하는 관계가 공을 이루는 주공 방식이다.

---

12) 段建業,《盲派命理》(중국 時輪造化有限公司, 2006), 68쪽 참조.
13) 段建業,《盲派命理》(중국 時輪造化有限公司, 2006), 69쪽 참조.

5) 능량효율론(能量效率論)[14]

맹파 명리학은 일간의 왕쇠와 격국 용신을 보지 않고 다만 공을 이룰 수 있는가, 주공(做功)이 되는가, 어떻게 주공이 이루어지는가, 이것만을 중요하게 여길 뿐이다. 물리학에서는 능량(能量)을 이용해서 효율을 얻으면 공을 이루게 되는데, 팔자에서도 능량을 소모해서 효율을 얻게 된다. 그렇다면 능량이란 무엇인가? 팔자 모두 능량을 지니고 있는데, 천간은 능량이 낮고 지지는 능량이 높다. 팔자 사이에 형충극해합묘하는 관계는 능량이 충돌하고 흩어지고 소멸하는 관계이다. 공신(功神)이란 능량을 소모한 후에 효율을 만들어내는 공을 이루게 되는 글자다. 폐신(廢神)은 반대로 능량을 소모한 후에 효율을 만들어내지 못하고 공을 이루지 못하게 되는 글자다.

성공하는 사람의 팔자 구조는 이와 같은 능량을 효율적으로 이용하게 되고, 평범한 사람들은 비효율적으로 능량을 소비한다. 성공하는 사람은 팔자에 공신은 많고 폐신은 적거나, 혹은 공신이 비록 적더라도 효율이 높다. 반면에 평범한 사람은 폐신은 많고 공신이 적거나 혹은 공신의 효율이 낮다. 이런 원리를 기준으로 해서 부귀빈천을 구별한다.

6) 적신포신론(賊神捕神論)[15]

이것은 빈주론과 체용론을 연장해서 응용한 개념인데, 주(主) 혹은 체(體)가 되는 것이 외부의 빈(賓) 혹은 용(用)을 제(制)하거나 취(取)하면 내가 추구하는 것을 얻게 되는 것이다. 만약 주와

---

14) 段建業, 《盲派命理》 (중국 時輪造化有限公司, 2006), 70쪽 참조.
15) 段建業, 《盲派命理》 (중국 時輪造化有限公司, 2006), 71쪽 참조.

체가 비교적 왕하고 빈과 용이 비교적 약할 때도 있는데, 도적이 되는 적신(賊神)과 도적을 체포하는 포신(捕神)에 비유해서 말하자면, 좀도둑이 별로 없거나 아예 없다면 경찰은 힘을 쓸 곳이 없게 되는 것이고, 그런 경우에는 좀도둑이 출현하기를 희망하게 되는데, 좀도둑이 출현해야 비로소 체포할 수 있고, 비로소 경찰력의 가치를 발휘하게 되는 것과 같다.

7) 간지배치론(干支配置論)16)

간지의 배치는 간지 사이의 각종 관계를 말하는데, 여기에는 생극(生剋)·호통(互通)·허실(虛實)의 원리가 있어서 팔자 분석의 중요한 근거가 된다.

생극 : 천간과 지지는 상호 생하고 합할 수는 있지만, 극할 경우에는 천간이 지지를 극할 수는 있지만, 지지가 천간을 극할 수는 없다. 천간은 왕이고 지지는 신하이기 때문이다. 다만 어떤 하나의 주(柱)에서 지지와 천간이 합극(合剋)할 때는 극할 수 있다. 예를 들면, 丁亥에서 亥 중의 壬水는 천간 丁火와 합하므로 극할 수 있다. 합극이 되는 간지에는 다음과 같은 것이 있다. 丁亥·己亥·辛巳·癸巳·壬午·甲午·戊子·丙戌(戌이 未의 형을 만났을 때 丙은 戌 중 辛金과 합극함), 壬戌(戌이 未의 형을 만났을 때 壬은 戌 중 丁火와 극합함)이 있는데, 앞의 네 개는 지지가 천간을 합극한다.

호통 : 천간과 그것의 녹은 서로 통한다고 보는 원리다. 응기의 판단에서 주로 응용한다. 주의할 점은 丁은 午와 未에 녹을 얻는 것으로 보고, 癸는 子와 丑에 녹을 얻은 것으로 본다.

허실 : 허실은 흔히 말하는 쇠왕과 다르다. 전통 명리학의 왕

---

16) 段建業, 《盲派命理》(중국 時輪造化有限公司, 2006), 72쪽 참조.

쇠가 월령에 대조해서 정하는 원리라고 한다면, 맹파 명리학에서의 허실은 하나의 주에서 간지 상호간의 생극관계로 간지의 힘의 강약을 측정하는 원리다. 천간이 지지에 뿌리가 없고 지지의 생조가 없으면 허하게 되고, 천간이 지지에 뿌리가 있고 지지의 생조가 있으면 실이 된다. 예를 들면, 팔자 중의 어떤 글자가 허한 것이 필요할 때 운에 통근해서 실하게 되면 그 운에 불리하고, 그 반대가 되면 길한 것이다.

8) 주공론(做功論)[17]

맹파 명리학에서 여러 가지 방법으로 공을 이루는 것을 분석하는 이론을 주공론이라고 부를 수 있다. 팔자를 입수하면 먼저 일간을 보고 그 다음에 일지를 본다. 일간을 볼 때는 먼저 합이 되는지를 본다. 일간이 합하는 것이 본인이 추구하는 것이다. 추구하는 것을 얻을 수 있는가는 합하여 공을 이루게 되는지를 보아야 한다. 일간의 합이 없으면, 일간이 생하는 식신이나 상관이 있는지를 보는데, 그것들이 일간과 붙어 있으면 일간이 추구하는 목표가 된다. 그러면 식신과 상관은 공을 이루는 데 사용된다. 일간이 합도 안되고 생하지도 않으면 비로소 일지를 본다. 일지와 타지가 당을 결성하고 세력을 결성했는지, 타지와 형충파해·묘고·삼합·육합·암합이 되었는지를 보고 일지가 공을 이룰 수 있는지를 판단한다. 일간과 일지가 공을 이루는 작용이 없다면 녹과 비견겁재가 있는지를 본다. 그것들의 위치가 어디에 있는지, 그것들이 공을 이룰 수 있는지를 본다. 만약 겨우 녹에 의지해서 공을 이루는 사주라면 그 사람의 사주는 큰 성공이 어렵다. 왜냐하면 녹은 신체가 되고 일반적으로 육체노동자들은

---

17) 段建業, 《盲派命理》(중국 時輪造化有限公司, 2006), 81~92쪽 참조.

큰 성공이 없기 때문이다. 일간이 주공에 참여한다면 일간이 주인이 된다. 일간이 주공작용을 하지 않으면 일지가 주공에 참여한다. 이럴 때는 일지가 주인이 된다. 만약 일간과 일지가 모두 주공에 참여하고 일간과 일지의 목표가 같다면 일간을 위주로 한다. 공신의 작용은 팔자의 핵심이다. 팔자에서 공을 이루는 곳을 찾은 후에 비로소 해석이 가능하다.

팔자의 부귀빈천을 알기 위해서는 주공이 큰지 작은지를 구별하면 된다. 전통 명리학은 팔자의 평형과 중화(中和)를 가지고 팔자의 좋고 나쁨을 분석한다. 맹파 명리학은 부귀한 팔자는 한쪽으로 세력이 치우쳐 있고, 주위(主位)와 세력이 일치하면 그 세력이 공을 이루어낸다고 본다. 세력이란 무리를 지은 것인데, 성공한 사람을 보면 혼자서 공을 이룬 것이 아니고 여러 사람이 힘을 모아서 공동으로 큰 공을 이룬 것과 같다. 주공에 참여하는 글자는 주요공신과 보조공신으로 구별된다. 예를 들면, 巳火가 申金을 제(制)하는 데서 공이 이루어지는 경우에 卯木이 있다면 卯木이 巳火를 생조하므로 보조공신이 되고 사화는 주요공신이 되는 것이다. 그러므로 부귀한 팔자는 먼저 세력이 있어야 하고 다음에는 공을 이루어야 한다. 세만 있고 공이 없거나, 공만 있고 세가 없으면 큰 그릇이 되지 못한다. 세에는 여러 가지 형태가 있다. 木세·火세·金세·水세·燥土세·濕土세 등이 있고, 木火·金水·水木·水濕土·火燥土·金濕土처럼 두 종류의 세력이 결당한 것도 있다. 결당한 세력이 존재하는지의 여부를 가린 다음에는 공을 이루는지의 여부를 가려야 한다. 공을 이루기 위해서는 반드시 제(制)하는 신이 있어야 한다. 예를 들면, 木세는 土를 제할 수 있고, 또한 金을 망가뜨릴 수 있고, 火세는 金을 제하고 水를 망가뜨릴 수 있고, 金세는 木을 제하고, 조토세는 水

와 金과 습토를 망가뜨릴 수 있다. 火조토세는 金水와 습토를 제할 수 있다. 金水합세는 火와 조토를 제할 수 있고, 金습토세는 木火를 제할 수 있고, 水습토는 火와 조토를 제할 수 있고, 水木합세는 土를 제할 수 있다.

실례를 들어 설명하면 다음과 같다.

```
癸 辛 甲 戊
巳 卯 寅 申
시 일 월 년
```

이 팔자는 월주에 갑인이 있고, 巳卯가 또 있어서 목화가 결당하여 세력을 형성하고 있다. 목화가 공동으로 연지 신금과 신중 임수를 제하고 있다. 이와 같이 제하는 법은 그 공이 아주 크게 된다. 이런 사람은 능력이 있고 대귀하게 되는데, 실제로 일국의 재무장관을 지냈다.

맹파 명리학은 주공의 대소를 가지고 팔자의 귀천을 가리는데, 평범한 팔자 역시 공을 이루는 것이 있다. 다만 그 공이 크지 않을 뿐이다. 보통팔자는 대체로 기세를 이루지 못하는데, 주위(主位)가 공을 이루지만 그 공의 규모가 크지 않다. 보통팔자로는 업무·직업·수입은 있지만 큰 벼슬을 하지는 못하고 큰 돈을 모으지도 못한다. 나쁜 팔자는 공신을 찾을 수 없고 주위(主位)가 공을 이루지도 못하고, 팔자에 폐신이 가득하다. 또는 공을 이룰지라도 효율이 특히 낮다. 나쁜 팔자일수록 폐신이 많고, 좋은 팔자일수록 폐신이 적다.

공을 이루는 방식에는 제화생설합묘(制化生泄合墓)의 종류가 있다. 각각을 설명하면 다음과 같다.

제용(制用) : 체용과 빈주 사이에 제하는 관계를 통해서 공을 이루는 것인데, 대부분의 팔자가 여기에 해당된다.
화용(化用) : 살인상생의 형태를 말한다.
생용(生用) : 식신생재의 형태를 말한다.
설용(泄用) : 식상으로 설수(泄秀)하는 형태를 말한다.
합용(合用) : 일간이나 일지가 체가 되어 빈위(賓位)에 있는 용을 합함으로써 공을 이룬다. 일간이 재관을 합할 수 있고, 일지가 재관식을 합할 수 있는데, 합하는 것은 내가 추구하는 것이다. 목적을 달성할 수 있는지는 팔자 전체의 배합을 보고 결정한다.
묘용(墓用) : 묘는 통제·관리·소유·점거 등의 의미가 있다. 사주의 예를 들어 설명하면 다음과 같다.

庚	壬	癸	己
子	寅	酉	未
시	일	월	년

식신 寅木의 묘고는 未에 있다. 寅은 주위(主位)의 식신으로 본인의 재능을 대표한다. 그것이 관성 속에 입묘했으니, 재능을 관공서에서 사용하는 사람이다.

9) 응기론(應期論)[18]

팔자의 귀천은 대운에서 길흉이 나타나고 유년에서 감응한다. 대운과 유년의 응기를 보는 법은 다음과 같다.
첫째, 팔자의 어떤 글자가 운(대운 또는 유년)에 출현하거나 혹은 그 녹신(祿神)과 원신(原身)이 운에 출현하면, 그 대운이나

---

18) 段建業,《盲派命理》(중국 時輪造化有限公司, 2006), 108쪽 참조.

그 해에는 해당 글자와 관계된 사정이 발생한다.

둘째, 팔자의 지장간이 운의 천간에 출현하면 지장간이 해당 지지에 작용을 미친다. 예를 들면, 팔자에 戌이 있는데 운에서 丁이 출현하면 이 丁은 戌의 정보를 대표하게 되고, 丁의 작용은 곧 戌의 작용을 대표한다. 사주의 예를 들면 다음과 같다.

```
庚 己 庚 丁
午 巳 戌 亥
시 일 월 년
```

이것은 대만 총통 장개석(蔣介石)의 팔자인데, 火와 조토가 세를 형성해서 亥水를 제하고 있다. 亥 속에는 甲木 관성이 들어있다. 관과 관의 원신을 제하는 구조이므로 대귀할 팔자가 된다. 甲 대운에 亥 중 甲이 투출하여 왕하게 되므로 이를 제할 수가 없고, 또 일간을 합하므로 상대방을 제압할 수 없을 뿐 아니라 상대방에게 제압당하게 된다. 그래서 모택동에게 패해 대만으로 도망쳤다.

셋째, 팔자와 운이 서로 형충합해, 입묘의 관계를 맺을 때 해당 글자에게 사건이 발생하게 된다. 일반적으로 합은 발생하고 충은 동하고 묘는 거두고 해는 상처를 입는다. 원국에 충이 있으면 합할 때 응하고, 원국에 합이 있으면 충할 때 응한다. 유년이 대운을 합하거나 충할 때 응하게 된다.

10) 제국론(制局論)[19]

맹파 명리학의 주공 방식의 대부분을 차지하는 것이 제(制)를

---

19) 段建業, 《盲派命理》(중국 時輪造化有限公司, 2006), 120~140쪽 참조.

사용하는 것이다. 제하는 형태로는 비겁과 재성, 비겁과 관살, 식상과 관살, 인성과 식상, 재성과 인성의 종류가 있다. 비겁이 재를 제하는 형태를 실례를 들어 설명하면 다음과 같다.

```
壬 丁 辛 丙
子 卯 卯 午
시 일 월 년
```

이 팔자는 木火가 세력을 형성해서 金의 재성을 제하는 형태이다. 그러므로 돈을 버는 구조인데, 시의 壬水가 火剋金을 막고 있어서 병이 된다. 午 대운에 子水를 충거(冲去)하니, 병의 뿌리를 제거해서 득재하였다.

11) 제법론(制法論)[20]

제를 사용하는 구조에서는, 효율이 낮고 높은 것을 기준으로 팔자의 부귀 등급을 판별한다. 제를 사용하는 구조 가운데 능량과 효율이 비교적 높은 형태로는 합제(合制)·형충제(刑冲制)·극제(克制)·해제(害制)가 있다.

합제(合制) : 지지 육합·암합·반합국의 제법(制法)이다. 巳申합의 효율이 가장 높다. 金水의 세를 형성하면 申이 巳를 제하고, 木火가 세를 형성하면 巳가 申을 제한다. 그 다음으로 효율이 높은 형태는 卯戌합, 卯申합, 午亥합으로 효율이 상당히 높은 편이다. 巳酉반합도 효율이 높다. 子丑합과 丑寅합은 효율이 조금 떨어진다. 寅亥합, 辰酉합, 午戌합은 효율이 낮다. 卯未합, 亥未합은 효율이 더욱 낮다. 午未합은 상생이 될 뿐 제가 되지 못한다.

---

[20] 段建業, 《盲派命理》 (중국 時輪造化有限公司, 2006), 141~158쪽 참조.

제9장 맹파 명리학의 특성과 내용 251

형충제(刑冲制) : 지지 충과 丑戌未 형을 말한다. 丑未충과 辰戌충은 묘고를 충하는 것이고, 丑戌형은 묘고를 형하기 때문에 효율이 가장 높다. 寅申충과 巳亥충도 효율이 상당히 높은 편이다. 자오충과 묘유충은 효율이 낮은 편이다.

극제(克制) : 戌이 亥子를 극하는 것, 午가 申酉를 극하는 따위를 말한다. 극제는 효율이 낮으며, 극제를 가지고 공을 이루는 사주는 큰 성공을 거두지 못한다.

해제(害制) : 육해 가운데 酉戌해・卯辰해・子未해・丑午해는 서로 제하는 관계이고, 申亥해・寅巳해는 상생이 되므로 제가 되지 못한다. 해로써 제하여 공을 이룰 경우에는 한쪽이 큰 역량으로 다른 일방을 제해야 효율이 높다. 팔자를 들어 설명하면 다음과 같다.

```
己 戊 壬 甲
未 子 申 辰
시 일 월 년
```

등소평의 팔자다. 水가 삼합으로 강한 세력을 이루고, 子가 힘이 강해서 未를 해하고 있다. 未는 양인의 의미도 있고 관살의 묘고이다. 관살의 묘고인 未土를 제거할 때 공을 이루기 때문에 군사가・정치가가 되었다.

4. 결론

이상에서 최근 중국에서 유행하는 맹파 명리학의 특성과 기본적인 내용을 살펴보았다. 맹파 명리학의 이론은 전통 명리학과 판이하게 달라서 일주의 왕쇠와 격국과 용신을 따지지 않는다. 빈주·체용·능량과 효율·공신과 폐신·제법·주공 등, 맹파의 독특한 방식에 따라 팔자를 해석하며, 전통 명리학과 쌍벽을 이루는 별도의 이론체계를 갖추고 있다.

   자평 명리학이 여러 갈래의 학설로 분파되어 있지만, 전통 명리학과 완전히 다른 독자적인 논명 방법을 지니고 있는 명리학설은 맹파 명리학이 유일하다고 해도 과언이 아니다. 전통 명리학의 한계를 극복해 보려는 부단한 노력은 예로부터 지금까지 끊임없이 존재해 왔지만 그 한계를 타파하지 못하고 오랫동안 머물러 있었던 것이 사실이다. 최근 맹파 명리학의 등장은 전통 명리학의 한계를 타파하는 신선한 계기가 될 수 있는 가능성을 열어 놓았다. 그런 점에서 향후 맹파 명리학에 대한 연구가 더 진행될 필요가 있을 것이다.

〈참고문헌〉

- 段建業,《盲派命理》(중국 時輪造化有限公司, 2006)
- 段建業,《盲師斷命軼例集之一》(중국 時輪造化有限公司, 2003)
- 段建業,《命理瑰寶》(중국 中國哲學文化協進會, 2001)
- 段建業,《命理珍寶》(중국 中國哲學文化協進會, 2002)

제10장 투파 명리학의 특성과 내용

윤명국
－동방대학원대학교 미래예측학 박사－

차 례

개요
1. 서론 · 258
2. 투파 명리학의 유래와 특성 · 259
3. 투파 명리학의 기초이론
    1) 천간론 · 261
    2) 지지론 · 274
    3) 격국론 · 277
    4) 용신론 · 278
    5) 행운론 · 279
    6) 실례 · 281
4. 결론 · 283

개 요

　일명 명징파(明澄派)라 불리는 투파는 중국 명나라 시대에 매소향(梅素香)에 의해 창설된 오술(五術) 문파로 동양의 오술을 두루 섭렵하고 있으며, 학설이 일목요연하게 잘 정리되어 있어서 실용성과 편리성이 뛰어나다는 장점을 지니고 있다. 특히 명리학 분야에서는 투파의 이론이 논리의 정합성이 뛰어나기 때문에 중국에서 명나라 때부터 하나의 유파를 형성하여 지금까지 수백 년 동안 일맥(一脈)으로만 전해져 오다가 해방 후에 일본에 전파되어 명리학의 한 유파로 정립되었고, 근래에 일본의 투파 명리학 서적이 한국에 번역 소개되면서 한국에서도 명리학의 한 유파로 점차 자리를 잡아가고 있다.

　투파 명리학의 이론은 천간 위주로 사주를 해석한다는 것이 일반 명리학과 다르며, 그것이 투파 명리학의 가장 큰 특성이다. 사주의 천간은 지지에 뿌리를 내려야 작용할 수 있고, 사주의 지지는 천간의 뿌리로서만 작용하며, 천간의 글자는 합이 되면 작용이 정지되고, 지지의 글자는 육합과 육충이 되면 작용이 정지되며, 천간과 천간의 조합에 따라서도 길흉이 정해지고, 격국을 정함에 있어서 월지의 지장간에만 국한하지 않고 지지에 뿌리를 내리면서 천간합이 되지 않는 천간 중에서 가장 강한 글자를 격으로 삼고, 신강과 신약의 판단에 있어서도 지지에 뿌리를 많이 가진 천간을 강한 것으로 해석하고, 용신을 정함에 있어서는 정격과 종격으로 나누어서 보며, 격국과 용신을 정함에 있어서는 억부의 원리를 기초로 하고 있다.

운의 해석에서는 우선권을 연월일시의 순서에 대입하면서 먼저 합충이 되면 다른 글자는 합충이 되지 못하는 것으로 보고, 운의 길흉 판단에서는 희신을 충합하면 흉하게 되고 기신을 충합하면 길하게 되는 것으로 해석한다.

투파 명리학은 이론과 원칙이 분명한 것이 장점이지만 투파의 이론으로 해석하기 어려운 복잡한 사주도 존재한다는 이론적 한계 또한 지니고 있다. 다만 명리학을 연구하는 사람이라면 투파 명리학의 이론이 어떤 것인지, 장단점은 무엇인지 이해할 필요가 있을 것이다.

1. 서론

중국 당나라 시대부터 시작된 사주 명리학은 오랜 역사를 거치면서 이론적 분화와 분파를 거치면서 발전하여 왔다. 연주의 녹명신(祿命神)[1]을 위주로 해석하던 고법 명리 삼명학(三命學)에서 현대에 새로 개발되는 학설까지 다양한 유파가 존재하고 있다.

서자평 이후에 등장한 신법 명리 자평학(子平學)은 일간 중심으로 강약과 육신을 가리고 천간과 지지가 서로 생극제화(生剋制化) 회합형충파해(會合刑冲破害)하는 관계를 가지고 사주를 해석하는 것이 일반적이다.

자평학은 다시 여러 가지 이론으로 분화된다. 신살 위주로 해석하는 학설, 격국 위주로 해석하는 학설, 잡격을 인정하고 그에 따라 해석하는 학설, 조후 위주로 해석하는 학설, 억부를 위주로 해석하는 학설, 종격을 부인하는 학설, 종격을 강조하는 학설, 형충파해를 위주로 해석하는 학설, 글자 조합을 위주로 해석하는 학설, 지지를 중시하는 학설, 천간을 중시하는 학설 등 여러 가지 학설이 있다. 투파 명리학은 이 가운데서도 천간을 중시하는 대표적인 학설이다.

학문연구에 있어서 여러 학설에 대한 연구와 검토는 필수적인 과제라고 할 수 있는데, 아직까지 투파이론에 대한 체계적 연구가 부족했던 것이 사실이다. 그 점에서 엄연히 명리학의 한 유파로 자리 잡고 있는 투파 명리학 이론을 연구하는 것도 필요한 과

---

[1] 연간을 녹, 연지를 명, 연주의 납음오행을 신이라 한다.

제라고 할 수 있을 것이다. 이에 본고에서는 투파 명리학의 기본적 학설을 소개하게 된 것이다.

2. 투파 명리학의 유래와 특성

투파 명리학은 중국 명대(明代)에 시작된 명리학의 한 유파이다. 투파는 명징파(明澄派) 또는 명투파(明透派)라고 불리며, 중국 명나라 말기 복건성에서 창립된 문파이다. 그 당시 오술(五術)의 명문이었던 매화문파(梅花門派)의 맏딸 매소향(梅素香)이 많은 우여곡절 끝에 중국 오술계를 평정하고 통합해서 만든 문파가 투파(透派)인 것이다. 매소향은 투파의 초대 장문인(掌門人)이고 중요한 투파 오술 비급을 남겼다. 제10대 장문인 왕문택(王文澤)은 평생의 연구를 총괄해서, 자미대법(紫微大法), 육임대법(六壬大法), 면장대법(面掌大法), 방제대법(方劑大法), 현전대법(玄典大法), 자평대법(子平大法), 둔갑대법(遁甲大法), 양택대법(陽宅大法), 침구대법(鍼灸大法), 양생대법(養生大法), 성종대법(星宗大法), 태을대법(太乙大法), 풍수대법(風水大法), 영치대법(靈治大法), 수밀대법(修密大法) 등 투파오술대법(透派五術大法) 15권(卷)을 남겼다. 13대 장문인 장요문(張耀文)은 1950년 이후 투파의 비법을 강호에 공개했고, 일본의 좌등육룡(佐藤六龍)에게 투파의 오술을 전수했다. 좌등육룡은 1950년 이후 일본 투파의 초대 장문인이 되어 활약하면서 투파의 서적 몇 권을 일본어로 출판하기도 하였다.

좌등육룡과 장요문의 일본어 저서를 한국에서 번역한 것으로는 남각출판사에서 발행한 《십간사주추명비법》, 예예원에서 발행한《완전풀이 적천수》,《완전풀이 십간론》등이 있다.
　투파는 명(命)·복(卜)·상(相)·의(醫)·산(山)의 오술(五術)을 다루고 있다. 그 분야별 내용을 살펴보면 다음과 같다.[2]

① 명(命) 분야
　　허성술(虛星術)—자미두수
　　간지술(干支術)—사주명리
　　실성술(實星術)—칠정사여

② 복(卜) 분야
　　점복(占卜)— 초급－斷易, 중급－六爻, 고급－六壬
　　선길(選吉)— 기문둔갑
　　측국(測局)— 태을신수

③ 상(相) 분야
　　인상(印相)— 인장
　　명상(名相)— 성명
　　인상(人相)— 관상·수상
　　가상(家相)— 양택풍수
　　묘상(墓相)— 음택풍수

④ 의(醫) 분야
　　방제(方劑)— 약
　　침(針)

---

[2] 장요문,《오술신론(五術新論)》1982, 32~35쪽.

⑤ 산(山) 분야
  양생(養生) ― 식이와 내공
  노장(老莊)
  권법(拳法)
  부적(符籍)
  주술(呪術)

 이상의 오술 분야를 두루 다루고 있는데, 命 분야에서는 먼저 자미두수를 배우고, 그 다음에 사주명리를 배우고, 그 다음에 칠정사여를 배우게 된다.
 동양의 오술을 두루 섭렵하는 투파의 특성상 각각의 분야는 세밀하고 장황한 논리를 배격하고 일목요연하게 정리된 이론을 개발하여 실전에 응용하기 편리하도록 간편화했다는 점이 특징이다.

3. 투파 명리학의 기초이론

1) 천간론

 투파 명리학은 천간 위주의 명리학이다. 모든 격국과 용신과 길흉 판단은 천간을 위주로 해석한다. 지지의 존재 의의는 오직 천간의 뿌리역할을 함에 있고 독립적인 의미는 존재하지 않는 것으로 본다. 이 점은 일반 명리학의 이론과 다른 투파 명리학의 특색이다.
 투파 명리학에서는 천간의 희신(喜神)은 합거(合去)되면 흉하고, 천간의 기신(忌神)은 합거되면 길하다고 본다. 용신의 뿌리가 되는 지지를 충거(沖去)하면 흉하고, 기신의 뿌리가 되는 지지를 충거하면 길하다고 본다.

용신이 천간과 지지에 모두 있을 경우에는 천간의 용신을 위주로 판단하며, 지지는 천간 용신의 보조작용으로 국한한다.

① 간합(干合) 이론

천간의 합은 다음의 다섯 가지다.

```
甲 己 合
乙 庚 合
丙 辛 合
丁 壬 合
戊 癸 合
```

천간의 어떤 글자라도 일단 다른 천간과 간합이 되면 작용이 정지되어 없는 것과 같이 판단한다. 단, 천간에서 바로 옆에 있는 글자끼리 합하는 것이 원칙이고 한 칸이라도 떨어져 있으면 합으로 보지 않는다. 일단 합이 된 두 글자는 아무런 작용도 하지 못하는 것으로 본다. 이 점은 일반 명리학과 다른 점이다.

일반 명리학에서는 투합과 쟁합에서는 연월일시의 순서로 합이 되는 것으로 보고, 일단 먼저 합이 된 글자는 다른 글자와 합이 되지 못하는 것으로 본다. 예를 들면,

```
丙 甲 甲 己
 *  *  *  *
시 일 월 년
```

이런 경우에는 연간과 월간이 甲己합이 되므로 일간 甲은 甲己합이 될 수 없다.

```
丙 辛 丙 甲
 *  *  *  *
시 일 월 년
```

이런 경우에는 월간과 일간이 丙辛합이 되어서 일과 시는 丙辛합이 성립하지 못하는 것으로 본다. 이 학설은 일반 명리학의 투합 쟁합 이론과 다르다.

투파의 이론에서는 천간합과 지지 합충의 모든 순서는 연월일시의 순서로 진행하며, 일단 먼저 합충이 되면 그 다음의 글자는 합충이 성립되지 못한다. 이 역시 일반 명리학의 이론과 다른 점이다.

② 천간 통근(通根)이론

사주의 천간의 글자는 지지에 통근하여 뿌리를 내리지 못하면 작용하지 못하는 것으로 본다. 다만 운에서 통근하는 지지가 출현할 때는 그 운에만 작용할 수 있다. 어느 천간 글자가 통근하는 지지를 3개 얻은 것은 통근하는 지지를 2개 얻은 천간보다 강하다고 본다.

천간의 강약은 통근하는 지지를 얻은 숫자의 다과를 가지고 판단한다. 이 학설은 일반 명리학의 강약이론과 다른 점이다. 여기서 주의할 점이 있는데, 통근하는 지지를 많이 얻었다고 할지라도 그 천간이 옆의 천간과 간합하고 있으면 작용하지 못하는 것으로 본다. 이 역시 일반 명리학의 이론과 다른 점이다.

투파는 지지의 존재는 그 자체로는 아무런 의미가 없고, 오로지 천간의 뿌리 역할에 의미가 있다고 보기 때문에 지지 또는 투간하지 않은 지장간에서는 용신을 잡지 않는다는 특징을 가지고 있다.

천간이 통근하는 지지는 다음과 같다.

甲乙 : 寅卯辰, 亥卯未
丙丁 : 巳午未, 寅午戌
戊己 : 辰戌丑未
庚辛 : 申酉戌, 巳酉丑
壬癸 : 亥子丑, 申子辰

예를 들면 다음과 같다.

甲	丙	庚	壬
午	寅	戌	午
시	일	월	년

연간 壬은 지지에 통근하지 못했다. 그러므로 작용력이 없다. 단, 亥子丑 대운 또는 유년이 오면 대운 또는 유년 지지에 통근하기 때문에 그 대운이나 유년에는 작용한다.

월간 庚은 지지 戌에 통근한다. 통근하는 지지가 1개이다.

일간 丙은 지지 午·寅·午에 통근한다. 통근하는 지지가 3개이다.

시간 甲은 지지 寅에 통근하고 있다. 통근하는 지지가 1개이다.

그러므로 가장 강한 천간은 통근하는 지지 3개를 가진 일간 丙이고, 가장 약한 천간은 통근하는 지지가 없는 壬으로, 있어도 없는 것과 같다.

일간의 신강과 신약을 판단하여 보면, 신강하게 만드는 요소로는, 일간 병화가 +3의 점수를 가지고 있고, +1의 힘을 가진 시간 甲木이 목생화(木生火)로 생조하고 있다. 그러므로 결국 +4의 힘이 신강하도록 돕고 있다. 신약하게 만드는 요소로는, 연간 壬水는 역량이 0이므로 논할 필요도 없고, 월간 庚金이 -1만큼 신약하도록 만들고 있다. 결국 4-1=3이 되어 신강사주이다. 신강사주는 신약하게 만들어야 중화가 되므로 억부 용신의 원리에 따라서 월간 庚金이 용신이 되는 것이다.

③ 천간 위치론[3]

천간의 위치에 따라 작용력의 대소가 달라진다는 이론이다. 여기에는 군측(君側)·영험(靈驗)·정위(正位)의 3가지 기준이 있다. 군측은 군주인 일간의 곁에 있는 것이 작용력이 크므로 그것을 우선으로 취한다는 원칙인데, 월간과 시간이 일간 곁에 있으므로 거기에 있는 것으로 격국이나 용신으로 우선 정해진다는 것이다. 그 다음의 기준은 영험인데, 정위의 기준으로 작용력을 판단하기 어려울 때 육신(六神)의 종류에 따라 작용력의 크기에서 차이가 난다는 것이다.

작용력의 크기는 다음의 순서를 따른다.

(1) 칠살·정관·상관·편인
(2) 인수·정재·식신

---

[3] 장요문, 《오술신론》 1982, 78~80쪽.

(3) 편재·겁재
(4) 비견

만약 월간에 정관이 있고 시간에 정재가 있다면 정관의 힘이 강하므로 정관격 혹은 정관 용신이 된다는 것이다.
그 다음에 정위라는 것은, 위의 군측과 영험의 원칙으로도 판단하기 곤란한 경우에 적용하는 원칙이다.

(1) 丙·癸가 月干에 있는 것.
(2) 戊·己·壬이 時干에 있는 것.

정위(正位)를 더 자세히 분류할 수 있는데, 월간을 상주(上注)라고 하고, 시간을 하고(下固)라고 하는데, 일간에 따라서 상주와 하고가 달라진다.

甲일간 : 상주-丙·癸 / 하고-己·癸
乙일간 : 상주-丙·癸 / 하고-戊·己·壬·癸
丙 : 상주-없음 / 하고-壬
丁 : 상주-癸 / 하고-戊·己
戊 : 상주-甲·丙·癸 / 하고-庚·辛
己 : 상주-甲·乙·丙·癸 / 하고-戊·庚·癸
庚 : 상주-丙·癸 / 하고-戊·己
辛 : 상주-甲·丙·庚 / 하고-戊·己
壬 : 상주-乙·丙·癸 / 하고-戊·庚
癸 : 상주-丙 / 하고-없음.

투파에서는 이와 같은 원칙으로 천간의 작용력을 구별하는 방법을 일목요연하게 논한 것이 특징이며, 이 역시 일반 명리학에는 존재하지 않는 이론이다.

④ 천간 배합론[4]

투파 명리학은 천간과 천간의 글자 배합을 가지고 사주의 길흉과 등급을 판단한다. 이 점은 격국과 용신을 위주로 길흉과 등급을 판단하는 일반 명리학과 다른 점이다.

천간의 배합이론을 간단히 살펴보면 다음과 같다.

甲甲 : 나무가 숲을 이루어 길하다. 경쟁에 강하다.
甲甲甲 : 경쟁에서 이기고 귀하게 된다.
乙乙 : 잡초가 뒤엉킨 형세로 나쁘다. 형제, 친구의 덕이 없다.
丙丙 : 태양이 두 개 있으니 경쟁이 심하고 성공하기 어렵다.
丁丁 : 두 불길이 연합해서 기선제압으로 성공한다.
戊戊 : 산 너머 산이니 고생만 하고 실속이 없다.
己己 : 일의 진척이 느려서 나쁘다.
庚庚 : 살기가 충천하니 크게 다친다.
辛辛 : 복수심이 강하고 잔인하다.
壬壬 : 홍수가 나는 형상이니 과욕으로 실패한다.
癸癸 : 장애가 발생하고 진척이 느리다.

두 개의 천간이 중첩하는 것은 甲甲, 丁丁만 좋고 나머지는 모두 나쁘다.

---

[4] 장요문, 《완전풀이 십간론》 1996, 참조.

甲木

甲乙 : 갑 일간에 을이 있으면 주변에 귀찮은 사람이 있다. 을 일간에 갑이 있으면 귀인의 조력을 얻는다.

甲丙 : 햇빛을 받은 소나무로, 실력과 권위가 있다. 뜻하지 않은 행운을 얻는다.

甲丁 : 학문과 예술적 재능이 있다. 두뇌가 명석하고 경쟁에서 승리한다.

甲戊 : 민둥산 위의 고목으로, 재물을 잘 지키지 못한다. 출세가 힘들다.

甲己 : 옥토에서 자라는 나무로, 부자가 된다.

甲庚 : 도끼에 쪼개진 장작으로, 충성심과 지조가 있다.

甲辛 : 거목을 자르려고 덤비는 면도칼로, 고위직에 오르지 못한다.

甲壬 : 연못의 수양버들로, 인기가 좋다.

甲癸 : 비에 젖은 수양버들로, 두루 호평을 받는다.

乙木

乙甲 : 소나무를 타고 올라가는 담쟁이로, 귀인의 조력을 받는다.

乙乙 : 형제자매의 덕이 없다.

乙丙 : 햇빛을 받은 화초로, 윗사람의 도움으로 재물을 얻는다. 재물 복이 좋다.

乙丁 : 화초가 불타는 격으로, 학문에 불리하다.

乙戊 : 산에 핀 꽃으로, 수완이 좋아 부자가 된다. 윗사람의 복이 있다.

乙己 : 화분의 화초로, 예능으로 성공하고 재물 복이 있다. 그

러나 己가 기신이면 밭의 잡초이다.
乙庚 : 낫에 잘린 화초로, 갑작스런 재앙을 당한다.
乙辛 : 가위에 잘린 화초로, 직장 운과 재물 운이 약하다.
乙壬 : 호수의 연꽃으로, 상류층이다. 壬水가 기신이면 고통을 받고 음탕하다.
乙癸 : 이슬을 머금은 연꽃으로, 성공하지만, 癸가 기신이면 비에 젖은 화초로 보잘것없다.

丙火
丙甲 : 햇빛 받은 소나무로, 뜻하지 않은 행운이 있다.
丙乙 : 화초를 비추는 찬란한 태양으로, 재물 복이 있고 남다른 기술이 있다.
丙丙 : 태양이 두 개 떠 있으니, 실력 발휘를 못한다.
丙丁 : 역경을 극복하고 신속한 행동으로 성과를 거둔다.
丙戊 : 좋아하는 일에서 성공한다. 초년 고생을 극복하고 성공한다.
丙己 : 대지를 비추는 태양으로, 표현능력이 탁월해서 학술과 종교 방면에서 성공한다.
丙庚 : 심성이 사납고 고위직이 어렵다. 직장생활에 부적합하다.
丙辛 : 보석을 비추는 태양으로, 실력 이상으로 인정받아 성공한다. 위엄과 권위가 있다.
丙壬 : 연못을 비추는 태양으로 충성심이 있어서 직장생활에 적합하다. 일확천금의 복이 있다.
丙癸 : 구름에 가려진 태양으로 직장생활에 실패한다. 재물이 모이지 않고 손실이 많다.

丁火
丁甲 : 장작불로, 이해력이 탁월하고 두뇌가 명석하고 경쟁에
　　　강하다. 학문과 예술적 재능이 탁월하다. 기신 甲木일 때
　　　는 장작을 안고 불에 뛰어드는 격이다.
丁乙 : 성실보다 요령 위주이며, 학문성취가 어렵다. 재능을
　　　인정받지 못한다.
丁丙 : 역경을 이기고 신속히 빠른 성과를 낸다.
丁戊 : 공산명월로 재능을 충분히 발휘하여 성공한다.
丁己 : 자신의 의지대로 안 된다. 己가 용신이면 시간이 지나
　　　성과가 나타난다.
丁庚 : 자기의 능력을 충분히 발휘하여 성공한다.
丁辛 : 불에 태우는 보석으로 세상물정 모르고 무기력하다.
丁壬 : 상사나 귀인의 도움을 받고, 재물 운이 좋고 인기가 있
　　　다.
丁癸 : 조직생활에 적응하지 못하고 승진이 어렵고 재운이 약
　　　하다.

戊土
戊甲 : 줏대가 없어서 만년 하위직에 머문다. 재운이 없다.
戊乙 : 윗사람 복이 많고 수완이 좋아서 부자가 된다.
戊丙 : 일출동산으로 처음에 고생이나 나중에 대성하고, 적성
　　　에 맞는 직업을 가진다.
戊丁 : 재능을 충분히 발휘해서 성공한다.
戊戊 : 산 너머 산으로 꿈만 크고 실속이 없고 고집이 세 인기
　　　가 없다.
戊己 : 타인과 융합이 어렵다.

戊庚 : 참견이 심하여 손해를 보고, 타인의 조력이 오히려 해를 끼친다.
戊辛 : 인복이 없다.
戊壬 : 우수한 두뇌로 성공하는데, 壬이 기신일 경우 인색하고 옹졸하다.
戊癸 : 인색하고 그릇이 작다. 戊가 희신이면 직장근무로 성공한다.

己土
己甲 : 위장병 조심. 甲이 희신이면 부자가 된다.
己乙 : 일처리를 야무지게 하지 못한다. 乙이 희신이면 예능과 경영으로 성공한다.
己丙 : 뜻하지 않는 귀인을 만나 성공한다. 丙이 기신일 때는 인기가 없고 성공이 없다. 丙이 희신이면 학술·종교·서비스업으로 성공한다.
己丁 : 시간이 흐르면 점차 성과가 나타난다. 丁이 기신이면 진로가 막힌다.
己戊 : 대인관계가 원만해서 성공한다. 戊가 기신이면 타인과 융합하지 못한다.
己己 : 일에 장애가 발생하여 진척이 느리다.
己庚 : 남의 일에 참견하다가 손해를 보고, 타인의 도움이 실제로는 해가 된다.
己辛 : 타인의 도움이 없고 인복이 없다.
己壬 : 재물 운이 박하고 이성의 덕이 없고 애정분규를 일으킨다.
己癸 : 큰 부자가 되고 관청이나 대기업에도 적합하다.

庚金

庚甲 : 내실이 없고 부실하다. 甲이 희신이면 주군을 한결같이 모시는 지조가 있다.

乙庚 : 갑작스런 재앙을 당한다.

庚丙 : 직장생활을 못하고, 재능이 부족하고, 인기가 없고, 높은 직위가 어렵다.

庚丁 : 자기의 재능을 발휘하여 큰 성공. 丁이 기신일 때는 과욕으로 실패한다.

庚戊 : 타인의 조력이 없고 남의 일로 손해 본다.

庚己 : 남의 일로 손해 보고, 타인의 도움이 오히려 해가 된다.

庚庚 : 일생에 한 번은 크게 다친다.

庚辛 : 화가 나면 큰 사고를 친다.

庚壬 : 기획력과 창조적 재능으로 성공한다. 壬이 기신이면 남의 일로 망한다.

庚癸 : 윗사람 덕이 없고 자수성가한다.

辛金

辛甲 : 쓸모없는 고생으로 재운이 약하다. 고위직에 오르기 힘들다.

辛乙 : 재물이 신속하게 흩어지고, 직장생활에 부적합하다.

辛丙 : 빛을 발하는 보석으로 위엄과 권위가 있고, 실력 이상으로 인정받는다.

辛丁 : 보석을 불에 그슬리니 고생이 많고 세상 물정에 어둡다.

辛戊 : 인복이 없고, 남의 일로 손해 본다.

辛己 : 타인의 조력을 받지 못하고 인복이 없다.

辛庚 : 화가 나면 대형 사고를 친다.
辛辛 : 복수심이 강하고 잔인하다.
辛壬 : 총명한 재능을 발휘하고 학업이 우수하다.
辛癸 : 재능을 발휘 못하고, 윗사람의 덕이 없고 자수성가한다.

壬水
壬甲 : 성실하고 재능을 충분히 발휘하고 인기가 좋다.
壬乙 : 능력 이상으로 인정받고 남의 도움으로 성공한다. 乙이 기신이면 추문에 휘말린다.
壬丙 : 일확천금의 복이 있다. 충성심과 복종심으로 직장에서 성공한다.
壬丁 : 재물이 잘 모이고 인기가 있고, 상사와 귀인의 조력을 얻는다.
壬戊 : 조직생활에 잘 적응하고 직장에서 성공하고 두뇌가 우수하다.
壬己 : 재물 운이 박하고 이성의 덕이 없고 색정문제를 일으킨다.
壬庚 : 많은 원조를 받아 성공하고, 창조력과 기획력이 뛰어나 성공한다.
壬辛 : 총명하고 학업이 우수하고 매사 순조롭다
壬壬 : 욕심이 지나쳐 실패한다.
壬癸 : 경쟁에 강하다. 壬癸가 기신일 때는 맹진하다 실패한다.

癸水
癸甲 : 표현능력이 탁월하고 지능이 높아 성공한다. 두루 호평

을 받는다.
癸乙 : 대인관계가 좋으며 남의 힘으로 성공한다.
癸丙 : 햇빛을 가리는 구름으로 재물이 모이지 않고, 직장생활이 맞지 않는다.
癸丁 : 재운이 약하고 조직생활에 적응하지 못하고 승진이 어렵다.
癸戊 : 직장 근무로 성공한다. 戊가 기신이면 인색하고 그릇이 작아 성공하기 어렵다.
癸己 : 직장생활이 적성이고 관청이나 대기업에 적합하고, 큰 부자가 된다.
癸庚 : 부모나 윗사람 덕이 없고 자수성가한다. 남의 일에 끼어들다가 실패한다.
癸辛 : 윗사람의 덕이 없고 자력으로 일어난다.
癸壬 : 맹진하다가 실패하며 건강과 재산에 타격을 입는다. 壬이 희신이면 경쟁에 강하고 매사 순조롭다.
癸癸 : 장애가 발생하고 일의 진척 속도가 느리다.

2) 지지론(地支論)

① 육합론(六合論)

투파의 지지론은 합과 충의 이론을 중심으로 전개된다. 여기서 합이란 육합(六合)을 말하고 충이란 육충(六冲)을 말한다.
육합은 다음과 같다.

```
子 丑 合
寅 亥 合
```

```
卯 戌 合
辰 酉 合
巳 申 合
午 未 合
```

　투파의 육합이론은 육합으로 인해 오행이 변하거나 생겨나지 않는 것으로 본다. 다만 육합하는 두 개의 지지는 작용하지 못하므로 천간의 뿌리역할을 하지 못하는 것으로 본다. 다시 말해 합하는 두 글자가 사주에 없는 것과 같이 취급한다. 합이 되려면 두 개의 지지가 서로 바로 옆에서 붙어 있어야 한다. 연지와 월지, 월지와 일지, 일지와 시지처럼 바로 옆에 붙어 있어야 하고, 한 칸이라도 떨어져 있으면 합으로 보지 않는다. 예를 들면 연지와 일지, 월지와 시지, 연지와 시지는 육합이 성립되지 않는 것으로 본다.

　투합과 쟁합의 경우, 예를 들어 연지에 子가 있고 월지에 丑이 있고 일지에 子가 있는 경우에는 연지와 월지가 합하는 것으로 보고 일지는 합하지 않는 것으로 본다. 투파에서는 연월일시의 순서를 중요시하며, 연월일시의 순서대로 합충의 우선권이 있는 것으로 보기 때문이다.

　운에서 오는 지지가 사주의 지지와 합충을 하는 경우에도 운의 지지를 사주의 연지에서부터 대조하여 합충을 살피고, 일단 합충이 되면 사주의 다른 지지는 합충을 하지 못하는 것으로 본다.

　먼저 합이 성립하면 다른 글자가 와도 합이 풀리지 않는 것으로 본다. 합을 풀기 위해서는 반드시 충이 와야 비로소 합이 풀리는 것으로 본다.

　예를 들어, 연지와 월지에 子가 있는데, 대운이나 유년에서 丑

이 오면 연지 子와 유년지지 丑이 합하고, 월지 子는 합하지 못한다. 사주 지지의 배열이 子丑子丑처럼 되어 있다면 두 쌍의 합이 구성된다.

육합은 충을 만나면 합이 풀리는 것으로 본다. 충 역시 육합을 만나면 충이 풀리는 것으로 본다. 예를 들어, 사주 지지의 배열이 시지 子, 일지 丑, 월지 子, 연지 丑처럼 되어 있는데 운에서 午가 오면 월지 子를 충하여 연월의 子丑합이 해소된다.

② **육충론**(六冲論)

육충은 다음과 같다.

子	午	충
丑	未	충
寅	申	충
卯	酉	충
辰	戌	충
巳	亥	충

충을 하면 작용이 정지되어, 있어도 없는 것과 같이 보고, 천간의 뿌리역할을 하지 못하는 것으로 본다. 충 역시 바로 옆에 붙어 있는 글자끼리만 충이 되고 한 칸이라도 떨어져 있으면 충이 성립되지 못하는 것으로 본다. 충이 겹칠 때는 연월일시의 순서대로 주도권이 있기 때문에 한 글자가 다른 두 개의 지지와 두 번 이상 충하지 못한다. 충은 합하면 해소된다. 운의 글자와 충하는 것은 연월일시의 주도권을 지닌 순서대로 작용한다. 충은 충으로 풀 수가 없고 반드시 합이 와야 풀린다.

예를 들면,

```
乙 甲 丙 庚
亥 寅 戌 辰
시 일 월 년
```

연월이 충하고 일시가 합하여 지지는 작용력이 없고 그러므로 천간의 뿌리역할을 하지 못한다. 운에서 卯가 오면 월지와 합하므로 연월의 충이 풀리고 합에서 풀려난 연지 辰이 작용하게 된다. 운에서 巳가 오면 시지를 충해서 합에서 풀려난 寅이 살아나서 천간의 뿌리역할을 하게 된다.

③ 형충회합론(刑沖會合論)
투파에서는 지지의 육합과 육충 이외의 것은 천간의 뿌리역할을 할 수 있는 것으로 본다. 다시 말해, 지지의 형파해와 삼합과 방합은 천간의 뿌리역할을 하는 데 아무런 지장을 받지 않는 것으로 본다.

3) 격국론(格局論)
투파의 격국론에서는 격을 어떻게 정하는지를 다음과 같이 해석하고 있다.
격을 정할 때는 지지에 통근한 천간 가운데 가장 강한 것으로 정한다. 통근한 지지가 월지에 있든 타지에 있든 강약의 구별이 있다고 보지 않으며, 다만 뿌리를 많이 얻은 천간이 강한 것으로 판단한다. 그러므로 가장 뿌리를 많이 얻은 천간이 곧 격이 된다.
투파에서는 월지 지장간만 천간에 투출했을 때 격이 된다고 보지 않으며, 지지에 뿌리를 내린 천간은 어떤 지지에 뿌리를 내리든 상관없이 격이 될 수 있다고 본다. 지지에서 방합이나 삼합을 구성한 경우는 천간에 같은 오행이 투간하지 않는 한 격이 되지 못한다.

격에는 정격과 외격이 있는데, 정격은 식신격·상관격·정재격·편재격·정관격·편관격·정인격·편인격의 8정격이 있다. 비견과 겁재는 격으로 인정하지 않고, 그러므로 양인격과 건록격과 월겁격은 인정하지 않는다.

외격으로는 종살격·종재격·종아격의 기명종격(棄命從格), 일간을 강하게 만드는 것을 따르는 종왕격(종강격)이 있다.

어떤 격국이 이루어지든지 천간의 글자 중에서 격을 정하는 것에는 변함이 없다. 투파의 격국론은 강한 오행을 억제하고 약한 오행을 부축하는 억부원칙을 사용하든지, 아니면 왕(旺)한 것을 종하는 종왕원칙을 사용하든지 두 가지 중에서 결정하게 된다.

4) 용신론(用神論)

투파의 용신론에서는 천간에서만 용신을 잡는다. 지지에서는 용신을 잡지 않는다. 철저히 천간 위주의 이론이고, 지지는 천간의 뿌리역할을 하느냐 못하느냐의 부차적이고 종속적인 의미를 부여받게 된다. 용신을 정하는 원칙은 격국이 정해지면 그에 따른다. 격국에 따른 용신을 정리하면 다음과 같다.

① 정격의 용신

신강한 경우에는 천간에 있는 재성·관살·식상이 용신이 된다. 재관을 겸용하거나 재식을 겸용해도 된다. 다만 관살과 식상은 겸용하지 못한다. 관살과 식상이 모두 투간할 경우에는 더 힘이 강하거나 극을 받지 않은 것을 용신으로 삼는다.

운에서 용신을 생조(生助)하면 길운이고, 합극(合剋)하면 흉운이다.

신약한 경우에는 천간에 있는 인성·비겁이 용신이 된다. 운에서 용신을 생조하면 길운이고, 합극하면 흉운이다.

② 종격의 용신

신강한 경우에 천간에 신약하게 만드는 글자가 없거나, 있다고 해도 지지에 뿌리가 없거나 합이 되어서 없는 것과 같은 상황이 되면 일간을 생조하는 인성·비겁이 용신이 된다. (종왕격, 또는 종강격) 운에서 용신을 생조하면 길운이고, 합극하면 흉운이다.

신약한 경우에 천간에 일간을 강하게 만드는 글자가 없거나, 있다고 할지라도 합이 되거나 뿌리가 없어서 없는 것과 같은 상태가 되면, 천간에 있는 재성·관살·식상이 용신이 된다. (기명종격) 운에서 용신을 생조하면 길운이고, 합극하면 흉운이다.

5) 행운론(行運論)

행운론은 운의 진행을 판단하는 이론이다. 투파의 행운론은 일반 명리학의 운을 보는 방법과 다른 점이 있다. 운에서 용신을 생조하면 길운이고, 합극하면 흉운으로 보는 점은 일반 명리학과 같다. 일반 명리학과 다른 점은 다음과 같다.

(1) 운의 간지를 사주에 대입할 때 연월일시의 순서에 따라 대입시킨다는 점.
(2) 천간합과 지지충과 지지합은 해당 글자의 작용을 정지시

킨다고 본다는 점.
(3) 합충의 관계에서 있는 글자가 작용을 못하게 되는 경우도 생기고, 작용을 못하던 글자가 합충에서 풀려나서 작용하게 되는 경우도 생긴다는 점.

투파의 운의 작용을 판단하는 기본적 이론은 다음과 같다.

(1) 천간합은 작용 정지.
(2) 지지충은 작용 정지.
(3) 지지 육합은 작용 정지.
(4) 희신과 기신을 구별한다.
(5) 운의 천간이 원국의 희신을 간합하면 기신운.
(6) 운의 천간이 원국의 기신을 간합하면 희신운.
(7) 운의 지지가 원국의 지지 희신을 충·육합하면 기신운.
(8) 운의 지지가 원국의 지지 기신을 충·육합하면 희신운.
(9) 운의 지지가 원국 천간의 희신을 생조하면 희신운.
(10) 운의 지지가 원국 천간의 기신을 생조하면 기신운.
(11) 운의 지지에 원국 천간의 희신과 기신이 모두 통근하는 경우에는 오행의 경중을 본다.

합충 해석의 실례5)

庚	辛	庚	丙
寅	亥	子	午
시	일	월	년

---

5) 장요문, 《완전풀이 적천수》 1995, 84쪽.

연월의 子午충은 子의 운이 와서 연지 午를 충하여도, 또는 午의 대운이 와서 월지 子를 충하여도 사주의 子午충은 풀리지 않는다. 그러나 未의 운이 와서 연지 午와 합하면 午未합이 되면서 子午충이 풀리게 되고 충에서 풀려난 子는 작용하게 된다. 운에서 丑이 와서 월지 子와 합하면 子丑합으로 子午충이 풀리게 되고 午가 작용하게 된다. 일지와 시지의 寅亥합은 운에서 巳와 申이 와서 충하면 합이 풀리지만, 운에서 寅이 오거나 亥가 와도 사주의 합은 풀리지 않는다.

6) 실례

① 여자 사주[6]

```
甲 辛 乙 戊
午 亥 卯 寅
시 일 월 년
```

대운
丁 戊 己 庚 辛 壬 癸 甲
未 申 酉 戌 亥 子 丑 寅

이 사주의 일간은 뿌리가 없다. 월간 乙木과 시간 甲木이 지지의 寅卯亥에 통근하여 아주 강하다. 천간의 인성이 뿌리가 있으면 종이 성립하지 않지만, 이 사주의 인성 연간 戊土는 뿌리가 없다. 戊己는 지지의 辰戌丑未에 뿌리를 내리는데 그것이 없어서이다. 그러므로 종재격이 되어 木이 용신이고, 水가 희신이다.

---

[6] 장요문,《완전풀이 적천수》1995, 76~77쪽.

지지의 寅亥합은 거리가 멀어서 성립하지 않는다. 대운에서 甲寅癸 대운은 용신을 돕는 운이므로 행복하게 살았고, 丑대운은 일간을 돕는 인성 운으로 종재격에 불리한 운이다. 丑 대운 己亥년에 부친과 사별하고 庚子년에 집이 망하여 기생이 되었다. 己가 용신 甲을 합거해서 불리하고, 庚이 용신 乙을 합거해서 불리해진 것이다. 壬대운 癸卯년에, 대운 壬이 사주의 용신 甲을 생조하고, 연운 癸가 사주의 기신 戊를 합거하여 좋은 것이 증가하고 나쁜 것이 감소해서 대재벌의 부인이 되었다. 그러나 戌 대운에 사주의 용신 乙을 합거해서 용신의 중요한 뿌리 하나가 사라져서 비참한 운을 맞이하고, 己대운에 비명횡사하였다.

② 남자 사주[7]

```
己 乙 庚 辛
卯 未 寅 亥
시 일 월 년
```

대운
甲乙丙丁戊己
申酉戌亥子丑

이 사주의 일간은 뿌리가 있다. 연월간의 庚辛 金은 뿌리가 없으므로 격국도 못되고 용신도 못된다. 다만 기신인 비견 겁재를 막아주고 재를 보호하는 간접적인 역할을 할 뿐이다. 寅亥합이 되어 寅亥는 작용하지 못한다. 시간 己가 일지 未에 뿌리가 있다. 일주가 시간 재성보다 강하므로 신강한 사주다. 그러므로 시간

---

[7] 장요문, 《완전풀이 적천수》 1995, 82~84쪽.

의 己 재성을 용신으로 정한다. 대운의 丙은 己를 생하는 작용을 하면 좋겠지만 연간과 합하여 사라지고, 甲申년에는 용신 己를 합거하여 용신 재성이 사라지며 월지 寅을 충하여 寅亥합이 풀리게 되고, 합에서 풀린 亥가 乙의 뿌리로 작용하여 일간을 더욱 강하게 만들어 재를 더욱 약하게 만드는 결과를 만든다. 申은 庚辛金의 뿌리작용을 하지 못하고 寅亥합을 풀어주는 작용만 하게 된다. 이와 같이 행운(대운과 연운)은 사주에 대한 희기 오행의 작용만 보면 안되고 먼저 사주 천간과 간합하는지, 사주 지지와 충합하는지를 먼저 보아야 한다. 충은 충을 풀 수 없고 합은 합으로 풀 수 없다고 보는 것이 투파의 합충이론이다.

4. 결 론

지금까지 투파의 기본적이고 중요한 학설을 살펴보았다. 끝으로 투파이론의 장점과 단점을 정리하면서 글을 마무리하려고 한다.

투파 명리학의 장점은 논리의 일관성과 간편성이다. 천간을 중시하고 지지를 천간의 보조작용으로 국한시키고, 천간합과 지지의 합충이 작용을 정지시키며, 천간합과 지지의 합충은 우선순위에 따라서 정해지며, 합은 충으로만 해소할 수 있고, 충은 합으로만 해소할 수 있고, 적용할 때는 연월일시의 순서대로 천간합과 지지충합의 작용이 일어나는 변화를 중요시하고, 합충의 변화는 그 중요성에 있어서 운의 글자가 가진 오행 자체의 희기보다 더 중요하다고 해석한다. 이렇게 논리정연하고, 그 원칙에 따라서 사주를 해석하면 매우 간편하게 길흉을 해석할 수 있다는 점이 투파 명리학의 장점이라고 할 것이다.

　투파 명리학의 단점은 투파의 이론으로 해석하기 어려운 복잡한 사주가 존재한다는 것이다. 가감승제만 가지고 고등수학을 풀 수 없는 이치와 같다고 할 수 있다. 투파의 이론만 가지고는 모든 사주를 해석할 수 없을 뿐 아니라, 더욱 중요한 사실은 투파이론으로 해석할 수 있는 사주의 경우에도, 투파의 이론으로 운의 길흉에 대한 기본적인 판단과 성패에 대한 기본적인 판단이 가능하다 할지라도, 여전히 남는 문제는 사건의 구체적인 내용에 대해서는 일반 명리학의 도움을 받아야 세밀한 통변이 가능하다는 데 있다. 다시 말해, 투파의 이론에 따라 기본적인 길흉을 판단했다고 할지라도 사건의 구체적인 내용까지는 투파이론이 알려주지는 않는다는 것이다.

　사건의 구체적 내용은 언제나 일반 명리학의 해석 방법을 사용하지 않을 수 없기 때문에 투파 명리학은 언제나 그 자체로는 미완성이며, 사주 해석에 있어서 일반 명리학의 통변이론을 항상 겸용하지 않을 수 없다는 것이다. 하지만, 그렇다고 해서 투파 명리학의 가치가 퇴색하거나 불필요한 것은 아니며, 일반 명리학으로 해석하기 어려운 사주가 어떤 경우에는 투파이론으로 해석이 쉽게 될 때도 있기 때문에, 일반 명리학과 투파 명리학은 상호보완적 관계에 있다고 할 것이다.

〈참고문헌〉

- 佐藤六龍, 《십간사주추명비법》(한국 남각연구소, 1988)
- 佐藤六龍, 《中國四柱推命術》(대만 武陵出版社, 1987)
- 張耀文, 《五術新論》(대만 希代書版公司, 1982.)
- 張耀文, 《완전풀이 적천수》(한국 예예원, 1995)
- 張耀文, 《완전풀이 십간론》(한국 예예원, 1996)
- 段建業, 《盲派命理》(중국 時輪造化有限公司, 2006)
- 段建業, 《盲師斷命實例集之一》(중국 時輪造化有限公司, 2003)
- 李光浦, 《命運組曲》(대만 武陵出版社, 2003)
- 萬民英, 《三命通會》(臺北 武陵出版有限公司, 2003)
- 白惠文, 《命學秘解》(台中 瑞成書局, 1976)
- 徐樂吾, 《子平粹言》(臺北 武陵出版有限公司, 1998)
- 徐樂吾 註, 《窮通寶鑑》(臺北 武陵出版有限公司, 2004)
- 徐樂吾補註, 《滴天髓補註》(臺北 武陵出版有限公司, 1999)
- 徐樂吾 評註, 《滴天髓徵義》(臺北 武陵出版有限公司, 2002)
- 徐樂吾 評註, 《造化元鑰》(臺北 五洲出版社, 1970)
- 徐升, 《淵海子平評註》(臺北 武陵出版有限公司, 2002)
- 梁湘潤, 《淵海喜忌隨筆》(臺灣 行卯出版社, 1997)
- 梁湘潤, 《李虛中命書》(臺灣 武陵出版社, 1985)
- 袁樹珊, 《命理探原》(臺北 武陵出版有限公司, 1996)
- 韋千里, 《命學講義》(臺北 武陵出版有限公司, 1998)
- 韋千里, 《呱呱集》(上海 印刷書館, 1992)
- 李鐵筆, 《窮通寶鑑評註》(臺北 益群書店股份有限公司, 2005)
- 任鐵樵, 《滴天髓闡微》(臺北 武陵出版有限公司, 1999)
- 張楠, 《標點命理正宗》(臺北 武陵出版有限公司, 2001)
- 陳素菴, 《精選命理約言》(上海 韋氏命苑, 1935)

▌Abstract

A Study on the Characteristics and Contents of the
Tu party of the theory of Ming-Li

Yun, Myeong-kook

The Tu party, namely Myeongjing party, which is a Osul party established by Mae So Hyang in Ming dynasty of China, has advantage of excellent practicality and convenience because it covers five skills of Orientalism and has systematic theoretical base. Its superior compatibility, especially, affected the theory of Ming-Li in Ming dynasty, resulting a party which had been inherited for hundreds years. This party was propagated to the Japan after the Pacific war and was established as a party of the theory of Ming-Li, and recently, the books on the Tu party of the theory of the Ming-Li were translated and introduced in Korea, helping the establishment of it as a part of the theory of Ming-Li in Korea as well.

The theoretical base of the Tu party of the theory of the Ming-Li is differ from the general theory of the Ming-Li in that it analyze the Four Pillars based on the Cheongan. The Cheongan of the Four Pillars acts only when it is rooted in Jiji, the Jiji of the Four Pillars acts only as a root of Cheongan, the letters of the Cheongan stop the acts when it is in harmonious, the letters of the Jiji stops the acts in the case of the six harmonies or six conflicts, the combination of Cheongan letters affects the good or ill luck. The strongest letter among not only the Jijanggan of months but also Cheongan letters which is not harmonious while is not rooted in Jiji is selected as a Gyeok, and this is also applied in determining strength of body. The Yongsin is determined by dividing it Jeonggyeik and Jonggyeok, and the principle of assistance and suppression is base of determination of Gyeokguk and strenghth of body.

In interpreting the fortune, once a Ganji is determined as being harmonious in entering with the sequence of year, month, and day, the remains are considered as being not harmonious, The fortune is determined as good when the Heesin is six conflicts or harmonies, while as bed when the Gisin is them.

The Tu party of the theory of the Ming-Li has advantages of certainty in theory and principle, however it has limitation that it is not applicable in complex For Pillars. It is considered the understanding the Tu party of the theory of the Ming-Li is essence for the theory of the Ming-Li researchers.

제11장 기문 명리학의 특성과 내용

류래웅
－고려기문학회장, 공주대학교 동양학과 강사,
아시아투데이 객원논설위원－

차 례

1. 유래와 특성
    1) 유래 · 290
    2) 특성 · 291
2. 내용
    1) 홍국수(洪局數) · 295
    2) 연국(烟局) · 299
    3) 팔문(八門) · 302
    4) 팔괘(八卦) · 303
    5) 천봉구성(天蓬九星)과 태을구성(太乙九星) · 304
    6) 직부팔장(直符八將) · 305
3. 결론 · 306

1. 유래와 특성

1) 유래

「기문명리학」이라는 명칭은 1988년에 조진만(趙鎭滿)이 발행한 《천고비전 기문명리학(千古秘傳 奇門命理學)》에서 처음 등장한다.8)

「기문(奇門)」 또는 「기문둔갑(奇門遁甲)」이란 명칭은 춘추전국(春秋戰國)시대에는 「음부(陰符)」라 불렀고, 진(秦)・한(漢) 시기에는 「육갑(六甲)」이라 불렀고, 진・수・당・송(晉隋唐宋) 때에는 「둔갑(遁甲)」이라 불렀고, 명・청(明淸) 이후부터 「기문둔갑」이라 불렀다.9)

기문둔갑의 법은 원래 운명을 점(占)하는 학문이 아니었고, 주요 부분이 병법(兵法)이었다.

이 내용은 당나라 때 이전(李筌)이 지은 병법서 《태백음경(太白陰經)》 「둔갑(遁甲)」편에 수록되어 있다.10)

태공(太公)과 장량(張良, 字는 子房)이 많은 업적을 남겼는가 하면, 제갈량은 기문병법인 팔진법(八陣法)을 실전에 이용하여 혁혁한 무공을 세웠다.

그 밖에도 숱한 병법가들이 연구하여 왔으나, 근래에는 급속한 무기의 발전으로 점차 기문의 병법은 퇴색하였고, 급기야는 기문의 본향인 중국에서조차 연구하는 이가 적어지게 되었다.

---

8) 趙鎭滿, 《千古秘傳 奇門命理學》(成文社, 1988)
9) 張泰相, 《奇門遁甲 예측학》(전통문화사, 2001), 323쪽.
10) 吳淸植, 〈奇門遁甲「烟波釣叟歌」에 관한 硏究〉(동방대학원 대학교 박사학위논문, 2008), 78쪽.

대신 기문둔갑의 다른 기능, 즉 운명을 점하는 부분만이 간신히 명맥을 유지하고 있으나, 이 또한 다른 학문 〈자평명리학〉, 〈복서학〉, 〈육임학〉 등에 밀려 소멸될 위기에 처해 있다.[11]

우리나라의 기문명리학 역사는《삼국사기(三國史記)》「김유신조(金庾信條)」에 김유신의 고손(高孫)인 김암(金巖)이 당나라에 유학 가서 둔갑입성법(遁甲立成法)을 터득한 뒤 이를 응용한 육진법(六陣法)을 백성들에게 가르쳤다는 기록에서 처음 찾아볼 수 있다.[12]

홍국수(洪局數)의 원리와 입중궁(入中宮)의 원리가 이때부터 시작되었다고 전해진다.

그 후 조선시대의 화담(花潭) 서경덕(徐敬德), 토정(土亭) 이지함(李芝涵) 선생 등에 의해 지금의 「기문명리학」의 골격이 이루어졌다.

2) 특성

운명이란 시간과 공간이 씨줄과 날줄처럼 얽히고설키면서 잘 짜여진 모직물처럼 형성되는 것이다.

예를 들어 "K모씨가 오후 6시에 동대문에서 교통사고가 났다"라고 가정하여 보자.

그 시간에 외출을 하지 않았다면 교통사고가 나지 않았을 수 있었을 것이며, 외출을 하였다 하여도 오후 7시에 했으면 나지 않았을 가능성이 있었을 것이다.

만약 그 시간 오후 6시에 서대문으로 외출하였다면 사고는 나지 않았을 수도 있지 않았겠는가.

---

11) 柳來雄,《洪烟撮要》(上) (도서출판 太乙, 2000), 5쪽.
12)《네이버 백과사전》〈기문둔갑〉에서.

즉 6시라는 시간과 동대문이라는 공간이 만남으로써 발생된 운명인 것이다.

운명을 점치는 방식에 크게 두 그룹의 패턴이 있는데, 시간 원칙을 적용하는 그룹과 공간을 중요시하는 그룹이 그것이다.

시간 원칙을 적용하는 학파는 자평명리학, 육임학의 학자들이고, 공간을 중요시하는 학파는 풍수학, 구궁기학, 고전기문둔갑 등을 연구하는 학자들이다.

「기문명리학」—여기에서 말하는 기문명리학은 중국식 또는 일본식과 구별되는, 한국에서 발전되어 온 흔히 일컫는 동국(東國) 기문을 말함—은 연·월·일·시라는 시간과 낙서구궁(洛書九宮)의 공간을 종합하여 운명을 점치므로 시간만을 중요시하는 학파와도 구별되며, 공간만을 중요하게 여기는 학파와도 구별되는 특성이 있다.

여타 학문과 학파와 구별되는 또 다른 특성은 수학적(數學的)인 것을 매우 중요시한다는 것이다.

남

4 손(巽)	9 리(離)	2 곤(坤)
3 진(震)	5	7 태(兌)
8 간(艮)	1 감(坎)	6 건(乾)

동 　　　　　　　　　서

북

〈낙서구궁(洛書九宮) 기본표〉

※ 낙서구궁의 방위는 일반 지도와는 반대로 되어 있는데, 그것은 기문이 제왕의 학문이기 때문에 방위 설정이 다른 것이다.

• 2009년 양력 8월 15일 오후 4시
〈己丑년 壬申월 壬辰일 戊申시〉

5	9	9	6	
戊	壬	壬	己	천간을 합하면 29.
申	辰	申	丑	지지를 합하면 25.
9	5	9	2	

남

八一	三六	十九
九十	二七	五四
四五	一八	六三

동 　　　　　　　　　　서

북

※ 각 합계수를 九로 제하고 남는 수를 중앙궁에 넣는다. 그 후 천간수는 출이궁(出離宮)하여 역으로 포국하고, 지지수는 출감궁(出坎宮)하여 차례로 포국한다.

1감궁(9),　　2곤궁(19),　　3진궁(19),
4손궁(9),　　5중궁(9),　　6건궁(9),
7태궁(9),　　8간궁(9),　　9이궁(9).

　천간과 지지의 포국은 순행과 역행으로 서로 다른 방식으로 다른 출발점으로 시작했으나 천간과 지지가 만나는 숫자는 모두 9가 된다. (두 곳은 끝수가 19)

이 숫자를 다음과 같이 오행(五行)으로 바꾸어 운명을 판단하는 것이 「기문명리학」의 주된 특성이다.

　一, 六水 (1과 6은 물)
　二, 七火 (2와 7은 불)
　三, 八木 (3과 8은 나무)
　四, 九金 (4와 9는 쇠)
　五, 十土 (5와 10은 흙)

2. 내용

1) 홍국수(洪局數)

(1) 기문명리학은 홍국수·연국(烟局)·팔문(八門)·팔괘(八卦)·천봉구성(天蓬九星)·태을구성(太乙九星)·직부팔장(直符八將) 7가지 기본적 요소를 생년·월·일·시에 붙여서 운명을 추산한다.

그 중에서 홍국수를 제외한 6가지는 중국이나 일본에서도 공통적으로 사용하고 있으나, 홍국수는 우리나라에만 있는 우리민족의 독창적인 방법이다.

독창적인 것도 중요하지만, 더 중요한 것은 홍국수의 추단 방법이 다른 6가지의 방법보다 적중률이 높다는 사실이다.

(2) 포국방법은 다음과 같다.

사주를 세워야 한다. 사주를 세우기에 앞서 천간과 지지의 수리법칙을 알아야 한다.

천간수

甲	乙	丙	丁	戊	己	庚	辛	壬	癸
1	2	3	4	5	6	7	8	9	10

지지수

子	丑	寅	卯	辰	巳	午	未	申	酉	戌	亥
1	2	3	4	5	6	7	8	9	10	11	12

• 사주작성13)

```
     1942년 음력 1월 7일생 寅時(乾命)
              戊    乙    壬    壬
              寅    巳    寅    午
```

• 차례수의 대입 및 합

```
           천간의 합, 5+2+9+9=25

           지지의 합, 3+6+3+7=19
```

• 중궁의 홍국수

```
     천간의 홍국수(천반수), 25÷9=2…7

     지지의 홍국수(지반수), 19÷9=2…1
```

위와 같이 계산하여 중궁의 천반수 7, 지반수 1을 구한다.

■ 구궁(九宮) 포국법(布局法)
구하여진 중궁의 천·지반수를 기본으로 하여 홍국수를 구궁에 포국하는데, 방법은 다음과 같다.

---

13) 金鶴仁, 《洪局奇門》 (전남대학교 출판부, 2006), 38쪽~39쪽.

① 천·지반수의 입중(入中)

구궁도를 만든 뒤 지반수를 아래, 천반수를 위에 두어 중궁에 배치한다.

② 지반수의 순포(順布)

중궁의 지반수를 감궁(坎宮)으로 하행시켜서 후천팔괘의 정위수(定位數)대로 순행하여 배치한다.

③ 천반수의 역포(逆布)

천반수는 이궁(離宮)으로 상행시켜서 후천팔괘의 정위수의 역으로 행하여 배치한다.

이로써 홍국의 기문국이 완성되는데, 다음에 예시한다.

三 五	八 十	五 三
四 四	七(二) 一(六)	十 八
九 九	六 二	一 七

중궁 천반수 7, 중궁지반수 1

중궁의 천반수에는 2, 지반수에는 6이 숨겨져 있다. 1과 7이 선점하고 있기 때문인데, 이를 중궁의 은복수(隱伏數)라고 한다.

■ 육친(六親) 배대법(配對法)

구궁과 12지

辰巳	午	未申
卯		酉
寅丑	子	亥戌

감—子   간—丑, 寅
진—卯   손—辰, 巳
리—午   곤—未, 申
태—酉   건—戌, 亥

子일생은 감궁을 세궁(世宮)으로 정하고, 丑, 寅일생은 간궁을 세궁으로 정하고, 卯일생은 진궁을 세궁으로 정한다.14) 세궁(世宮)이란 육효점(복서)의 세와 비슷하며, 자평명리학의 일간과 비슷한 역할을 한다. 일지(日支)를 기신(己身)으로 보고 다른 오행과 관련하여 육친을 정한다. 자평명리와는 약간의 차이가 있으므로 비교하여 나타내어 본다.15)

	자평명리	기문명리
생아(生我)	정인	부모(父母)
	편인	
비화(比和)	겁재	형제(兄弟)
	비견	
아생(我生)	상관	자손(子孫)
	식신	
아극(我剋)	정재	처재(妻財)
	편재	
극아(剋我)	정관	관(官)
	편관	귀(鬼)

---

14) 柳來雄, 《洪烟撮要》(上) (도서출판 太乙, 2000), 33쪽.
15) 金鶴仁, 《洪局奇門》(전남대학교 출판부, 2006), 43쪽~44쪽.

자평명리의 경우 기신과 동일한 음양의 여부에 따라 정·편(正偏), 비·겁(比劫) 등으로 구분된다. 기문의 경우에도 이와 같이 구분할 수도 있으나, 위의 도표처럼 단순화하는 것이 고전적인 방법이다. 그러나 극아자(剋我者)의 경우 관(官)과 귀(鬼)로 구분하는데, 기문에서는 편관을 귀(鬼)라 하여 대단한 흉살(凶殺)로 보기 때문이다.

2) 연국(烟局)

(1) 戊·己·庚·辛·壬·癸의 여섯 개의 천간을 육의(六儀)라 부르고, 乙·丙·丁 세 개의 천간은 삼기(三奇)라고 부른다. 병서(兵書)《무비지(武備志)》에서 다음과 같이 해석하고 있다.

"천간은 모두 열 개인데, 갑목은 수괴(首魁)로 나머지 천간을 통솔하고 영도하니 지극히 존귀한데, 그 두려워하는 것은 오로지 庚金뿐이다. 그러므로 반드시 그 갑목을 둔닉(遁匿)하여야 하고, 경금에게 극을 받도록 해서는 안 된다. 그런데 乙木은 갑목의 누이동생으로 경금의 배필이 될 수 있으니, 그 정(情)은 견인(牽引)하는 바가 있게 하고, 丙丁火는 갑목의 자녀로 경금을 제극할 수 있으니 그 세력을 제멋대로 할 수 없게 한다. 그러므로 乙丙丁은 삼기가 된다."16)

육의와 삼기가 각자 나름의 쓰임새가 있으나 삼기를 귀하게 여기는 대목이다. 구궁(九宮)에다 十천간을 모두 포국할 수 없는 것이 현실이다. 이것을 기문법에서는 둔갑(遁甲)이라는 기상천외의 방법으로 해결하고 있다.

즉 甲子의 甲은 戊의 육의에 숨고, 甲戌의 甲은 己의 육의에

---

16) 吳淸植, 박사학위 논문 〈奇門遁甲「烟波釣叟歌」에 관한 研究〉(동방대학원 대학교, 2008), 6쪽.

숨고, 甲申의 甲은 庚에 숨고, 甲午의 甲은 辛에 숨고, 甲辰의 甲은 壬에 숨고, 甲寅의 甲은 癸에 숨는다.

(2) 연가(年家)·월가(月家)·일가(日家)·시가(時家)의 여러 방법이 있지만 절기를 찾아서 양둔(陽遁)과 음둔(陰遁)으로 구별하는 것이 중요하다.

즉 우리가 일상적으로 사용하는 그레고리력(양력)으로 12월 22일 동지(冬至)에서 6월 21일(또는 22일) 하지(夏至) 사이를 양기(陽氣)의 시기, 즉 양둔이라 이르고, 6월 21일(또는 22일)의 하지에서 12월 22일 동지 사이를 음기(陰氣)의 시기, 즉 음둔이라 이른다. 양둔의 시기에는 육의는 순행하고, 삼기는 역행(逆行)하며, 음둔의 시기에는 육의(六儀)는 역행하고, 삼기는 순행하게 된다.

	절기 三元	동지 冬至	소한 小寒	대한 大寒	입춘 立春	우수 雨水	경칩 驚蟄	춘분 春分	청명 淸明	곡우 穀雨	입하 立夏	소만 小滿	망종 芒種
양둔	上	一	二	三	八	九	一	三	四	五	四	五	六
	中	七	八	九	五	六	七	九	一	二	一	二	三
	下	四	五	六	二	三	四	六	七	八	七	八	九
	절기 三元	하지 夏至	소서 小暑	대서 大暑	입추 立秋	처서 處暑	백로 白露	추분 秋分	한로 寒露	상강 霜降	입동 立冬	소설 小雪	대설 大雪
음둔	上	九	八	七	二	一	九	七	六	五	六	五	四
	中	三	二	一	五	四	三	一	九	八	九	八	七
	下	六	五	四	八	七	六	四	三	二	三	二	一

上元	甲子	乙丑	丙寅	丁卯	戊辰
中元	己巳	庚午	辛未	壬申	癸酉
下元	甲戌	乙亥	丙子	丁丑	戊寅
上元	甲午	乙未	丙申	丁酉	戊戌
中元	己亥	庚子	辛丑	壬寅	癸卯
下元	甲辰	乙巳	丙午	丁未	戊申

上元	己卯	庚辰	辛巳	壬午	癸未
中元	甲申	乙酉	丙戌	丁亥	戊子
下元	己丑	庚寅	辛卯	壬辰	癸巳
上元	己酉	庚戌	辛亥	壬子	癸丑
中元	甲寅	乙卯	丙辰	丁巳	戊午
下元	己未	庚申	辛酉	壬戌	癸亥

■ 2009년 양력 3월 13일(丁巳일)

丁	甲申庚	甲辰壬
甲寅癸	丙	甲子戊
甲戌己	甲午辛	乙

　12월 22일~6월 21일 사이니 양둔이다. 절기는 경칩이고, 丁巳일이니 甲寅난에 속하여 중원(中元)이고, 7국이다. 따라서 낙서구궁의 7번째 자리, 즉 태궁(兌宮)에서 〈甲子 戊〉가 출발(순행)하고, 삼기는 역행하였다.

■ 2009년 양력 10월 11일(己丑일)

乙	甲午辛	甲戌己
甲子戊	丙	甲寅癸
甲辰壬	甲申庚	丁

　6월 21일~12월 22일 사이니 음둔이다. 절기는 한로이고, 己丑일이니 하원(下元)이고, 3국이다. 따라서 3국에서 〈甲子 戊〉를 일으켜 육의는 역행하고 삼기는 순행하였다.

(3) 천반(天盤)은 생시(生時)를 기준하여 붙이게 된다.

해석은 천반과 지반의 배합과 각 궁의 오행과의 조화와 계절의 심천으로 추단하는데, 물론 홍국수와 팔문·팔괘 등의 길흉을 함께 참고하여야 함은 필수다.

3) 팔문(八門)

생일을 기준으로 보는 법과 생시(生時)를 기준으로 보는 방법이 있다.

중국에서는 생시를 기준하는 방법을 사용하고, 우리나라에서는 생일을 기준하는 화기(花奇) 팔문법을 활용하고 있다.

	남	
두문 杜門	경문 景門	사문 死門
상문 傷門		경문 驚門
생문 生門	휴문 休門	개문 開門

동 / 서

북

一. 생문 : 시작, 새 생명을 뜻한다.

二. 상문 : 다침, 파괴를 뜻한다.

三. 두문 : 막힌다, 닫힌다 라는 뜻이다.

四. 경문(景門) : 경사·잔치·유흥·사치를 뜻한다.

五. 사문 : 죽음·정지·질병·사고를 뜻한다.

六. 경문(驚門) : 놀람·관재(官災)를 뜻함.
七. 개문 : 열림·씩씩함·강건·명예를 뜻한다.
八. 휴문 : 조용한 지혜·재충전을 위한 휴식·관조(觀照)를 뜻한다.

4) 팔괘(八卦)

☰	☱	☲	☳	☴	☵	☶	☷
乾 三連	兌 上絶	離 虛中	震 下連	巽 下絶	坎 中連	艮 上連	坤 三絶

중궁 지반수가 상징하는 후천도 팔괘의 모양에 따라 팔괘를 변화시켜서,

　　一上生氣(생기) : 시작·새생명을 뜻한다.
　　二中天宜(천의) : 예술·의학·감미로움을 뜻한다.
　　三下絶體(절체) : 다침·좌절·사고 등을 뜻한다.
　　四中遊魂(유혼) : 들뜸·방황·철없음을 말한다.
　　五上禍害(화해) : 질병·사고 등을 뜻한다.
　　六中福德(복덕) : 만사형통·잔치 등을 뜻한다.
　　七中絶命(절명) : 대형사고·죽음 등을 뜻한다.
　　八中歸魂(귀혼) : 귀향(歸鄕)·실직 등을 뜻한다.

위의 여덟 가지를 각 팔궁(八宮)에 붙여서 운명의 길흉을 추리하는 단서를 찾는다.

5) 천봉구성(天蓬九星)과 태을구성(太乙九星)

남

천보 天輔	천영 天英	천예 天芮
천충 天沖	천금 天禽	천주 天柱
천임 天任	천봉 天蓬	천심 天心

동 … 서

북

〈천봉구성 정위도〉

남

초요 招搖	천을 天乙	섭제 攝提
헌원 軒轅	천부 天符	함지 咸池
태음 太陰	태을 太乙	청룡 青龍

동 … 서

북

〈태을구성 정위도〉

천봉구성은 생시(生時)를, 태을구성은 생일을 기준하여 붙인다.

정위도를 보면 같은 감궁(坎宮)에 천봉성과 태을성이 있지만,

이 둘의 길흉은 정반대가 된다.
　이것은 감궁수(水)의 밝은 면 장점은 태을수로 나타내고 어두운 면 단점은 천봉성이 나타내기 때문이다.

6) 직부팔장(直符八將)

■ 양둔팔장(陽遁八將)

1	2	3	4	5	6	7	8
직부 直符	등사 螣蛇	태음 太陰	육합 六合	구진 勾陳	주작 朱雀	구지 九地	구천 九天

■ 음둔팔장(陰遁八將)

1	2	3	4	5	6	7	8
직부 直符	등사 螣蛇	태음 太陰	육합 六合	백호 白虎	현무 玄武	구지 九地	구천 九天

　시(時)의 지반(地盤) 천간(天干)에 직부(直符)를 붙여 양둔(陽遁)에는 순행(順行 : 시곗바늘 도는 방향)하고, 음둔(陰遁)에는 역행(逆行 : 시곗바늘 도는 방향의 반대방향)한다.

3. 결론

　복잡하고 난해한 기문명리학을 작은 지면에 모두 담기에는 부족하여 자세한 내용은 생략하고 소개하는 선에서 머물 수밖에 없었다.
　기문명리학은 일반 명리학에 비하여 객관적이고 수학적이다.
　자평명리학을 망원경이라 비유한다면 기문명리학은 현미경으로 비유할 수 있을 것이다. 인간은 망원경도 필요하고 현미경도 필요한 것이다.
　기문명리학의 문제점이라 지적할 수 있는 것은 그동안 몇몇 도사나 가문의 비전으로 전해져오다 보니 전적이 부족하고, 우수 인재의 참여가 적어 학문의 현대생활적 활용 면이 축적되지 못한 점이다.
　앞으로의 과제는 가문적 폐쇄성을 버리고 대중의 접근이 쉽도록 유도하는 노력이 필요하고 우수한 인재들이 기문명리학에 관심을 가질 수 있도록 활발한 출판이 이루어져야 하겠다.
　기문의 포국법이 난해하여 관심을 가졌다가도 포기하던 풍토는 컴퓨터 프로그램이 개발되어 해결되었다.
　과학의 발전이 기문학의 발전으로 이어지고 있다 하겠다.
　요즘 이웃나라의 역리학 발전 속도가 매우 빨라지고 있다.
　우리도 분발하여 연구해야 할 시점이다.

〈참고문헌〉

【한국 단행본】
- 신병삼, 《奇門遁甲全書》(새마을사, 1974)
- 김우재, 《洪烟眞訣精解》(명문당, 1976)
- 나란강·신일청 공편, 《기문둔갑 포국정해》(삼영문화사, 1982)
- 조진만, 《奇門命理學》(成文社, 1988)
- 오상익, 《운명으로 본 나의 질병과 건강상태》(삼한출판, 1992)
- 류래웅, 《사주학의 활용법》(삼한출판, 1997)
- 박재완, 《命理要綱》(신지평, 1997)
- 박흥식, 《기문둔갑 玉鏡》(삼한출판사, 1999)
- 곽동렬, 《생활 奇門遁甲》(成輔社, 2000)
- 류래웅, 《홍연찰요(洪烟撮要, 》(도서출판 太乙, 2000)
- 장태상, 《奇門遁甲 예측학》(전통문화사, 2001)
- 이을로, 《처음 배우는 기문둔갑》(동학사, 2001)
- 김학인, 《홍국기문(洪局寄門, 》(전남대학교 출판부, 2006)
- 박영창, 《子平眞詮評註》(청학출판, 2006)
- 류래웅, 《기문둔갑 身數訣》(대유학당, 2007)

【중국 단행본】
- 양상윤, 《奇門遁甲入門》(무릉출판사 유한공사, 1993)
- 장요문, 《奇門遁甲天地全書》(무릉출판사 유한공사, 1994)
- 육비범, 《科學奇門遁甲》(용음문화사업, 1995)
- 황첨복, 《奇門遁甲天地訣》(역중선출판사 유한공사, 1997)
- 장지춘, 《神奇之門》(신강인민출판사, 2004)
- 장지춘, 《開悟之門》(신강인민출판사, 2004)
- 두신회, 《奇門遁甲 現代實例精解》(이리인민출판사, 2004)
- 사지강, 《奇門占卜 예측학》(연변인민출판, 2008)

- 노양재, 《기문둔갑 고급예측학》 (중국철학문화 협진회출판, 2008)
- 유문원, 《奇門啓悟》 (중국상업출판, 2009)
- 왕거공, 《術數入門》 (화령출판, 2009)
- 정동, 《奇門精粹》 (화령출판, 2009)

【논문】
- 심규철, 〈명리학의 연원과 이론체계에 관한 연구〉 (한국정신문화연구원 박사학위논문, 2002)
- 김정혜, 〈명리이론과 정신질환의 상관성 연구〉 (원광대학교 석사학위논문, 2004)
- 이용준, 〈사주학의 역사와 격국용신의 변천과정 연구〉 (경기대학교 국제문화대학원 석사학위논문, 2004)
- 조규문, 〈사주명리학에 적용된 음양오행 연구〉 (공주대학교 대학원 석사학위논문, 2005)
- 민육기, 〈장기수형자의 사주명리학적 연구〉 (공주대학교 대학원 석사학위논문, 2006)
- 김진희, 〈자평사주학의 이론적 근거와 구성체계에 관한 연구〉 (공주대학교 대학원 석사학위논문, 2006)
- 김진희, 〈문왕서법과 경방서법의 비교 연구〉 (공주대학교 대학원 한문교육학과 박사학위논문, 2008)
- 오청식, 〈기문둔갑「烟波釣叟歌」에 관한 연구〉 (동방대학원 대학교 박사학위논문, 2008)

제12장 용신 결정의 방법과 사례분석

박영창
−동방대학원대학고 미래예측학과 조교수−

차 례

1. 서론 · 310
2. 용신의 필요성 · 310
3. 용신의 정의
   1) 용사지신(用事之神)의 관점 · 313
   2) 유용지신(有用之神)의 관점 · 316
4. 용신 결정의 방법
   1) 일반적 방법 · 320
   2) 맹파(盲派)의 방법 · 330
5. 실제적 사례분석
   1) 명국의 오행·형상·용신(用神) 분석 · 332
   2) 재관과 지위 총평 · 334
   3) 신체·외모·성격 · 335
   4) 교제·직업·방향 · 335
   5) 재난과 질병 · 336
   6) 육친 · 336
6. 결론 · 338

1. 서론

사주 명리학에서 용신이 차지하는 중요성은 아무리 강조해도 지나치지 않을 것이다. 명리학은 곧 용신학이라는 등식이 성립된다고 해도 과언이 아니다. 물론 용신을 보지 않고 사주를 해석하는 학설도 있다. 예를 들어 맹파 명리학은 일주의 강약과 격국과 용신을 따지지 않고 사주를 해석하기도 한다. 하지만 길흉 성패의 판단에 있어서 중요한 역할을 하는 맹파 명리학의 공신(功神) 역할은 일반 명리학의 용신 역할과 유사하다. 길흉 성패의 척도가 되는 용신이라는 개념은 명리학에 언제나 중요하고 또 언제나 존속할 것이다.

여기에서는 명리학에서 길흉성패의 판단에 있어서 용신이 등장해야 하는 필요성을 고찰하고, 명리학에서 논의되는 용신의 두 가지 정의, 곧 용사지신(用事之神)과 유용지신(有用之神)에 대해 고찰하면서 학계의 용어통일을 위해서 유용지신의 의미로 용신이라고 정의할 필요가 있음을 고찰하고, 이어서 유용지신 입장에서 용신을 결정하는 방법과 실제 사례를 분석하고, 마지막으로 용신론의 한계와 향후 용신론의 연구 방향을 제시하기로 한다.

2. 용신의 필요성

명리학은 출생한 연월일시의 사주팔자를 근거로 해서 부귀빈천과 길흉화복을 비롯한 여러 가지 인생사를 해석하는 학문이다. 여기서 해석을 하기 위해 필요한 원칙과 기준이 되는 것이 용신이다. 그러므로 용신을 정하지 않고서는 길흉성패를 판단할 수가 없다.

최초의 자평 명리학 고전으로 알려진 《연해자평(淵海子平)》의 계선편(繼善篇)에 다음과 같은 구절이 있다.

"용신은 손상하면 안 되고, 일주는 건왕한 것이 가장 마땅하다(用神不可損傷 日主最宜健旺)."[1]

《적천수천미(滴天髓闡微)》에서는 용신을 다음과 같이 정의하고 있다.

"용신은 일주가 기뻐하는 것으로, 처음부터 끝까지 의뢰하는 신이다(用神者 日主所喜 始終依賴之神也).[2] 사주 내의 용신은, 처재자록(妻財子祿)과 궁통수요(窮通壽夭)의 모든 것이 용신 한 글자에 의해 정해진다(命內用神 不特妻財子祿 而窮通壽夭 皆在用神一字定之)."[3]

《삼명통회(三命通會)》에서는 용신을 다음과 같이 설명한다.

"오로지 용신을 붙잡고 희기(喜忌)를 자세히 한다. 풀이해서 말하면, 하나의 용신을 잡으면 그것이 존장(尊長)이 되고, 권신

---

1) 徐升 編著,《淵海子平》(대만 瑞成書局, 1985), 권2 1쪽.
2) 任鐵樵 增注,《滴天髓闡微》(대만 武陵出版有限公司, 1999), 124~125쪽.
3) 위의 책 247쪽.

(權神)이 되고, 호령(號令)이 되고, 본령(本領)이 되고, 의탁(倚托)이 된다. 이것은 소홀히 할 수 없으니 이것에 의해서 추리해야 한다(專執用神 切詳喜忌. 解:專執一位用神爲尊長 爲權神 爲號令 爲本領 爲倚托. 此非小可 執此推之)."4)

박재완은《명리요강(命理要綱)》에서 다음과 같이 설명한다.

"사주의 원리를 판별하는 일차적 과정은 먼저 용신을 가려내는 일이다. 용신이란 사주팔자 중 나를 위해 제일 귀중한 역할을 하는 간지를 말한다. 가령 木 일주가 신약한 경우 사주 중에 水가 있다면 이 水는 일주를 생조하는 중요 역할을 하게 된다. 따라서 이 사주의 용신은 水가 되며, 운로(運路) 상에서도 일주를 생조하는 관건이 된다. 그러므로 사주에 있어 용신을 가려내는 일은 가장 중요한 일로서, 용을 그릴 때에 어려운 일이 눈을 그리는 것처럼 용신을 가려내는 일은 명리상 가장 어려운 과제이다."5)

용신은 부귀빈천, 가족관계, 길흉성패의 해석에서 판단의 기준과 근거가 된다. 용신이 힘이 있으면 부귀하게 되고 용신이 쇠약하면 빈천하게 된다. 육친을 뜻하는 글자가 용신이 되면 그 육친의 덕이 있고, 그 반대가 되면 그 육친의 덕이 없다. 어떤 사항을 주장하는 글자가 운에서 왔을 때 그 글자가 용신이 되면 그 운에 그 사항이 좋은 결과를 가져오고, 그 글자가 기신에 해당되면 그 운에 그 사항이 나쁜 결과를 가져온다. 운에서 용신을 도와주면 그 운에 부귀하게 되고, 운에서 용신을 극하거나

---

4) 萬民英 編著,《三命通會》(대만 武陵出版有限公司, 2003), 788쪽.
5) 朴在玩 編著,《命理要綱》(한국 易門關書友會, 1985), 81~82쪽.

합해서 힘을 약화시키면 그 운에 빈천하게 된다. 결국 용신을 정하지 않고는 대부분의 길흉성패의 판단을 할 수가 없다. 물론 용신과 무관하게 일어나는 사건이 전혀 없는 것은 아니다. 회합 형충에 의해서 가족과의 이별이 발생할 수도 있고, 건강이 나빠지기도 하고, 사고가 일어나기도 한다. 하지만 용신과 무관하게 발생하는 사건은 아주 드물기 때문에 용신의 필요성을 부정할 수는 없다.

3. 용신의 정의

이상에서 정의한 용신개념은 사주에서 필요한 유용지신(有用之神)이라는 관점에서 좋은 작용을 하는 글자 또는 오행이라고 용신을 정의한 것인데, 이와는 다른 의미로 용신을 정의하는 경우가 있다. 다시 말해 월령(月令) 용사지신(用事之神)의 의미로 용신을 규정하는 입장이 있다. 학문의 발전을 위해서는 용어의 통일이 필요하다는 점에서, 이 부분에 대한 논의 역시 정리할 필요가 있다.

1) 용사지신(用事之神)의 관점

용사지신(用事之神)의 의미로 용신을 규정하는 입장은 소수설에 불과하지만, 명리학 고전에서 그 근거를 찾을 수 있기 때문에 틀렸다고는 할 수 없다. 그러나 일반적으로 쓰이는 유용지신이라는 의미의 용신이 명리학 고전에서 더 많은 근거를 가지고 있는 다수설이라는 것에 주목할 필요가 있다.

용사지신이 용신이라는 규정은 《자평진전(子平眞詮)》에서 체계화되었다. 《자평진전》에서는 다음과 같이 설명한다.

"팔자의 용신은 오로지 월령에서 구한다(八字用神 專求月令). 일간을 월령 지지에 배합하면 생극이 달라지고 격국이 나눠진다(日干配月令地支 生剋不同 格局分焉). 재관인식은 좋은 용신이니 이것을 순용한다(財官印食 此用神之善而順用之者也). 살상겁인은 좋지 않은 용신이니 이것을 역용한다(殺傷劫刃 用神之不善而逆用之者也). 마땅히 순용할 것을 순용하고 역용할 것을 역용한다면 배합이 마땅함을 얻게 된다(當順而順 當逆而逆 配合得宜). 그러면 모두 귀격이 된다(皆爲貴格)."[6]

위 구절에서는 월령 지지가 용신이고 그것이 바로 격국이라는 점을 분명히 밝히고 있다. 다시 말해서 《자평진전》에서의 용신개념은 일반 명리학에서 말하는 격국개념과 같은 것이다. 배합이 마땅하다면 모두 귀격이 된다고 했으므로, 《자평진전》에서 말하는 용신은 길흉성패의 판단기준이 되는 일반적인 용신개념과 다르며 단순한 격국개념에 불과한 것이 분명하다.

《자평진전》에서는 일반적인 의미의 용신을 희신이라고 일컫는다. 그러므로 길흉성패의 기준이 되는 일반적인 용신개념은 용사지신을 뜻하는 《자평진전》의 용신개념과는 무관한 것이 확실하다.

일간 위주의 사주학을 최초로 주창한 고전으로 알려져 있는 《연해자평(淵海子平)》의 논대운(論大運) 편에 다음과 같은 설명이 있다.

"월의 용신으로 그 격을 안다(月之用神 則知其格)."[7]

---

6) 沈孝瞻,《子平眞詮》(대만 武陵出版社, 1983), 83쪽.

《연해자평》의 관점과《자평진전》의 관점이 일맥상통하는 부분이다. 월령을 용신이라고 할 경우에는 격국이라는 의미로 국한해서 해석해야 한다는 뜻이다. 하지만《연해자평》에서는 일반적 의미의 용신개념으로 설명하는 경우도 많이 있다.《연해자평》의 논월령(論月令) 편에 다음과 같은 설명이 있다.

"가령 월령에 용신이 있으면 부모의 힘을 얻고, 연(年)에 용신이 있으면 조상의 힘을 얻고, 시(時)에 용신이 있으면 자손의 힘을 얻는다. 이와 반대가 되면 힘을 얻지 못한다(假令月令有用神 得父母力 年有用神 得祖宗力 時有用神 得子孫力 反此則不得力)."[8]

위 구절에서 용신은 월령에 있는 것에만 국한하지 않고 연월시에 있는 용신을 모두 거론하고 있다. 그러므로 월령 용사지신이라는 의미의 용신이 아닌 것이 분명하고, 여기서의 용신개념은 일반적인 길흉판단의 기준으로서의 용신과 일치한다. 그러므로《연해자평》에서 용신이라는 용어는 월령(용사지신)이라는 의미와 길흉판단의 척도(유용지신)라는 의미를 모두 지니고 있으며, 두 가지 의미를 혼용하고 있음을 알 수가 있다. 다만 월령(용사지신)으로 용신을 사용할 경우에는 격국이라는 뜻으로 받아들여야 한다는 점을 명심해야 한다.

사실상《연해자평》에서는 길흉판단의 척도로서의 용신, 즉 유용지신(有用之神) 개념으로 용신을 사용하는 경우가 대부분이다. 용사지신의 용신으로만 해석한다면《연해자평》의 핵심사

---

7) 徐升 編著,《연해자평》(대만 瑞成書局, 1985), 권2 19쪽.
8) 위의 책 40쪽.

상인 중화(中和) 개념을 이해할 수가 없게 된다.《연해자평》에서는 중화를 위해 용신이 필요하다고 보기 때문에 다음과 같이 설명하고 있다.

"사람의 명은 중화의 기를 얻어야 한다. 지나친 것은 모자란 것이나 마찬가지다. 기가 중화되면 복이 두텁고 치우쳐서 무리를 지은 것이 극하면 재앙이 된다(蓋人之命 宜得中和之氣 太過與不及同 中和之氣爲福厚 偏黨之剋爲災殃)."9)

용신을 용사지신의 의미로 해석한다면 중화와 용신은 아무런 연관성이 없을 것이다. 월령과 중화는 아무런 상관이 없기 때문이다. 다시 말해, 중화의 관념과 일치하는 견해는 유용지신의 의미를 가지는 용신인 것이다.

용어의 정립은 학문발전을 위해 필요하다. 용신을 용사지신이라는 의미로 사용할 경우에는 그 용신이 격국의 뜻이라는 점을 분명히 밝힌 후에 그 다음의 논의를 전개해야 용어의 혼동에서 비롯되는 혼란을 피할 수 있을 것이다.

2) 유용지신(有用之神)의 관점

《연해자평》의 계선편(繼善篇)에서는 다음과 같이 용신을 유용지신(有用之神)으로 정의한다.

"예를 들면, 월령에 정관이 있으면 손상하면 안 되고, 재가 있으면 겁탈하면 안 되고, 인수가 있으면 깨뜨리면 안 된다. 대저 사주 속의 유용지신(有用之神)은 손해하면 안 된다(如月令有官不可傷 有財不可劫 有印不可破 凡柱中有用之神 不可

---

9) 徐升 編著,《연해자평》(대만 瑞成書局, 1985), 권2 100쪽.

損害也)."10)

《궁통보감(窮通寶鑑)》에서는 삼추을목(三秋乙木) 편에서 용신을 다음과 같이 설명하고 있다.

"무릇 화합격은 모두 생하는 신이 용(用)이 된다(凡化合格皆以所生之神爲用). 화금격(化金格)은 戊가 용신(用神)이 되고, 특히 丙丁이 하련하여 파격(破格)이 되는 것을 기(忌)한다(化金者 戊爲用神 特忌丙丁煆煉破格)."

여기서 말하는 용신은 분명 용사지신의 용신이 아니고, 유용지신의 용신인 것을 알 수가 있다.

《삼명통회(三命通會)》의 부론묘운(附論墓運) 편에서는 다음과 같이 용신을 정의하고 있다.

"丙이 인(刃)이 되는 午가 있으면 庚辛申酉의 재(財)를 불기(不忌)하고 子의 관(官)을 기(忌)하는 것이지, 모든 재를 기(忌)한다는 것은 옳지 않다(丙刃午不忌庚辛申酉之財 且忌子官矣 可槪謂忌財乎)? 만약 천간에서 정관을 생하는 재라면 바로 용신이 되는 것이다(若天干生官之財 正爲用神). 예를 들면 丙申·丙申·丙申·癸巳의 사주는, 丙은 癸를 정관으로 삼는데 癸 정관이 巳에 임했다(丙申 丙申 丙申 癸巳 丙以癸爲正官 癸官臨巳). 용신(用神)이 귀인을 깔고 앉아서 재관쌍미를 얻었다(用神坐貴 得財官雙美). 따라서 소년급제하고 중년에 재상이 되었다(故少年及第 中年拜相)."

---

10) 徐升 編著,《연해자평》(대만 瑞成書局, 1985), 권2 2쪽.

여기서 앞의 구절에서는 월령이 양인일 때 재가 천간에서 용신이 될 수 있음을 논하고 있다. 뒤의 구절에서는 申月에 정관 癸가 용신이라고 말하고 있다. 다시 말해 월령과 무관한 재관을 용신으로 삼은 것이다. 그러므로 《삼명통회》에서도 용신이라는 용어가 용사지신의 용신이 아닌, 유용지신의 용신을 뜻하는 것을 알 수 있다.

《적천수천미(滴天髓闡微)》에서는 앞에서 이미 언급한 바 있듯이, 용신을 다음과 같이 정의하고 있다.

"용신은 일주가 기뻐하는 것으로, 처음부터 끝까지 의뢰하는 신이다(用神者 日主所喜 始終依賴之神也)."[11]

일주가 기뻐하고 의뢰하는 것이 용신이지, 월령이 용신이 아닌 것이다. 《명리약언(命理約言)》에서는 다음과 같이 용신을 정의하고 있다.

"명에서는 용신을 긴요하게 본다(命以用神爲緊要). 용신을 보는 법은 억부에 지나지 않는다(看用神之法 不過抑扶而已). 약한 것은 부축하는 것이 마땅한데, 이를 부축하는 것이 곧 용신이다(凡弱者宜扶 扶之者 卽用神也). 강한 것은 억제하는 것이 마땅한데 이를 억제하는 것이 곧 용신이다(凡强者宜抑 抑之者卽用神也)."

약한 것을 부축하고 강한 것을 억제하는 것이 용신을 보는 핵

---

11) 任鐵樵 增注,《滴天髓闡微》(대만 武陵出版有限公司, 1999), 124~125쪽.

심인데, 억부용신을 가장 정확하게 표현한 구절이라고 할 수 있다. 여기서도 월령과 무관하게 사주에서의 강약을 분별한 후에 용신을 정한다는 것을 알 수 있다.

이상에서 살펴본 바와 같이 용신이라는 것은 사주에 필요한 글자, 유용한 글자인 것이고, 또한 그것은 명리학 고전에서의 일반적인 용신에 대한 정의인 것이다. 여기에서는 이런 관점을 견지하면서 용신 결정의 방법과 실제적 사례 분석에 대해 논하기로 한다.

4. 용신 결정의 방법

용신을 정하는 법은 보편화되어 있다. 일반적으로 억부용신(抑扶用神), 조후용신(調候用神), 병약용신(病藥用神), 통관용신(通關用神), 전왕용신(專旺用神) 다섯 종류의 방법이 있다. 명리학 고전에 산발적으로 언급된 이 다섯 종류의 용신법이 최초로 일목요연하게 취합된 것은 1918년 서락오(徐樂吾)가 저술한 《자평수언(子平粹言)》 제4편 명체입용(明體立用) 장의 취용지방식(取用之方式) 절[12]이라고 볼 수 있다. 《자평수언》의 취용지방식(取用之方式) 절에는 다음과 같은 설명이 있다.

"일간을 월령에 배합하면 체성(體性)이 이루어지고, 체성의 수요에 합당한 것이 용신이 된다. 이것은 이미 앞에서 자세하게 논하였다(日干配合月令而成體性 合於體性之需要者爲用神 已詳上論). 용신을 취하는 방식은 대략 다섯 종류로 귀결된다

---

12) 徐樂吾, 《子平粹言》 (대만 武陵出版社, 1986), 295~310쪽.

(取用之方式 歸納之約分五種)."13)

서락오가 귀결시켜 정리한 다섯 종류의 일반적 용신법에 《자평진전》에서 주장하는 순역용신(順逆用神)을 추가할 수 있을 것이다. 그렇게 되면 일반적인 용신법은 여섯 종류가 되는 셈이다. 이런 일반적인 방법 외에 최근에 유행하는 독특한 용신법으로 맹파(盲派) 명리학의 방법이 있다. 그 밖에도 여러 가지 용신 정하는 법이 있겠으나 특이점이 없으므로 생략하고, 위의 일곱 종류의 용신 정하는 방법을 검토하기로 한다.

1) 일반적 방법

① **억부용신(抑扶用神)**

억부용신은 가장 일반적인 용신법이고, 가장 많이 적용되는 용신법이다. 실제 사주를 풀이할 때 절반 이상의 사주에서 억부용신을 적용하게 된다. 왜냐하면 명리학은 중화(中和)를 중시하기 때문에 왕쇠강약(旺衰强弱)의 중화를 이루기 위해서는 억부용신을 주로 사용해야 하기 때문이다. 그러므로 누구나 익히 알고 있듯이, 《명리약언》에서는 용신을 보는 것은 억부에 지나지 않는다고 단정했고, 《적천수》에서는 왕쇠의 구별을 할 줄 알면 이미 명리의 절반을 터득한 셈이라고 강조했다.

《연해자평》을 비롯한 대다수 고전에서도 한결같이 억부를 가장 중요하게 여기고 그에 대해 설명하고 있다. 심지어 순역을 중시하고 억부를 경시했다고 비판받는 《자평진전》에서도 각각의 격국에서 운을 설명할 때는 대체로 억부의 중요성을 언급하고 있다. 《연해자평》의 논대운(論大運) 편에서는 다음과 같이

---

13) 徐樂吾, 《子平粹言》(대만 武陵出版社, 1986), 295쪽.

왕쇠에 따른 억부를 설명하고 있다.

"일간이 왕(旺)하면 쇠운(衰運)으로 가야 하고, 일간이 약(弱)하면 왕운(旺運)으로 가야 한다(干旺宜行衰運 干弱宜旺運)."

《연해자평》의 정관론(正官論)에 다음과 같은 설명이 있다.

"대저 정관에는 신강(身强)이 필요하다. 기가 약(弱)하면 반드시 운에서 기가 왕(旺)한 방향을 구해야 한다(正官大抵要身强 氣弱須求運旺方). 세운(歲運)에서 다시 생왕지(生旺地)를 만나고 무충(無沖) 무파(無破)가 되면 영화롭고 창성하게 된다(歲運更逢生旺地 無沖無破是榮昌)."

《연해자평》의 논칠살(論七殺) 편에 다음과 같은 설명이 있다.

"예를 들면, 辛丑·乙未·乙卯·丙子, 이 명은 신왕(身旺)하다. 6월 중에 출생하고 연간에 투출한 辛丑은 칠살이다. 기쁘게도 丙子가 辛丑 칠살을 합하는 것을 얻으니 귀하게 되었고 권세가 있었다(如辛丑 乙未 乙卯 丙子 此命身旺 生于六月之中 歲干透出辛丑爲七殺 喜得丙子合辛丑之殺 乃貴而有權). 예를 들면, 甲午·丙寅·庚子·丙子, 이 명은 신약(身弱)하다. 화국(火局)을 보고 다시 월령의 丙寅이 칠살이고 시에서 또 丙子를 보니, 火가 庚金을 극하고 金이 子에서 죽는다. 신약하고 칠살이 왕하고 게다가 제복마저 없으니 병이 있고 빈곤하고 박복한 것이 당연하다(甲午 丙寅 庚子 丙子 此命身弱 見火局 又見月令丙寅七殺 時又見丙子 火克庚金 金死于子 身弱

殺旺 又無制伏 宜乎帶病貧薄)."

《삼명통회》에서도 억부의 중요성을 수없이 많이 언급하고 있는데, 논상관(論傷官) 편에 다음과 같은 설명이 있다.

"신왕하면 재가 용신이고, 신약하면 인수가 용신이다. 인수 용신이면 반드시 재를 제거해야 비로소 발복한다(身旺者用財 身弱者用印 用印者須去財方能發福)."

《자평수언》에서는 일원(日元)을 억부하는 용신 방법을 다음과 같이 설명한다.

"부축하는 데 두 가지가 있으니, 인수로 일원을 생하는 방법과 비겁으로 일원을 돕는 방법이 그것인데, 일명 생조(生助)라고 한다. 억제하는 데 역시 두 가지가 있으니, 관살로 일원을 극하는 방법과 식상으로 일원을 설하는 방법이 그것이다. 일원은 어째서 부축해야 하는 경우와 억제해야 하는 경우가 있게 되는가? 이것은 바로 체성(體性)의 차이 때문에 생기는 것이다. 봄의 木, 여름의 火, 가을의 金, 겨울의 水는 체성이 너무 왕(旺)하므로 식상을 취하여 이를 설기하거나 관살로써 이를 극해야 하는데, 이것은 억제하는 것으로 용신을 삼는 것이다. 봄의 金, 여름의 水, 가을의 木, 겨울의 火는 체성이 너무 약(弱)하므로 인수를 취하여 이를 생하거나 비겁으로써 이를 도와줘야 하는데, 이것은 부축하는 것으로 용신을 삼는 것이다. 이런 종류의 용신법은 가장 간단하다. 구식(舊式)의 명리서들은 체용을 구분하지 않았다."[14]

《자평수언》에서는 이어서 용신을 취하는 방법을 예시하고 있다. 일원을 부축하는 사주의 실례를 한 가지만 소개하면 다음과 같다.

```
己 壬 丙 丁
酉 寅 午 亥
시 일 월 년
```

"壬水가 5월에 생하니 절태(絶胎)의 지지이다. 체성이 극히 약한데 시지에 酉金이 있어서 마치 자식이 어머니를 얻음과 같고, 오로지 인수를 용신으로 삼는다. 寅午가 회국(會局)하고 丙丁이 출간(出干)하니 재가 왕(旺)해서 인수를 깨뜨리고 있다. 그러므로 해궁(亥宮)의 壬水를 겸용하여 火를 제압하면 비로소 酉金이 쓸모를 드러낼 수 있다. 전 외교부장 오조추의 명조이다. 여름의 水가 체가 되고, 인수가 용신이 된다."15)

억부용신을 집중적으로 연구한 사람으로는 대만의 진품굉(陳品宏)이 가장 유명하다. 대만에서 1971년 출간된 《예언명률정해(預言命律正解)》16)는 명리학 역사상 억부용신을 가장 정밀하게 연구한 책이다. 사주팔자를 수치화하여 신강과 신약을 정밀하게 판별하고 이에 따라 억부용신을 정하는 방법을 개발한 이론이다. 《예언명률정해》에는 수학공식이 최초로 등장하는데, 공식의 분량만 해도 130쪽에 이르는 방대한 내용이다. 그가 사주방정식을 소개하자, 중국에서 우후죽순처럼 수많은 사주방정식이 출

---

14) 徐樂吾, 《子平粹言》(대만 武陵出版社, 1986), 295~296쪽.
15) 徐樂吾, 《子平粹言》(대만 武陵出版社, 1986), 296쪽.
16) 陳品宏, 《預言命律正解》(대만 大行出版社, 1971), 1~450쪽.

현했는데,《팔자심리학(八字心理學)》을 저술한 하건충,《명리점정(命理點睛)》을 저술한 오회운,《무적율수(無敵律數)》를 저술한 진덕생,《팔자명리지오비(八字命理之奧秘)》를 저술한 언여산, 기타 많은 사람들이 나름대로 공식을 개발하여 책으로 공표했다. 중국의 사주방정식은 간단한 것부터 복잡한 것까지 여러 가지가 있다. 사주방정식의 한계는 공식을 만든 사람마다 계산 결과가 다르고 용신이 달라진다는 점이다. 하지만 컴퓨터 프로그램으로 사주를 풀이하는 현시대에 컴퓨터가 용신을 산출하는 데 이바지할 가능성을 열어 놓았다고 할 수 있다.

② 조후용신(調候用神)

조후용신은 기후를 조절하는 데 필요한 용신이다. 사주는 지나치게 한습하거나 지나치게 난조하면 균형을 잃게 되어 흉하게 된다. 억부용신이 왕쇠강약의 중화를 위해 만들어진 이론이라면 조후용신은 한난조습의 중화를 이루기 위해 만들어진 이론이라고 할 수 있다. 협의의 조후용신은 여름에 출생한 사주는 水를 용신으로 삼고 겨울에 출생한 사주는 火를 용신으로 삼는다. 광의의 조후용신은《궁통보감》에서처럼 십간을 12월지에 배정해서 각각의 종류마다 필요한 글자를 배정한다. 억부용신이 일간의 강약에 중점을 둔 용신법이라고 한다면, 조후용신은 水火의 균형에 중점을 둔 용신법이라고 할 수 있을 것이다. 이에 대해《연해자평》에서는 조후용신에 대해 다음처럼 논하고 있다.

"남방의 뜨거운 불은 북방 수운(水運)으로 들어가면 이롭게 되고, 북방의 차가운 물은 남방 화운(火運)으로 들어가면 이롭게 된다. 그렇게 되면 수화기제(水火旣濟)의 공을 이룬다

(南方火炎 利入北方水運 北方水寒 利入南方火運 水火有旣濟之功)."17)

조후용신은 억부용신 다음으로 많이 적용되는 용신법이다. 《자평수언》과 《자평진전평주》에 기재된 조후용신 관련 사주 실례를 들면 다음과 같다.18)

"金은 차갑고 水는 냉하니 흙은 얼어붙었다. 시지의 午火를 용신으로 삼으니 이는 기후를 조화하기 위함이다."

③ 병약용신(病藥用神)

```
甲 辛 癸 壬
午 丑 丑 辰
시 일 월 년
```

병약설은 장신봉(張神峯)이 《명리정종(命理正宗)》의 병약설(病藥說)에서 체계화한 용신법이다. 간단히 말해서 팔자에 있는 병을 제거하는 약을 만나는 운에 발달한다는 것이다. 억부용신과 병약용신의 차이점에 대해 유경진은 다음과 같이 설명한다.

"억부용신은 일간을 중심으로 보는 관점이고, 병약용신은 용신을 중심으로 보는 관점이라는 것을 잊어서는 안 된다. 예를 들면 일간을 중심으로 볼 때, 신약하면 인성 혹은 비겁으로 생부해 주어야 하고, 신강하면 관성으로 억하든지 식상으

---

17) 徐升 編著, 《연해자평》 (대만 瑞成書局, 1985), 권2 186쪽.
18) 徐樂吾, 《子平粹言》 (대만 武陵出版社, 1986), 310쪽.

로 설하여야 하는데, 이것이 바로 억부용신의 개념이며 일간을 직접 이롭게 해주고 있다. 그러나 용신을 중심으로 볼 때, 예를 들면 신약한 명조에서 인성이 용신이 되는 경우에 재성은 용신을 극상하므로 병신(病神)이 되는데, 이때 비겁은 약신(藥神)으로서 병신인 재성을 제거함으로써 용신을 직접 구(救)하고 있다. 이와 같은 입장에서 볼 때 병약용신의 개념은 억부용신의 개념보다 진일보한 이론이라고 할 수 있다."[19]

병약용신을 주장한 장신봉은 《명리정종》의 병약설류(病藥說類) 절에서 조고왕약(雕枯旺弱)의 네 가지 병과 손익생장(損益生長)의 네 가지 약을 주장하면서 다음과 같이 논하고 있다.

"무엇을 병이라고 하는가? 팔자 원국에 있는 해로운 신이다. 무엇을 약이라고 하는가? 하나의 글자를 얻어 팔자에 있는 해로운 글자를 제거하는 것이다. 이른바 각각의 병에는 약이 있다고 주자가 말한 것과 같다. 고서에 이르기를, '병이 있어야 귀하게 될 수 있고, 손상됨이 없으면 기이할 것이 없으며, 격에 있는 병을 제거할 때, 재록 두 가지가 따라온다.' 라고 하였다. 이 네 구절에 명리서 만 권의 요점이 다 들어있다. 사람의 조화는 비록 중화를 귀하게 여기지만, 일일이 중화만 따진다면 변화와 길흉을 어떻게 찾을 수 있겠는가? 지극히 부귀한 사람들은 반드시 먼저 그 근골을 고생스럽게 하고 그 몸을 굶주리게 하고 궁핍하게 한 뒤에 인내심과 분발심이 생겨 불가능이 가능하게 되는 것이니, 사람의 명 역시 그러하다."[20]

---

19) 유경진, 〈命理學用神導出의 方法論에 關한 硏究〉(동방대학원대학교 박사 논문 2009), 8쪽.

《자평진전평주》에서는 다음과 같이 병약설의 실례를 들고 있다.

```
甲 丁 己 壬
辰 丑 酉 戌
시 일 월 년
```

"월령의 재성이 왕성하여 정관을 생해준다. 己土 식신이 정관을 상하게 하므로 병신이 된다. 甲木은 병이 되는 己土를 제거하는 약이므로 용신이 된다. 그러므로 대운이 甲寅, 乙卯로 가자 부귀 쌍전하였다."[21]

④ 통관용신(通關用神)

사주에서 두 가지의 오행이 대치하여 강약을 분별하기 힘들 경우에는 마땅히 화해를 시켜야 하니, 이럴 때는 통관의 묘를 살려야 한다. 그러므로 통관하는 것이 바로 용신이 된다. 통관의 격으로는 살인상생격, 재자약살격, 식상생재격이 대표적이다. 《자평진전평주》에서는 통관용신의 실례를 다음과 같이 들고 있다.

```
己 丁 丙 丁
酉 酉 午 酉
시 일 월 년
```

"火와 金이 서로 대치하여 싸우고 있으니 土를 용신으로 삼아

---

20) 張神峯, 《命理正宗》(대만 武陵出版社, 2007), 27쪽.
21) 徐樂吾 評註, 《子平眞詮評註》(대만 武陵出版社, 1983), 88쪽.

통관시켜야 한다. 식신생재하니 부자의 사주이다. 만약 土가 없었다면 재성 金이 무용지물이 되었을 것이다."22)

⑤ 전왕용신(專旺用神)

전왕용신은 사주의 기세가 한쪽으로 치우쳐 있어서 그 세력을 거역하는 것이 불가능하다면 오로지 그 기세에 순응하는 도리밖에는 없고, 그 기세에 순응하는 것을 용신으로 삼는다. 종격(從格)과 화격(化格)과 전왕격(專旺格)은 모두 이 원칙을 따른 것이다. 전왕용신을 사용하는 대표적인 격으로는 재를 따르는 종재격, 관살을 따르는 종살격, 식상을 따르는 종아격, 일행득기격, 종강격, 종왕격, 종세격, 종기격, 화기격이 있다. 전왕용신은 억부용신과 반대되는 용신법이다. 억부용신이 강약의 균형을 맞추는 데 목적을 두는 것과는 반대로 전왕용신은 강한 것을 따르고 약한 것을 버리는 데 목적을 둔다. 강한 것이 무리를 지어서 적은 것을 대적해야 한다는 《적천수》의 강중적과(强衆敵寡) 학설은 바로 전왕용신의 원리를 적용한 것이다. 《자평진전평주》에서는 전왕용신의 예를 다음과 같이 들고 있다.

癸	乙	己	乙
未	亥	卯	丑
시	일	월	년

"봄에 태어난 木 일간이 亥卯未 木局을 이루었고 사주에 金이 없으니 곡직인수격이다. 집정관으로 있던 단기서(段祺瑞)의 사주다."23)

---

22) 徐樂吾 評註, 《子平眞詮評註》 (대만 武陵出版社, 1983), 90쪽.

⑥ 순역용신(順逆用神)

순역용신은 《자평진전》에서 체계화된 학설이다. 재관인식(財官印食)은 좋은 격이니 순용하고, 살상겁인(殺傷劫刃)은 나쁜 것이니 역용한다는 용신법이다. 근래에는 편인을 나쁜 격에 넣어서 역용해야 한다고 주장하는 학설도 등장했다. 《자평진전》에서는 다음과 같이 설명하고 있다.

"일간을 월지(月支)에 대조하면, 생하고 극하는 현상이 사주마다 다르니 이로써 격국이 나누어진다. 월지가 재관인식(財官印食)이면 좋은 용신이니 이를 순용(順用)하고, 월지가 살상겁인(殺傷劫刃)이면 좋지 않은 용신이니 이를 역용(逆用)하여야 한다. 순용할 것을 순용하고 역용할 것을 역용하여 배합이 적당하면 어느 격국이든지 귀격(貴格)이 될 수 있다."

여기서 말하는 용신은 용사지신이라는 의미이고 따라서 격국을 뜻하는 것인데, 이에 대해서는 앞에서 이미 논한 바 있다. 순용은 격을 상생시키는 것으로, 재생관, 관생인, 식상생재 등을 말하고, 역용은 격을 극하는 것으로 식신제살격, 상관용인격, 양인가살격 등을 말한다. 순역용신의 이론은 《자평진전》에서 처음 나타난 것이 아니고, 《연해자평》과 《삼명통회》 등의 고전에서 단편적으로 편린을 찾아볼 수 있다. 다만 《자평진전》에서 본격적으로 거론하면서 체계를 잡은 것일 뿐이다. 예를 들면 《연해자평》의 정관격(正官格) 편에 다음과 같은 설명이 나온다.

"정관격은 충을 두려워하고, 상관 칠살을 보는 것을 싫어

---

23) 徐樂吾 評註, 《子平眞詮評註》 (대만 武陵出版社, 1983), 89~90쪽.

하고 대운 역시 그렇다. 인수, 신왕, 재성을 기뻐하고 세운 역시 그러하다(正官格 怕沖 忌見傷官七殺 大運亦然 喜印殺 喜身旺 喜財星 歲運同)."

이 구절은 정관격이 순용의 격국이므로 정관을 극하는 상관을 싫어하고, 정관을 생하는 재성을 기뻐한다는 것이다. 《자평진전》의 순 방법과 일맥상통하는 부분이다. 《자평진전》에서는 순용과 역용 용신법에 대해서 다음과 같이 상세히 논하고 있다.

"좋은 것은 순용(順用)해야 한다는 것은 무엇을 말함인가? 예컨대 재성과 식신이 상생(相生)하는 것, 정관이 재성을 보호하는 것, 재성이 투출하여 정관을 생해주는 것, 인성이 정관을 보호하는 것, 인성이 일간을 생조해야 하는 경우에 겁재가 있어 재로부터 인성을 보호하는 것, 신왕한 일간이 식신을 생하는데 식신이 재성을 생하여 식신이 보호되는 것 등이다. 좋지 않은 것은 역용(逆用)해야 한다는 것은 무엇을 말함인가? 예컨대 칠살을 식신으로 제압하는 것, 왕성한 상관을 인수가 제복(制伏)하는 것, 양인을 관살이 제복하는 것, 월겁(月劫)인데 정관이 투출하여 겁재를 제복하는 것 등이다. 이상은 순용과 역용의 대략을 말한 것이다."[24]

2) 맹파(盲派)의 방법

맹파 명리학은 일간의 왕쇠와 격국과 용신을 따지지 않고 길흉을 판단하고 있다. 맹파 명리학에는 용신이론이 존재하지 않는다. 하지만 맹파 명리학에서 말하는 공신(功神)은 사주에서 좋

---

24) 徐樂吾 評註, 《子平眞詮評註》 (대만 武陵出版社, 1983), 91쪽.

은 역할을 하는 글자라는 점에서 일반 명리학의 용신과 유사한 의미를 가지고 있다. 단건업(段建業)의 저서 《맹파명리(盲派命理》에서는 공신에 대해 다음과 같이 설명한다.

"체용(體用)과 빈주(賓主) 사이의 작용관계를 주공(做功)이라고 한다. 팔자 중에서 주공에 참여하는 신을 공신(功神)이라 하고, 팔자 중에 주공에 참여하지 않는 신을 폐신(廢神)이라 한다. 나의 주위(主位)의 체(體)를 이용해서 남의 빈위(賓位)의 용(用)을 추구하는 그런 작용과정을 정방향의 주공(做功)이라고 한다. 또 다른 종류의 주공이 있는데, 주위의 용과 빈위의 체가 작용하는 것으로, 이것을 반대방향의 주공이라고 한다. 체용과 빈주는 어떻게 작용하면 공을 이루게 되는가? 일반적으로 체용과 빈주의 글자에서 형충극해합묘(刑冲剋害合墓)의 작용이 진행되면 이 모두 공을 이루는 방식이 된다."[25]

맹파 명리학의 공신은 일반 명리학의 용신과는 전혀 상관이 없지만, 필요한 좋은 작용을 한다는 점에서 일맥상통하며, 공신 역시 유용지신(有用之神)이라고 볼 수 있기 때문에 용신과 비교해서 연구할 필요는 있을 것이다.

5. 실제적 사례분석

이상에서 용신 결정의 방법에 대해 요점을 살펴보았다. 그렇다면 용신 결정이 실제 사주 해석에서 어떻게 적용이 되는지를

---

[25] 段建業, 《盲派命理》 (중국 時輪造花有限公社出版, 2008), 65~66쪽.

사례를 가지고 분석할 필요가 있을 것이다. 앞에서 각각의 용신법에 따라 간단하게 사주 실례를 인용하긴 했지만 본격적인 실제적 사례분석이라고 하기는 미흡하다. 그러므로 용신 결정이 사주 해석에 어떻게 적용될 수 있는지를 구체적으로 상세하게 검토해 보려고 한다.

이후계(李后啓)가 저술한 《팔자예측(八字豫測)》에 수록된 실제 사주에 대한 분석을 인용하기로 한다.26)

"1964년 음력 8월 6일 申時생 여자 (1996년 3월 감정)

庚	癸	癸	甲
申	亥	酉	辰
시	일	월	년

대운

72	62	52	43	32	22	12	2
乙	丙	丁	戊	己	庚	辛	壬
丑	寅	卯	辰	巳	午	未	申

1) 명국의 오행·형상·용신(用神) 분석

일간 : 癸水 일간이 亥水 양인을 깔고 있는데, 음간에게는 양인이 녹으로 작용한다고 보아야 한다. 酉月에 출생하여 金水가 왕상하다. 월간의 癸水 비견이 방신하고 시주 庚申 정인이 일간 옆에 붙어서 상생하고 있어서 일간이 강왕하다.

인성 : 庚金 정인이 申의 녹왕한 궁을 타고 있고 酉月에 출생

---

26) 李后啓, 《八字豫測》 (중국 中州古籍出版社, 2004), 336~350쪽.

하여 양인이 당령하고 연월에 辰酉합으로 금이 왕하다. 따라서 인성이 왕하다.

상관 : 甲木 상관이 좌하에 辰이 있어서 여기를 만나고, 일지 亥水에서 장생의 근을 얻고, 월간 癸水가 옆에 붙어서 상생하니 비록 甲이 酉월에 죽는 계절이지만, 酉월의 金이 癸亥水를 생하고 癸亥의 왕한 水가 다시 甲木을 생한다. 따라서 庚申酉의 金은 명국에서 甲木을 극하지 않을 뿐 아니라 도리어 金水木이 상생하고, 酉庚의 金은 도리어 甲木의 원두가 되어 甲木의 근원이 더욱 길어지니, 甲木 상관이 명국에서 왕상하다.

관성 : 癸水는 土가 관인데 辰土 정관이 월령에서 실시하고 개두한 甲木의 제를 받고 辰酉가 합하고, 명국에 火가 없으니 근원이 없고 극합을 받아 손상되고 있다. 고로 정관은 쇠약하다.

재성 : 癸水는 火가 재인데 사주에 火가 전무하다. 그러나 묘하게도 酉亥에 戌이 공협되어 癸水 일간의 재고가 되니 명국에 드러난 재는 없어도 실제로는 큰 재물창고가 숨어 있다. 명리에서 드러난 것은 평범한 것이고 숨은 것은 귀한 것이니, 재고가 하나 암장되어 돈이 많은 명조이다. 공협된 戌이 연지 辰과 충하는데, 격충 때문에 공협이 되기 어려우나, 묘하게 연월이 辰酉합하니 합하여 辰土의 다리를 묶어 놓아 辰土로 하여금 합을 탐하여 극을 잊게 만든다. 따라서 암장된 재고가 건전하고 손상되지 않았다.

용신(用神) 분석 : 이상의 분석으로 알 수 있듯이, 전체 명국은 金水木이 왕하다. 팔자에서 庚酉 왕한 金을 원두로 하여 庚酉金이 癸亥水를 생하고 癸亥水가 다시 甲木을 생하니, 金水木의 유상(類象)이 되었다. 신왕하고 인성에서 상생하기 시작해서 상관에서 그치니 이 모두 길한 상이다. 신강(身强)하고 곧장 순조롭게 흘러가니 연간 甲木 상관이 용신(用神)27)이다. 식상과 재성을 기뻐하고 壬癸子와 酉庚申을 싫어한다. 나머지는 모두 기쁜 운이다.

2) 재관과 지위 총평

인수 월에 신강하고 상관이 건왕하고, 기운이 순조롭게 흘러서 상관에 이르니 인신상(印身傷)의 상(象)이 이루어졌다. 용신(用神)이 건전하고 왕상하고 손상되지 않았으니 좋은 사주다. 좋은 사주는 부귀쌍전하거나 부자가 된다. 상관이 왕하여 암암리에 재를 생하고, 상관이 왕하여 관을 극한다. 그러므로 단지 부자가 될 뿐 귀하지 못할 사주다. 명국에 재성이 보이지 않고 재고를 하나 공협하고 있는데, 암재가 명재보다 좋은 것이고, 더군다나 암장된 재고이니 돈을 벌 사주다. 관성 水의 창고(辰)가 투간되지 못하고 육합하여 인성이 되고, 申 중의 정관은 휴수되었다. 따라서 국가의 정식 임명된 관직은 가질 수 없고, 설사 권력이 있다고 해도 재로 인한 것이니, 개인기업의 사장이거나 돈을 주고 벼슬을 사는 등의 직무다. 관인이 합하여 인성이 되고 명국의 인성이 왕상하니 인성은 명예와 지위를 표시하는 바, 개인기업에서는 상당히 명망이 있는 지위에 있다. 초년에 학력은 높지 못하고 중년에 재물이 넉넉하고 만년에 대부가 되는 사주다. 현대 21세기는 남녀가 평등한 시대이니, 인신상이 모두 왕하면 여중호걸(女中豪傑)이고 여자 기업가의 상이다. 절대로 부자(夫子) 두 가지 별로만 보지 말라. 그런 관점에서 본다면 극부상자(克夫傷子)의 명이다.

---

27) 신강한 사주에서 억부용신으로 기운을 설기하는 상관을 용신으로 삼은 것이다.

3) 신체·외모·성격

인신상이 왕하여 왕기가 유통하여 막힘이 없으니 작지 않은 체격이지만, 첫 번째와 두 번째 대운이 신체발육의 시기인데, 金이 甲木을 극하므로 키가 많이 크지는 못해서 단지 중간 정도 체격이다. 청년기와 중년기에 약간 통통한 추세이고, 장년기와 만년기에 살이 찌는 타입이다. 金水가 왕상하니 얼굴은 아름답고, 흰 피부에 약간 흑청색이 섞였다. 신강하고 상관도 왕하니 성격이 원래는 강하고 외향적이고 호협해야 하지만, 인성이 왕하여 상관을 제해 주니 식신의 성격으로 변하여 이 사람이 성격이 내향적이고 온순하다. 처세에 조심스럽고 인간관계가 양호하다. 그러나 편인이 당권하고 상관이 드러나 있어서 중요한 문제를 처리할 때는 우유부단하지 않고 기회를 놓치지 않는다. 과단성과 외유내강한 면이 있어서 유명한 기업경영자가 되었다. 사주가 내음 외양하니 본래는 속으로 간사하고 겉으로 강개한 사람이라야 하지만, 용신(用神)이 양이고, 음이 과도하지 않아서 간교한 상인의 기질과 호협한 기질이 결합된 관리파의 성격이다. 재고가 몰래 공협되어 드러나지 않으니 비교적 인색한 사람이다. 그러나 50세부터 살이 찌면서 인색한 성격이 원만하게 변한다.

4) 교제·직업·방향

木이 용신(用神)이니 범사에 동·남·동남이 가장 길하다. 기신(忌神)인 水가 왕하고 많으니 북방은 가장 불리하고 그 다음에 서방과 서북방이 나쁘다. 木이 용신이니, 의복·기도·사무실·거실의 인테리어는 녹·남·홍색의 기조에, 흑색과 백색을 조금 쓰거나 쓰지 말아야 한다. 직업 선택은 죽목가구·공예·종식·

화원이 으뜸이고 그 다음에 조명등·화로·난로·부엌·전기기구·사진·촬영·안경·미술·미용 등의 직업이 좋다. 木의 상관이 용신이고 水의 비겁이 기신이니, 교제 시 후배와 나이 어린 사람이 유익하고, 동년배와 다른 회사 사장들과 왕래 시 특별히 조심하지 않으면 손해를 입는다.

5) 재난과 질병

火가 없고 木이 土를 극하는 기세이니, 木이 왕한 운세에 火가 없는 경우에는 비위, 신경계의 질병에 유념하고, 土는 남편이니 남편에게 나쁜 일을 조심한다.

水가 왕하니 火의 근을 충합하는 세운에 심장이나 혈관계 질병을 조심하고, 부친 배에게 일어날 재해를 조심한다. 사주가 오로지 상관의 설기에 의지하니 金土가 강해지는 운에 자녀에게 생길 재해와 본인의 중대한 재앙에 주의할 필요가 있다.

6) 육친

부모와 조업 : 연지 정관 연월에서 관인이 상합하니 조상이 고향의 명망 있는 지위였으나 애석하게도 정관 위에 상관이 개두하여 명주가 출생할 때 조상의 몰락이 시작되고, 명주와 조상의 연분이 박해서 조부 배가 일찍 죽는다. 연간 상관 용신(用神)이 건왕하고 손상되지 않았으니 부친이 본인을 많이 도와주고 부친의 유산이 많다. 실제로 명주는 직접 부친의 지위를 물려받아 회사 사장이 되었다. 인수가 왕하고 재가 약하니 모친이 장수하고 부친이 단명한다. 그 부친은 이미 96년에 작고했다. 모친은 건강하다.

형제자매 : 인성과 일간이 모두 왕하니 형제자매가 많은 상이

다. 癸水 일간이 비견을 자매로 하고 겁재를 형제로 삼는다. 2癸 1亥 辰중 癸水, 申중 壬水(남동생) 모두 5개의 水가 있다. 형제자매가 5인이고 남동생 2명 자매 4명이 있다. 辰酉합, 申亥해이니 2명을 감하여 실제로는 자매와 남동생 3인이다. 비겁이 왕하니 두 자매와 한 남동생 3인 모두 총명하고 능력이 있다. 그 중 壬水 겁재가 申에서 장생하고 문창귀인을 겸하니 그 남동생이 고등학력으로 대학 본과 졸업 후 대학원을 준비 중이다.

남편 : 辰土가 관인데 辰酉합하여 辰 중의 남편별이 합거되고, 申중 戊土가 휴수되고, 火가 생하지 못하고, 金水가 과다하게 설기시키니 남편이 쇠약하다. 따라서 남편의 능력이 본인보다 못하다. 일지 겁재가 기신(忌神)이고 申亥해가 되니 부부 궁이 손상되어 혼인이 불미하다. 게다가 명국에서 상관과 관성이 상극하는 기세다. 고로 과부 팔자이다. 기쁜 것은 일지 겁재와 상관이 상생하여 용신(用神)에게 이르러 멈춘다는 점이다. 겁재와 상관이 동궁하여 상생 유정하니 그 남편이 도와 공동 창업으로 흥가하였다. 그런데 명국에 土는 쇠하고 水는 왕하니 남편이 먼저 죽는 것은 분명하다.

자녀 : 인신상이 모두 왕하니 자녀가 있는 사주다. 木이 용신(用神)이고 자녀성이니 자녀가 효도한다. 乙木 식신은 딸이고 甲木은 아들이다. 원래는 연간 甲木과 亥 중 甲木, 辰 중 乙木 모두 합해서 2남 1녀이다. 그러나 辰酉합으로 乙木을 합거하고 申亥해하여 甲木을 제거하니 하나만 남아 외아들로 판단한다. 실제로 2명을 유산하고 아들 한 명만 두었다. 甲木 상관이 辰궁을 깔고 앉았고 퇴기하고 酉월 金월에 死하여 실시하고, 시지 申궁에서 또 절지이다. 그러나 金水木이 상생하고, 원두가 길게 뻗어있다. 애석하게도 火가 설기하지 못하니 왕기가 내 몸에 와서 멈추

었기 때문에 본래는 고독한 상이다. 그러나 묘하게 초년에 午未 남방 火의 지지로 가고 戊己丙丁이 붙어서 가니 상관이 설기된다. 그러므로 아들은 능히 수성을 잘 하지만 창업은 불능한 명으로, 명주에 비하면 손색이 있는 아들이다."

원서에는 대운과 유년 분석이 계속 설명되어 있지만 용신(用神) 결정의 방법과 용신에 따르는 가족관계, 직업관계, 사건의 성패관계 등 길흉화복 분석의 요점은 대부분 설명이 되었으므로 더 이상의 인용은 마치기로 한다. 이 실례에서는 길흉성패의 기준이 되는 용신을 결정하는 방법, 용신과 가족과의 연관성, 용신과 길흉성패에 대해 대체적인 윤곽을 보여주고 있다.

6. 결론

이상에서 길흉성패의 기준으로 용신의 필요성을 논했고, 용사지신의 의미와 유용지신의 의미 두 가지 측면에서 용신을 정의하면서 유용지신의 의미로 사용해야 하는 이유를 밝혔으며, 일반적인 용신 결정의 방법을 고찰하였고, 맹파 명리의 공신 개념을 일반 명리학과의 용신 개념과의 유사성 속에서 고찰하면서 실제적 사례 분석을 해보았다. 용신은 사주 명리학의 핵심 관건이며 용신이 없이는 길흉성패의 판단을 내릴 수가 없다. 하지만 중요한 만큼이나 어려운 것이 용신을 정하는 작업이다. 용신이 인생의 모든 길흉 성패를 완벽하게 주도하지 못한다는 것이 용신론의 가장 큰 한계이고, 용신 결정에 있어서 개인의 주관적인 판단이 개입된다는 것이 용신론의 또 다른 한계이다. 향후 용신론의 연구에 있어서 이 두 가지 한계를 극복하는 것이 제일 중요한 과제이다. 용신론의 한계를 극복하는 것은 명리학의 한계를 극복하는 데 일조하게 될 것이다. 여기서는 지면 관계상 고찰하지 못한 여러 가지 용신 결정 방법이 존재하고 있는 것도 사실이다. 이에 대해서는 뜻있는 분들의 많은 연구를 기대한다.

〈참고문헌〉

• 段建業, 《盲派命理》(중국 時輪造花有限公社出版, 2008)
• 萬民英 編著, 《三命通會》(대만 武陵出版有限公司, 2003)
• 朴在玩 編著, 《命理要綱》(한국 易門關書友會, 1985)
• 徐樂吾, 《子平粹言》(대만 武陵出版社, 1986)
• 徐樂吾 評註, 《子平眞詮評註》(대만 武陵出版社, 1983)
• 徐升 編著, 《淵海子平評註》(대만 武陵出版有限公司, 2002)
• 徐升 編著, 《淵海子平》(대만 瑞成書局, 1985)
• 沈孝瞻, 《子平眞詮》(대만 武陵出版社, 1983)
• 李后啓, 《八字豫測》(중국 中州古籍出版社, 2004)
• 任鐵樵 增註, 《滴天髓闡微》(대만 武陵出版有限公司, 1999)
• 張神峯, 《命理正宗》(대만 武陵出版社, 2007)
• 陳德生, 《無敵律數》(대만 德生出版社, 1979)
• 陳品宏, 《預言命律正解》(대만 大行出版社, 1971)
• 劉庚辰, 《命理學用神導出의 方法論에 關한 硏究》(동방대학원대학교 박사학위논문, 2009)

제13장 조선시대 명과학의 실태 분석

구중회
-공주대학교 사범대학 국어국문학과 교수(민속학전공),
계룡산 산신제 보전회장-

차 례

1. 서론 · 342
2. 명과학의 잡과 관련기관 · 343
3. 명과학 시험과 문헌정보 · 347
4. 명과학 전문가 양성 · 352
5. 명과학 전문가의 특징 · 357

1. 서론

한마디로 요약한다면 조선시대의 명과학(命課學 : 잡과)은 요사이 말로「국가검정고시」다. 6칸짜리 추길청(諏吉廳)을 만들어 국가를 비롯한 왕실의 양길(良吉)을 예측하고 활용하던 조선의 정부기구였다.

동양에 있어서「명」이란 원래 천명(天命)을 중심으로 인명(人命)을 공덕과 관련시켜 관찰하던 정신과학의 일종이다. 중국의 사주명리의 삼명(三命)이란, 수명(壽命)·수명(隨命)·조명(遭命)을 말한다. 수명(壽命)이란 자기가 타고난 정명(定命)으로 숙명적인 요소가 많다고 할 수 있다. 수명(隨命)은 이와는 달리 공덕(功德)을 쌓아서 빚어지는 명이다. 숙명이 바뀔 수도 있다는 뜻이다. 수명이 개인적인 성격이 짙은 것이라면 봉명은 사회적인 성격이 짙다. 인물이나 시대를 만나 변화되는 명을 말한다. 이것이「명」의 기본적인 성격이라고 할 것이다.[1]

오늘날에도 이러한「삼명」에 대한 개념은 여전히 변화하지 않았다고 할 수 있다. 이러한 영역을 연구하려는 것이「사주명리학(四柱命理學)」이다. 그러나 연·월·일·시의 사주로 명을 알아보려는 학문이다. 그러나 이 개념은 아직 그 범주나 방법이 분명하지 않다. 아직은 소수의 사람들이「법술(法術)」로 인식되는 단계이지 이론과 체계를 획득하지 못하여 보편적인 인식에

---

[1] 이익(李瀷)은《성호사설(星湖僿說)》에서 명(命)을 조명(造命)으로 규정하고 있다. 천명(天命)·성명(星命)·조명(造命)을 들고 있다. 이 삼명개념은 중국의 그것보다 훨씬 의지적이다. 이장원(李長源)의 이른바 "임금과 재상이 운명을 만든다."는 것이 바로 그것이다.

도달하지 못한 상태이다.

　오늘에 있어서 사주명리학은 과거의 명과학보다 많은 부분 정교해졌다. 그럼에도 불구하고 '공덕을 쌓는 일'이나 '시대나 인물을 만나는 일'을 소홀히 하면서 기능주의로 빠지고 있다. 명과학은 농본사회의 소산이다. 이에 비해서 사주명리학은 지식정보화 사회의 그것이다. 새로운 시대에 걸맞은 학술적·법술적 과제를 푸는 것이 오늘날 우리의 숙제라 할 것이다.

　명과학에 관련된 자료는 《경국대전》, 《대전회통》 따위의 법전집의 소략한 소개와 본격적인 《서운관지(書雲觀志)》[2]를 자료로 하여 명과학에 대하여 살펴보기로 한다.

2. 명과학 잡과 관련기관

　「서운관」은 고려시대(충렬왕 34년, 1308년)의 용어다. 조선

---

[2] 《서운관지》: 4권(chapter)으로 적지 않은 정보를 주고 있다. 이 책은 제1권 : 관직(官職)·관해(官廨)·천거(薦擧)·과시(科試)·취재(取才)·권과(勸課)·포폄(襃貶)·좌아(坐衙)·번규(番規). 제2권 : 치력(治曆)·측후(測候)·교식(交食)·감여(堪輿)·선택(選擇)·속관(屬官)·이예(吏隷)·진헌(進獻)·반사(頒賜)·식례(式例)·공물(貢物). 제3권 : 고사(故事). 제4권 서기(書器) 등의 항목으로 짜여 있다. 관직은 서운관의 관리 조직을, 관해는 해당 시설물을, 천거·과시·취재 따위는 소속 관리의 선발과 승진시험을, 권과와 포폄은 관리의 상벌을, 좌아와 번규는 근무 자세와 임무를 정리한 것이 제1권의 내용이다. 제2권의 내용은 서운관에서 이루어지는 일들의 「규정」에 대한 것들이다. 치력·측후·교식 따위는 천문학의 업무를, 감여와 선택은 지리학과 명과학의 임무를, 속관과 이예는 측면에서 지원해 주는 사람들을, 진헌과 반사는 만든 물건, 예를 들면 책력이나 부적(단오부와 양벽부)의 증정과 배부를, 식례는 서운관 대소사를, 공물은 제정을 어떻게 해야 하는가 하는 규정을 제시하고 있다. 제3권은 서운관에서 일어났던 사례집이고 제4권은 관련 책자와 기물들에 대하여 적은 것이다.

시대에는 세조 12년인 1466년에 들어서 관상감(觀象監)으로 바뀌게 된다.

《서운관지》 편찬자인 성주덕(成周德)은 1759년 태어나 정조와 순조시대에 관상감에서 활동하던 관원이다. 자는 현지(顯之), 본관은 창녕이다. 1783년 계묘식년시에 관리로 입문하여 관상감 정(正) 등을 거쳐 1786년 삼력관(三曆官)이 되었다. 두 차례의 겸교수와 동반 정직(正職)으로는 사포서(司圃署) 별제와 상의원(尙衣院) 주부를 지냈다. 자급은 종2품 가선대부에 이르렀다. 성주덕은 《서운관지》 이외에도 서호수(徐浩修), 김영(金泳, 1749~1815) 등과 같이 《국조역상고(國朝曆象考)》를 편찬하기도 했다.

관상감에 근무하는 관리는 녹관직과 전문직으로 구성되어 있다. 녹관직은 체아직(遞兒職)으로 관상감의 최고위직인 정3품 정(正)보다 더 높은 당상의 자급에 오르기도 했다. 전문직은 이동이 없이 장기간 근무하는 특징이 있어서 이중적인 관리체계였던 것이다. 명과학의 관리체계는 추길관(諏吉官), 수선관(修選官), 총민(聰敏), 권지(權知), 생도(生徒)까지가 있었다.

명과학 훈도(訓導)는 처음에는 2명이었으나 1명이 되었다. 명과학 관리 가운데 주부 이상의 녹관직을 지낸 관원들 중에서 가려서 임명되었다. 후보를 추천할 때에는 천문학과 명과학의 임관들이 모여서 권점(圈點 : 붓 뚜껑으로 찍어서 많은 숫자를 받은 순)으로 결정했다. 정조 신해년부터 추길관 가운데 판관 이상의 녹관직을 지낸 관리 가운데 임명되었다. 임기는 30개월이었다. 체아교수가 2명인데 천문학과 명과학이 각각 1명씩이었다. 지리학과 명과학이 돌아가며 맡던 자리였는데, 1791년부터 명과학에 전속되었다. 역시 임기는 30개월이었다.

추길관은 정원이 7명(실제 명과학 합격자 중에서 추길관은 그리 많지 않다. 지켜지지 않은 듯하다)으로 양길을 가리는 일을 맡는 명과학의 실질적인 관리였다. 이전에는 명과학에 근무하는 자를 특별한 이름 없이 모두 일관(日官)이라 불렀고 정원도 없었다. 정조 신해년(1791년)에 7명으로 인원수를 정하고「추길(諏吉)」이라 불렀다. 또한 수선관을 두고 크고 작은 선길(選吉)의 일을 담당하게 했다. 추길관의 빈 자리가 생기면 수선관 중에서 시험을 보아 올려주고, 수선관의 자리가 비면, 전함(前銜)³⁾들 중에서 뽑았다. 이정(釐正)을 가하여 절목을 만들고 새로 임명된 후에는 6개월마다 시행하는 녹취재의 예에 따라 임금의 재가를 받았다.

별선관은 총 정원이 50명인데, 명과학과 지리학이 각각 10명씩이다. 영조 병술년(1766년)에 처음으로 이 제도가 도입되었다. 과거를 거친 자와 거치지 않은 자를 가리지 않고 각각 본업을 시강해서 약(略) 이상의 성적을 받은 자는 선정했다. 선발된 자는 우선 시험성적에 따르고 다음에 직차에 따라서「별선관」자리가 비는 대로 채워 임명했다.

총민은 총 정원이 14명인데 명과학과 지리학이 각각 2명씩이었다. 첨정 이하이면서 나이가 40이 안된 자들 중에서 해당 관청에서 권점하여 임명하고 각각 그 술업을 익히게 하였다.

생도는 총 정원이 60명인데, 명과학과 지리학이 각각 10명이었다. 각 해당 학에서 가부를 상의하여 명부에 이름을 올렸다.

뒤에 훈장(訓長 : 명과학은 1명)과 훈부(訓副 : 일정 정원이 없음) 제도가 생겼다. 명과학 훈장은 해당 우두머리가 맡으며 추길청의 7명 가운데 우두머리를 제외한 6명이 훈과(訓課)했다.

위와 같은 체제가 되기 전에는 이습관(肄習官)이라는 직책이 있었다. 천문(天文)·지리(地理)·명과(命課) 등에 정통한 자를

---

3) 전함(前銜) : 현재 맡고 있는 직이 없이 근무하는 사람을 말한다.

이습관이라 하여 각 전공분야의 일을 보게 하며 전력(前歷)이 있으면 무록관(無祿官)의 예에 의하여 임용했다.

여기서 주목해야 할 것은 명과맹(命課盲)의 채용이다. 서반 9품 체아직 2자리를 주고 있다.《성종실록》5년 11월 무인조에 의하면, 실제로 관상감에서는 맹인을 모아서 명과학을 수련하게 하여 사맹삭(四孟朔)에 취재(取才)하여 관직을 수여했다. 근무는 일 년에 네 번 인사 이동하여 서로 바꾸어 임명했다. 근무일수가 400일이 되면 관계(官階)를 올려주되, 천인(賤人)은 종6품에서 그치도록 제한하고 있다.

《대전회통》에 의하면, 명과학겸교수(命課學兼敎授) 1인 종6품을 (《경국대전》 속편)에는 새로 둔다고 했다가 (《경국대전》 증보편)에서는 없앤다고 하고 다음 (《경국대전》 증보편)에서는 다시 복원한다고 되어 있다. 그만큼 부침이 많았다고 할 것이다.

관상감은 원래 경복궁 영추문 안과 북부 광화방에 있었으나 불에 타서 창덕궁 금호문 밖(본감 1688년)과 경희궁 개양문(분감 1702년)에 다시 세웠다. 그 외에 흠경각(欽敬閣, 1770년), 인력소(印曆所, 1766년) 따위가 있었다.

명과학과 관련된 직접적인 기관은 추길청(諏吉廳)이 있고 보조기관은 삼력청(三曆廳)과 일과청(日課廳)인데, 영조 신해년(辛亥年, 1731년 영조 7년)에 청사 뒤에 세웠다.

추길청(諏吉廳)은 6칸이다. 곧 명과직려(命課直廬)인데, 정조 갑인년(甲寅年, 1794년 정조 18년)에 삼력청 동쪽에 처음 세웠다.

일과청은 6칸이다. 곧 진헌(進獻)·반사(頒賜)를 구관(句管)하는 곳인데, 관천대 동쪽에 있다.

예비관리의 천거는 시험이 없이 추천과 심사만으로 시행되었다. 이들 추천과 심사는 관상감의 관리만이 할 수 있었다. 처음에는 녹관이 1차로 하고 2차는 삼력청에서 이루어졌다. 처음에는 천문학에서 주관하다가 각각 해당 학에서 이루어지다가 통합하여 삼학에서 모여 이루어졌다.

명과학에서 하는 일은 《서운관지》 선택조와 반사조에 제시되어 있다. 선택조에는 향사(祀享)·연하(讌賀)·조회(朝會)·봉책(封冊)·힐융(詰戎)·행행(行幸)과 같은「나라의 일」과 관례와 혼례·이사·입학(入學)·교우와 같은「백성의 일」을 점치는 것이다. 그리하여 사향(祀享)·조하(朝賀)·봉책(封冊)·동가(動駕)·시사(試士)·열무(閱武)의 길일을 잡는 과정을 소개하고 있다. 왕실의 출생과 일 년의 운세, 관직수여 등에 대하여 소개하고 있다. 중요한 일의 하나로 책력과 부적의 진헌과 반사도 들어 있다.

3. 명과학 시험과 문헌정보

시험은 선발하는 시험[4]과 취재(取才)의 승진시험이라는 두 부류가 있다. 선발시험은 관상감에서 이름을 등록한 다음에 실시하는데 예비시험과 본시험이 있다.

⟨예비시험⟩
《원천강(袁天綱)(책을 보지 않고 외운다), 《서자평(徐子平), 《응천가(應天歌), 《범위수(範圍數), 《극택통서(剋擇通

---

4) 선발시험은 자·묘·오·유(子卯午酉) 등의 정기적인 식시년(이들은 仲年으로 연구궁인 七赤·四綠·一白 따위와 관련이 있다)과 임시적인 증과시 등이 있다.

書),《경국대전(책을 펴놓고 한다)에 관한 강론을 받는다.

〈본시험〉

　　명과학은 2명으로 정한다. 본조(관상감)에서 본감(本監)의 제주와 함께 이름을 등록한 다음에 시험을 실시한다.

취재시험은 선발시험과는 과목에서 다소 차이가 있다

　　《원천강》은 책을 보지 않고 강론한다.
　　《삼신통재(三辰通載)》,《대정수(大定數)》,《범위수(範圍數)》,《육임(六任)》,《오행정기(五行精記)》,《극택통서(剋擇通書)》,《자미수(紫微數)》,《응천가(應天歌)》,《서자평(徐子平)》,《현여자평(玄輿子平)》,《난대묘선(蘭臺妙選)》,《성명총화(星命惚話)》 이상은 책을 펴놓고 강론한다.

취재시험에서 과목이 명과학 이외의 것이 들어 있는 까닭은 교체 근무를 하기 때문이라 여겨진다. 보통 명과학과 지리학은 1년 단위로 교체 근무했다.

19세기(《서운관지》)에 오면 시험과목이 달라진다.

　　《원천강》(배강이다)과《협길통의(協吉通義)》,《대전통편》(이상은 임문이다. 처음에는《극택통서(剋擇通書)》를 썼는데, 뒤에 갈아서《범위수(範圍數)》,《서자평(徐子平)》,《응천가(應天歌)》,《시용통서(時用通書)》를 썼다.
이상에서 보듯이 조선 후기로 오면 취재시험은 《원천강》,

《협길통의》,《대전통편》등으로 변화가 왔다. 특히《협길통의》의 부상이 눈에 띈다. 이 책은 정조의 명에 의해서 중국의 두 책을 참고하여 새로이 교정하여 엮은 것이다. 말하자면 '번잡한 것을 삭제하고 그릇된 것을 바로잡아 종합하여 차례를 정하였으며, 추측점험(推測占驗)의 설을 첨가하고 오행생극(五行生剋)의 이치로 재단'했기 때문이다.

《협길통의協吉通義》(22권) 정조 갑인년(甲寅年, 1794년 정조 18년)에 위감(魏鑑)의《상길통서(象吉通書)》와 매각성(梅殼成)의《협기변방서(協紀辨方書)》를 취하여 번잡한 것을 삭제하고 그릇된 것을 바로잡아 종합하여 차례를 정하였으며, 추측점험(推測占驗)의 설을 첨가하고 오행생극(五行生剋)의 이치로 재단하였다. 을묘년(乙卯年, 1795년 정조 19년)에 서적이 완성되었다. 본감(관상감)에서 책판을 간직하였다.

다음은 관련 몇몇 문헌들을 소개하기로 한다. 이 소개는《서운관지》서기조의 것들로 전혀 바꾸지 않고 직접적인 인용을 하기로 했다. 이러한 태도는 시중에서 유통되는 이들 지식들이 너무 천차만별이기 때문이다.

《원천강삼성삼명지남(袁天綱三星三命指南)》(10권) 당나라 원천강이 지었다. 발단(發端)·귀신(貴神)·식신(食神)·녹신(祿神) 등 15類로 나누었다. 본감(관상감)에서 책판을 간직하였다.
《서자평삼명통변연원(徐子平三命通變淵源)》(2권) : 宋나라 서대승(徐大升)이 지었다. 자서(自序)에 이르기를, "어려서

부터 삼명(三命)의 술(術)을 사모하여 고인(高人)을 찾아뵙고 물으니 서자평의 진수정국역학(眞數定局曆學)을 전수(傳授)하였는데, 여러 해 만에 자못 진취(眞趣)를 알고 유에 따라 편차를 이루어 그 첩경(捷徑)을 찾았다." 하였다. 본감(관상감)에서 책판을 간직하였다.

《범위수(範圍數)》(2권) : 명나라 조영(趙迎)이 지었다. 오로지 점서(占筮)의 술(術)을 주로 하였는데, 자서에 이르기를, "제가(諸家)의 설을 모아 유에 따라 구별하였다." 하였다. 앞은 도식문(圖式門)이고 다음은 기례문(起例門)이고 또 다음은 기원문(起源門), 유격문(流格門) 등인데, 모두 15문이다. 본감(관상감)에서 책판을 간직하였으나 지금은 없어졌다.

《응천가(應天歌)》(4권) : 송나라 곽정(郭程)이 지었다. 양회(楊恢)의 서문에 이르기를, "곽정의 字는 거비(去非)이다. 이인(異人)을 만남에 인연하여 이 글을 지었다." 하였다. 본감(관상감)에서 책판을 간직하였다.

《소강절심역매화수(邵康節心易梅花數)》(1권) : 지은 사람의 이름을 밝히지 않았다. 명나라 통주태수(通州太守) 하앙(夏昻)이 산개(刪改)하고 교정하였다. 그 방법은 귀서(龜筮 : 거북점과 시초점)를 쓰지 않고 해당 일진(日辰)으로 수(數)를 뽑아내고 수로 괘(卦)를 뽑아내는 것이다. 모두 강절(康節, 1011~1077. 邵雍의 시호)에게서 나온 것이라 하나 미더운 것인지 모르겠다. 본감(관상감)에서 책판을 간직하였으나 지금은 없어졌다.

《선택요략(選擇要略)》(3권) : 조선조 판중추원사(判中樞院事) 이순지(李純之, ?~1465)가 지었다. 오로지 일진으로 길흉을 가리는 術을 말하였다. 본감에서 책판을 간직하였으나 지금은 없어졌다.

　조선시대 명과학을 살펴려면 그 전에 알아야 할 필수적인 조건이 책력에 의하여 결정된다. 연신(年神) 방위[5], 월신(月神)[6] 일기(日期) 방위, 4대길신(四大吉時)[7], 인신(人神)[8], 일유(日游 ; 神)[9] 등을 살펴야 하고 연구궁(年九宮)[10], 월구궁(月九宮)[11], 건제십이객(建除十二客)[12], 황도십이궁(黃道十二宮)[13] 등을 참고하여야

---

5) 연신(年神)으로는 세덕(歲德)·태세(太歲)·세파(歲破)·대장군(大將軍)·주서(奏書)·박사(博士)·역사(力士)·잠실(蠶室)·잠명(蠶命)·상문(喪門)·태양(太陽)·관부(官符)·백호(白虎)·황번(黃幡)·표미(豹尾)·병부(病符)·사부(死符)·겁살(劫煞)·재살(災煞)·세살(歲煞)·복병(伏兵)·세형(歲刑)·대살(大殺)·비록(飛鹿)·해기(害氣)·삼공(三公)·구경(九卿)·구경식사(九卿食舍)·축관(畜官)·발도(發盜)·천황(天皇)·지황(地皇)·인황(人皇)·상상문(上喪門)·하상문(下喪門)·생부(生符)·왕부(王符)·오귀(五鬼) 따위가 있다. 이들 연신은 매해마다 기년간지의 방위에 따라 영향을 미친다는 믿음이다.

6) 월신(月神)으로는 천덕(天德)·월덕(月德)·합덕(合德)·월염(月厭)·월살(月煞)·월파(月破)·월형(月刑)·월공(月空) 따위가 있다. 매월마다 위의 월신이 각각 차지하는 위치가 하루씩 있다.

7) 각 월마다 4대 길시가 있는데 길시는 10간과 8괘로 표시된다.

8) 인신은 허준의 《동의보감》에도 제시된 방법이다. 인신이 1일부터 30일까지 머무는 위치를 보는 것이다.

9) 일유(신)는 60갑자일마다 머무는 궁을 말한다. 외궁(外宮)은 8괘궁으로, 내궁(內宮)은 태미궁(太微宮)·자미궁(紫微宮)·태묘궁(太廟宮)·어녀궁(御女宮) 따위가 있다.

10) 연구궁은 연중궁(年中宮)과 연지지(年地支)를 대응시키는 방법이다. 구자(九紫)·육백(六白)·삼벽(三碧)은 丑·未·辰·戌(季年)에, 팔백(八白)·오황(五黃)·이흑(二黑)은 巳·亥·寅·申(孟年), 칠적(七赤)·사록(四綠)·일백(一白)은 子·卯·午·酉(仲年) 등에 각각 대응된다.

11) 월구궁은 정월구궁이 중궁에 있는 경우를 말한다. 팔백(八白)이 중년(仲年)인 자·묘·오·유에 오황(五黃)이 축·미·진·술에, 이흑(二黑)이 맹년인 사·해·인·신 등에 대응되는 방법이다.

12) 건제십이객은 건·제·만·평·정·집·파·위·수·개·폐(建除滿平

하기 때문이다.

그런데 오늘날 사주명리학은 이와는 다른 체계다. 그만큼 자생적 요소가 많다고 할 것이다.

4. 명과학 전문가 양성

원래 명과학은 잡과의 하나인 음양과 가운데 하나였다. 잡과의 음양과는 명과학 이외에도 천문학, 지리학이 있다. 《조선시대 잡과방목》에 기록된 음양과의 합격자는 865명이다. 성종조 1명, 중종조 33명, 명종조 14명, 선조조 23명, 인조조 1명, 숙종조 17명, 경종조 11명, 영조조 163명, 정조조 85명, 순조조 195명, 헌종조 83명, 철종조 68명, 고종조 171명 따위가 그것이다.

이들 음양과 합격자 수(865명)는 다른 영역 역과(譯科) 총 2,977명, 의과(醫科) 총 1,548명, 율과(律科) 총 733명, 주학(籌學)14) 1,627명 등과 비교하여 가장 적은 숫자다.

定執破危成收開閉) 등을 말한다. 성명(星命)인 정월부터 12월이 각각 해당 기일지지(紀日地支)와 건제십이객이 서로 대응시키는 방법이다.

13) 황도십이궁은 고대 그리스 사람들이 하늘 도는 주기를 360등분하여 12로 나누었는데, 이를 「황도 12궁」이라고 한다. 중국에는 수나라 때에 이미 들어와 있다고 보고 있다. 십이궁은 쌍녀궁(雙女宮 : 室女宮)·천칭궁(天秤宮)·보병궁(寶瓶宮)·마갈궁(摩羯宮)·거해궁(巨蟹宮)·사자궁(師子宮 : 獅子宮)·인마궁(人馬宮)·백양궁(白羊宮)·천우궁(天牛宮 : 金牛宮)·천갈궁(天蝎宮)·음양궁(陰陽宮 : 雙子宮)·쌍어궁(雙魚宮) 등이다. 막고동굴 제61호에는 남벽에는 쌍자궁·천칭궁·천갈궁·마갈궁·거해궁과 쌍어궁, 북벽에는 금우궁·실녀궁·인마궁·보병궁·백양궁과 사자궁 등이 있다. 《돈황학대사전(敦煌學大辭典)》 614쪽.

14) 원래 이름은 산학(算學)인데, 정조의 휘자가 「산(算)」이기 때문에 「주(籌)」로 바뀌었다.

성종 2년(신묘식 1471년)부터 숙종 8년(임술증시 1662년)까지는 전공분야를 설정하지 않았다. 그러나 전공분야를 선정하여 뽑은 것은 숙종 39년(계사식 1713년)부터다. 다만 명과학이 합격자를 낸 것은 영조 23년(정묘식 1747년)부터였다.

합격자 분류(숙종 39년, 1713년부터 고종 22년, 1885년까지)

천문학 481명[15]

지리학 115명[16]

---

15) 극소수이지만, 분류 과목이 적지 않은 것은 여기에 포함시켰다.

16) 지리학 115명의 내력은 다음과 같다.
　영조대 : 1750년~1774년(20명) 이정한, 이생삼, 박량소, 김도흠, 성광순, 한명붕, 한명구, 전광업, 안사언 김숙, 김도순, 박흥소, 강희준, 조헌택, 진의량, 오재훈, 한정필, 이정길, 이명구, 이양.
　정조대 : 1780년~1798년(15명) 천인묵, 성주헌, 방현국, 최우옥, 김종건, 최상일, 이지철, 방경국, 최창옥, 박치효, 김영수(천문학 겸직), 김득의, 최경옥, 조상질, 김서우.
　순조대 : 1801년~1834년(34명) 피종선, 최선기 한정후, 방중국, 고경억, 박치수, 정악연, 김중진, 한상찬, 박치풍, 최석록, 김준영, 차명식, 이윤범, 최엽(천문학 겸직), 현응명, 김면수, 박주학, 이치풍, 한상옥, 이호명, 안우선, 박성학, 박홍수, 이홍담, 최석정, 박진학, 홍희남, 이의륭, 안지선, 김석희, 조영환, 이시혁, 최석범.
　헌종대 : 1835년~1849년(14명) 김용규(천문학 겸직), 이규성, 현광식, 윤수정(천문학 겸직), 박유철, 한치희, 조문환(천문학 겸직), 장효건(천문학 겸직), 김기현, 최복연(천문학 겸직), 이태순, 최정렬, 조의관, 최정연.
　철종대 : 1850년~1861년(13명) 이주현(천문학 겸직), 김준덕, 장윤혁, 이유달, 전재평, 피병간(천문학 겸직), 최규연, 이희규, 이환무, 김재규, 한교직, 정환구, 곽효순.
　고종대 : 1864년~1885년(19명)이호선, 최한정, 이원달, 박사윤, 유풍근, 박순주(천문학 겸직), 조재옥, 이규선, 이태원, 최헌규, 유장일, 김근주, 김정기, 현태건, 이문선, 김헌주, 한응두, 박창현, 이희복.

명과학 197명

명과학은 영조 23년(정묘년 1747년) 식년(式年)부터 등장하기 시작한다. 그 시대와 명단은 다음과 같다.

■ 영조(20명)
23(1747) 정묘식(丁卯式) 홍현주
29(1753) 계유식(癸酉式) 지일승, 김홍문
30(1754) 갑술증(甲戌增) 이동성, 정수완, 지일빈, 홍득주
35(1759) 기묘식(己卯式) 이말
39(1763) 계미증(癸未增) 변광유, 이수겸
44(1768) 무자식(戊子式) 김정환, 최경렬
47(1771) 신묘식(辛卯式) 전종혁, 이정길
49(1773) 계사증(癸巳增) 이시화, 강희보, 지경철, 조행옥
50(1774) 갑오식(甲午式) 홍처중
50(1774) 갑오증(甲午增) 조홍원

■ 정조(17명)
04(1780) 경자식(庚子式) 최광빈
07(1783) 계묘식(癸卯式) 이의관
10(1786) 병오식(丙午式) 홍성구, 이언술
13(1789) 기유식(己酉式) 지경비, 홍경중
14(1790) 경술증(庚戌增) 김재후, 최복기, 전종주
16(1792) 임자식(壬子式) 김성기, 이정복
19(1795) 을묘식(乙卯式) 김한적, 안규상
22(1798) 무오식(戊午式) 지경홍, 손행검, 전계환, 김구서

■ 순조(69명)
01(1801) 신유증(辛酉增) 김성양, 조현묵, 이명신, 차영철
01(1801) 신유식(辛酉式) 이의구, 안경신, 박치영, 이현상
03(1803) 계해증(癸亥增) 지택붕, 한사의, 지택구, 유운규
04(1804) 갑자식(甲子式) 조상순, 송문연, 양식, 김중진, 전치정
05(1805) 을축증(乙丑增) 지택룡, 김원, 이응무, 피상오
07(1807) 정묘식(丁卯式) 김묵, 김중정, 김한규, 이명원
09(1809) 기사증(己巳增) 최상즙, 홍경학, 전익순, 전성순
10(1810) 경오식(庚午式) 이영진, 박주환, 조후, 김수로
12(1812) 임신증(壬申增) 이일수, 최경식, 최성원
13(1813) 계유식(癸酉式) 이수담, 최수옥, 이일구, 이응수
16(1816) 병자식(丙子式) 홍의양, 안국헌, 조택규, 김의종
19(1819) 기묘식(己卯式) 이의영, 전치항, 최진
22(1822) 임오식(壬午式) 최영원, 지택홍, 이덕명
25(1825) 을유식(乙酉式) 최석의, 박명협, 김유진, 이병홍
27(1827) 정해증(丁亥增) 최석희, 이일유, 최성민, 최영환
28(1828) 무자식(戊子式) 김병호, 박태환, 지유상
31(1831) 신묘식(辛卯式) 최봉환, 이정모, 김진호, 변룡규
34(1834) 갑오식(甲午式) 피병헌, 이제로, 김헌주, 지유형, 현용규

■ 헌종(28명)
01(1835) 을미증(乙未增) 김창훈, 이긍수, 이규성, 최석관
03(1837) 정유식(丁酉式) 최도연, 김상은, 박회영, 이관무
06(1840) 경자식(庚子式) 이희수, 최기환, 이건모, 전효만
09(1843) 계묘식(癸卯式) 최상환, 이한도, 홍의녕, 유익상
10(1844) 갑진증(甲辰增) 김인복, 최규신, 이계상

12(1846) 병오식(丙午式) 이정수, 전우열, 최석헌, 박응조
14(1848) 무신증(戊申增) 이긍순
15(1849) 기유식(己酉式) 김동만, 한진하, 임긍연, 최한철

■ 철종(27명)
01(1850) 경술증(庚戌增) 임우종, 안재홍, 한응익, 한응종
03(1852) 임자식(壬子式) 지유달, 김재련, 박형수, 유한철
06(1855) 을묘식(乙卯式) 최규덕, 최용진, 김제정, 최성필
09(1858) 무오식(戊午式) 이홍선, 김재림, 안병립
10(1859) 기미증(己未增) 안영기, 이문현, 유연상, 김동표
12(1861) 신유식(辛酉式) 유한익, 김용완, 전용석, 곽효순

■ 고종(36명)
01(1864) 갑자증(甲子增) 김인겸, 김호영, 김효철, 김동훈
01(1864) 갑자식(甲子式) 윤홍, 전영기, 최정섭
07(1870) 경오식(庚午式) 안준, 김건희
10(1873) 계유식(癸酉式) 전긍석, 홍명환, 이병혁, 박유경
11(1874) 갑술증(甲戌增) 박유상
13(1876) 병자식(丙子式) 유한중, 전종우
16(1879) 기묘식(己卯式) 김영로, 이태원, 박제건, 전종학, 박규영, 김영대
19(1882) 임오증(壬午增) 지응호, 지린석, 김중학
19(1882) 임오식(壬午式) 한기종, 유운원, 변종규, 전시묵, 전태순, 홍성환, 유한목
22(1885) 을유식(乙酉式) 최해진
22(1885) 을유증(乙酉增) 변우식, 정광식, 최영직

5. 명과학 전문가의 특징

충주(忠州) 지(池)씨는 적어도 명과학의 대가다. 이들 가족은 몇 대를 두고 명과학에 합격자를 내고 외손까지도 여기에 참여하게 된다. 특히 지백원(池百源) 일가는 6대까지 명과학에 합격하거나 관련되어 있다. 이들 계보를 정리하면 다음과 같다.

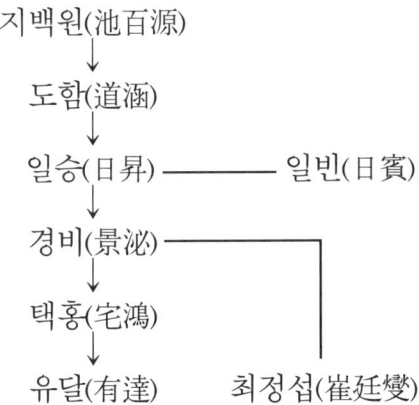

지백원은 《천기대요(天機大要)》17) 정사본(丁巳本, 1737년 영

---

17) 성주덕(成周悳, 1759~?) 《서운관지》 권4 서기(書器)에 소개된 《천기대요(天機大要)》는 2권으로 명나라 임소주(林紹周)가 지었다. 음양이 맞고 어그러지는 이치를 미루어 살피고 일진으로 길흉을 가리는 방법을 정하였다. 우리나라 각본(刻本)에는 병자본(丙子本)과 계사본(癸巳本)이 있었으나 병자본은 오래 전에 없어졌다. 영조 정사년(丁巳年, 1737년 영조 13년)에 본감의 관원 지백원이 계사본을 취하여 증산(增刪)해서 중각(重刻)하였고, 계미년(癸未年, 1751년 영조 27년)에 지백원의 손자 지일빈이 또 혼효중성(昏曉中星)의 고금이후(古今異候)를 신법(新法)으로 증정(證正)하였다. 본감(관상감)에서 책판을 간직하였다. 계사본은 상주목(尙州牧)에서 책판을 간직하였다.

조 13년)을 중간한 사람이고, 그의 손자인 지일빈은 혼효중성(昏曉中星)의 고금 이후(異候)를 새로운 법으로 증정(證正)하여 계미본(1751년 영조 27년)을 낸 사람이다.

지백원의 아들인 지도함(池道涵, ?~?)은 가선대부(嘉善大夫)로 관력이 현감이었다. 지도함의 쌍둥이 아들18) 일승(日昇, 1729~?)과 일빈(日賓, 1729~?) 형제가 1년을 사이에 두고 명과학에 합격한다. 당시 23세인 지일빈이 《천기대요》를, 1751년에 계미본을 증정한 것을 보면,「공부」가 얼마나 깊었는지 짐작할 것이다.

지경비(池景泌, 1766~?)는 백원의 현손자이고 도함의 손자이고 일승의 아들이다. 정조 13년 기유식(己酉式, 1789년)에 합격했고 당시 본인 관력은 겸교수 구임(久任) 사포서별제(司圃署別提) 활인서별제(活人署別提)였다. 처는 남양(南陽) 이씨다.

지택홍(池宅鴻, 1805~?)은 백원의 5대손으로 경비의 아들이다. 자는 성유(聖有) 순조 22년 임오식(壬午式, 1822년) 당시 본인관력은 수찬관(修撰官) 관상감추길관(觀象監諏吉官) 판관(判官)이었다.

지유달(池有達, 1832~?)은 백원의 6대손으로 택홍의 아들이다. 자는 통원(通源) 철종(哲宗) 3년 임자식(壬子式, 1852)으로 명과학에 입문했다. 당시 본인의 관력은 아버지 택홍을 이어 수찬관이었다. 지유달의 처는 선산(善山) 김씨로 처의 아버지는 김영섭(金英燮)으로 율과(律科)가 전문 과목이었고 율학교수(律學敎授)를 지냈다.

최정섭(崔廷燮, 1833~?)은 지경비(池景泌)의 외손자다. 본관은

---

18) 지일승(池日昇, 1729~?)과 지일빈(池日賓, 1729~?)은 쌍둥이 형제로 일승이 형이다. 형은 영조 29년(1753년) 계유식에, 동생 일빈은 이듬해인 영조 30년(1754년) 갑술증에 합격했다. 동생의 당시 관력은 현감(縣監) 군자감주부(軍資監主簿)였다.

철원(鐵原), 자는 경흠(景欽)이다. 고종 1년 갑자식(甲子式, 1864년)으로 명과학에 입문했다. 아버지는 최상즙(崔尙楫)으로 명과학·지리학 양과를 겸했고 교수 판관을 지냈다. 단자(單子)에는 조부·증조부, 외조, 처부·증부·증조까지 가계를 적고 있다.

여기서 주목되는 것이 관리임용에서19) 필요한 사조단자(四祖單子)가 바뀌었다는 사실이다. 사조(四祖)는 부·조·증조·외조를 말한다. 그런데 처가의 3조까지 확대된 것이다. 고종 이후의 관리임용제도의 변화로 생각된다. 사조단자와 함께 보거단자(保擧單子)가 있었다. 인물의 천거나 과거시험에서 지원자의 신원을 보증하기 위하여 보증인의 관직·성명 따위를 적은 단자를 말한다. 보증인은 보거주(保擧主)·거주(擧主)·천주(薦主)라고도 했다.20) 명과학에 지원할 경우 2명의 보거인이 필요한데, 1명은 명과학의 관리 중 판관 이상의 직을 가져야 했다.

지일항(池日恒) 일가는 4대를 거쳐 명과학에 입문하고 있다.

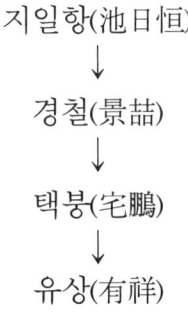

---

19) 조선시대에 관리를 임용하거나 법령을 제정할 때 대간(臺諫)의 심사·동의를 거치는 제도를 서경(署經)이라고 한다. 대간은 대관(臺官)과 간관(諫官)을 합하여 부르는데 각각 사헌부와 사간원에 속해 있었다. 비록 임금이 재가하였다고 하더라도 후보자의 사조단자를 검토한 대간이 동의하여 임명장에 서명을 해야만 비로소 관직에 취임할 수 있었다.
20) 과거 응시자나 천거 지원자의 신분·자격에 문제가 발견되면 보거인(保擧人)도 연대책임을 지도록 되어 있다.

지경철(池景喆, 1753~?)은 지일항의 아들이다. 영조 49년(1773년) 계사증(癸巳增). 당시 본인 관력은 겸교수(兼敎授) 와서별제(瓦署別提) 구임(久任) 감목관(監牧官) 현감(縣監) 영부사과(永付司果)였다. 아버지 지일항의 관력은 동지(同知)였다.

지택붕(池宅鵬, 1781~?)은 지일항의 손자이며 경철의 아들이다. 순조 3년(1803년) 계해증(癸亥增)으로 명과학에 발을 들여놓았다. 당시 본인의 관력은 훈도(訓導) 겸교수(兼敎授) 정(正)이었다. 단자에 외가가 빠지고 처가의 사조가 들어간 것도 특기할 일이다. 외가를 소개하기가 어려운 사정이 있다기보다는 해당 학과와 관련이 없기 때문이 아닌가 여겨진다. 지택붕의 처가 사조는 모두 해당 학과와 관련이 있기 때문이다.

지유상(池有祥, 1803~?)은 지일항의 현손이고 지택붕의 아들이다. 순조 28년(1828년) 무자식(戊子式)으로 명과학에 입문했다.

또 다른 지경인(池景仁) 가계가 있다.

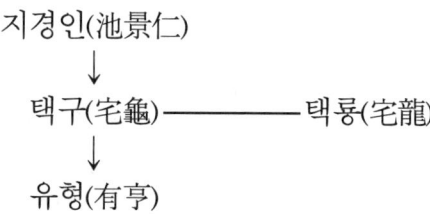

지택구池宅龜(1780~?)는 지경인의 아들이다. 순조 3년(1803년) 계해증시(癸亥增試)로 명과학에 입문했다. 당시 본인의 관력은 겸교수 전옥서주부(典獄署主簿) 찰방(察訪)이었다. 아버지 지경인의 관력은 사과(司果)였다.

지택룡(池宅龍, 1788~?)은 지경인의 아들이고 택구의 동생이다. 순조 5년(1805년) 을축증시(乙丑增試)로 명과학에 입문했다. 당시 관력은 판관(判官)이었다.

지유형(池有亨, 1813~?)은 지경인의 손자이고 원래 택룡의 아들인데 택구의 집으로 양자를 갔다. 순조 34년(1834) 갑오식년(甲午式年)으로 명과학에 입문했다.

이 밖에도 지유달(池有達)21)—응호(應浩), 지유형(池有亨)—응수(應洙)—인석(麟錫)의 두 가계도 고종 19년(1882년) 임오증시(壬午增試)로 나란히 명과학에 입문하고 있다.

이상은 충주 지씨 몇 집의 가계가 명과학에 입문한 본보기다.22) 이런 과정을 볼 때 영조 이후의 잡과, 즉 기능직에는 가승(家乘)적인 전통을 짐작할 수 있다. 오늘날의 입장으로 보더라도 전문직종이 어떻게 전승되고 있는지 참고할 만하다. 다만 한 가지 아쉬운 것은 이들 가문들이 왜 이러한 사실을 드러내놓고 당당하게 주장하지 않을까 하는 아쉬움이다. 근래의 지창룡(池昌龍)이란 지사(地師)가 있었다. 그는 몇 백 년의 가업을 이은 사람이라고 해도 좋을 것이다. 이러한 분은 문화재로 지정하여 인정하는 것도 좋았을 것이라 생각되기도 한다.

---

21) 지응호의 생부는 지유순(池有淳)이었는데 양자로 갔다.
22) 이들 지씨 이외에도 몇몇 성씨가 있다. 그러나 지씨만큼 두드러지지 않기 때문에 보기로 들지 않았을 뿐이다.

⟨참고 문헌⟩

- 《경국대전(經國大典)》
- 《국조오례의(國朝五禮儀)》
- 《대전회통(大典會通)》
- 《증보문헌비고(增補文獻備考)》
- 구중회, 《경칙문화와 역사》(민속원, 2009)
- 계선림(季羨林), 《돈황학사전》(상해사서출판사, 1997)
- 성주덕(成周德), 《서운관지》 1818.
- 충주지씨대종회, 《충주지씨대종보》
- 이익, 《성호사설(星湖僿說)》

제3편 연구동향과 향후 과제

제14장 국내 연구동향 / 조규문
제15장 역학연구와 현대적 동향 / 김연재
제16장 현대명리학의 과제와 희망 / 정종호

제14장 국내 연구동향*

조규문
―대전대, 경기대학교 강사―

차 례

요약 · 367
1. 들어가는 글 · 367
2. 명리의 의미
   1) 명(命)의 개념 · 369
   2) 명리의 개념 · 370
3. 국내 연구현황
   1) 조선시대 명과학 상황에 대한 이해 · 373
   2) 현대 명리 연구현황 · 377
4. 나오는 글 · 380

---

* 이 글은 필자의 학위논문 내용 중에서 일부분을 수정 보완한 것을 바탕으로 전개한 것이다.

요 약

　명리는 사람의 운명에 대해 미래에 일어날 피흉추길(避凶趨吉)에 대한 판단과 예측을 통해, 그 사람에게 보다 낳은 미래가 될 수 있도록 상담을 해주는 학문을 말한다. 현대사회에서는 명리가 하나의 사회문화로서 자리를 잡고 있다. 실제 명리학을 포함한 술수학으로 역술업에 종사하는 사람들의 수가 수만 명에서 수십만 명에 이르고 있다.[1] 그리고 상당수의 사람들은 자신의 미래에 대한 결정에 있어 명리학자에게 자문을 구하고 있는 실정이다. 이에 명리에 대한 부정적인 시각에서 벗어나 사회문화 현상으로 연구하려는 태도가 절실한 상황인데, 근래에 들어 제도권을 포함한 사회의 일각에서도 명리를 연구하려는 움직임이 생겨나고 있다. 이 같은 현상에 부응하여 잘못된 것은 고치고 맞지 않는 것은 정리하고, 옳고 유익한 것은 더욱 연구 발전시켜 사회에서 유익한 학문이 되도록 각고의 노력을 기울여야 할 것이다.

　　주제어 : 명(命)・명리(命理)・역리(易理)・술수(術數)・명과학(命課學)

---

[1]《중앙일보》2004년 1월 16일자 사단법인 한국역술인협회 인터뷰 기사 내용에 의하면, 역술인의 숫자를 10만 명에서 30만 명 정도로 추정하고 있다.

1. 들어가는 글

　명리학은 이 세상에서 「지금」 「여기」를 살아가고 있는 인간의 명(命)을, 음양오행이론을 통해 헤아리고 파악하는 학문이다. 명리는 인간의 사후세계가 아니라 현실을 대상으로 삶의 행복을 추구하기 위한 것이다. 이것은 명리가 현실적이고 인본주의적 성격을 띤다는 것을 알게 해준다.
　오늘날 운명[2]을 예측하는 술수[3]학 중에서는 명리학이 대표적인 성격을 띠고 있다. 그동안 명리가 존재해 왔던 세월은 참으로 길다고 할 수 있다. 명리는 오랜 세월 우리 사회에서 부정적인 요소도 있었지만, 긍정적인 면도 있었기에 소멸되지 않고 그 생명력을 유지해 왔다. 실제로 사회 속에서 명리나 명리학자의 역할이 상당하게 작용하고 있다고 할 수 있다. 그러나 명리가 우리 생활에 많은 영향을 주고 있는 데 비해서, 이 분야에 대한 체계적이고 깊이 있는 연구가 국내에서는 거의 이루어지지 않았던 것이 현실이다. 왜냐하면 이 분야에 대한 체계적이고 종합적인 연구에는 다음과 같은 몇 가지 어려움이 있었기 때문이다.
　그 이유는 첫째, 자료가 체계적으로 정리되어 있지 못하다. 오랜 세월 동안 명리가 존재해 왔지만, 사회적으로 곱지 않은 인식

---

[2] 운명이란 인간을 포함한 우주의 일체(一切)를 지배하는 필연적이고 초인간적인 힘이나 그 힘에 의하여 신상에 닥치는 길흉화복을 말한다. 또는 인생에서 삶과 죽음, 건강과 질병, 부귀와 빈천, 성공과 실패, 기쁨과 슬픔 등 인간의 삶에서 일어나는 모든 것을 말한다.
[3] 음양(陰陽)·복서(卜筮) 따위로 길흉을 점치는 방법을 말한다. 점(占)은 팔괘·육효·오행 따위를 살펴 과거를 알아맞히거나, 앞날의 운수·길흉 따위를 미리 판단하는 일을 말한다.

과 풍토가 조성되었다. 이에 겉으로 드러내 놓지 못하고 음성적으로 이어져 내려왔기에, 그 학문적 체계가 확립되지 못했다. 더구나 대한제국 말 즉, 1900년대 초부터 현대에 이르기까지 근 100여 년의 세월은 명리에 관한 학문적 차원에서는 암흑기였다고 볼 수 있다.

둘째, 과거부터 많은 사람들이 나름대로 명리에 대해 연구하고 있으며, 거기에 대한 각자의 이론들이 다양하지만 서로의 이론들이 단편적으로 존재해 왔다. 사회적으로 제도권에서 인정받아 학문적 체계 속에서 연구된 것이 아니고, 사제지간에 비법의 전수라는 형태로 학문이 이어져 내려온 결과이기 때문이다.

셋째, 기존의 명리 고서(古書)에 나와 있는 명리이론들을 해석하는 방법에 있어, 현대라는 시대적인 상황이나 문화적인 상황에는 맞지 않는 것이 있다. 그 결과 해석상의 난해함으로 인하여 그 뜻이 제대로 전달되지 못한 측면도 있다. 따라서 현대적 시점에서 그 해석상에 있어 문제점들도 연구되어 개선되어야 한다.

앞에서 거론된 어려운 여건에서도 기존의 명리학자들에 의한 명리 연구들을 보면 나름대로 성과를 거두었다. 그러나 기존의 명리 연구가 이론이 아닌 술(術)을 중심으로 이루어진 점이 없지 않다. 다시 말해 단지 숲만 보고, 그 숲을 구성하고 있는 본질적인 요소에 대해서는 보지 않았던 측면이 있다. 명리라는 커다란 숲에는 그 숲을 구성하고 있는 근간인 십간과 십이지, 그리고 음양과 오행이 있다. 또 간지와 음양오행의 이론적 바탕이 된 천문(天文)도 함께 연구되어야 한다. 명리를 연구하기 위해서는 먼저 이러한 것들이 선행되어 연구되어야 한다.

2. 명리의 의미

1) 명(命)의 개념

명리는 명(命)을 다루는 학문이다. 그런데 명의 개념을 한 마디로 정의하기는 어려운 문제다.「命」자에는 두 가지 의미가 있다. 하나는 명령을「내린다」는 의미이고 또 하나는「한정시킨다」는 의미이다.[4] 고대 중국의 가장 오래된 자전을 보면, 命이라는 문자의 의미를「시키다(使)」라고 하면서, 口자와 令자가 합한 형성문자로 되어 있다.[5] 이것에 의하면 命이란 사람에게 시키는 것인데, 입으로 명령한다는 뜻이다. 현대 한자사전에 있는 命은 신의 계시나 높은 사람의 명령으로 옛날엔 그 뜻도「令」이라고만 써서 나타내었으나, 나중에 입으로 전함을 명백히 하기 위하여「命」이라고 쓰게 되었다고 한다.

한편 후한(後漢) 반고(班固)의《백호통의(白虎通義)》[6]를 보면 명을 "사람의 목숨이다. 천(天)이 명령해서 살도록 시킨 것이다."[7]라고 말하고 있다. 그리고 명은 주자에 의하면 하늘로부터 부여받은 것이 된다.[8]

앞의 내용을 정리해 보면, 명이란 인간이 하늘로부터 부여받

---

4) 노사광(勞思光),《新編中國哲學史》(一) (臺灣 三民書局, 2005), 94쪽. "「命」觀念在古代中國思想中, 有兩種意義. 一指出令, 一指限定."
5) 허신(許愼),《설문해자(說文解字)》(北京 中華書局出版, 1996), 32쪽.
6) 중국 후한 때 반고가 편찬한 경서(經書).
7) 진립(陳立, 淸나라) 撰,《백호통소증상(白虎通疏證上)》(上)「性情」(北京 中華書局, 1997), 391쪽. "命者, 何謂也? 人之壽也. 天命已使生者也."
8)《周易》〈乾卦〉「象辭」朱子 註 "物所受爲性 天所賦爲命."

은 한정된 목숨이며, 그 명에는 절대자가 시킨, 그렇게 할 수밖에 없는 명령이 내포되어 있다.

2) 명리의 개념

중국에서는 명리를 산명술(算命術)이라고 하며 운명을 파악하는 모든 방법을 술수(術數)라고도 한다. 또 우리나라에서는 명리를 포함한 술수를 역리(易理)라고도 한다. 그러므로 명리는 역술(曆術：易術)과 술수에 포함된다고 할 수 있다. 이에 반해 점(占)은 징조·탁선(託宣)9)·예언·관상 등의 방법으로 초인간적인 존재와의 접촉에 의하여 미지의 과거·현재·미래의 사물에 관한 지식을 얻은 과정을 말한다.

명리는 크게 보아 점이라는 범위에 포함되기는 하지만 신이라는 초인간적인 매체를 통하는 것이 아닌, 자연의 법칙을 통한 역법(曆法)을 바탕으로 하여 간지(干支)와 음양오행으로 사람의 길·흉·화·복을 예측하는 것을 그 목표로 삼는다. 따라서 점복과 명리는 미래에 대한 각종 예측과 판단이라는 점에서는 같지만, 점복과 명리의 학문적 체계나 실행 과정은 서로 상당 부분 차이가 있다.

---

9) 어떤 사람에게 神이 내리거나 꿈에 나타나 神의 뜻을 알리는 일, 또는 그런 계시를 말한다.

제14장 국내 연구동향 371

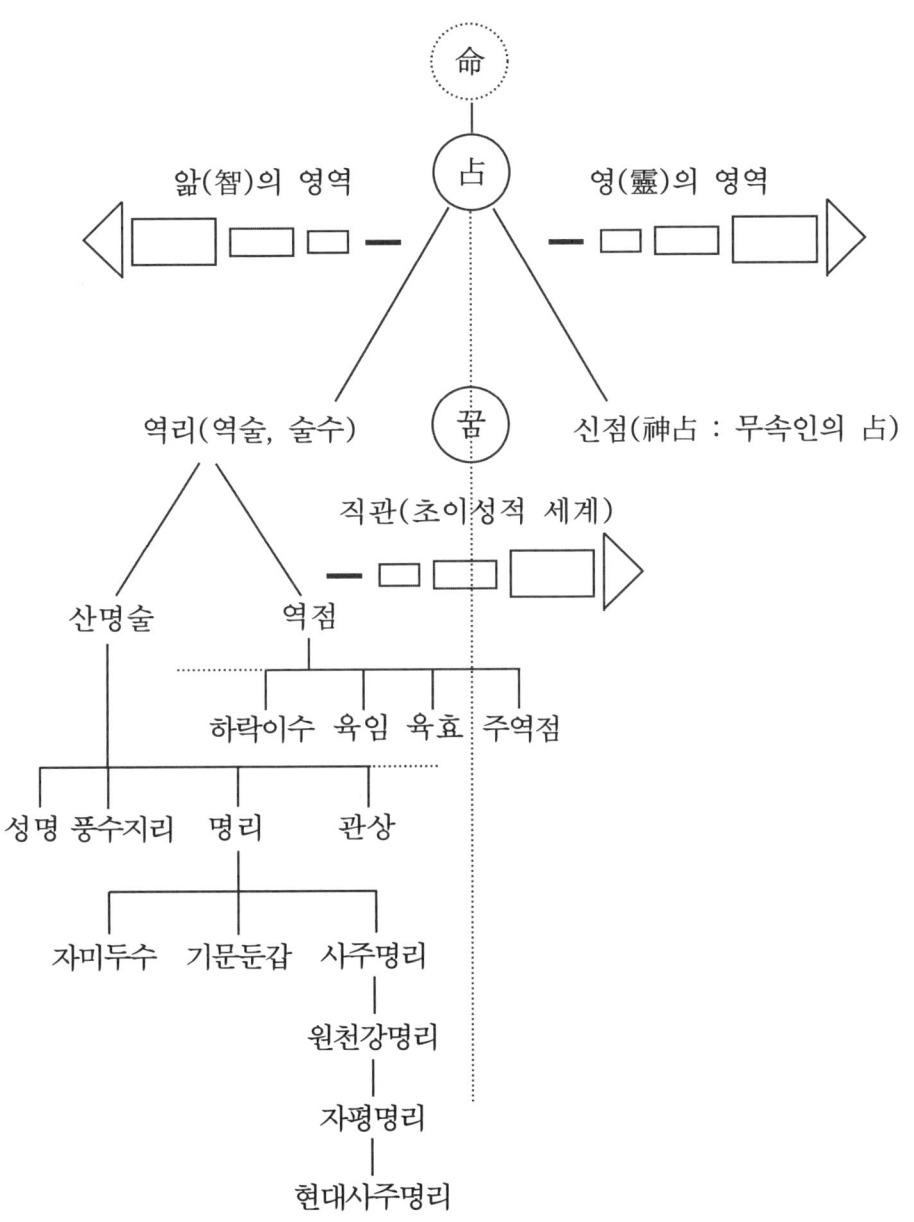

〈명리 계통도〉

「명(命)」이라는 단어의 사전적 의미는 「목숨」이라고 나와 있다. 그리고 「명리(命理)」의 사전적 의미는 '하늘에서 주어진 명과 자연의 법칙'이라 나와 있다. 명리는 「명」(命)자와 「리(理)」 자가 결합된 단어이기도 하다. 그러므로 명리는 '명에 대한 이치'로서, 사람의 목숨과 자연과의 관계에 대한 이치다. 《적천수천미(滴天髓闡微)》에 나와 있는 말을 통해 명리라는 뜻을 좀더 분명하게 알 수가 있다.

"이(理)로써 명(命)을 정(定)하는 것은, 간단한 것으로 복잡한 것을 제어하는 것이기에, 하늘에 순응하는 바른 것이다."10)

여기서 보면 명리는 명을 규정하는 정당한 조리로서 하늘에 순응하는 것이다. 사람의 목숨이 붙어 있는 기간, 즉 사람이 살아가는 동안에 인간에게 주어지는 모든 조건들에 대해 하늘에 순응하는 것이 명리다. 하지만 무조건적인 순응이 아니다. 《적천수천미》에 "이(理)에 순종하여 그 명(命)을 평안하게 하고자 할 따름이다."11)라고 하며, 명을 평안하게 하는 피흉추길과 사람답게 사는 덕성을 발휘하는 이치에 따라야 함을 말하고 있다.

앞의 내용들을 정리해 보면, 인간이 살아가는 동안 그 사람의 인생과 자연의 법칙에 대한 개별적 또는 인간 대 인간, 인간 대 사회, 인간 대 자연의 상호관계에서 일어나는 모든 일에 대한 길흉화복의 예측과 그에 대한 피흉추길의 방법을 모색하여 행복한 삶을 살아가고자 하는 것이 명리라 할 수 있다.

---

10) 任鐵樵 評註, 《滴天髓闡微》 (臺灣 武陵出版有限公司, 1999), 7쪽. "以理定命者 所謂以簡御繁 固爲順天之正."
11) 任鐵樵 評註, 앞의 책 7쪽 "循其理 以安其命而已."

3. 국내 연구현황

1) 조선시대 명과학 상황에 대한 이해

조선조의 여러 사서 기록들을 통해 명과학에 대한 실태를 어느 정도는 파악해 볼 수 있다. 현대 명리학은 조선조 명리학의 연장선상에 있기에, 조선시대의 명과학에 대한 상황을 고찰해 보는 일은, 현대 명리학의 연구에 있어 매우 의미있는 일이 될 수 있다.

명과학은 성명(星命) · 복과(卜課)에 관하여 연구하는 학문이다. 《조선왕조실록(朝鮮王朝實錄)》에는 이를 "육전(六典)에는 천문 · 지리 · 성명 · 복과를 총칭하여 음양학이라 하였다."[12]라고 말하고 있다. 이 경우 성명 · 복과 등을 연구하는 학문이란 오늘날의 명리학을 의미한다. 명리학의 원래 이름은 음양학이었는데, 세조 12년(1466)에 음양학(陰陽學)을 명과학(命課學)으로 이름을 고쳐서 훈도 둘을 두었다.[13] 명과학은 관상감에 속해 있었고 관상감은 예조에 속해 있었다.[14] 관상감도 조선조 초에는 고려의 제도를 따라 서운관(書雲觀)이라 하였다가 세종 27년(1445) 이후에 관상감으로 개칭했다.

조선시대 잡과에는 역과(譯科) · 의과(醫科) · 음양과(陰陽科) · 율과(律科) 네 종류가 있었다. 음양과에는 천문학 · 지리학 · 명과

---

12) 《조선왕조실록》 세종 20년 10월 22일. 議政府啓 "六典, 以天文地理星命卜課, 摠稱陰陽學."
13) 《조선왕조실록》 세조 12년 1월 15일. "陰陽學改稱命課學, 置訓導二."
14) 성주덕 편저 / 이면우 · 허윤섭 · 박권수 역주, 《서운관지》 (소명출판사, 2003), 23쪽 참조.

학이 있었다.《경국대전》에, "음양과의 천문학은 천문학생도 이외에는 응시할 수 없다."15)고 하여 전문성을 중요시했던 것으로 보이는데, 명과학도 마찬가지였을 것으로 여겨진다.

과거시험은 고려 광종(光宗) 9년에 과거를 설치하여 실행하였는데 이때 복(卜)업도 뽑았다.16) 조선조에는 태조 원년 때부터 과거의 항목에 음양과가 있었다.17) 식년시(式年試)18)와 증광시(增廣試)19)에 음양과 초시(初試)20)를 설치하여 실행하였다.《서운관지(書雲觀志)》에 의하면 초시에 명과학에서는 8명을 뽑았고 복시에서는 4명을 뽑았다. 하지만《조선왕조실록》을 보면 역대 왕에 따라 선출 인원이 일정치가 않은 것으로 보아, 당시 사정에 맞추어 인재를 뽑았던 것 같다. 이 밖에도 중인 기술관서에서 정기적 또는 부정기적으로 시행하던 시험으로, 국가자격시험인 과거와는 성격이 다른 취재(取才)를 통해 인재를 선발하기도 했다.21)

명과학의 시험과목과 그 교재는《원천강(袁天綱)》,《서자평(徐子平)》,《응천가(應天歌)》,《범위수(範圍數)》,《극택통서(剋擇通書)》,《경국대전(經國大典)》이었다.22) 그런데《조선왕

---

15)《經國大典》(卷3)〈禮典〉諸科 "陰陽科天文學則本學生徒外勿許赴."
16) 성주덕 편저 / 이면우 외 역주, 앞의 책 47~48쪽 참조.
17) 李成茂,〈朝鮮後期 雜科入格者의 社會的 地位〉,《韓日近世社會의 政治와 文化》(第2次 韓・日合同學術會議), 韓日文化交流基金, 1987), 14쪽.
18) 조선시대에 정기적으로 보던 시험으로 3년에 한 번씩 보았다.
19) 조선시대에 나라에 큰 경사가 있을 때 실시하던 임시 부정기 과거시험이다.
20) 조선시대에 과거의 첫 시험이다. 초시를 합격해야 두 번째 시험인 복시에 응할 수 있었다.
21) 성주덕 편저 / 이면우 외 역주, 앞의 책 56~57쪽 참조.
22)《經國大典》(卷3)〈禮典〉諸科. "袁天綱背講徐子平應天歌範圍數剋擇通

조실록》,《승정원일기(承政院日記)》등을 보면 명과학의 교재는 그 당시 상황에 따라 유동이 있었으며,《원천강》은 자주 거론되고 있다. 명과학의 훈도는 세조 때는 2명이었는데 정조 이후로는 1명이었고 임기는 30개월이었다. 그리고 생도 정원은 10명이었으나 그때그때 사정에 따라 인원수에는 변동이 있었다. 명과학에 근무하는 자는 일관(日官)이라 하였는데, 정조 15년(1791) 이후로는 추길(諏吉)이라 하고 근무하는 곳을 추길청(諏吉廳)이라 하였다.

잡과는 태조 6년(1397년)부터 고종 31년(1894년)까지 전체 233회가 실시되었다.23) 조선시대 후기로 오면서 명과학에서 뽑은 인원은 늘어나고 있다. 숙종 39년(1713년)부터 고종 11년(1874년)까지 161년 동안 식년시는 58회, 증광시는 28회 실시되었고, 음양과 입격자 수는 총 673명이었다.24) 이를 보면 매년 통상적으로 평균 4명 정도를 뽑았다. 조선 후기 잡과 입격자들에 대한 연구를 보면, 명과학 입격자는 최고의 관직이 정3품 당하관(堂下官)까지 올라갈 수 있었는데,25) 실제 음양과 입격자의 최고 관직은 정2품까지 올라간 것으로 되어 있다.26) 그러나 7품 이하의 참하관(參下官)이 대략 90퍼센트 이상을 차지한다.27)

그리고 음양과 입격자 배출은 소수 집안 출신으로 이루어졌

書經國大典臨文."
23) 李南姬,《朝鮮時代 雜科入格者 硏究》(韓國精神文化硏究院, 1997), 24쪽.
24) 李成茂,〈朝鮮後期 雜科入格者의 社會的 地位〉,〈韓日近世社會의 政治와 文化〉(第2次 韓·日合同學術會議, 韓日文化交流基金, 1987), 15~16쪽 참조.
25) 李成茂, 앞의 책 25~26쪽 참조.
26) 李南姬, 앞의 책 88쪽.
27) 李南姬, 앞의 책 52쪽.

다.28) 이는 전문성을 필요로 하는 직업이기에 가내의 전통이라는 특수성에 의한 것으로 보이며, 또한 같은 과의 유력 집안과 통혼한 것으로 조사되고 있다.29) 이들의 약 76퍼센트가 서울에 거주한 것으로 조사되고 있으며30) 중인계급으로 살아갔다.

하지만 명과학제도에 대해 긍정적인 것만은 아니었다. 명과학에 대한 부정적인 시각과 함께 명과학을 폐지해야 한다는 의견도 있었다. 일례로 조선 후기 실학자 정약용은 《경세유표(經世遺表)》에서 명과학에 대한 부정적인 입장과 명과학의 폐지를 언급하고 있다.

"지금 관청을 설치하여 직무를 분담하면서 지리학과 명과학을 두는 것은 옳은 제도가 아니다. 그러므로 나는 생각하기를, 지리학과 명과학은 지금부터 철폐하고 다시는 선발하지 않아야 한다."고 말했다.31)

정약용은 국가에 명과학을 두는 제도는 옳지 않다고 비판을 하면서 철폐할 것을 주장하고 있다. 이와 같이 조선조나 오늘날이나 명리학에 대한 사회적인 시각은 대체로 긍정과 부정의 양면성을 갖고 있으며 그 역사는 매우 오래 된 것 같다. 그런 면에서는 과거나 현대나 명리학에 대한 올바른 인식과 끝없는 학술적인 연구를 통해서, 명리학이 사회에서 필요로 하는 학문이 되

---

28) 李南姬, 《朝鮮時代 雜科入格者 硏究》(韓國精神文化硏究院, 1997), 119쪽.
29) 李南姬, 앞의 책 133쪽.
30) 李南姬, 앞의 책 75쪽.
31) 丁若鏞, 《經世遺表》(卷一)〈天官吏曹〉(治官之屬) "今設官分職爲置地理學命課學非制也臣謂地理學命課學自今停罷不復選."

도록 노력해야 하는 것이 명리학의 상황이며 가야 할 길이다.

2) 현대 명리 연구현황

이 분야에서 선행된 연구는 다른 분야에 비해 적은 편이다. 명리이론은 십간과 십이지, 음양과 오행, 천문학 등을 바탕으로 하고 있으며, 고대 중국의 사회와 문화나 사상 등을 병행하여 연구해야 하기에 복잡하고 다양해서 쉽게 접근하기 어렵다. 그런 가운데 오늘날에 와서는 학계의 일부에서 연구되는 풍토가 조성되고 있어 다행이다.

2009년 7월 현재까지 〈국립중앙학위논문도서관〉에 있는 자료 수집에 의하면, 이 분야에 대한 논문으로서는 박사학위 논문은 6편 정도 있을 뿐이고, 석사학위 논문은 대략 46편 정도로 주로 석사학위 논문들이 주류를 이루고 있다.32) 국내에서 명리를 연구한 박사학위 논문으로는 〈命理學의 淵源과 理論體系에 관한 硏究〉33)와 〈性格特性의 豫測을 위한 四柱命理學에 관한 硏究〉34), 〈장기별 중증질환증상의 발현과 명리학적 분류에 관한 연구〉35) 등이 있다.

첫째, 〈命理學의 淵源과 理論體系에 관한 硏究〉 논문이다. 이 논문에서는 포괄적으로 사주명리학을 다루었기에 사주명리학에

---

32) 〈국립중앙학위도서관〉에서 「명리」라는 단어로 검색하였을 경우에 한한다. 그러므로 여기서는 관상・기문둔갑・육임・주역・풍수지리 등은 제외된다.
33) 沈揆喆, 〈命理學의 淵源과 理論體系에 관한 硏究〉(한국학대학원 박사학위 논문, 2002)
34) 鄭國鎔, 〈性格特性의 豫測을 위한 四柱命理學에 관한 硏究〉(동의대학교 박사학위논문, 2003)
35) 정창근, 〈장기별 중증질환증상의 발현과 명리학적 분류에 관한 연구〉(한양대학교 박사학위논문, 2003)

대한 전반적 이론의 정립에 도움이 될 것으로 보인다. 또한 명리학사에 대한 정리는 나름대로 심혈을 기울인 면모가 보이며, 논문 전편에 걸쳐 돋보이는 부분이라 할 수 있다. 사주명리의 비조가 당(唐) 말기의 이허중(李虛仲, 762~813)36)이나 오대(五代) 말기 송(宋) 초기의 서자평(徐子平)37)이라는 기존의 입장을 바꾸어 당 초기의 원천강(袁天綱)38)이라고 본 견해는 사주명리의 기원을 새롭게 이끌어낸 부분이다.

그러나 간지가 천황씨에 의해 만들어졌다든지, 황제 때 하늘에서 하강하였다는 천강기원설을 주장하는 것은 다분히 신화적인 요소에 근거하였다고 본다. 하지만《후한서(後漢書)》라는 역사책에 보면 황제의 명을 받아 그의 스승인 대요가 만든 것으로 되어 있다. 따라서 간지의 기원에 대해서는 고대 사주명리서나 신화적인 내용을 따르기보다는 역사서의 내용을 수용하는 것이 바람직하다고 생각한다. 그렇다고 해도 열악한 국내 명리의 연구실적에 비해서 그의 논문은 명리를 연구하는 학자들에게 새로

---

36) 중국 당대의 인물. 자는 상용(常用), 벼슬은 원화(元和) 원년에 전중시어사(殿中侍御史)가 되었다. 한유(韓愈)가 묘비를 지어 주었다. "사람의 년·월·일·시에 상당하는 日干支로 壽·夭·貴·賤을 헤아리되 백에 하나라도 맞지 않는 사람이 없었다."고 칭찬함. 세상에 전하는 《이허중명서(李虛仲命書)》 3권은 귀곡자(鬼谷子) 찬(撰) 이허중 주라고 한다.

37) 袁樹珊,《命理探原》(대만 武陵出版有限公社, 2000), 270쪽 참조. 오대 말에서 송대 초 사람이다. 본명은 서거이(徐居易), 호는 자평(子平)이다. 당(唐)대의 생년 위주로 판단하던 사주법을 일간 위주로 하는 사주법으로 만들었다.

38)《中文大辭典》(제8책) (臺北 中國文化大學出版部, 中華民國 71년), 1,358쪽. "수말(隋末) 당초(唐初)의 익주(益州) 성도인(成都人). 본명은 수성(守成). 수나라 양제(煬帝) 때 자관현령(資官縣令)이었다."《구당서(舊唐書)》(권 191),〈列傳〉(臺灣中華書局) 참고.《신당서(新唐書)》(권 204),〈列傳〉(臺灣中華書局) 참고.

운 길을 열어주었다는 데 무게를 실어줄 수 있다.

둘째, 〈性格特性의 豫測을 위한 四柱命理學에 관한 硏究〉논문이다. 이 학위논문의 연구자는 경영학 전공자이다. 성공적인 경영을 위해서는 조직행위이론에 있어서 조직구성원 행동이 중요하며, 그 구성원의 행동이 발현되는 출처는 마음이라는 것에 역점을 두고서 연구하였다. 사주명리는 사회·정치·예술·의학·경영·군사·건축 등 모든 분야에 적용될 수 있는 학문이다. 이런 관점에서 보면 위의 논문은 사주명리학이 여러 학계와 연계되어 발전할 수 있다는 사실을 입증했다는 점에서 우수하다. 하지만 통계자료를 중심으로 한 논문들이 이론적 취약점을 갖고 있듯이, 이 논문도 이론적 연구가 미약했다는 생각을 갖게 된다. 따라서 이 논문은 사주명리를 구성하고 있는 기본적인 요소들과 사주명리 그 자체의 연구가 아니라 자신의 전공에 사주명리를 응용한 연구로 보일 수 있다.

셋째, 정창근의 〈장기별 중증질환증상의 발현과 명리학적 분류에 관한 연구〉 논문이다. 이 논문도 앞의 논문과 비슷한 성격을 띠고 있다. 산업의학과 전공자가 건강과 질병을 명리적 입장에서 연구한 논문이다. 명리와 관련된 학과에서의 연구논문은 아니다. 하지만 명리에서는 인간의 건강과 질병이라는 문제를 중요하게 다루고 있다. 이런 관점에서 볼 때 그의 논문은 가치가 있다. 사실 인간의 건강과 명리와의 관계는 도저히 떨어져 연구될 수 없는 것이기 때문이다. 그의 논문이 산업의학이 아닌 명리나 또는 그와 관련된 인접학문 분야에서 연구하여 발표되었다면 더욱 의미있는 논문이 되었을 것으로 생각한다.

넷째, 조규문의 〈天綱 袁守成의 命理思想에 관한 연구〉[39]논

---

39) 조규문, 〈天綱 袁守成 命理思想에 관한 연구〉(대전대학교 박사학위

문이다. 이 논문은 명리와 가장 밀접한 관련이 있는 동양철학 전공에서 나온 학위논문이다. 이것은 당나라 초기 때의 인물인 원천강이 지었다고 전해지고 있는 《원천강》 명리서에 대하여 연구한 내용이다. 《원천강》은 조선조 때 가장 중요시 여겼던 명리서로서 명과학의 교재였으며 잡과 시험과목이었다. 그 내용은 천문과 음양오행 그리고 간지의 이론으로 되어 있다. 그래서 이 부분에 대한 연구가 포괄적으로 다루어지고 있다. 현대의 명리가 조선조 명리의 바탕 위에서 이루어진 것이기에 《원천강》에 대한 연구는 의미 있는 것이라 할 수 있다. 하지만 당시의 사주간명법이나 사주명리에 주로 사용되었던 납음오행, 그리고 신살에 대한 연구가 미흡한 것이 아쉬운 대목으로 남는다.

　이 밖에도 근래에 들어와 제도권에서 사주명리를 비롯한 각종 명리학에 대해 열린 시각으로 바라보고 있기에 과거에 비해 많은 논문들이 나오고 있는 실정이다.[40]

4. 나오는 글

인간은 세상에 태어나면서부터 매순간 낯선 상황들을 맞이하며, 알지 못하는 시간과 공간 속에서 미래를 향해 살아간다. 이러한 인간의 삶에서 사람들은 오랜 옛날부터 화를 피하고 행복한 삶을 영위하기 위한 방편으로 천문을 관측하고 달력을 제작

논문, 2009)
40) 崔成守, 〈四柱命理學에 근거한 건축 공간디자인 方法論 研究〉(國民大學校 建築學科 박사학위논문, 2008), 蘇在鶴, 〈五行과 十干十二支 理論 成立에 관한 研究〉(東方大學院 大學校 未來豫測學科 박사학위논문, 2009) 등이 있다.

하기 시작했으며, 미래를 예측하는 방법을 연구하고 만들었다. 그래서 미래를 예측하는 학문은 인간의 문화로서 역사의 한 부분을 차지해 왔다.41)

고대 중국에서는 운명을 예측하는 술수를 하나의 학문체계로 분류하였다. 《한서(漢書)》〈예문지(藝文志)」를 보면 술수에는 크게 6가지 방법을 사용했던 것으로 보인다. 천문(天文)·역보(歷譜)42)·오행(五行)·시구(蓍龜)43)·잡점(雜占)·형법(形法)44)이 바로 그것이다. 천문은 정치·전쟁·치국은 물론 모든 술수의 기본적인 바탕이 되는 것이었다. 역보는 생활계획을 세우는 달력의 역할은 물론 술수에도 사용되었다. 오행도 정치·의술·술수 등 여러 방면에 사용되었다. 그리고 시구·잡점·형법은 술수로서 생활에 활용되었다.

우리 선조들도 인간의 운명에 대해 끊임없이 깊은 관심을 가져왔다. 조선시대에는 명과학과 과거시험을 통하여 운명에 관련된 학문을 연구하는 기능인들을 관리로 등용하였다.45) 고대에 명리를 포함한 술수학은 본래 제왕을 위한 학문으로, 제왕과 일부 귀족들의 전유물이었다. 그런데 오늘날 술수학은 모든 사람

---

41) 施華,〈古老傳統與新領域-訪勞思光敎授〉(대만 《九十年代月刊》 8월호 1991), 65쪽 참조.
42) 책력을 말한다.
43) 시초점과 거북점을 말한다.
44) 풍수·관상·인상을 말한다.
45) 조선시대뿐만 아니라 《三國史記》를 보면, 이미 고구려에는 국가기관에서 천문과 점성을 담당한 일자(日者)가 있었다. 《三國史記》(卷15)〈高句麗本紀〉3. 次大王 4년 5월 참조. 그리고 《高麗史》를 보면, 고려시대에도 천문과 기후의 변화를 통해 점복과 예언을 실행한 복박사(卜博士)가 사천감이나 태사국의 관료로 일을 하였다. 윤이흠 외, 《고려시대의 종교문화》(서울대학교출판부, 2002), 150~151쪽 참조. 이들은 오늘날 명리학자와 비슷한 일을 했던 것으로 추정된다.

들에게 일반화되었다. 그리고 운명을 예측하는 명리학은 우리 사회문화의 한 형태로 넓고 깊게 자리 잡고 있다. 이는 우리나라 뿐만이 아니다. 전 세계에서 점을 보지 않는 민족은 거의 없다.46)

　인간은 누구나 자신의 운명에 관심을 갖기 마련이다. 명을 알려는 것은 인간의 본능이라 할 수 있다. 이러한 인간의 본능적 생태와 사회문화적 현상을 무가치한 것으로 몰아붙이기보다는, 운명을 예측하는 명리학에 대한 심도 있는 검증과 연구가 이루어져야 한다. 그래서 버릴 것은 버리고 계승·발전시킬 부분은 더욱 연구 발전시켜 사회에 유익한 학문이 되도록 해야 한다.

---

46) 李亦園,《宇宙觀·信仰與民間文化》(臺灣　稱鄉出版社, 1999), 5~6쪽 참조. 중국인들은 운명이나 팔자를 믿고, 점을 치며 풍수를 즐긴다. 운명이나 풍수에 대한 믿음은 지금도 변함이 없는데, 최근 중국인 점술가가 클린턴 전 미국 대통령을 위해 사무실을 타원형으로 풍수에 맞추어 배치해 주었다고 한다.

〈참고문헌〉

- 《朝鮮王朝實錄》
- 《經國大典》
- 《說文解字》
- 《白虎通義》
- 李亦園, 《宇宙觀・信仰與民間文化》(臺灣 稻鄕出版社, 1999)
- 李成茂, 〈朝鮮後期 雜科入格者의 社會的 地位〉, 《韓日近世社會의 政治와 文化》(第2次 韓・日合同學術會議), (韓日文化交流基金, 1987)
- 李南姬, 〈朝鮮時代 雜科入格者 硏究〉(韓國精神文化硏究院, 박사학위논문, 1997)
- 조규문, 〈天綱 袁守成 命理思想에 관한 연구〉(대전대학교, 박사학위논문, 2009)
- 성주덕 편저 / 이면우・허윤섭・박권수 역주 《서운관지》(소명출판사, 2003)
- 任鐵樵 評註, 《滴天髓闡微》(臺灣 武陵出版有限公司, 1999)

제15장 역학연구와 현대적 동향
―역학사(易學史)의 맥락을 중심으로―

김연재
－공주대 대학원 동양학과교수, 하와이대 철학석사, 북경대 철학박사,
국제역학연합회 부비서장, 한국주역학회 연구이사－

차 례

1. 들어가는 말 · 386
2. 《역전》의 체제와 그 의의 · 387
3. 상수학(象數學)과 의리학(義理學)의 분파 · 392
4. 역학의 생활문화 3대 분야 : 점서 · 명리 · 풍수 · 396
5. 《주역》의 사유방식과 그 현대성 · 399
6. 역학연구의 현대적 동향 · 403
7. 나오는 말 · 405

1. 들어가는 말

《주역》은 이른바 점술과 관련된 책이다. 이 책이 동아시아 지역에서 사상과 문화의 원류이자 원천이 되어 온 까닭은 무엇 때문인가? 이는 아마 점술 속에 담긴 현실인식과 그에 따른 삶의 체험에 있을 것이다. 《주역》은 3,000여 년의 유구한 세월을 흘러 내려오면서 우리가 일상생활에서 절실하게 부딪치는 문제들에 대한 해결의 실마리를 찾고자 했다. 이러한 현실인식은 길과 흉, 득과 실 등의 구체적인 이해관계에서 나왔는데, 이러한 현실인식을 통해 인간 삶의 내용과 방향이 달라져왔다. 이러한 의미에서 《주역》에 담긴 세계관과 그와 관련된 생활의 형태, 즉 역학문화는 인간 삶의 총체적인 경험을 담은 지혜의 결실이라고 할 수 있다. 이를 정신문화의 차원에서 보자면, 《주역》과 그것을 이해하는 방식은 우리 생활의 질을 보다 높은 차원으로 끌어올렸으며, 따라서 정신적인 사유 혹은 사고를 한층 더 심화시킬 계기가 되었다.

《주역》에 관한 논의에서는 무엇보다도 그 성격을 규정하는 문제가 중요하다. 역사적으로 볼 때, 《주역》 계열의 학문은 내용상 크게 세 부분으로 나뉜다. 그 원문인 《역경》, 이를 풀이한 《역전》, 그리고 한대(漢代)부터 경문과 전문을 주석해 온 역대의 역학이다. 《역경》이 길흉의 현실적 문제를 예측하려는 점술의 감성적 부분이라면, 《역전》은 《역경》을 재해석해 낸 철리(哲理)의 이성적 부분이다. 그리고 역학은 《주역》 계열에 관한 총체적인 학문을 뜻하는 말로서, 다양한 영역과 분야에서 많은 전문가들이 《주역》의 전문과 경문을 해석하는 과정 중에 성립된 역사적 산물이다. 그것은 인문과학뿐만 아니라 자연과학, 사회과학 등의 광범위한 분야에 걸쳐 응용되고 활용되었다. 즉 천문학·건축학·수학·의학·철학·정치학·사회학·민속학·예술 등의 문화 전반에 영향을 끼쳤다.

이러한 맥락에서 볼 때, 《주역》은 경(經)·전(傳)·학(學)이 공존하는 일련의 지식계통을 구축했고, 역사적으로 학술과 사상의 크나큰 체계를 형성해왔다. 이른바 역학문화라는 것은 《주역》과 관련된 모든 사상과 학문을 포괄적으로 일컫는 말로서, 동아시아 문화권에서 중요한 원류 중의 하나이자 커다란 흐름 중의 하나로 자리 잡아 왔다. 그것은 동아시아의 세계관과 인문주의적 전통을 이해하는 중요한 축을 형성해 왔다.[1]

본 논문에서는 역학사의 흐름 속에서 역학연구, 그 현대적 동향 및 역학문화의 성격과 그에 대한 현대적 재인식의 문제를 개략적으로 서술하고자 한다. 사실 이 내용은 너무 방대하여 좁은 지면에서 다 논의할 수 없으며, 더군다나 그것도 한 사람이 일괄적으로 논술하기란 불가능하다. 그럼에도 불구하고 본 논문에서는 이러한 내용을 개괄함으로써 역학문화의 연구자나 애호가들에게 일말의 도움이 되고자 한다.

2. 《역전》의 체제와 그 의의

《주역》의 원본, 즉 《역경》에 관해 역사적으로나 내용적으로나 다음과 같은 세 가지 커다란 난제가 있다.

---

[1] 주백곤 편, 《易學基礎敎程》 (북경 구주출판사, 2001), 1~4쪽.

첫째, 괘효사에 있는 글자의 뜻을 어떻게 해석할 것인가 하는 문제다.

둘째, 괘상의 논리적 구조 및 그 배열의 순서를 어떻게 이해할 것인가 하는 문제다.

셋째, 괘효상과 괘효사가 어떠한 관계를 지니는가 하는 문제다.

이 가운데서 세 번째 난제가 학술적 논의의 중심이 되어왔다. 이는 아마 그 나머지 두 가지 과제보다 더 포괄적이면서도 가장 철학적인 문제를 내포하고 있기 때문일 것이다. 이 세 가지 과제는 역사적으로 수많은 학자들이나 철학자들에게 학문의 필연적 과업으로 여겨져 왔으며 오늘날에도 계속하여 수많은 논쟁을 불러일으키고 있다.

이러한 난제들을 해결하려는 시도는 제일 먼저《역전》에서 시작되었다. 일반적으로 알려져 있듯이,《역전》은《역경》을 해석한 일종의 주석서다.《역전》에서《역경》을 해석하는 내용 속에 많은 역사적・문화적・사상적・과학적 내용들을 담아 놓았으며 그 속에서 세계를 보는 눈, 즉 세계관의 본령을 마련해 놓았다. 이 세계관은 우주관(宇宙觀)・생명관(生命觀)・인간관(人間觀)・윤리관(倫理觀) 등을 들 수 있다. 이는 인간을 포함한 우주나 자연의 변화 과정에 관한 전일론적(全一論的) 통합적 지평을 보여준다. 이 지평을 단적으로 보여주는 말이「역도(易道)」이다. 이른바「역도」는 일련의 한 쌍의 범주들을 통해 인간을 포함한 모든 삼라만상의 존재론적 강령을 가리킨다. 그것은 모든 존재의 생성과 변화는 음과 양 혹은 강과 유와 같은 정체적(整體的)이고도 통일적인 양상으로 표상될 수 있다는 입장에 기본한다. 이러한 입장에서《역전》은 인간의 존재와 가치를 위한 일련의 인간 삶의 이정표, 즉 천지(天地)의 도(道), 건곤(乾坤)의 도(道), 천인(天人)의 도(道), 인간의 도(道) 등을 제시했다.2)

《역전》에서 《역경》을 해석하는 체제는 《주역》을 철리화(哲理化)하는 방법들 중의 하나로서, 일반적으로 괘효상과 괘효사가 서로 통하는 이치를 탐구하는 것이다. 이는 기본적으로 괘효상과 괘효사의 관계에 논리성이 내재함을 전제로 하면서 《역경》을 해석하는 여러 가지 체제들을 낳았다. 《역전》, 즉 「십익(十翼)」 중에서 특히 〈단전〉과 〈상전〉은 《역경》을 해석하는 데 이러한 방법을 잘 체현하고 있다. 이 두 전문에서는 세 가지 체제, 즉 취상설, 취의설 및 효위설이 나타나 있다. 취상설과 취의설은 춘추시대부터 시작되었는데, 《역전》에서 잘 드러나 있다. 그러나 효위설은 《역전》에서 새롭게 제기한 체제라고 말할 수 있다.3)

첫째, 취상설에서는 팔괘가 상징한 물상, 특히 여덟 가지 부류의 자연현상으로써 괘효상과 괘효사의 관계를 해석했다. 여덟 가지 부류의 자연현상들은 건(乾)은 하늘(天)로, 곤(坤)은 땅(地)으로, 손(巽)은 바람(風)으로, 진(震)은 우레(雷)로, 리(離)는 불(火)로, 감(坎)은 물(水)로, 태(兌)는 연못(澤)으로, 간(艮)은 산(山)으로 이해했다. 이 여덟 가지 부류의 자연현상들은 차츰 그 외연이 확장되었다. 건(乾)은 아버지(父)의 뜻으로, 곤(坤)은 어머니(母)의 뜻으로, 손(巽)은 나무(木)의 뜻으로, 진(震)은 용(龍)의 뜻으로, 리(離)는 태양(日)의 뜻으로, 감(坎)은 구름(雲) 혹은 비(雨)의 뜻으로, 태(兌)는 소녀(少女)의 뜻으로, 간(艮)은 작은 길(徑路)의 뜻으

---

2) 김연재, 〈全一論的 思惟에서 본 《易傳》의 세계관과 人間學的 地形圖〉 (인문연구 53호, 2007) 참조.
3) 이 내용에 관해서는 朱伯崑의 《易學哲學史》 제1권(北京 崑崙出版社, 2005), 24~31쪽 참조.

로 활용되었다. 예를 들어, 준괘(屯卦 : ䷂)의 〈상전〉에서는 "구름과 비는 준이다. 군자는 이로써 경륜한다."4)라고 말한다. 준괘의 괘상에서는 상괘가 진괘(震卦)이고 하괘가 감괘(坎卦)이다. 취상설에 의하면, 진은 우레이고 감은 구름이다. 이 괘는 우레와 구름이 서로 더해지는 형상인데, 요란하게 진동하여 평안하지 못한 상황을 나타낸다. 그러므로 군자는 마땅히 이 괘상의 참뜻을 본받아 천하와 국가를 다스려야 한다. 따라서 《역전》에서는 준괘의 괘사인 "제후를 세우는 것이 이롭다(利建侯)."는 구절을 해석했던 것이다.

둘째, 취의설은 팔괘의 이름의 뜻, 혹은 그 덕행을 취하여 괘효사와 괘효상의 관계에 대한 이치를 해석한 것이다. 팔괘의 덕행에 따르면, 건은 강건함(健)이며, 곤은 유순함(順)이며, 손은 들어감(入)이며, 진은 움직임(動)이며, 리는 화려함(麗)이며, 감은 빠짐(陷)이며, 간은 멈춤(止)이며, 태는 기쁨(悅)이다. 이 여덟 가지 덕행은 또 다른 덕행으로 확장될 수 있다. 예를 들어, 건의 강건함은 강경함(強硬)이 되며, 곤의 유순함은 유화(柔和)가 되며, 감의 빠짐은 위험함(危險)이 되며, 리의 화려함은 빛남(照耀) 혹은 문명(文明)이 되며, 감의 빠짐은 근심(憂)이 되며, 태의 기쁨은 훼손(毀)이 되며, 간의 멈춤은 단단함(堅)으로 확충되었다. 특히 〈단전〉에서 그 경문을 해석하는 데에 이러한 특징을 잘 드러내고 있다. 예를 들어, 〈단전〉에서는 수괘(需卦 : ䷄)를 해석하여 "수는 필요이다. 험난함이 앞에 있다. 강건하여 위험하지 않으니 그 뜻이 곤궁하지 않다."5)라고 말한다. 수괘의 괘상은 상괘가 감괘(坎卦)이고 하괘가 건괘(乾卦)이다. 취의설에 따르면, 감

---

4) 《周易》〈大象傳〉屯卦 "雲雷, 屯, 君子以経綸."
5) 《周易》〈象傳〉需卦 "需, 須也, 險在前也, 剛健而不陷, 其義不困窮矣."

괘는 험난함이고 건괘는 강건함인데, 험난한 지경이 앞길에 기다리고 있음을 함축한다. 그러므로 강건한 덕을 고수하면 곤경에 빠질 수 없으므로 수괘의 괘사에서는 "올바르게 길하여 큰 하천을 건너는 것이 이롭다."6)라고 말한다.

《역전》에서는 취상설과 취의설을 함께 활용한다. 이는 모두 괘상과 괘사 사이에 내재적 연관성을 해결하려는 취지인 것이다. 〈설괘전〉에서 이 두 가지 설을 함께 말하고 있는데, 건괘와 곤괘의 예를 들면 다음과 같이 말한다. "건은 하늘이 되고, 둥근 것이 되고, 군주가 되고, 아버지가 되고, 옥이 되고, 금이 되고, 추위가 되고, 얼음이 되고, 큰 적색이 되고, 좋은 말이 되고, 늙은 말이 되고, 수척한 말이 되고, 나무의 과일이 된다. 곤은 땅이 되고, 어머니가 되고, 삼베가 되고, 가마솥이 되고, 인색함이 되고, 균등함이 되고, 새끼를 많이 기른 어미가 되고, 큰 수레가 되고, 글이 되고, 무리가 되고, 자루가 되며 땅에서는 흑색이 된다."7)

셋째, 효위설은 〈단전〉과 〈소상전〉에서 제시한 체제이다. 이는 한 괘의 효들이 놓여진 위치 및 그 관계의 차이로써 효사의 길흉의 판단언어를 해석했다. 이는 효상과 효사 사이에 내재적 연관의 문제를 해결하려는 취지인 것이다. 이 설에는 몇 가지 견해들이 있다. 즉 당위설(當位說)・중위설(中位說)・응위설(應位說)・승승설(承乘說)・왕래설(往來說)・추시설(趣時說) 등이 있다.8)

---

6) 《周易》需卦 "貞吉, 利涉大川."

7) 《周易》〈說卦傳〉"乾為天, 為圜, 為君, 為父, 為玉, 為金, 為寒, 為冰, 為大赤, 為良馬, 為老馬, 為瘠馬, 為駁馬, 為木果. 坤為地, 為母, 為布, 為釜, 為吝嗇, 為均, 為子母牛, 為大輿, 為文, 為衆, 為柄, 其於地也為黑." 이 내용에 관해서는 高亨의 《周易大傳今註》(山東 齊魯書社, 1988), 621~628쪽 참조.

3. 상수학(象數學)과 의리학(義理學)의 분파

앞에서 서술한 것처럼《주역》에서 괘효상과 괘효사의 상관적 이치를 어떻게 해석하는가 하는 문제가 중요하다. 역사적으로 볼 때, 이러한 해석에 대해 시대마다 혹은 학자마다 각각 입장이 달랐다. 이는 기본적으로 상수의 계통을 선호하는가, 아니면 의리의 계통을 선호하는가 하는 문제이다. 이러한 입장의 차이 때문에 역학을 연구하는 성향이 실제로 다르게 나타났으며, 따라서 그에 따라 여러 학맥들로 나뉘게 되었다. 이는 대체로 두 부류로 나뉠 수 있는데, 이것이 상수학과 의리학이다. 원래《역전》에서《주역》의 경문, 즉《역경》을 해석하는 방식에는 크게 취상설(取象說)·취의설(取義說) 및 효위설(爻位說)로 나뉠 수 있다. 이들 중에서 효위설에 관해 그 두 학맥에서는 별다른 차이를 보이지 않는다. 그러나 취상설과 취의설에 관해서 이 두 학맥은 각각의 입장을 달리하고 있다.

상수학에서는 맹희(孟喜)와 경방(京房)의 역학을 시초로 하여 취상설을 위주로 논하는 반면에, 의리학에서는 백서본(帛書本) 역학에 기초하고 비직(費直)의 역학을 시초로 하여 취의설을 위주로 논한다. 전자는 상(象)과 수(數)의 범주로써《역경》,《역전》및 그 의리(義理)를 해석하는 것을 특징으로 한다. 반면에 후자는《역경》과《역전》의 문장에 담긴 함의(含意)를 해석하는 것을 특징으로 한다. 내용적으로는 전자에서는〈대상전〉의 체제를 중시한 반면 후자에서는〈단전〉의 취의설을 중시했다. 그

---

8) 이 내용에 관해서는 朱伯崑의《易學哲學史》제1권(北京 昆侖出版社, 2005), 62~68쪽 참조.

러므로 자연스레 전자에서는 상수의 문제를 중시하고 후자에서는 의리의 문제를 중시하게 되었다. 그러나 그렇다고 상수학에서 의리의 문제를 논하지 않는 것은 아니며, 또한 의리학에서 상수의 문제를 논하지 않는 것이 아니다. 문제의 관건은 상수와 의리 중에서 어느 것을 제1순위에 놓는가 하는 점이다. 즉 상수로써 역의 이치(易理)를 설명할 것인지, 아니면 의리로써 역의 이치(易理)를 설명할 것인지 하는 것이다.

구체적으로 말해, 상수학에서는 상과 수가 그 밖의 전체 내용을 총괄할 수 있다고 생각한다. 의리학에서는 괘와 효의 의미가 그 밖의 전체 내용을 총괄할 수 있다고 생각한다. 그 쟁점은 점서(占筮)의 체제를 해석하는 방식에서 나온 것이다. 즉《주역》에 의거하여 사태의 길흉을 판단하는 것이 사물의 형상에 의존하는지, 아니면 그 의리에 의존하는지 하는 점이다. 또한 그것이 팔괘에서 취한 사물의 형상에 의존하는 것인지, 아니면 팔괘의 덕성에 의거하여 괘효상, 괘효사 및 점친 상황 사이의 관계를 설명하는 것인지 하는 점이다. 전자가 상수학의 주장인 반면에 후자는 의리학의 주장이다.

예를 들어, 점을 쳐서 건괘(乾卦 : ☰)의 형상을 얻었다면, 여기에서 효에서 최초의 단계는 초구효인데, 그 효사는 "잠긴 용은 활용하지 마라(潛龍勿龍)."이다. 상수학에서는 건괘가 용의 형상을 상징한다고 보고, 초구효는 괘의 시작으로서 용이 잠복한 상태에 있음을 나타낸다. 그러므로 점치는 상황을 용의 부류에 넣고 용이 잠복한 상태에 의거하여 그 상황의 길흉을 판단하는 것이다. 이것이 바로 취상설이다. 이러한 유추의 원칙에 따르면, 특정 사물의 형상에서 또 다른 사물의 형상을 추론하고 이를 개별적 사물에서 유비하는 것이다.

의리학에서는 건괘의 이름의 글자 뜻을 취하여 건을 강건함으로 생각한다. 강건함은 양의 속성을 지닌 사물의 덕성을 나타내는데, 효사에 있는 용의 형상은 단지 강건한 덕을 표현하는 일종의 형식이다. 초구효사에 의거하여 점치는 일은 그 사물의 형상, 즉 용의 형상에 의존하는 것이 아니라 그 강건한 덕의 함축된 뜻에 의존하는 것이다. 이것이 바로 취의설이다. 이러한 유추의 원칙에 따르면, 하나의 사물의 공통된 속성에 의거하여 개별적 사항의 경향을 추론하는 것이다.

궁극적으로 두 학맥의 논점은 상(象)·수(數)·리(理)의 관계를 설명하는 데 있다. 상수학에서는 그 상이 있어야 그 리가 있을 수 있고 그 수가 있어야 그 상이 있을 수 있다고 주장한다. 의리학에서는 그 리가 있어야 그 상이 있고, 혹은 그 상이 있어야 그 수가 있을 수 있다고 주장한다. 본래 괘의 형상(象)과 그 이치(理)의 관계는 사물의 개체와 그 성질의 관계인데, 이를 사유방식으로 환원하면 유(類) 개념의 외연과 그 내적 함의에 관한 문제라고 할 수 있다. 따라서 상수학은 사물의 외연에 주안점을 둔 반면, 의리학에서는 사물의 내적 함의에 주안점을 두고 있다고 말할 수 있다.

실제로 역학사의 맥락에서 볼 때에도, 상수학과 의리학의 분화는 괘상과 괘사 사이의 논리적 이치에 대한 해석상 차이에 중점을 둔다. 그렇다고 상(象)과 의(義)의 관계를 달리 이해한 것이지 그 중의 어느 한쪽, 즉 상 혹은 의만을 고수하지는 않는다. 상수학에서는 상이 있은 다음에 의가 있다고 본 반면, 의리학에서는 의가 있은 다음에 상이 있다고 본다. 즉 전자가 결코 취의설을 배격한 것이 아니며, 후자도 결코 취상설을 배격한 것이 아니다.

그렇다면 두 학맥의 차이는 그 어느 학맥의 이론이 《역경》의 본래 취지에 합당한가 하는 문제가 아니라 단지 그것을 어떻게 해석할 것인가 하는 문제에 초점이 맞추어져 있다고 할 것이다. 첫째, 상수학에서는 〈상전〉에 있는 취상설에 주목하는 반면 의리학에서는 〈단전〉에 있는 취의설에 주목한다. 또한 전자에서는 〈계사전〉의 "역에는 태극이 있다(易有太極)."는 장의 내용을 해석하는 데 치중하는 반면, 후자에서는 〈계사전〉의 "성인이 상을 세워 뜻을 다한다(聖人立象以盡意)."는 장의 내용을 해석하는 데 치중한다. 전자에서는 개체사물과 그 기능 및 양적 변화에 초점을 맞추는 반면, 후자에서는 사물의 공통의 성질, 본질 및 법칙에 초점을 맞춘다. 따라서 전자에서는 자연과 사회관계를 규명하는 토대인 우주생성론적 사유방식을 중시하는 반면, 후자에서는 천도와 인도를 결합하는 우주의 보편적 법칙, 즉 이른바 형이상학과 본체론을 중시하는 것이라고 말할 수 있다. 이를 주요 내용으로 하는 두 학맥의 차이는 역학사의 흐름에서 논쟁의 중요한 관건이 되었다.9)

구체적으로 말해, 그 역학사의 논쟁은 《주역》과 관련된 개념, 명제 및 범주에 관한 논의에 기초한다. 예를 들어, 태극(太極)·음양(陰陽)·도기(道器)·건곤(乾坤)·신(神)·계선성성(繼善成性)·궁리진성(窮理盡性) 등의 용어들은 도(道)·덕(德)·상(象)·리(理)·기(氣)·성(性)·심(心)·정(情) 등의 개념들과 맞물려 역학의 범주와 그 해석 방식의 중요한 축을 형성했다. 철학사적으로 볼 때, 그것은 본체론적 사유의 단초를 제공했고, 인간을 포함한 세계의 본원, 생성 및 그 변화를 해석하는 관건이 되었다. 여기에는 인간의 존재와 가치에 대한 필연성과 타당성이 담겨있다. 특히 하늘의 도(天道)와 인간의 도(人道) 사이에 「천인합덕

---

9) 朱伯崑 主編,《周易知識通覽》(山東 齊魯書社, 1996), 265~271쪽 참조.

(天人合德)」과 같은 동질성의 원칙이 있다고 보고, 이를 인간이 구현해야 할 보편적 이념으로 삼아 인간의 존재론적 본령과 그 가치론적 강령을 찾으려 했다. 이것이 바로 동아시아의 보편적 이념인「천인(天人)의 도(道)」혹은「천인합일(天人合一)」명제의 취지인 것이다.10)

4. 역학의 생활문화 3대 분야 : 점서·명리·풍수

《주역》은 인간이 사는 모습, 즉 자연과 사회 속의 활동에서 스스로 의혹을 해소하고 어려움을 극복하는 방법을 모색하려는 데서 시작되었다. 인간은 길흉화복(吉凶禍福)과 같은 인간사의 문제를 판단하고 해결하는 과정에서 자연의 법칙이나 현상에 의지하여 자신의 행위와 그 결과의 근거와 합리성을 찾으려 했다. 그러므로 《주역》은 수천 년간 문화 전반에 걸쳐 끊임없이 그것을 연구하고 응용해 왔으며, 첨단과학기술이 발전한 오늘날에도 여전히 그에 대한 관심과 연구가 지속되고 있다.

《주역》의 연산기제와 그 함의를 활용한 역학의 생활문화에 관한 대표적 분야는 세 가지가 있다. 그것은 점서(占筮)·명리(命理) 및 풍수(風水)이다. 이 세 분야는 우리의 삶의 구도, 즉 인간과 자연, 인간과 인간, 인간과 사회 등의 이해관계에 일종의 쌍방향적 출입구의 역할을 해왔다. 이들은 기본적으로 음양·오행·팔괘·64괘 등의 역리적 방식과 천간(天干)과 지지(地支)의 천문학적 원리를 활용하여 시공간적인 지평을 확장하고 이를 인

---

10) 김연재,《宋明理學和心學派的易學與道德形上學》(북경 중국문사출판사, 2005), 1~12쪽 참조.

간의 삶 혹은 생활의 여건을 개선하는 방책으로 삼았다.

첫째, 점서(占筮)는 시초점으로써 사태를 판단하고 이에 따른 의사를 결정하는 것에 주안점을 둔다. 이는 우리의 의식이나 사고를 고양시키고 그에 대한 실천 필요성의 방편이 된다. 둘째, 명리(命理)는 「사주팔자(四柱八字)」의 연산방식을 통해 개인의 행위나 생로병사와 같은 인생의 진로를 모색하고 그에 대한 실생활의 단서를 마련하는 것에 주안점을 둔다. 이는 인간에게 주어진 현실적 상황이 존재하는 가운데 이를 인간 스스로 극복하려는 태도를 갖게 하는 일종의 유명론(有命論)이라고 할 수 있다. 그렇다고 그것은 인생의 행로는 한번 정해지면 결코 바뀔 수 없다는 절대적 운명론은 아니다. 셋째, 풍수(風水)는 감여(堪輿)라고도 부르는데, 거주환경과 자연환경과의 조화, 음택(陰宅)과 양택(陽宅)의 상관성, 배산임수(背山臨水)의 주거지 등 생활거주의 환경적 조건에 주안점을 둔 것이다.

이 세 가지 분야는 서로 밀접한 관계를 지니며 《주역》의 생활문화의 주요 분야가 되었다. 점서의 대상이 인간이 처한 사태 혹은 상황을 예측하는 것이라면, 명리의 대상은 인간 개인, 즉 인생의 역정이며, 또한 풍수의 대상은 생활환경이라고 할 수 있다. 특히 명리와 풍수의 관계에서 그 양자는 서로 보완적으로 길흉화복(吉凶禍福)의 선택을 결정한다. 전자가 인간 개개인의 문제에 중점을 두는 반면, 후자는 인간생활의 주거 조건, 즉 주변 환경과의 관계를 중시한다. 그러므로 전자가 운명결정론으로 흐르는 경향이 짙다면 후자는 환경결정론으로 흐르는 경향이 짙다.[11]

이 세 가지 분야의 공통된 특징은 《주역》에서 직접적으로 파

---

11) 이 세 분야에 관한 자세한 내용은 周山의 《周易文化論》(상해사회과학원, 1994), 176~226쪽 참조.

생되었으며 미신과 과학 사이의 모호한 경계선상에서 많은 오해와 문제점을 야기하고 있다는 점이다. 근래에 문화의 특수성과 상대성을 인정하게 되면서 각 지역 문화의 고유한 영역에 주목하고 이를 폭넓게 수용하고 있다. 우리의 문화에 대해서 이러한 의식이 팽배해졌고 이러한 경향으로 "가장 한국적인 것이 가장 세계적인 것이다."라는 구호가 등장할 정도다. 이러한 시대적 흐름에 맞추어 역학문화의 전통성과 그 영향력으로 볼 때, 새삼 역학문화, 특히 점서, 명리 및 풍수의 고유성도 재인식될 수 있고, 또한 재인식되어야 할 시점에 놓이게 되었다.

구체적으로 말해, 점서·명리·풍수는 이론적으로 《주역》을 문헌적 전거로 하여 나름대로의 합리화하는 과정에서 사회 풍습이나 관례를 반영하면서 일종의 신비주의적인 색채를 띠게 되었다. 이러한 신비주의적 색채를 토속적 성격이 강한 민속의 일환으로 규정해왔다. 더군다나 이러한 측면은 흔히 객관적 과학과 견주어 미신적인 어떤 부류로 치부되어온 것이 사실이다. 필자는 점서·명리·풍수에 담긴 이러한 측면을 인정한다 할지라도, 이제 이들 내용들은 문화권의 차원에서 고려되어야 한다고 생각한다. 즉 이들이 단지 과학성을 지니지 않았다는 것만으로 하등의 쓸모가 없는 것, 이를테면 미신적인 것으로 치부할 수 없다는 것이다. 이는 단지 상대적 편견에 불과하다고 할 수 있다. 물론 이들 이론들이 믿음과 객관 사이에 존재하는 모호한 경계가 있음에는 틀림없다. 그러나 이들이 적어도 사회공동체의 한 영역으로 자리 잡고 있고 역사적 전통을 이어오고 있다는 점에서 이들을 「어느 정도」 문화권의 영역으로 수용해야 한다고 생각한다. 문화는 기본적으로 사회의 구성원들이 공유하는 일종의 믿음이나 신념을 바탕으로 형성된 것이다. 여기에는 단순히 관례대로 내려온 측면도 있으면서, 어느 정도 합리적 타당성을 인정받은 측면도 있다. 특히 풍습이나 민속과 같은 영역은 이러한 성격이 강한데, 이 영역에서 점서·명리·풍수는 중요한 의미와 내용을 지니고 있다. 그러므로 점서·명리·풍수의 분야에서 우리가 사회적으로 수용할 수 있는 부분을 검토하고 이를 생활문화의 차원으로 수용해야 할 필요가 있는 것이다.

5. 《주역》의 사유방식과 그 현대성

《주역》의 궁극적 목표를 찾는다면, 그것은 인간이 점술의 방법을 통해 변화무쌍한 현실적 문제들을 가늠하여 보다 나은 삶을 영위하려는 데 있다. 《역전》에서는 《역경》의 인간사를 해석하는 방식에 관해 그 포괄적인 내용을 「역도(易道)」로 규정한다. 「역도」는 인간 삶의 존재론적 문제에 집중되어 있다. 그것은 인간이 삼라만상의 생성과 변화를 고찰하고, 그 속에서 생명성의 원리 및 그 방식을 체현한 산물이다. 그러므로 《주역》에서는 우주 혹은 세계를 살아있는 유기적인 일종의 생명체적 시스템으로 보고 있다. 특히 이러한 생명체적 시스템에서 음과 양 및 그 양자의 관계는 중요한 원리로 작동하고 있다. 그 원리의 내용은 바로 전일적(全一的) 방식에 따른 역동적 변화의 총체성을 보여준다 할 수 있다.

《주역》이 「역(易)」 개념을 바탕으로 하여 논의된다고 한다면 그 성격은 무엇일까? 공영달은 정현(鄭玄)의 말을 빌려 이것을 「변역(變易)」, 「불역(不易)」 및 「이간(易簡)」으로 정리한다. 즉 "역은 한 가지 이름이나 세 가지 뜻을 함유한다. 이간이 첫 번째이고, 변역이 두 번째이며, 불역이 세 번째이다."12)

첫째,「변역」은 우주 혹은 자연의 현상적인 측면에서 말한 것이다. 그것은 인간을 포함한 우주에 있는 만사만물은 모두 고정불변함이 없이 변화한다는 것이다.《주역》에서「변역」이라는 말은 이렇게 언급되고 있다. "역이 글이 된 것은 멀리할 수 없는 것이고, 그것이 도가 됨은 또한 거듭 변천하는 데 있다. 변하고 움직여서 머물지 않아 육허(六虛 : 동·서·남·북·상·하)를 두루 흘러간다. 오르고 내려가는 데 고정됨이 없으며 강(剛)과 유(柔)가 서로 바뀌어 일정한 틀이 될 수 없고 오로지 변함이 가는 바에 있을 뿐이다."13) 우주 혹은 자연에 있는 만사만물 전체는 끊임없이 생성하는 운동으로 표상되며, 이는 되돌아갈 수 없는 순환적 과정을 지닌다. 즉 이 세계는 한편으로는 신진대사의 변화 속에서 시간적 연속성을 지니고 있으면서도 그에 따라 공간이 확장하는 과정도 지닌다.

둘째,「불역」이란 사물의 내재적 본질과 그것이 운용되는 규율은 영원히 존재한다는 것이다.「변역」의 원칙, 즉 만사만물은 모두 예외 없이 변화한다는 사실이 일종의 절대불변의 규율이 된다.《주역》에서는 다음과 같이 언급하고 있다. "하늘은 높고 땅은 낮으니 건과 곤이 정해진다. 높고 낮음이 나열되니 귀함과 천함이 위치한다. 동과 정에는 항상 됨(常有)이 있어 강과 유가 판단된다."14) 사물이 변화하고 발전하는 근본적 법칙은 천도(天

---

12) 孔穎達,《周易正義》"易一名而含三義 : 易簡, 一也. 變易, 二也. 不易, 三也."

13)《周易》〈繫辭傳〉"易之爲書也, 不可遠, 爲道也屢遷. 變動不居, 周流六虛. 上下無常剛柔相易, 不可爲典要, 唯變所適."

14)《周易》〈繫辭傳〉"天尊地卑, 乾坤定矣. 卑高以陳, 貴賤位矣. 動靜有常, 剛柔斷矣."

道)라는 자연의 법칙과 인도(人道)라는 도덕의 원리로 발현되는 것이다.

셋째,「이간(易簡)」이란 우주 속에서 진행되는「변역」과「불역」의 원칙에 관한 하나의 방법으로서, 인간인 우리가 누구나 다 쉽고도 간편하게 파악하고 활용할 수 있다는 것이다. 《주역》에서는 이렇게 언급하고 있다. "건은 확연하여 사람에게 쉬움을 보여준다. 곤은 유순하여 사람에게 간략함을 보여준다."15) 이처럼 건과 곤의 원칙은 인간에게는「쉬움」과「간략함」의 방식으로 인식되고 있다. 그러므로 "쉽고 간략하니 천하의 이치가 얻어지고 그 속에서 지위를 성립시킨다."16) 그러나 그럼에도 불구하고 이것을 터득하는 사람이 극히 적어 성인의 도(聖人之道, the Way of Sagehood)가 드물다고 역설한다.

이러한「역(易)」개념은 그 성격상 일련의 과정적 구조, 즉 역동성·전일성·관계성을 지니게 되는데, 이러한 구조는 세 가지 형태, 즉 비평형(非平衡, non-equilibrium)·비선형(非線型, non-linearity)·비정형(非定型, non-pattern)의 순환적 과정을 특징으로 한다. 그 내용은 다름 아닌 음양(陰陽, yin-yang) 개념 및 그 양자의 변환 방식에 있다.

첫째, 비평형(非平衡, non-equilibrium)이란, 음과 양 사이에 단층적인 구성요소의 측면을 말한다. 즉 음과 양은 서로 대칭 혹은 대조의 성격을 지녀 균형과 조화를 이루고 있음에도 불구하고 그 양자 사이에는 서로 끊임없이 전환함으로써 팽팽한 양극단적인 대립을 이루지 않는다.

둘째, 비선형(非線型, non-linearity)이란, 음과 양이 변화하는 전

---

15) 《周易》〈繫辭傳〉"夫乾, 確然示人易矣. 夫坤, 隤然示人簡矣."
16) 《周易》〈繫辭傳〉"易簡而天下之理得矣. 天下之理得, 而成位乎其中矣."

개 혹은 진행의 방향을 말한다. 음과 양은 상호간의 미세한 변화에도 시공간을 다르게 형성하고 따라서 변화의 추이가 다양하게 전개된다. 이것은 일종의 선형적인 비례에 따라 진행되는 것과는 다르다. 선형적인 비례라는 것은 주어진 조건 하에서 개별적인 값이 약간씩 다르더라도 전체의 값 혹은 양은 일정하게 확정된다. 그러나 음과 양의 변화는 일정한 조건을 수반하지도 않거니와 개별적인 값이 약간씩 다르게 된다면 자연히 그 영향을 받는 전체의 값 혹은 양은 변화무쌍하게 증폭될 수 있다.

셋째, 비정형(非定型, non-pattern)이란, 음과 양이 변화하는 복잡한 양상을 말한다. 음과 양의 속성으로서의 비평형성과 비선형성은 전체적으로 비정형적으로 표출된다. 음과 양의 관계는 양극단적이지도 않거니와 그 변화의 양도 일정하지 않다. 따라서 그 관계에서 변화의 추이는 예측할 수 있지만 그 결과가 확고부동하게 확정될 수는 없다.

「역(易)」개념에서의 이러한 과정적 구조는 일련의 한 쌍의 범주들로 구현되고 있다. 이 범주들은 끊임없이 상호 대응하면서도 상호 전환하는 변화의 방식으로서, 천지(天地)·강유(剛柔)·동정(動靜)·건순(健順)·기우(奇偶)·대소(大小)·존비(尊卑)·진퇴(進退)·왕래(往來)·영허(盈虛)·소장(消長)·개합(開闔) 등의 관계로도 전개된다. 이러한 전개의 관념화가 바로 물극필반(物極必反)의 변증법적 원리인 것이다. 이는 인간을 포함한 모든 만사만물의 존재론적 내용, 즉 세계 자체가 완정성(完整性) 혹은 정체성(整體性)을 특징으로 하고 있음을 함축한 것이다.

이러한 과정적 구조에서 볼 때,「역도」개념은 우주 혹은 세계의 통일적 구조에 대한 인간 자각의식의 원초적 발로라고 할 수 있다.

6. 역학연구의 현대적 동향

　현대사회에서 볼 때, 우리가 역학과 그 문화는 우리에게 어떠한 의미가 있는 것일까? 이 질문은 분명 우리 현대인들에게 던져지는 중요한 문제의식이다. 이와 관련하여 우리는 두 가지 목표를 지녀야 한다. 한편으로는 이론적 사유에 기반한 역학의 경험적 교훈을 중시하면서도, 다른 한편으로는 현대 학문의 각 부문들과 서로 결합하는 역학의 방법을 찾아내야 한다.
　이러한 문제의식 하에서 국외의 역학연구의 경향, 내용 및 성과를 고찰해 본다면, 앞으로 우리나라의 역학연구의 방향과 활동의 가능성도 예측해볼 수 있으리라고 생각된다.
　최근의 역학연구는 내용상 10가지 논제로 정리될 수 있다.

(1) 팔괘와 64괘의 내용에 관한 해석과 분석
(2) 괘효사의 성격과 그 의미에 관한 규명
(3) 괘효사의 내용·사상·작자 및 시대적 특징에 관한 논의
(4) 십익(十翼)의 사상적 연원·형성연대, 및 선진학술상의 지위에 관한 문제
(5) 역대 역학사 및 역학자에 관한 역사적 내용
(6) 주역의 경문과 전문의 해석에 관한 철학적 문제
(7) 주역과 전통적 문학, 음악 및 예술과의 관계에 대한 논의
(8) 주역과 현대과학 및 전통과학의 관계에 관한 논제
(9) 주역과 지역문화에 관한 상관성
(10) 각 나라들의 주역학회와 국제적 교류의 흐름

일곱 번째 논제까지는 전통적으로 논의되어 왔던 부분이고, 여덟 번째부터 열 번째까지의 논제는 근래에 새롭게 주목받고 연구되고 있는 부분들이다.

근래에 대표적인 전문 역학저자들로는 다음과 같은 책들이 있다. 이경지(李鏡池)의 《주역탐원(周易探源)》, 고형(高亨)의 《주역대전금주(周易大傳今注)》, 상병화(尙秉和)의 《주역상씨학(周易尙氏學)》, 김경방(金景芳)·여소강(呂紹綱)의 《주역전해(周易全解)》, 주백곤의 《역학철학사(易學哲學史)》 등이 있다.17)

이러한 연구저작들의 자료를 고려해 볼 때, 역학의 현대적 연구는 역사관의 변천, 새로운 자료의 발굴, 서양학문의 영향 등으로 인해 새로운 국면으로 접어들고 있다고 할 수 있다. 이는 역학연구의 방법론의 일환인데, 개략적으로 역사의 연구방법, 사상적 특징의 연구방법, 언어비교의 연구방법, 민속학 혹은 민족학의 연구방법, 자연과학의 연구방법 등으로 구분될 수 있다.18) 이를 구체적으로 설명하면 다음과 같다.

첫째, 역사의 연구방법

여기에는 고대사의 관념을 통해 《주역》을 연구하거나, 《주역》의 자료에서 고대사를 인식하는 것이다. 전자의 대표적인 학자로는 고힐강(顧頡剛)이 있고, 후자의 대표적인 학자로는 곽말약(郭沫若)이 있다.

둘째, 사상적 특징의 연구방법

《주역》에는 풍부한 사상의 내용이 담겨있다. 즉 우주관·정치관·사회관·종교관·윤리관 등이 있다. 특히 유가사상·황

---

17) 현대 역학자들의 경향에 관해서는 朱伯崑 主編의 《周易知識通覽》(山東 齊魯書社, 1996), 370~400쪽 참조.
18) 蔡尙思의 《十家論易》(上海 上海人民出版社, 2006)이 좋은 참고 서적이 될 것이다.

로사상·음양가사상 등의 특징을 보여준다. 그 대표적인 학자로는 주백곤·고회민(高懷民)·진고응(陳鼓應) 등이 있다.

셋째, 언어비교의 연구방법

이는 전통적인 연구방법으로서, 문자와 음운의 훈고에 의존한다. 그 대표적인 학자로는 장태염(章太炎)·문일다(聞一多) 등이 있다.

넷째, 민속학 혹은 민족학의 연구방법

이는 지역 혹은 민족의 관습이나 풍속의 자료를 통해 연구하는 방법이다. 점복 혹은 점술의 영역이 여기에 속한다.

다섯째, 자연과학의 연구방법

이는 자연과학적 분석이나 성과를 통해 문헌을 분석하는 방법이다. 이는 근대의 고고학의 성과라고 할 수 있다. 특정지역 혹은 자연 지리적 특징을 고려하는 사회학적 방식이 될 수 있다. 마르크스주의나 사회학의 방면에서 연구하는 것이다.[19]

또한 최근에 많은 학자들은 학제간 연구로서 자연과학과 인문학의 접맥을 시도하고 있다. 《주역》을 자연과학의 방면에 응용하여 과학의 각 분야의 이론적 원리를 구축하기 위한 논거나 증거의 자료로 삼음으로써 적지 않은 성과를 거두고 있다. 예를 들어, 양자역학·천문학·기호논리학·한의학·이진법·기하학·분자생물학 등의 여러 방면에서 활용되고 있다. 이는 현대에는 《주역》에 대한 새로운 인식을 반영한다고 할 수 있다.

7. 나오는 말

우리가 어느 지역의 문화권을 알려면 무엇보다도 그 지역성의

---

19) 이 내용에 관해서는 黃沛榮의 〈近十年來海峽兩岸易學硏究的比較〉(周易硏究 第一期, 1989) 참조.

특징인 고유성과 정체성을 이해하는 데서부터 출발해야 한다. 일반적으로 문화는 특정지역의 시공간적 구조 속에서 구성원들이 개별적 삶을 영위하고 그 과정에서 지속적인 공동체를 형성한 산물이다. 지역성은 바로 지리적 여건에 따른 다른 지역과의 차별성을 전제로 하며, 구성단위의 공감대에 바탕을 둔 정체성이 담겨있고, 다양한 지역적 혹은 시간적 분화가 가능한 전형성(archetype)이 나타나 있다. 이러한 지역적 특화에는 공통의 기반, 즉 문화적 원형이 존재하며, 특히 전통문화의 재인식과 계승이 중요하다.

이는 최근에 논의되는 문화콘텐츠의 방향과 폭에서도 알 수 있다. 오늘날 디지털 매체의 발달과 함께 문화의 다양성이 강조되면서 각 지역이나 민족의 문화가 가장 중요한 상품으로 부각되고 있다. 문화콘텐츠는 우리의 삶과 문화의 방식에서 일종의 체질로서의 정체성을 확립하는 일환이다. 그것은 우리의 삶 속에서 문화적 요소들을 발굴하고 그 속에 담긴 문화적 원형의 의미와 그 잠재적인 가치를 찾아내어 다양한 매체들과 결합함으로써 시공간을 초월하여 문화의 다양한 가치를 창출하는 것이다. 이러한 의미에서 지역의 문화적 가치는 단순히 지역성을 대표하는 것만이 아니라 세계 속에서 지역들 간의 공존과 조화 및 화합을 위한 성격도 지닌다.

역학적 사유와 그 문화는 동아시아의 인문학 담론의 주요 흐름 중의 하나로서 동아시아 문화권의 정체성과 소통을 위한 기제를 마련하는 방법론 중의 하나라고 볼 수 있다. 그것은 3,000여 년간 동아시아의 시공간적 구조 속에서 분화와 통합의 역동적 과정 및 그에 따른 해석력과 수용 능력을 통해 역사적으로 축적되고 자리매김해 왔다. 그것은 동아시아 지역에서 문화와 사상의 다원성과 보편성을 특징화하는 형이상학적 기제이며, 자아와 타자의 상관성 속에서 공생과 상생의 지혜의 결실이라고 할 수 있다.

또한 역학적 사유와 그 문화는 지역적 특수성의 혼종(混種)과 창신(創新)을 통해 형성된 다원성과 보편성의 기반이자 시공간을 소통하고 통합하는 문화권의 밑그림이며, 지역적 특수성을 세계화하기 위한 이념적 가치의 지향성을 담고 있다. 이러한 의미에서 우리는 역학적 사유를 모색하는 과정에서 인문학의 현대적 토대를 마련할 뿐만 아니라 새로운 패러다임의 가능성을 타진해 볼 수도 있다.

구체적으로 말해, 역학문화는 전통적으로 문화의 실체적 메커니즘으로 활용되고, 이를 재해석함으로써 "생각은 세계적으로, 행동은 지역적으로!"라는 구호로 대변되는 이른바 지역의 세계화라는 커다란 흐름 속에서 동아시아의 지리적 특수성이라는 한계를 넘어설 수 있다. 즉「지역」의 보편성 혹은 지역의 특수성의 보편화, 즉 이른바 글로컬라이제이션(glocalization)의 상호 통합적 지평을 여는 계기와 그 가능성의 전망을 보여줄 수 있다. 이는 우리의 문화와 사상이 오늘날 어떻게 해석되고 정립될 수 있는가 하는 현재성(presentness)의 문제이며, 더 나아가 우리의 고유한 문화적 자산을 확보하는 문화콘텐츠의 방향성이나 이정표의 토대가 될 수 있다. 뿐만 아니라 이는 동아시아 지역의 정체성을 위한 방법론 중의 하나로서, 오늘날 사회적 변화와 인문학적 가치를 매개할 소통모델을 위한 중요한 의의, 즉 지역성의 원천(One Source)을 우리의 문화적 효용가치로 활용하는 결과(Multi Use)를 낳을 수 있는 것이다.

〈참고문헌〉

- 《周易》十三經注疏本.
- 孔穎達,《周易正義》(北京 北京大學出版社, 1999)
- 高亨,《周易大傳今註》(山東 齊魯書社, 1988)
- 朱伯崑,《易學哲學史》제1권 (北京 昆侖出版社, 2005)
- 朱伯崑 主編,《周易知識通覽》(山東 齊魯書社, 1996)
- 朱伯崑 主編,《易學基礎敎程》(北京 九州出版社, 2001)
- 金演宰,《宋明理學和心學派的易學與道德形上學》(北京 中國文史出版社, 2005)
- 周山,《周易文化論》(上海 上海社會科學院, 1994)
- 蔡尙思,《十家論易》(上海 上海人民出版社, 2006)
- 김연재,〈全一論的 思惟에서 본《易傳》의 세계관과 人間學的 地形圖〉(인문연구 53호, 2007)
- 黃沛榮,〈近十年來海峽兩岸易學硏究的比較〉(周易硏究 第一期, 1989)

제16장 현대 명리학의 과제와 희망

정종호
－공주대학교 사범대학 일반사회교육과 교수, 정치학박사, 공주대학교
정신과학연구소 소장, 대학원 동양학과 주임교수－

차 례

1. 문제의 상황 · 410
2. 신비냐, 과학이냐? · 412
3. 결정론인가, 의지론인가? · 417
4. 존재냐, 당위냐? · 421
5. 숙제와 희망 · 425

1. 문제의 상황

"모든 게 팔자(八字)에 매인 게지.", "아이고, 내 팔자야! 어쩌다 이런 꼴을 다 보누.", "팔자타령 그만하고 정신 좀 차리게나.", 또는 "사람팔자 시간문제야!", "운명아, 비켜서라, 내가 간다!" 이런 말들은 우리 주변에서 흔히 들어 볼 수 있는 이야기들이다. 이번 글은 이런 식으로 쉽게 일상적 언어들로 접근하고 싶었으나, 문제의 사안이 단순히 철학적이고도 종교적인 차원을 넘어서 현대 과학철학의 기본 주제뿐만 아니라 이른바「신과학운동」의 근본 출발점과도 연결되어 있어 글의 전개가 그리 쉽지만은 않을 성싶다.

인간의 운명은 본인의 의사와는 상관없이 태어날 때부터 이미 정해진 것일까? 그렇다면 그 까닭과 인과관계의 메커니즘은 무엇일까? 이와는 달리 선천적으로 결정된 운명이란 존재하지 않으며, 인간 스스로의 의지와 노력으로 인생행로가 결정되는 것이라 보아야 할까? 그렇다면 인간은 절대 자유인(自由人)인가? 인간의 무한한 욕망과 관련하여 그 어떤 상대적 구속성도 없는 것일까? 나아가 인간의 주체적 의지 및 노력과 관련하여 그 도덕성은 배제될 수 있는 것인가?[1)]

---

1) 이 같은 문제의식은 문명사회로의 진입 이후 동서양을 막론하고 나타나는 현상이며, 명리학의 발상지인 한자문화권에서도 「천명(天命)」개념과 관련하여 가장 핵심적 논쟁거리의 하나가 되어 왔다. 참고적으로 한대(漢代)를 전후하여 관심을 끌 만한 논의는 왕충(王充, 27~?)의《논형(論衡)》원본 제1~3권, 특히 제2권〈명의편(命義篇)〉에 보이는「三命」, 즉 정명(正命)·수명(隨命)·조명(遭命) 등, 그리고 같은 논설이지만 반고(班固, 32~92)의《백호통의(白虎通義)》〈수명(壽命)〉편

막연하긴 하지만 인류 역사를 크게 근대 이전과 이후로 나누어 생각할 경우, 전자(前者)의 사고, 즉 운명결정론적 입장은 신본주의(神本主義, Godism)적 경향이 농후한 근대 이전의 특성이라 볼 수 있을 것 같다. 반면 근대 사조의 특성은 인간의 「이성」이 「신(神)」을 대신하면서 인간의 주체성과 자율성을 강조하는 인본주의(人本主義, Humanism)적 사고가 전체 사회와 역사를 지배하게 되면서 운명주의적 입장은 전근대적(前近代的) 미신이거나 패배주의자의 변명으로밖에 들리지 않게 되었다. 그러면서 정치사회적으로 논의는 「건전한」 인간상으로서의 「적절한」 욕구와 「사회화된」(socialized) 시민, 그리고 책임(의무)을 동반한 자유(권리)라는 절충적 주제들에 자연스레 초점이 맞추어지게 되었다. 윗글의 후자적(後者的) 문제의식들은 이러한 논의의 구체적이고도 본질적인 기반이다.

그렇다면 본고의 주제가 되는 「사주명리학(四柱命理學)」은 이와 같은 문제의식에 어떤 해답을 줄 수 있고, 또 주고 있으며, 주어야 하는가? 이것은 또 다른 의미에서 가능성과 사실성 및 도덕성의 문제로서 그에 관한 현실적 유의의성과 검증가능성 및 가치의미성을 묻는 것이기도 하다. 그리고 이러한 의문들은 비단 사주명리학과 같은 「비제도권 학문」[2]에만 국한되지 않고, 관련성 정도의 차이는 있을지 몰라도 모든 제도권 학문에서도

참조.

2) 여기서 「비제도권 학문」이란 대략적으로 근대 이후 합리주의적 사조에서 배제된 「신비주의적」(?) 영역을 의미한다고 볼 수 있으나, 엄밀히 말하면 서구화의 물결 속에서 과학과—마찬가지로 매우 신비적인—종교의 기득권 세력으로부터 배제된 영역이라 할 수 있다. 구체적으로 말하면 점복·풍수·관상·명리·대체의학·명상, 기타 전통 민속 등을 포괄한다. 그러나 다행히도 최근 이들 중 일부가 부분적으로나마 제도권에서 수용되어 가는 추세에 있다.

마찬가지로 제기될 수 있다.

　이와 관련하여 주변에서 이따금씩 불붙어 온 "「학(學 : 道)」이냐,「술(術 : 器)」이냐?" 또는 "본질(즉, 이론)이냐, 방법이냐?"와 같은 논쟁은 언제나 기존 제도권에서 주로 기름을 부어 왔다는 점에서 보수적 색채가 농후하다. 나아가 "「학」없는「술」은 천박하고,「술」없는「학」은 무가치하다."는 점에서, 그리고 "「이론」속에서「방법」이 도출되고,「방법」속에 이미 그 세계관(즉, 이론)이 내재되어 있다."는 상관적 동시성을 직시한다면 그런 논의는 사실 무의미하기도 한 것이다. 차라리 논리적 합리성 여부의 측면에서 "신비냐, 과학이냐?"를 묻고, 개인적 주체성 여부의 측면에서 "결정론인가, 의지론인가?"를 토론하며, 그리고 사회적 도덕성 여부의 측면에서 "존재냐, 당위냐?"를 진단해 보는 것이 학문적 차원에서 명리학의 과제를 정리하는 데 있어 보다 적실성 있고 의미있는 작업이라고 생각한다. 이러한 순서로 논의를 이끌어 가면서 본 학문 영역에 기대하는 희망과 함께 역사적 흐름 속에서 예상되는 전망을 간략히 피력하고자 한다.

2. 신비인가, 과학인가?

　여기서「신비주의적」이라는 표현 속에는 뭔가 호기심은 가지만, 그러나「미신적」이라거나, 또는「전근대적」이라는 의미를 내포하고 있다. 그것은 비이성적이며, 그런 의미에서 비합리적이다. 합리성과 신비성(비합리성)이라는 이분법적 사고와 그 속에 담긴 이성주의적 편향은 언제부터 우리의 생활 속에 깊이 침투하게 되었을까? 20세기 중반까지 식민체제를 경험하게 되었던 대부분의 독립지역들에서는 해방 초기 서구문화에 대한 유아기적 동경 속에서 과학기술주의의 지배적 상황에 놓이게 되었고,「합리성」으로 대변되는 이 같은 상황강제(狀況强制)는 우리에게도 예외 없이 정치·경제·사회·교육 전반에 걸쳐 그 기본 틀을 결정하게 되었다. 물론 이렇게 된 데에는 서구문화에의 사대주의적 종속에도 원인이 있겠지만, 그 배후에는 식민 지배국들의 서구문화 우월주의적 태도가 잠재되어 있다고 볼 수 있다.

이 경우에 우리 사회의 문제는 합리성—즉, 논리성이나 체계성 또는 효율성 등—을 지향하고자 하는 이른바「지성인(知性人)」으로서의 본능적 태도를 기피하고자 하는 데 있는 것이 아니라, 현실적으로 합리주의 이데올로기가 지닌 체제유지(體制維持)의 보수성에 있다 할 것이다.[3]

흔히「자격증 시대」라 일컬어지고 있듯이 현 사회는 모든 영역에서 전문가집단, 즉 테크노크라트들(technocrats)에 의해 주도되고 있음을 볼 수 있으며, 이들 기득권적 지배집단들은 그들만의 지식과 정보를—특히 정보화 사회로 진입하면서 더욱—공유하고 독점하면서 자신들만의 접근방법과 이론적 분석도구들을 고집하게 되었고, 대부분의 제도권 학문체계가「통설(通說)」과「정통성」이라는 가면(假面) 속에 도그마화되기에 이르렀다.

그리하여 자격증과 시험제도 및 학문적 위계질서 등은 그것을 보장하는 안전장치들로서 안정적이고도 효율적인 지배를 가능하게 만들었다. 그리고 시대마다 이와 이해를 같이하는 교육자들은 그들 교리의 전도사가 되어 탄탄한 지배구조의 밑그림을 그려주어 왔다.[4] 이는「부르주아 대 프롤레타리아」라는 마르

---

3) 정종호,《정치사회사상의 이해》(형지사, 2008), 26쪽 이하 참조.
4) 다른 측면에서 "교육구조는 계급구조를 반영한다."는 명제를 뒷받침하

크스적 2분법의 또 다른 형태의 변질로서「전문가 엘리트와 비전문가 대중」사이의 간극을 고착화시키는―그런 의미에서 현상태를 유지하고자 하는―보수성을 지향하는 경우, 그것은 과학기술주의(Technologie 또는「과학헤게모니」[5])의 이데올로기적 성격을 그대로 보여주는 것이다. 이 같은 비판적 분석은 근대 이전의 신비주의가 보여주었던 정치사회적 기능, 즉 보수적 기능에 대해서도 마찬가지로 적용될 수 있음은 당연하다.

이와 같은 이데올로기적(즉, 실제적) 분석과는 방향을 달리하여 형식논리적(즉, 이론적) 분석에로 관심을 돌려 보자. "신비냐, 과학이냐?"에 관한 이론적 논쟁은 이미 오래 전부터 진행되어 온 과학과 종교, 또는 과학과 철학이라는 또 하나의 2분법적 사고 속에 녹아 있다. 그 속에는 종교적 교리나 신학, 그리고 철학적 형이상학은 그 논리의 인과관계에 대한 검증성이 배제되어 있거나, 적어도 희박하다는 점에서 그 사실성이 어느 정도 보증되고 있는「과학」과는 달리 신뢰성을 상실한다는 가치판단이 배어 있다.

돌이켜 볼 때 근대 이전―검증할 수 없고, 또 한편으로는 검증을 거부하는―형이상학적 관념이나 독단적 종교교리가 긍정적인 면도 있었겠지만, 우리 인간의 사유와 행동을 구속하면서 시대마다 지배적 이데올로기가 되어 인간의 자유를 억압하여 온 것은 사실이다. 그러나 문제는 다른 데 있다. 즉, 그들 영역들―예컨대「음양오행」이나「기(氣)」라는 형이상학적(?) 관념이나

고 있는 뮈르달(Gunnar Myrdal)적 설명 논리에 관하여는 정종호,《제3세계의 정치경제학》(공주대학교 출판부, 1989), 141~148쪽 참조.

[5] 과학주의의 이데올로기성을「과학헤게모니」개념으로 접근하면서 주로 사회과학분야에 초점을 맞추어 날카롭게 그 지배 메커니즘을 해부하고 있는 저술로서는 김웅진,《과학헤게모니의 정치적 영상》(청목출판사, 2005), 참고.

수많은 종교적·신비적 체험 등, 이 글에서 말하는 비제도권의 영역들—에서 실제로 경험되고 실증되는 사실들까지도 관심의 대상에서 제외되고 있다는 점에 있다.

이 글의 주제가 되는 명리학과 관련하여서도 그의 전제가 되고 있는 사주(四柱)의 신비로운—별들의 운행이 인간의 운명에 영향을 미친다고 하는—성명학적(星命學的) 처리가 이해될 수 없다고 해서 구체적인 명리학적 사주 진단 사례들에서 나타나는 의미있는 확률론적 통계 결과들(즉, 사실들)을 무시할 수는 없는 것이 아닌가? 경험적 사실들을 설명하기 위해 이론적(논리적) 도구들이 필요한 것이지 기존의—지배적인 또는 이른바「과학적」인—이론적 도구들로 그 인과과정을 설명할 수 없고 이해될 수 없다고 해서 여실히 드러나고 있는 통계적 사실을 버릴 수는 없다. 간단히 말해서 사실 때문에 이론이 있는 것이지, 이론을 위해서 사실이 존재하는 것은 아니다. 즉,「신비적」(?) 사실도 생활세계의 엄연한 경험적 현상으로서 그것을 도외시한다면 진리탐구를 궁극적 이념으로 삼으면서 보편적 법칙을 발견하고자 하는 지성인(知性人)으로서 그 책무를 저버리는 것이다. 왜냐하면 그 보편적 법칙은 곧 진리(眞理)이고, 따라서 그것은 예외 없이 모든 사실들을—당연히 신비적 현상까지 포함하여—설명할 수 있어야 하기 때문이다.

이렇게 볼 때 오늘날 하나의 이데올로기로서의 과학기술주의는—과거 형이상학적 관념이나 종교적 교리들이 신비주의적 환상과 독단에 빠졌듯이—종종 본말전도의「과정주의적 오류」[6]에 빠져 있음을 볼 수 있다. 과정(이론)과 결과(사실) 중 어느 하

---

[6] 이에 관한 보다 상세한 논의는 정종호,《정치사회사상의 이해》 29~30쪽 참고.

나만을 양자택일하라고 하는 경우 당연히 사실을 선택해야 하는 것은 변증법적 이데올로기 비판의 귀결이다. 그리하여 새로운 사실을 발견하고 이를 설명하지 못하는 기존의 이론을 비판하면서 끊임없이 새로운 가설을 모색해 보는 노력은 이데올로기적 억압으로부터 벗어나고자 하는 지성인의 의무이자 본능이다. 따라서 과정주의적 자기모순에 빠뜨리는 경향이 있는 "신비냐, 과학이냐?"의 논쟁은 무의미하다. 이상의 논의들을 다음과 같이 몇 가지로 요약할 수 있을 것이다.

(1) 과학(기술)주의의 과정주의적 편향은 근원적으로 종종 기득권적 현상유지의 보수성과 매너리즘(mannerism)을 보이고 있다.
(2) 그렇다고 과거의 종교주의적·형이상학적 신비주의의 결과주의적 독단과 환상으로 되돌아갈 수는 없다.
(3) 이렇게 볼 때 과학주의의 보수성과 종교주의적 반동성을 극복하고 이론(사상)과 실제(사실) 간의 상관성에 주목하여 변증법적 진화를 모색해야 함은 시대적 요청이다.
(4) 그런 의미에서 "신비냐, 과학이냐?"의 논쟁은 의미가 없으며, 새로운 사실들의 발견과 그에 따른 이론 및 세계관의 변화라는 부단한 자기변혁만이 요구될 뿐이다.
(5) 따라서 현대명리학도 마찬가지로 그에 내포된 많은 신비성을 극복하기 위해 상상할 수 있는 모든 학문적 가설들을 포용하여 이론적 설득력을 보완하고, 또한 끊임없이 새로운 사실들의 발견을 통하여 자기비판의 실증적 개방성을 확보해야 한다.

3. 결정론인가, 의지론인가?

인간의 운명이 자신의 의지와는 상관없이—신(神)에 의해서든, 자연적 섭리나 유물론적 메커니즘에 의해서든—그 무언가 외부적인 요인에 의해 이미 결정되어 있는 것인지, 그렇지 않으면 자신의 주체적 의지에 따라 미래가 바뀔 수 있는 것인지의 문제는 지금까지 철학적·종교적 사유의 핵심적인 주제가 되어 왔다. 물론 그 경우에 운명예정론적 종교교리나 각종 예언들, 또는 형이상학적 연역논리들과 그에 입각한 미래 관련 언설들7)이 근대 이전 역사적 주류를 이루어 왔음을 부정할 수 없다. 그러나 근대 이후 사상적 변혁의 커다란 핵심은 신본주의(神本主義, Godism)에서 인본주의(人本主義, Humanism)에로의 이행(移行)8)이

---

7) 대부분의 종교 경전들에서는 창시자들 또는 그 추종자들이 언급한 미래 관련 언약이나 언설이 있고, 「비종교적」(?) 성격의 자연주의적 우주관이나 섭리론에서 종종 볼 수 있는 역사결정론적 언설들, 예컨대 지축의 변동에 따른 가치관과 사회구조의 변화를 중시하는 정역원리(正易原理)를 위시하여, 기계론적 자연주의를 부정하나 변증법적 유물사관(唯物史觀)이라는 또 다른 형태의 형이상학적 원리에 입각하여 공산사회의 필연적 도래를 예단하고 있는 역사결정론적 마르크스주의 등을 포함한다.

8) 물론 신본주의와 인본주의의 스펙트럼 상에는 과거에도 수많은 사상적 갈래들이 존재한다. 대표적인 예로, 공자에 있어 도(道) 개념과 천명(天命)사상(《논어》 6편 20장, 7편 16장, 9편 8장, 13편 22장, 14편 38장, 17편 19장, 20편 3장 등), 그리고 또 하나의 중요한 흐름으로서의 지극한 휴머니즘적 태도(《논어》 4편 15장, 6편 20장, 7편 20장, 11편 11장, 15편 2장과 19장, 16편 12장 등) 사이에서 언뜻 엿볼 수 있는 논리적 모순성 때문에 다양한 평가가 나올 수 있다. 필자는 이것을 「이론적」 모순이 아니라 「실천적」 지성인으로서의 중용적 태도라고 보고 있지만······.

었다고 볼 수 있다.

　이리하여 오늘날 우리는「자유」와「주체성」개념, 또는「의지」나「노력」등이 근대인(또는 문화인)으로서의 최고 가치이자 그 자체「합리성」이 되기에 이르렀다. 따라서 운명결정론적 성향을 지닌 동양적 전통의 상당한 영역들이─그나마 정치세력화하여 사회적 영향력을 행사할 수 있었던 몇몇 기성 종교들은 사학재단의 대학설립을 통해 제도권에 진입할 수 있었지만─「미신(迷信)」이라는 딱지가 붙여진 채 어떠한 변형(變形)이나 적절한 재고(再考)도 일체 허용되지 않고 제도권 밖으로 내쳐지게 되었다.[9] 이 같은 현상은 과거 신비주의적 독단의 추(錘)가 오늘날에 와서「합리성」과 휴머니즘의 추구라는 명분 하에 과학기술주의의 실증주의적 협소성과 기득권 유지의 보수성에로 극단적으로 이동했음을 의미한다.

　그러나 20세기 후반 이후 강력히 제기되어 오고 있는「신비주의적」(?) 세력들의 도전과 반격은 부분적이긴 하지만 이론적 체계화와 가설의 검증이라는「합리적」시도로 전개되면서 일종의 변증법적 변형의 형태를 갖추게 되었다. 그와 동시에 제도권에로의 진입도 부분적으로 이루어지게 되었다. 그리고 그 변형의 양상은 결정론과 의지론의 절충점을 찾는 것이었다. 이렇게까지 진전되게 된 배경에는 철학적으로 포스트모더니즘(Post-Modernism)의

---

9) 식민지배를 경험한 제3세계의 경우 대부분 이른바「서구화」의 물결 속에서 비슷한 양상을 보여 왔다고 본다. 비근한 예로, 우리의 경우 한의학(韓醫學)이 제도권에 진입하는 데 있어 겪었던 난관들을 상기하고, 아직까지도 국립대학에의 도입이 지연되고 있는 사정의 이면을 조금만 깊이 들여다본다면, 그리고 나아가 이들이 제도적 안정권에 들면서 때때로 다른 대체의학들을 적(敵)으로 몰아야만 하는 불가피한 현실을 직시한다면 기득권화된「보수주의적 합리주의」의 자기모순까지도 이해할 수 있다.

혁명적 문명파괴가, 그리고 과학적으로는 신과학운동(New Science Movement)의 폭탄적 양심선언10)이 주요한 밑바탕을 이루고 있었다. 그 전에 사실 근대 이후 인본주의와 과학주의의 불안한 동거(同居)는 과학기술주의 속에 본질적으로 내포된 유물적 인과론의 결정론적 성격과 휴머니즘적 자유주의의 의지론적 전제 사이의 모순과 갈등으로 인해 어차피 그 파경(破鏡)이 예고된 것이기도 하다.

어쨌든 운명결정론과 자유의지론 사이의 상호 대립적 문제들을 단순히 절충적 타협을 모색하여 임시방편으로 봉합하려 하는 기회주의적 시도든, 보다 근원적으로 변증법적 지양을 통한 일반이론을 정립하려 하는 과학철학적 시도든 간에 그것은 해결하기 힘든 난제임은 분명하다. 명리학의 경우에서도 그것은 마찬가지로 오랜 동안 학문적 과제이자 딜레마이기도 하다. 즉,「운명」개념을 인간의 의지로는 어찌할 수 없는 불가피한「숙명」현상으로 이해하는 경우, 그런 운명은「모르는 게 약(藥)」이 되기 때문에 명리학은 존재할 필요가 없다. 또한 역으로「운명」개념을 인간 의지로써 극복되어야 할 목표 대상으로 간주하는 경우 차라리 그것은「아는 게 병(病)」으로서 역시 명리학의 존재가치는 사라지게 된다.

일반적으로 명리학을 포함한 상수역학의 목적이 피흉추길(避凶諏吉)에 있다고 하는 경우, 이는 그와 같은 모순과 딜레마를 해결코자 하는 고충의 표현이자 인간 본능의 불가피한 선택인

---

10) 서구 합리주의의 산물인 문명 그 자체를 총체적으로 비판하면서「이성」개념을 거부하는「포스트모더니즘」과 유물론적이고 기계론적인 자연과학의 근본 전제들을 문제시하게 된 양자역학의 성과들과「신과학운동」에 관한 좀더 상세한 필자의 언급은 정종호, 〈수맥이론들과 그 인식론적 한계〉(공주대학교 정신과학연구소 편,《풍수지리문화의 이해》수정판, 형지사, 2008), 335~341쪽 참고.

것이다. 그러나 이러한 합리화의 본능이 단순히 적절한 절충에 머물러 기회주의적 탈출구가 되어서는 안되며, 결정론과 의지론—보다 본질적으로는 유물론과 유심론—의 이원론적 사고를 극복·통합할 수 있는 새로운 패러다임의 모색에 학문적 노력이 경주되어야 하리라 본다. 그리고 이 과정에서는 명리계통의 직업인이나 관련 전문가들의 이해관계와 기득권으로부터도 벗어나야 한다는 과제도 함께 안고 있다.

지금까지의 논의를 다음과 같이 간략히 정리하고자 한다.

(1) (운명)결정론과 (자유)의지론 간의 상관성에 관한 문제는 인류 역사 이래로 끊임없이 제기되어 온 철학적·신학적 핵심과제라 볼 수 있다.
(2) 그리고 이것은 세계관의 흐름상「유물론」과「유심론」이라는 커다란 두 축의 갈림길에 놓인 문제이기도 하다.
(3) 논리적으로 볼 때, 우리는 허무주의적 결정론에 빠져 주체성 상실과 패배주의에 머무를 수도 없고, 낭만주의적 의지론에 기대어 오만과 방종 및 끝없는 욕망에 스스로를 불태울 수도 없다.
(4) 이렇게 볼 때 명리학에 있어 관심의 초점은「피흉추길」이라고 하는 결정론과 의지론의 모호한 절충적 타협을 넘어서서 그의 변증법적 합일에 맞추어져야 하리라 본다.
(5) 따라서 이 경우에도 새로운 사실들의 부단한 발견과 이론적 자기성찰을 통해 일반이론을 구성하려는 연구와 노력이 요구된다 할 것이다.

4. 존재냐, 당위냐?

이 세 번째 질문「존재(Sein)」와「당위(Sollen)」에 관한 문제도 마찬가지로 이원론적 사고에서 비롯된 것으로서, 사실판단과 가치판단, 객관성과 주관성, 현실과 이상 등과 궤를 같이하는 대립적 발상이다.「올바른」학문, 즉 과학(science)은「~ 이다 / ~ 이 아니다」,「~ 이었다 / ~ 이 아니었다」,「~ 일 것이다 / ~ 이 아닐 것이다」와 같이 사실들—즉,「존재」—에 관한 판단만 하여야 하지「~ 이어야 한다 / ~ 이 아니어야 한다」,「~ 이었어야 한다 / ~ 이 아니었어야 한다」와 같은 가치판단—즉,「당위」—은 배제해야 한다는, 그리고 그럼으로써만이 실재(實在)에 관한 객관적 인식과 그를 통한 보편적 법칙—즉, 일반이론—의 발견과 정립이 가능하다는 언명(言明)은「과학화」라는 명분 하에 대부분의 학문영역에서 지난 세기 100여 년간 지배적 이데올로기로 자리 잡아 온 과학주의의 명제(命題)다. 물론 그 과정에서, 특히 사회철학 분야에서 인식론상의 가치판단 논쟁은 치열하게 전개되어 왔다. 그 논쟁에서 결국 문제의 초점은「과연 주관성을 떠나서 객관적 인식이 가능한 것인지」, 그리고「만약 가능하다면 그러한 객관적 인식은 우리에게 어떤 의미로 다가오는 것인지」에 맞추어질 수밖에 없게 되었다.

「부담스런」도덕적 논쟁을 피하고 싶었던 냉전 상황이 서서히 해소되면서 20세기 후반에 이르러 서구학문의 세계는 "주관성을 떠난 객관성은 존재할 수 없으며, 설사 존재하더라도 그런 객관성은 무의미하다"는 식의 주장[11]이 크게 힘을 얻으면서 상황은 반전되기 시작했고, 그 과정에서 논쟁들은 이론적 보완·변절·전향·회피·절충·반격 등 다양하고도 혼탁한 양상으로 이어져 오고 있다. 이런 배경에도 마찬가지로 신과학적「성과들」과 포스트모더니즘의「뒤흔들기」는 중요한 역할을 하였다고 본다. 이리하여 다원주의적 개인주의에로의 급속한 진전은「보편성보다는 특수성」,「이성보다는 감정」,「양적 성장보다는 질적 발전」,「IQ보다는 EQ」등등으로 구체화되기에 이르렀다. 그러나 이것을 전근대사회로의 후퇴를 의미하는 "「존재」에 대한「당위」의 승리"로 보기보다는 그 양자의「아노미(Anomie)적 타협」또는「불완전한 동거(同居)」라고 보는 편이 나리라 본다.

어쨌든 이상의 논의와 관련하여 우리가 관심을 기울이고자 하는 것은 명리학과 관련하여 "도덕적 가치판단(이상)이 사주(四柱)에 의해 선험적으로 결정된 운명(현실)에 영향을 미칠 수 있느냐?" 하는 것이다. 과거 성현들의 언명(言明)이든 세간의 무지한 민중들의 속설(俗說)이든, 또는 오늘날 흔히 볼 수 있는 문학·예술 작품이나 전파매체 드라마들의 주제(主題)이든 간에 대부분 권선징악적(勸善懲惡的) 인과응보론의 내용을 담고 있다. 단순한

---

11) 일례로 다음과 같은 뮤르달(Gunnar Myrdal) 식의 주장을 참고할 수 있다. "관점(觀點, viewpoint) 없이는 견해(見解, opinion)가 없고, 질문(質問, question) 없이는 응답(應答, answer)이 없다." (G. Myrdal, *Against the Stream: Critical Essays on Economics*, New York; Vintage Books, 1975. Chap.7, Sec. 9, p. 147.) "……사회과학은 정치학(political science)이다. ……가치판단(valuations) 그 자체를 격리시키려는 노력에 의해 편견을 제거하고자 하는 시도는 희망 없는 모험이며, 오도(誤導)된 모험이다."(G. Myrdal, *An American Dilemma: The Negro Prolem and Modern Democracy*, New York / Toronto / London: McGraw-Hill Paperbacks, 1964. Vol. II, Appendix 2, Sec. 2, p. 1043.) 그리고 이 같은 뮤르달 식 입장에 관한 보다 폭넓은 논의는 정종호, 《제3세계의 정치경제학》, 앞의 책, 제1장 〈객관성과 가치판단〉 참조.

의지나 욕망의 차원을 넘어선「도덕성」은 운명과 존재에 영향을 미칠 수 있을까? 명리학을 포함한 역학(易學) 계열의 많은 글들에서 흔히 마주치게 되는 것은 "선행을 많이 쌓은 집안에는 반드시 경사가 있을 것이요(積善之家 必有餘慶)" 또는 "뿌린 대로 거두리라"는 식의 경구(警句)들이다. 선행이나 적덕(積德)을 인과응보론적으로 강조하는 이 같은 진술은 선천적으로 주어진「존재」의 필연적 운명론과 모순을 일으키면서도 사안의 진단과 예측에 있어 다양한 가능성의 영역을 열어 놓았지만, 그만큼 독단과 편견의 폐해를 유발시키기도 하였다.

이제 더 이상의 논의는 보다 근원적인 문제에까지 건드리지 않을 수 없게 된다. 과연 바람직한 인간적 당위성으로서의 보편적「선(善)」의 개념은 존재하는 것인지, 있다면 그것은 궁극적으로 무엇이며, 운명적「존재」에 영향을 미치는 구체적 메커니즘은 어떠한지, 없다면 문명의 충돌이나 종교적 갈등과 같이 다양한 문화적 양태로서의 사회적 최면현상이 서로 갈등·충동하면서 구체적 현실에 영향을 미치는 복잡한 과정을 어떻게 산정할 수 있을 것인지 등에 관한 의문이 제기되면서 해결의 실마리가 보이지 않는 관념적·종교적 논쟁12)은 다시 가열되리라 본다.

일반적으로 자연주의자들(naturalists)에게는 우주자연의 섭리(攝理)가, 인간주의자들(humanists)에게는 바람직한 인간상(人間像)이, 그리고 종교주의자들(godists)에 있어서는 신(神)의 의지(意

---

12) 종교적 논쟁은 말할 것도 없겠지만, 관념론적 논의와 관련하여 적절한 예로서, 한대(漢代)의 유자(儒者)들 사이에서 널리 회자되던 〈삼명론(三命論)〉과 이에 관한 당시 석학 왕충(王充, 27~97?)의 논설만 보더라도 형이상학적 천명론(天命論)과 형이하학적 유물론이 교차하는 선상에서 방황하면서 논리적 체계성과 완결성을 갖추지 못하고 있음을 볼 수 있다. 왕충,《논형(論衡)》〈명의편〉 참조.

志)가 곧 「선(善)」이 되고 있다. 어떠한 식으로 이해하든 「선」의 개념(관념)은 중요한 도덕적 이상이자 삶의 목표로서 인간의 의식과 행동을 지배하면서 실제로 운명의 향방을 결정짓고 있다는 측면을 무시할 순 없다. 이렇게 볼 때 모든 학문의 경우에 있어서도 마찬가지겠지만, 특히 운명적 문제와 직결된 명리학의 경우에 있어서는 인간행위의 당위성에 관한 문제를 피해서도 안 되며, 오히려 「당위」의 「존재」에 대한 영향을 실증적이고도 체계적으로 입증할 의무가 있다.

이상과 같은 논의의 요점은 다음과 같다.

(1) 학문의 발전을 위해서는 사실적 문제(즉, 「존재」)만 다루어야 하고, 검증할 수 없는 가치적 문제(즉, 「당위」)는 종교나 철학적 분야로 돌려주어야 한다는 이원론적 사고도 마찬가지로 지난 세기 동안 (자연)과학주의의 패권적 선언이었다.

(2) 그러나 공허하고도 관념적인 가치판단문제를 제거함으로써만이 학문의 객관화와 과학화를 도모할 수 있다는 생각은 매우 협소하고도 「순진한」 경험주의적 발상으로서 이미 논리적으로는 포스트모더니즘에 의해, 그리고 실험적으로는 신과학적 성과들에 의해서도 반증된 바 있다.

(3) 따라서 「존재」와 「당위」 간의 긴밀한 상관성에 주목하여 그 이원론적 편향성을 극복해야 함은 양적 성장에만 급급했던 시대를 지나 「문명의 충돌」을 해결해야 하고 질적 발전을 추구해야 하는 새로운 세기에 즈음하여 학문적 핵심과제인 것이다.

(4) 이런 상황 속에서 현대명리학에 있어서도 제도권 밖의 상

수역학적—즉,「술적(術的)」—현실 진단과 제도권 안의 의리역학적—즉,「학적(學的)」—이상 지향이라는 양분화된 경향 속에서 기회주의적 타협을 보이고 있다.

(5) 따라서 선천적으로 주어진「존재」가 어떻게「선」과 도덕성을 결정할 수밖에 없는지, 그리고 그러한「당위」가 어떠한 메커니즘으로 현실적 삶의 운명을 결정하게 되는지에 대한 보다 설득력 있고 체계적인 연구 성과가 요구된다.

5. 숙제와 희망

우리는 지금까지 인간의 운명을 다루는 명리학과 관련하여 과연 그것이 신비적 영역에 불과하여 하나의 흥밋거리인 민속적 차원으로 방치할 것인지, 아니면 의미 있는 확률론적 통계에 관심을 보여 과학의 한 영역으로 포함시킬 것인지를 제2장에서 살펴보았고, 제3장에서는 그것이—별들의 운행과 관련된 성명학(星命學)이라는 점에서—유물론적 결정론이든 아니면—이른바「음양오행」이라는 발상(發想)에 입각한—관념론적 결정론이든 간에 인간의 의지와는 무관한 피할 수 없는 숙명관에 입각하고 있는 것인지, 아니면 인간의 주체성과 자율성에 무게를 두어 의지론적 요소가 개입할 수 있는 여지가 있는 것인지에 논의의 초점을 맞추어 보았다. 그리고 제4장에서는 과연 주관을 떠난 객관이 존재할 수 있는지에 관한 인식론상의 가치판단 논쟁과 연관시켜 명리학의 도덕성 문제를 다루어 보았다. 이제 이 같은 난삽한 논의들 속에서 명리학적 과제를 보다 간명하게 정리할 필요가 있을 것 같다.

첫째, 현대 명리학은 그 이론적 전제가 되고 있는 신비성(神秘性)을 논리적으로 극복해야 할 뿐만 아니라 실제에 있어서도 의미 있는 통계적 결과들을 보다 체계적으로 정합하여 그 과학성(실용성)을 보완해 나가야 한다.

둘째, 길흉(吉凶)의 문제와 관련하여 기본 전제인 성명학(星命學)이라는 유물론적 결정론에 어떻게 피흉추길(避凶諏吉)이라는 의지론적 요소가 접목될 수 있는지의 문제를 해결해야 한다.

셋째, 선악(善惡)의 문제와 관련하여 종종 등장하는 권선징악적(勸善懲惡的) 요소들이 선험적으로 주어진 운명적 존재에게 어떠한 이유로 후천적으로 인생행로에 영향을 미칠 수밖에 없는지에 대하여 해명할 수 있어야 한다.

논의의 편의상 이같이 세 가지로 정리하였지만, 여기서 요구하고자 하는 합리성과 주체성 및 도덕성은 사실상 상호 연계된 주제(主題)들이다. 도덕적 주체성은 곧 합리적인 것이며, 합리적 주체성이야말로 진정으로 도덕적인 것이 아니겠는가. 오늘날 우리가 안고 있는 모든 근원적 문제들은 이 같은 분절적(分節的)이고도 상호 모순된 사고방식과 연관되어 있다고 볼 때, "결과주의적 신비론을 어떻게 과정주의적 과학개념 속에 포용할 것인가?"에 관심을 기울여야 할 뿐만 아니라, 나아가 "당위를 떠난 존재는 무의미하고, 존재를 떠난 당위는 관념적 족쇄에 불과하다"는 사실까지도 유념해야 하리라 본다.

그러나 한편으로, 인간의 의식(지식)이 체계화될수록 다양한 잠재적 발전의 가능성을 제약하며 자유를 구속한다는 아이러니한 모순이 발생한다면, 학문행위 자체가 죄악이며 그 파괴가 불가피하다는 비관적 결론에도 다다르게 된다. 인간은 합리화의 동물로서 자신의 분별심과 판단력을 언어논리적 인과율에 얽매이게 함으로써 자기최면의 원죄(原罪)에서 벗어나지 못하는 것일까? 그래서 문질빈빈(文質彬彬)하면서 입파자재(立破自在)하라는 식의 선문답(禪問答)으로 끝내야 하나…….

그래도 이 순간 우리는 어떤 방향으로든 살아가야 하고, 그 과정에서 매 순간마다 적절한 선택, 즉 평가와 결단을 내려야 한다. 이 경우에 명리학에서는 선·악이라는 사회적 이해관계를 떠나 행·불행이라는 개인적 이해의 차원에서 부귀(富貴)/빈천(貧賤)·성공/실패·기쁨/슬픔·즐거움/괴로움·건강/질병·장수(長壽)/요사(夭死) 등을 길흉의 주요한 판단기준으로 삼고 있다. 그렇지만 누가 인생을 새옹지마(塞翁之馬)라 했던가! 오늘의 흉화(凶禍)가 내일의 길복(吉福)이 되고, 오늘의 길함 때문에 내일의 흉함이 나타나듯이, 그리고 행복했던 한 평생이 때로는 마지막에 한 맺힌 자살로 마감되기도 하고, 거꾸로 파란만장한 일생을 마감하는 순간 행복한 미소를 지을 수도 있듯이, 어차피 돌고 도는 세상……어떤 잣대로 그때마다 시비선악(是非善惡)을 가릴 것인가! 견리사의(見利思義)……, 근시안적 이해관계가 내일의 흉화를 맞이한다면 그 원대한 「의(義)」란 무엇을 말함인가? 그것이 어떤 관념적 도덕성으로 화석화(化石化)되어 생생히 살아 움직이는 이 현실적 존재를 억압하는 것은 아닐까? 적절한 타협적 대안으로서 "자신에 대한 사랑과 타인에 대한 연민"으로 수렴하여 스스로를 속이지 않고 남을 기만하지 않으며, 그때그때마다 마음속 깊은 곳에서 우러나는 어찌할 수 없는 욕구에 맞추어 다가올 일(운명)에 마음 씀이 없이 자연적으로 살다가 한 줌의 흙으로 돌아감이 옳은 삶일까? 그렇다면 운명을 알고자 하는 명리학은 삶의 사치이자 빗나간 욕구에의 집착은 아닐는지…….

어찌 되었든 명리학을 포함하여 이른바 「과학적」 성격을 지닌 대부분의 학문은 일정한 법칙을 찾으려 하고 있고, 그럼으로써 미래를 예견하여 현재의 행동방향을 설정하고 미래에 대비한 계획을 수립하고자 한다. 이것이 옳든 그르든 인간역사의 피할 수 없는 세계적 조류이자 실용적 학문의 목표라고 한다면 학문 자체에 속성적으로 내포된 언어적 함의(含意)들의 사회적 최면 효과를 어떻게 벗어나느냐, 그리고 「열린사회(open society)」의 이데올로기 난무(亂舞) 속에서 우리의 사고를 속박하는 독단들과 그 배후세력의 이해관계를 어떻게 극복하느냐에 관심의 초점이 맞추어져야 하리라 본다.

이리하여 "부자유함으로써만이 자유로울 수 있다!"는 「자유의 역설(逆說, paradox)」과 마찬가지로 명리학에서도 "운명을 안다면 이미 운명이 아니다!"라는 「운명의 역설」이 성립되어야 한다. 논리적으로 볼 때에도 「운명」 개념은 그 속에 함의적 모순을 지니고 있다. 이른바 「운명」이 피할 수 없는 숙명이라면 그런 운명은 미리 알 필요가 없고, 「운명」 개념이 바뀔 수 있는 가능성의 영역을 내포하고 있는 것이라면 운명을 아는 것이 자칫 자기최면의 족쇄가 되어 거꾸로 그 가능성의 영역을 협소화시킬 우려가 있기 때문이다.

이제 우리는 명리학을 포함한 미래학들에 이런 기대를 품어보자. 지나온 역사를 성찰해 볼 때, 우리 인류는 문화적·언어적 최면 속에서 문자의 노예가 될 수밖에 없으면서도 끊임없이 그 구속으로부터 탈피하려는 지식인의 숙명적 딜레마를 능히 인지하고 극복하여, 지금까지와는 달리 종국에 가서는 기회주의적 절충주의의 도피처에서 기웃거리거나 숙명론적 패배주의에 안주하지는 않으리라 희망한다. 그리하여 어차피 앎의 길에 들어

선 바에야 역설적이게도 팔자를 고치기 위해 사주명리학을 연구하게 됨으로써, 자기최면에 빠져「아는 게 병」이요「모르는 게 약」이 되는 것이 아니라 스스로를 깨닫고 보완하여 진정으로「아는 게 힘」이 되는 방향으로 전개되어 갈 것을 기대해 본다.

사주명리학 총론

〈정신과학시리즈 13 / 명리편〉

☆

초판 발행일 / 2010년 5월 15일

2쇄 발행일 / 2011년 11월 25일

☆

공주대학교 정신과학연구소 / 편저

공주대학교 동양학과 / 교열

펴낸이 / 김동구

펴낸데 / 明文堂

창립 1923. 10. 1

서울특별시 종로구 안국동 17-8

우체국 010579-01-000682

☎ (영업) 733-3039, 734-4798

(편집) 733-4748 FAX. 734-9209

H.P. : www.myungmundang.net

e-mail : mmdbook1@kornet.net

등록 1977. 11. 19. 제 1-148호

☆

ISBN 978-89-7270-946-6 13140

☆

낙장이나 파본은 구입하신 서점에서 교환해 드립니다.

☆

값 16,000원